Als junger Master Sergeant der Special Forces, 1964.

RECHTS:
Der Dschungel in Vietnam, 1963.

UNTEN:
Oktober 1965 im Walter Reed General Hospital mit Colonel Dr. Arthur Metz (links) und Brigadegeneral A.E. Milloy. Zu dieser Zeit lag ich als Patient auf der Amputierten-Abteilung. Hier wird mir gerade der Silver Star für Tapferkeit und der Commendation Award für Mut vor dem Feind verliehen.

Colonel Elmer Monger verleiht mir den Legion of Merit,
Fort Bragg, North Carolina, 1968.

Eine Aufnahme aus Ba Kev, Kambodscha, während der SOG-Operation, bei der wir zweiundsechzig Tage lang einen Außenposten besetzt hielten, der 32 Kilometer tief im feindlichen Gebiet lag. Zusammen mit einem der befreundeten kambodschanischen Soldaten genieße ich einen seltenen Moment von Freizeit.

Zwei Stunden vor einem HALO-Absprung auf den Ho-Chi-Minh-Pfad am 21. Juni 1971. Links von mir steht Master Sergeant James D. Bath, recht Staff Sergeant Jesse Campbell. Es zieht einem ganz schön die Eingeweide zusammen, wenn man bei strömendem Regen in knapp 7000 Meter Höhe eine C-130 mit dem Fallschirm verlassen soll, aber wir sprangen einfach.

WAUGH/KEOWN

Der Terroristenjäger

**Aus dem amerikanischen Englisch
übersetzt von Lisa Kuppler**

BILLY WAUGH
mit Tim Keown

Der Terroristenjäger
Mein Leben als Spezialagent

Europa Verlag
Hamburg · Leipzig · Wien

Die Deutsche Bibliothek – CIP Einheitsaufnahme
Ein Titeldatensatz für diese Publikation ist bei der
Deutschen Bibliothek erhältlich.

Die Originalausgabe
»Hunting The Jackal«
erschien 2004 bei HarperCollins.
© 2004 by Billy Waugh ‹text and illustrations›
Published by Arrangement
with Billy Waugh and Tim Keown.

© für die deutsche Ausgabe:
Europa Verlag GmbH Leipzig, März 2005
Übersetzung: Lisa Kuppler
Umschlaggestaltung: Frauke Weise, Hamburg
Satz: Paxmann/Teutsch Buchprojekte, München
Druck und Bindung: C. H. Beck, Nördlingen
ISBN 3-203-84005-7

Informationen über unser Programm erhalten Sie beim Europa Verlag,
Neuer Wall 10, 20354 Hamburg oder unter www.europaverlag.de

Wir können sicher in unseren Betten schlafen, weil harte Männer in der Nacht bereit stehen und mit Gewalt gegen die vorgehen, die uns Schaden zufügen wollen.

George Orwell

*Und ich hörte die Stimme des Herrn, wie er sprach:
Wen soll ich senden? Wer will unser Bote sein?
Ich aber sprach: Hier bin ich, sende mich!*

Jesaja 6,8

Inhalt	Seite
Vorwort	9
Eins	19
Zwei	49
Drei	75
Vier	95
Fünf	121
Sechs	129
Sieben	149
Acht	167
Neun	199
Zehn	219
Elf	239
Zwölf	265
Nachwort	297
Glossar	303
Widmung	307
Danksagung	309

Vorwort

Am 1. Dezember 2001 feierte ich meinen zweiundsiebzigsten Geburtstag auf dem Boden Afghanistans, mit einer *chitrali* auf dem Kopf und einem M-4-Karabiner über der rechten Schulter. Ich spürte die Kälte nicht mehr, und ich stank wie ein Pferd. Rotz rann mir unaufhörlich in den dürren Bart, den ich mir hatte stehen lassen, damit ich wie ein Afghane aussah und nicht wie ein alter frierender Mann aus Texas. Die Schrotkugeln, die mir seit Vietnam in den Knien und Fußgelenken steckten, fühlten sich an wie gefrorene Geldstücke, und mein Bauch wurde jeden Tag ein paar Zentimeter kleiner. Ich gehörte zum Team Romeo, einer kombinierten Einheit von Special Forces und CIA. In dreitausend Meter Höhe und bei –10 °C jagten wir die Taliban und Al-Qaida durch die einsamen Hochebenen im Südosten Afghanistans. Mir war saukalt, ich war dreckig und ich fühlte mich beschissen. Aber ich hätte mit keinem Menschen auf der Welt tauschen mögen.

Vor zwei Wochen, als ich in einer Air Force C-17 Richtung Afghanistan flog, war unser Land gerade offiziell in den Krieg gegen den Terror eingetreten. Ich stand allerdings schon eine ganze Weile auf Kriegsfuß mit dem Terror. Aus meiner Sicht war die Operation Enduring Freedom eine natürliche Fortsetzung der Arbeit, die ich seit fast fünfzig Jahren machte.

Team Romeo bestand aus Mitgliedern der CIA und den Special Forces ODA 594. Die Männer behandelten mich wie ein Ausstellungsstück in einem Kriegsmuseum und wollten sich dauernd zusammen mit mir ablichten lassen. Sie fragten mich aus nach meinen Erfahrungen in Korea, nach den siebeneinhalb Jahren in Vietnam, nach den vielen wichtigen Einsätzen, bei denen ich als unabhängiger Kontraktor der CIA beteiligt war. Das Aufsehen, das sie um meine Person machten, wurde mir bald zuviel und war mir auch wenig peinlich. Die Einsätze der ersten

Welle des Krieges gegen den Terror würden erwartungsgemäß sehr schwierig werden, und ich hatte meine Vorgesetzten nur mit Mühe überzeugen können, daß ich den geistigen und körperlichen Belastungen immer noch gewachsen war. Ich wollte hier nicht die Rolle eines lebenden Relikts aus dem letzten halben Jahrhundert amerikanischer Militärgeschichte spielen. Ich wollte gegen die Taliban kämpfen und Al-Qaida aufspüren. Schließlich wurden mir die Bewunderungsarien zu penetrant, und ich ließ die Jungs mit den Worten abblitzen: „Also, Männer, ich kann wirklich nicht übers Wasser laufen. Und selbst wenn, hier draußen in dieser verdammten Wüste gibt's überhaupt keinen See."

Lassen Sie mich eins von vorne herein klarstellen: Ich bin kein Held. Sie haben meinen Namen wahrscheinlich noch nie gehört. Aber ich war an einigen der bedeutendsten Militär- und Spionageeinsätze der letzten fünfzig Jahre beteiligt und habe im Hintergrund und an den Seitenlinien der öffentlichen Ereignisse meinen Job gemacht. Im Laufe dieser fünfzig Jahre war ich den Feinden der Vereinigten Staaten in vierundsechzig Ländern auf der Spur. Überall warteten die unterschiedlichsten Gefahren auf mich: Wütende, bewaffnete Menschenmengen; hoch entwickeltes, unterschiedslos jeden tötendes Kriegsgerät; karge, unwirtliche Landschaften.

Über viele Missionen darf ich in diesem Buch nicht sprechen. Ein großer Teil meines Lebens fällt unter die Rubrik *topsecret* und liegt verschlossen in einem Tresor in Langley oder in meinem Gedächtnis. Ich werde hier nichts über laufende Operationen verraten oder sonstwie das Leben der großartigen Männer der Special Forces und der CIA in Gefahr bringen. Sie kämpfen immer noch gegen die, die den Untergang unserer Zivilisation zum Ziel haben. Ich kenne schließlich das Gefühl. Fünf Jahrzehnte lang habe ich mich im Dienst für mein Land ständig und mit voller Absicht in extrem gefährliche Situationen begeben. Aber persönliche Sicherheit war zweitrangig, die Aufgabe, die wir zu erledigen hatten, hatte immer oberste Priorität.

Ich habe am Rande der Gefahr gelebt und am Rande des Gesetzes. Ich habe herausgefunden, daß mir so ein Leben gefällt und daß ich gut darin bin. Für einen Job wie den meinen braucht man ganz besondere Qualitäten: Man muß lügen können, was das Zeug hält, um sich selbst und die eigenen Leute zu beschützen. Man muß neugierigen Fragen aus dem Weg gehen können. Und wenn man im Ausland eingesetzt wird, darf man auf keinen Fall den Verdacht der dortigen Polizei oder Sicherheitskräfte auf sich ziehen.

Ich war in vierundsechzig Ländern im Einsatz.

Nie wurde ich von einer feindlichen Regierung wegen Spionage eingelocht.

Und die ganze Zeit war der Gegner mir immer dicht auf den Fersen.

Nicht jeder Einsatz war gleich aufregend. Von manchen Ländern gibt es nichts zu erzählen, keine spannenden Geschichten, wie ich mir im Kugelhagel die Bösen schnappte. Aber ich hatte schon einigen Erfolg. Ich wurde mit dem Silver Star ausgezeichnet, mit vier Bronze Stars für Tapferkeit, vier Commendation Ribbons für Tapferkeit, vierzehn Air Medals für Tapferkeit und zwei Combat Infantryman Badges. (Irgendwann entwickelte ich auch eine Vorliebe für Kugel- und Schrotverletzungen; in meinem Besitz befinden sich acht Purple Hearts, zum ehrenvollen Gedenken an diese unschönen Erfahrungen.) Ich bin 1947 in die US Army eingetreten und in die Special Forces im Jahr 1954, zwei Jahre nachdem sie ins Leben gerufen wurden. Nach meinem Ausscheiden aus den Special Forces startete ich eine zweite Karriere als unabhängiger Kontraktor für die CIA, in deren Auftrag ich hinter den berüchtigsten Feinden der USA her war.

Ich war einer der ersten, die Usama bin Laden beschatteten, damals noch in Khartoum im Sudan, in den Jahren 1991 und 1992. 1994, wieder in Khartoum, leitete ich ein Vier-Mann-Team der CIA. Gemeinsam dirigierten wir einen Aufspür- und Überwachungseinsatz von epischen Ausmaßen, der zur Gefangennahme von Carlos, dem Schakal, führte. Mein Job verlangte von mir, daß ich mich in die Köpfe dieser und vieler anderer Männer hineinversetzte, daß ich mir ihre Gewohnheiten zu eigen machte und die Welt mit ihrem verkorksten Blick betrachtete. Zwangsweise wurde aus mir so etwas wie ein kulturelles Chamäleon. Ich konnte die Schritte von Männern voraussehen und verstehen, die mit mir absolut nichts gemeinsam haben. Nur eines verbindet uns: die absolute Hingabe an die Sache, an die wir glauben. Wer die Taktiken seiner Gegner studiert und sie so gut kennt, daß er ihre Handlungsweisen prognostizieren kann, der bekommt notgedrungen auch etwas Respekt vor ihnen.

Was ich erreicht habe, verdanke ich harter Arbeit und meiner Beharrlichkeit, beides altmodische Tugenden, die mir aber immer weitergeholfen haben. Beharrlichkeit ist meine herausragendste Eigenschaft, bis zu einem Punkt, wo sie schon manchmal zur Schwäche wird. Die Seiten dieses Buches geben nur wenig Einblick in mein Privatleben. Ich habe mir ein Arbeitsfeld ausgesucht – die Special Forces, die CIA –, das mit einer dauerhaften Ehe oder einem stabilen Familienleben nur schwer zu vereinbaren ist. Wenn ich vor einer Entscheidung zwischen Familie und Arbeit stand, mußte ich nie lange überlegen. Ich wählte immer den Job.

Eine Woche nach meinem zwölften Geburtstag spürte ich zum ersten Mal so etwas wie Vaterlandsliebe, und mir wurde klar, daß ich alles tun wollte, um meine Heimat zu verteidigen. Ich verkaufte Popcorn im Kino in Bastrop, Texas, wo ich aufgewachsen bin. Für zehn Cent kriegte man damals noch eine ganze Tüte. Mitten in einer Vorführung holte mich Sheriff Ed Cartwright von Bastrop County von meinem Stand weg. Es war kurz nach zwei Uhr an einem Sonntagnachmittag, als der riesige Mann – ein typisch kaltschnäuziger texanischer Sheriff – ins Foyer des Kinos hereinmarschierte und sagte: „Billy, geh hoch und richt dem Vorführer aus, daß er den Film abschalten und die Lichter anmachen soll. Und beeil dich."

Ich ließ den Popcorn-Wagen stehen und rannte die Treppen hoch, wobei ich zwei Stufen auf einmal nahm. Die Wochenschau für diesen Tag – es war der 7. Dezember 1941– war gerade zu Ende, und der Vorführer fing mit dem Trickfilm an, der damals immer vor dem eigentlichen Film lief. In diesem Moment kam ich in den kleinen Raum gestürzt und gab Sheriff Cartwrights Anweisungen weiter. Der Vorführer sah mich ein bißchen seltsam an, aber er gehorchte sofort, als er kapierte, daß die Befehle vom Sheriff kamen. In Bastrop County legte sich niemand mit Sheriff Cartwright an.

Die Lichter im Kinosaal gingen an, und ich stellte mich an die Brüstung der Loge und schaute hinunter auf die Sitzreihen. Fünfzig oder sechzig Besucher blinzelten ins grelle Licht und murrten. Mit einem Rattern kam der Film zum Stillstand, und Sheriff Cartwright trat auf die Bühne. „Leute, ich habe Neuigkeiten für euch. Hört mir alle mal gut zu."

Sofort wurde es im Saal mucksmäuschenstill. Er war todernst, und alle Augen waren auf den großen, streng blickenden Mann gerichtet.

„Also", fuhr er fort und holte tief Luft. „Die Japaner haben Pearl Harbor bombardiert und der Marine schwere Verluste zugefügt." Er blickte in die Menge. Die Bedeutung seiner Worte war noch nicht ganz angekommen. „Leute, es kann sein, daß die Japaner heute oder morgen auch unser Land bombardieren. Vielleicht planen sie eine Invasion mit Schiffen und Soldaten. Ich möchte, daß ihr kapiert, wie ernst die Lage ist: Wir befinden uns im Krieg."

Das rüttelte alle auf, sogar die Teenager, die in den hinteren Reihen knutschten. Ein Mann fragte in die Stille hinein: „Mr. Ed, wo ist denn Pearl Harbor?"

„In Hawaii", sagte der Sheriff.

Ein anderer Mann brüllte: „Na, Sheriff, und wo zum Teufel soll dieses Hawaii sein?"

Ich glaube nicht, daß Cartwright es wußte, wenigstens nicht genau, denn er sagte nur: „Zerbrecht euch nicht den Kopf über Hawaii. Geht jetzt raus und nach Hause. Dort verdunkelt ihr die Fenster, damit kein Licht nach draußen dringt."

Er war schon fast runter von der Bühne, da drehte er sich noch mal um. „Und ich will keinen mehr auf der Straße sehen. Wenn ihr nicht innerhalb einer Stunde daheim seid, dann laß ich euch mit Gewalt nach Hause verfrachten."

Ich wartete hinter meinem Stand, als die Besucher das Kino verließen, aber niemand wollte mehr Popcorn kaufen.

Zu Hause erzählte ich alles meiner Mutter. Sie hatte die Neuigkeiten noch nicht gehört, aber sie war eine gebildete Frau – sie machte Lehrervertretungen in der Schule – und wußte, wo Pearl Harbor lag. Lillian Waugh schnitt pflichtbewußt ein paar Stücke schwarzen Stoffs zurecht und hängte sie in die Fenster der kleinen

Einzimmerwohnung, die ich mit ihr und meiner älteren Schwester Nancy bewohnte.

Dieser Tag hat sich tief und in allen Einzelheiten in mein Gedächtnis eingegraben. Ich hatte keine Angst, im Gegenteil, ich wollte sofort loslegen. Schon mit zwölf Jahren wollte ich unbedingt im Krieg dabeisein. Ich würde mein Land gegen seine Feinde verteidigen, egal, wo und wer sie auch waren.

Mein Vater war vor zwei Jahren gestorben, und ich war besessen von einem Gefühl der Verantwortlichkeit. Wenigstens ein Mann aus jeder Familie hatte die Pflicht, sein Land zu verteidigen, und ich war der einzige Sohn von John und Lillian Waugh. Und wer im Südwesten von Texas ein Mann sein wollte, der wurde, zumindest in meiner Vorstellung, Soldat.

Ich war bereit für das Militär, lange bevor das Militär etwas mit mir anfangen konnte.

Kurz vor meinem sechzehnten Geburtstag, im Jahre 1945, passierte noch etwas, das großen Einfluß auf meine Zukunft haben sollte. Zwei aus Bastrop stammende Marines, die beide im Zweiten Weltkrieg verwundet worden waren, kehrten in unsere kleine Stadt zurück. Einer war am Kopf durch Granatsplitter verletzt worden, das Bein des anderen steckte vom Knie abwärts in Gips. Er hatte im Pazifik ein paar Schüsse abgekriegt. Wenn ich mich auf der Straße oder in einem Laden in ihrer Nähe befand, spürte ich immer so etwas wie Ehrfurcht. Ich bewunderte ihre Stärke und ihre Würde. Sie hatten Dinge gesehen, von denen ich nur träumen konnte. Und genau da entschied ich mich: Ich wollte so sein wie sie. Ich wollte etwas für mein Land leisten, genau wie diese beiden Marines es getan hatten.

In Texas konnte man sich nicht bei den Marines melden, das war mir klar. Aber irgendwo hatte ich aufgeschnappt, daß man in Los Angeles schon mit fünfzehn oder sechzehn bei den Marines eintreten konnte. Ich weiß nicht mehr, woher diese Information stammte, aber damals bezweifelt ich keine Sekunde, daß sie richtig war. Ich rannte von zu Hause fort, trampte Richtung Westen von Bastrop los, als Ziel ein unbekanntes Rekrutierungsbüro in einer weit entfernten exotischen Stadt.

Ich kam bis Las Cruces in New Mexico. Als ich im Westen der Stadt an der Straße stand, kam ein Streifenpolizist auf mich zu.

„Wohin soll's denn gehen, Junge?" fragte der Uniformierte. „Und warum treibst du dich auf der Straße herum?"

Ich sagte mit meiner besten Erwachsenenstimme: „Ich bin auf dem Weg nach Los Angeles, Sir. Ich will mich dort bei den Marines melden."

Ich hatte keine Papiere, und ich weigerte mich, den Bullen zu sagen, woher ich kam. Ich kam mir ziemlich mutig vor, als ich auf der Wache den harten Jungen mimte. Aber meine Mutter würde mir das Fell über die Ohren ziehen, wenn sie rauskriegte, was ich vorhatte.

„Du kommst mir ein bißchen jung für das Marine Corps vor", meinte der Uniformierte noch.

Dann warf er mich ins Gefängnis und gab mir nicht einmal die Gelegenheit, ihn von meinem Vorhaben zu überzeugen.

Im Gefängnis von Las Cruces saßen ein paar ziemlich wilde Kerle ein, und ich merkte schnell, daß das kein Leben für mich war. Ich bettelte den Bullen an, daß er mich laufenließ. Mein einziges Vergehen sei doch, daß ich meinem Land dienen wolle. Schließlich hatte ich die Polizei so weit, daß ich mit einem Rekrutierungsoffizier der Marines im nahegelegenen Deming sprechen durfte.

Ich war damals ein kleines, mageres Würstchen, und der Offizier warf nur einen Blick auf mich und lachte mir sofort ins Gesicht. Dann fragte er, wie alt ich sei.

„Ich bin achtzehn, Sir", sagte ich.

Mehr Gelächter.

„Also, eigentlich werde ich demnächst achtzehn", sagte ich.

Weitere Heiterkeitsausbrüche.

„Wo ist deine Mutter, Junge?" fragte der Offizier.

Ich brummte etwas Unverständliches, und es hieß zurück für mich ins Kittchen. Die Polizei wollte mich erst rauslassen, wenn ich eine Fahrkarte hatte, mit der ich aus der Stadt kam. Aber ich konnte mir keine Fahrkarte kaufen, ich hatte ja überhaupt kein Geld. So, wie sich mir mit sechzehn die Lage darstellte, mußte ich entweder meiner Mutter gegenübertreten, oder ich würde den Rest meines Lebens mit all diesen Verrückten im Gefängnis von Las Cruces verbringen.

Also rief ich meine Mutter an, erklärte ihr alles und mußte mir dann von ihr gehörig den Kopf waschen lassen. Aber am Ende des Telefongesprächs versprach sie, mir das Busgeld für die Fahrt von Las Cruces bis Austin zu schicken, und bald war ich raus aus dem Gefängnis und auf dem Heimweg. Zu Hause kriegte ich eine lange Standpauke zu hören und eine heftige Tracht Prügel mit dem Gürtel. Und dazu eine ganz klare Marschrichtung: Zurück in die Schule, oder du kannst was erleben!

Als ich die Schule verließ, hatte ich in allen Fächern nur Einsen – und einen schmerzenden Hintern. Meine Mutter sparte nicht mit Prügel, aber sie verband die Disziplinierungsmaßnahmen mit einer fundierten Erziehung. Sie lehrte mich gutes Benehmen und was es heißt, Verantwortung zu übernehmen. Und von ihr lernte ich, wie wichtig es ist, daß man im Leben auf ein Ziel hinarbeitet.

Die Prügel vergaß ich mit der Zeit, aber mein Wunsch, zum Militär zu gehen, blieb. Im August 1948, sechs Monate nach meinem achtzehnten Geburtstag, trat ich den Fallschirmjägern der US Army bei. Seit ich von ihren Heldentaten im Zweiten Weltkrieg gehört hatte, war ich von den Fallschirmjägern fasziniert. Ich begann meine Ausbildung in Fort Benning, und erst mal durfte ich mit dem Fallschirm aus ziemlich vielen Flugzeugen springen. Genauer gesagt, erlebte ich erst wieder eine normale Flugzeuglandung, als ich 1952 aus Korea zurückkam – fast fünf Jahre nachdem ich in die Army eingetreten war. Fast jedes in Frage kommende Flugzeug habe ich mit dem Fallschirm verlassen – Flugzeuge von Typ C-46, C-47, C-82, C-119, C-123, C-130, L-20, Twin Beeches, mehrere TF-1 der US Navy, eine Army Caribou und Dutzende von Helikoptern. Ich bin mit drei Helikoptern und zwei Flugzeugen abgestürzt, aber irgendwie habe ich das alles überlebt.

Von Korea bis Afghanistan folgte ich den Befehlen meines Landes und kämpfte gegen seine Feinde. Fünfzig Jahre lang, in vierundsechzig Ländern, spürte ich die Gegner Amerikas auf und zerstörte sie, wo immer sie sich verkrochen hatte – egal, ob sie sich Kommunisten oder Terroristen nannten.

Dies also ist meine Geschichte – die Geschichte eines Soldaten in den Special Forces. Viele andere Soldaten haben diese Geschichte mit mir zusammen erlebt. Ich erzähle unsere Geschichte genau so, wie ich mich daran erinnere, und ich hoffe, ich kann den Menschen und Ereignissen, von denen die Geschichte handelt, gerecht werden. In vielen Fällen mußten die wirklichen Namen geändert werden, um die Identität von Menschen zu schützen, die zur Zeit an verdeckten Operationen teilnehmen.

Ich habe eine Geschichte zu erzählen, und jetzt bin ich endlich soweit, daß ich damit beginnen kann.

1

Am 18. Juni 1954 wartete ich in einem Reisfeld in Bong Son, Südvietnam, auf den Tod. Die grünen Leuchtspurgeschoße der nordvietnamesischen Volksarmee (NVA) surrten brennend an meinem nackten, bewegungsunfähigen Körper vorbei. Ich war von Kugeln durchlöchert, Blutegel hatten sich in jeder offenen Wunde festgesaugt, immer wieder glitt ich vom Wachsein in die Bewußtlosigkeit. Aber ich spürte keine Angst, und ich machte mir auch keine Vorwürfe. Nur ein einziger Gedanke rumorte in meinem kaum mehr klar denkenden Gehirn: *Verdammt, meine Karriere beim Militär ist vorbei. Ich werde nie wieder auf einem Schlachtfeld stehen.*

In den elf Jahren bei den Special Forces und den siebenundzwanzig Monaten in Südostasien hatte ich immer in vorderster Reihe gestanden, wenn es zum Kampf kam. Ich lebte für den Kampf, beschäftigte mich mit Gefechtssituationen und verstand viel davon. Ich kannte die Risiken, und ich hatte keine Angst vor dem Tod. Trotzdem hatte ich mich noch nie auch nur annähernd in einer so beschissenen Lage befunden – flach auf dem Rücken, vollkommen zusammengeschossen, versteckt hinter einem dürren Bambusgehölz, das kaum notdürftigen Schutz bot. Ich hatte keine Munition mehr, und die gesamte Ausrüstung war mir abhanden gekommen. Mich hatte es an Knie, Arm, Fußgelenk, Fuß und an der Stirn erwischt. Die Knochen meines rechten Fußes und das Gelenk lagen offen, was mir nun absolut gar nichts nützte, außer, daß es höllisch weh tat. Eine Kugel hatte die Sohle meines rechten Springerstiefels direkt durch Fuß und Gelenk ins Schienbein getrieben. Ich konnte nicht kriechen, geschweige denn gehen. Dem Feind war ich schon in die Hände gefallen, sie hatten mir alles abgenommen und mich für tot liegen lassen. In diesem Zustand war ich nicht mal mehr die Extrakugel wert, die meinen Tod besiegelt hätte. Ich war vollkommen auf mich gestellt, nirgends war ein Anzeichen von befreundeten Truppen zu sehen. Es gab keinen Grund anzunehmen, daß ich jemals wieder von diesem verdammten Feld wegkommen oder die Welt wieder aus einer aufrechten Position sehen würde.

Das Geschützfeuer der NVA ließ nicht nach. Wir hatten die Schweinehunde mächtig in Rage gebracht, und sie würden das Feuer erst einstellen, wenn auch der allerletzte von uns tot war. Ihre höllischen grünen Leuchtspurgeschosse zischten über mich hinweg, und wenn sie die Schallgrenze durchbrachen, explodierten Kanonenschläge um meinen Kopf herum, so als machten die Kugeln sich lustig über meine hilflose Lage. Der Kerosingestank und die glühende Hitze des Napalms lagen wie eine Decke über dem Reisfeld. Das hatte ich den Air Force F-4C-Phantomjägern und den F-8 Jets der Navy zu verdanken, die über uns hinwegdonnerten.

Ich blinzelte durch das getrocknete Blut von der Stirnverletzung und nahm eine Einschätzung meiner mißlichen Lage vor. Mir dämmerte allmählich, daß ich vollkommen nackt war, und ich fragte mich, warum ich überhaupt noch am Leben war. Und dann kam mir eine ganz andere Frage in den Sinn: Wenn das alles vorbei war, wie zum Teufel konnte ich es anstellen, daß ich wieder zurück aufs Schlachtfeld kam.

Aufs Schlachtfeld zu kommen – das war das einzige, was mir wirklich etwas bedeutete. Seit ich mit achtzehn in die Army eingetreten war, brannte ich darauf, selbst etwas zu erleben und nicht nur den Heldentaten anderer zuzuhören. Ich wünschte mir nichts mehr, als mit dabeizusein, wenn die Truppen zum Angriff losschlugen. Das wurde mir im Frühjahr 1951 klar, als wir im Krieg mit Korea standen und ich in der 82nd Airborne Division in Fort Bragg in North Carolina feststeckte. Ich hatte die Schnauze gestrichen voll von der 82nd und keine Lust mehr auf Heimateinsatz. Also ließ ich mich im April 1951 für einen Kampfeinsatz in Korea anwerben, was heißt, daß ich noch einmal für drei Jahre unterschrieb, nur damit ich endlich raus aus den Vereinigten Staaten und ins Kriegsgebiet kam.

Die Army hatte mir bisher überhaupt nicht gefallen, erst als ich in Korea den richtigen Krieg erlebte, kam ich auf den Geschmack. In Korea wurde ich vom Rang eines Sergeant First Class zu einem Platoon-Sergeanten der Infanterie befördert. Was viel wichtiger war, ich lernte, was die Männer antrieb und um was es beim Kämpfen wirklich ging. Zum ersten Mal in meiner militärischen Laufbahn fühlte ich mich vollkommen daheim. Ich hätte mir höchstens noch eine etwas freundlichere Landschaft als gerade Korea wünschen können. Manchmal kletterten wir auf einen Hügel, voller Hoffnung, daß wir auf der anderen Seite endlich auf den Feind stoßen würden. Aber oben angekommen, sahen wir nur den nächsten, noch größeren Hügel vor uns aufragen. Überall waren die Äste von den Bäumen abgebrochen, es gab sonst kein Feuerholz. Die Kälte drang mir bis in die Knochen. Ich war erst einundzwanzig und konnte das kalte Klima damals noch viel besser wegstecken als später. Aber wir Texaner und die Männer aus Florida froren immer in Korea. Was Kriegsschauplätze betrifft, gefiel mir Vietnam mit seiner unerträglich hohen Luftfeuchtigkeit und der dauernden Hitze viel besser.

Im Dezember 1952 kam ich aus Korea zurück und begann die Offiziersanwärterausbildung in Fort Benning. In der zwölften oder dreizehnten Woche steckte ich mich mit Malaria an und verbrachte eine Woche im Krankenhaus. Danach wollte ich zurück in den Ausbildungslehrgang, aber ich hätte wieder in der achten Woche einsteigen müssen, weil meine Klasse inzwischen zu weit fortgeschritten war und ich den Unterrichtsstoff nicht mehr aufholen konnte. Ich verweigerte die Zurücksetzung, und so wurde ich als Sergeant First Class nach Deutschland geschickt und dort der 5th Infantry Division als Platoon-Sergeant zugeteilt. Während des Aufenthalts in Deutschland, irgendwann 1953, las ich, daß die Special Forces eine Einheit nach Bad Tölz verlegten. Ich setzte sofort alle Hebel in Bewegung, um zu den Special Forces versetzt zu werden, und fuhr nach Bad Tölz, um mir die Truppe selbst anzusehen. Dort erklärte man mir, was für eine Art Einheit mit diesen großartigen Männern aufgebaut werden sollte. Es war die am besten ausgebildete und pflichtbewußteste Gruppe, die ich kannte, und ich wußte gleich, daß hier der richtige Platz für mich war. Sofort reichte ich ein Versetzungsgesuch zu den 10th Special Forces in Bad Tölz ein. Es wurde bewilligt, und ich schloß mich dieser harten Truppe von kampferprobten Männern an. Es war die beste Entscheidung meines Lebens. Auch wenn ich die Special Forces später verlassen habe, bin ich im Grunde meines Herzens immer ein Special-Forces-Mann geblieben.

Ich lag also auf der Erde in dem Reisfeld bei Bong Son und war gezwungen, mir ein Leben ohne die Special Forces, ohne Kampf, ohne einen Kriegsgegner vorzustellen. Was mir da durch den Kopf ging, gefiel mir gar nicht, und ich versuchte, an etwas anderes zu denken. Besser ich konzentrierte mich darauf, wie ich wieder zusammengeflickt werden konnte, damit ich wieder dahin kam, wo ich hingehörte, auf das Schlachtfeld.

Die Reise, die mich in diese nicht gerade beneidenswerte Lage gebracht hatte, nahm ihren Ausgang in Okinawa, Anfang März 1965.[1] Lieutenant Colonel Elmer Monger, Kommandeur von Company C der 1st Special Forces Division, beauftragte mich, ein A-Team zusammenzustellen. Eine Gruppe der härtesten Dschungelkämpfer sollte die feindlichen Manöver im Gebiet um Bong Son stören, einer Stadt im nordöstlichen Sektor der Provinz Binh Dinh, an der Küste des Südchinesischen Meeres. Zu diesem Zeitpunkt war die Provinz Binh Dinh vollständig in feindlicher Hand, mir war deshalb klar, daß es ein sehr gefährlicher Einsatz war. Captain Paris Davis, ein ausgezeichneter Mann, war uns vom Gruppenhauptquartier als Anführer zugeteilt worden, und ich hatte am meisten Kampferfahrung vorzuweisen. Unser Auftrag war, heimlich in das Gebiet einzudringen, dort zu leben, ein Kampflager A aufzubauen und südvietnamesische Rekruten auszubilden, die die NVA auf ihrem eigenen Boden aufmischen sollten. Als Lieutenant Colonel Monger mich bat, das Team zusammenzustellen, akzeptierte ich den Auftrag mit einem zackigen Salut und den Worten: „Roger, Sir." Für diese Art von Missionen lebte ich.

Die Vorbereitungen für den Auftrag trafen wir in Okinawa, dann flogen wir als gesamtes Team in einer C-124 in die Republik

---

[1] Unser Team war den 1st Special Forces in Okinawa unterstellt, doch für diese Mission arbeiteten wir zeitweise für die 5th Special Forces in Vietnam. Unsere Vorgesetzten, das B-Team der 5th Special Forces, waren in Qui Nhon stationiert. Ein B-Team leitete immer drei oder vier A-Teams, sie waren verantwortlich für alles, was das allgemeine Vorgehen und die Logistik betraf.

Vietnam und von dort nach Qui Nhon, der Hauptstadt der Provinz Binh Dinh. Dort standen zwei unmarkierte Lastwagen der US Army für uns bereit, die uns die achtzig Kilometer Richtung Norden nach Bong Son bringen sollten. Sie waren rabenschwarz, ohne irgendwelche militärischen Hinweise.

Die Geheimdienstberichte warnten vor der starken Präsenz der NVA in Bong Son, wo wir unser neues Heim in der Fremde einrichten wollten. Die A-Teams der Special Forces sind berühmt dafür, daß sie aus dem Nichts ein Basislager hinter den feindlichen Linien aus dem Boden stampfen können, mit einem Minimum an Material. Für uns war der Auftrag deshalb nichts Ungewöhnliches. Wir wählten eine Stelle am An-Lao-Fluß (um diese Jahreszeit ein klares und schnellfließendes Gewässer) mit genug ebener Freifläche für eine Landepiste. Auf unserer Materialliste standen folgende drei Punkte: eine Rolle Geigendraht, eine Menge Schaufeln und ein Stapel Sandsäcke. Wir begannen zu graben und arbeiteten Tag und Nacht wie die Weltmeister. Die Arbeit machte Spaß und war sehr befriedigend. Wir hoben kleinere Löcher für individuelle Kampfpositionen aus und ein paar größere Löcher für den Kommunikationsposten und einen Bunker für das Hauptquartier. Wir hatten keine Ahnung, wie lange wir in dieser Gegend bleiben würden, aber die NVA war hier sehr aktiv und würde uns schon auf Trab halten.

Wir hatten noch eine Menge Arbeit vor uns, und die Zeit lief uns davon. Sehr bald würden die frisch rekrutierten Söldner zu uns stoßen. Unsere Aufgabe war es, diese Männer für den Kampf auszubilden, dann mit ihnen gegen die NVA vorzugehen, die sich in unserem Gebiet breitmachte. Wenn alles nach Plan lief, konnten wir die NVA in einem Umkreis von mindestens zwanzig Kilometer um das Basislager in Kämpfe verwickeln.

Bong Son war von strategischer Bedeutung. Die NVA nutzte den Hafen am Südchinesischen Meer, um Soldaten vom Norden nach Südvietnam einzuschleusen. Normalerweise landeten sie nachts, und zwar nicht direkt im Hafen, sondern einfach an einer Schiffsanlegestelle ungefähr achtzehn Kilometer östlich von Bong Son. Zu Hunderten kamen sie in kleinen Motorbooten an – hölzerne, kahnartige Boote mit niederem Rumpf, die sich gut durch die Sandbänke manövrieren ließen. Obwohl die Boote sehr klein waren, verfrachtete die NVA bis zu vierhundert Soldaten in ein Boot, was sie wie Flüchtlingsboote aussehen ließ. In dieser Zeit hatten wir noch keine Satelliten, und wir waren auf die Berichte von Kundschaftern angewiesen, von denen wir erfuhren, was vor sich ging.

Mein alter Freund Master Sergeant Anthony Duarte aus dem Special-Forces-Delta-Projekt war ein Experte in Sachen Aufklärung. Er hatte eine Erkundungsmission in der Gegend angeführt und bestätigte die Geheimdienstberichte. Zusätzlich sagte er zu mir: „Diese Vietcongs sind nicht lokal angeworben. Das sind gut organisierte und gut ausgerüstete Soldaten der NVA, es sind sogar ein paar Chinesen mit dabei." Ich gab diese Information an Davis, den Anführer des Teams, weiter und an unsere leitende Einheit, das Special-Forces-B-Team in Qui Nhon.

Wir schickten einen vietnamesischen Dolmetscher los, um Söldner zur Unterstützung unserer Mission zu rekrutieren. Im offiziellen Sprachgebrauch des US-Militärs wurden solche Söldnertrupps Civilian Irregular Defense Groups (CIDG) genannt. Staff Sergeant David Morgan, der schon drei Einsätze in Vietnam hinter sich hatte, begleitete die Rekrutierungsoffiziere. Finanziell wurden sie von einer Sektion der CIA ausgestattet, die sich Combined Studies Division nannte. Morgan und der vietnamesische Dolmetscher hatten keine Probleme, unausgebildete, aber willige junge Südvietnamesen zu rekrutieren. Mit unseren Rekrutierungswünschen wandten wir uns auch an den Distriktchef von Bong Son. Natürlich stand er ebenfalls auf unserer Gehaltsliste. Wenn wir ihn auf unserer Seite haben wollten, war das ein absolutes Muß. Ich weiß nicht, ob diese Söldner an unsere Sache glaubten, aber solange die Bezahlung stimmte, taten sie ihre Arbeit. Sie scheuten sich nicht vor der harten Ausbildung und hatten keine Probleme mit den primitiven Lebensverhältnissen. Die meisten wanderten von einem Camp zum nächsten und kamen dabei finanziell auf einen ziemlich guten Schnitt. Sie kannten das Risiko und wußten, was von ihnen erwartet wurde. Uns war das genug.

Im Tiefland wurden rund einhundert Vietnamesen angeworben, die in unsere Gegend gebracht wurden. Wir rüsteten sie mit Kampfanzügen und Waffen aus und begannen mit ihrer Ausbildung. Währenddessen ging der Aufbau des Lagers, den inzwischen ein ziviler vietnamesischer Bautrupp unter der Aufsicht von Morgan durchführte, weiter. Jeder Special-Forces-Mann arbeitete zwanzig Stunden am Tag, und die Arbeit war gefährlich. Die NVA schickte uns immer wieder ihre Liebesgrüße, in Form von hochwinklig abgefeuerten Granaten aus 82-mm-Minenwerfern, dazu gelegentlich eine B-40-Panzerfaust, die auf unsere Position ausgerichtet war.

Die NVA beobachtete unsere Bewegungen, aber das kümmerte uns nicht die Bohne. Wir hatten eine Mission. Unsere einheimischen Kundschafter informierten uns über Aktivitäten, die darauf hindeuteten, daß eine Attacke auf ein im Aufbau befindliches Special Forces Camp geplant war, aber es gab keine Hinweise auf einen direkt bevorstehenden Überfall. Nachts schickten wir Patrouillen in den umliegenden Dschungel, die die feindlichen Bewegungen genau im Auge hatten.

Eine Woche bevor wir die NVA angreifen wollten, gingen wir zu fünft los auf eine Aufklärungsexpedition. In der frühen Morgendämmerung bewegten wir uns ungefähr fünfzehn Kilometer Richtung Osten auf die Küste des Südchinesischen Meeres zu. Dort angekommen, fanden wir uns auf einem Friedhof auf einem steilen Felsufer wieder, vielleicht dreihundert Meter vom feindlichen Lager entfernt. An die fünfzehn Soldaten der NVA sprangen da herum. Hinter ihnen waren drei Schlafhütten aus Bambusholz zu erkennen. Ich wandte mich an Morgan und Staff Sergeant Ronald Wingo. „Diesen Kerlen geht es ein bißchen zu gut. Wird Zeit, daß wir den verdammten Laden überfallen, die Hütten ausräumen und den Idioten Feuer unterm Arsch machen."

Wir hatten uns gerade auf eine Stelle im höher gelegenen Teil des Friedhofs als Sammelplatz nach dem geplanten Überfall geeinigt, da wurde unser kleiner Aufklärungstrupp von ein paar NVA-Soldaten entdeckt. Prompt eröffneten sie das Feuer. Wir schossen zurück, mußten uns aber auf den tiefer liegenden Teil des Friedhofs zurückziehen und lagen schließlich einer auf dem anderen auf den Gräbern vietnamesischer Bauern.

Wingo und ich lagen auf den Boden gepreßt hinter einem Grabstein und forderten Luftunterstützung an. Der Gegner sollte kapieren, daß das hier kein Witz war. Währenddessen hämmerte das Maschinengewehrfeuer der NVA tödliche Botschaften in den Grabstein, der uns als Deckung diente. Wegen der Querschläger mußten wir höllisch aufpassen, aber zwischendrin sagte ich zu Wingo: „Ronnie, ich weiß genau, was der Arsch in dem Grab unter uns jetzt denkt."

Wingo war von unserer beschissenen Lage nicht gerade angetan und absolut nicht an meinen Theorien über die Gedanken eines toten Vietnamesen interessiert.

„Verdammt noch mal, Billy, ist mir doch furzegal, was der Kerl denkt. Hör auf mit dem. Wir sitzen hier total in der Scheiße."

Der Grabstein wurde immer kleiner.

„Also, Ronnie", sagte ich, „der Scheißkerl denkt sich jetzt bestimmt: Was'n Glück, daß ich hier unten bin und nicht da oben bei den beiden Deppen, die jetzt gleich gehörig durch den Reißwolf gedreht werden."

Ich lachte, aber Wingo konnte das Absurde an der Situation erst später sehen, als wir wieder heil zurück im Lager waren. Manchmal muß man auch in furchtbaren Situationen einen Witz machen können, das ist eine meiner Kampfregeln. Soldaten ohne Sinn für Humor fraß die Angst von innen heraus auf; wer lachen konnte, hatte eine größere Chance, daß er ohne psychischen Schaden davonkam.

Unsere Aufklärungsexpedition bestätigte, daß der Feind sich ausbreitete und sich durch unsere Anwesenheit nicht allzusehr aus der Ruhe bringen ließ. Wir entschieden auf der Stelle, den geplanten Angriff in der darauffolgenden Woche durchzuführen. Die NVA würde uns noch kennenlernen, wenn wir mit unserem Team und den frisch trainierten Truppen wiederkamen und wir sie durch den Reißwolf drehten.

Dieser Überfall war gut geplant. Wir hatten alles ausgekundschaftet. Wir wußten über das feindliche Lager Bescheid. Wir waren stark und selbstbewußt. Wir würden den Angriff auf die Art durchführen, für die die Special Forces berühmt waren – schnell, heimlich und unerwartet *(Unser Motto war: speed, stealth, surprise)*. Aber wie sich herausstellen sollte, waren wir trotz unserer guten Planung überhaupt nicht auf das vorbereitet, was die NVA für uns in petto hielt.

Wir marschierten die ganze Nacht hindurch bis zum frühen Morgen des 18. Juni 1965. Um 4.30 Uhr hatten wir 30 Grad und klare Sicht – perfektes Kampfwetter. Ich führte die Truppe durch die stickigen Niederungen des An-Lao-Flusses. Wir waren insgesamt neunzig Mann – vier von den US Special Forces und sechsundachtzig südvietnamesische Söldner. Wir hatten das Lager um 23 Uhr am Vortag verlassen und waren die siebzehn Kilometer auf den Pfaden den Fluß entlangmarschiert bis zu der Stelle, wo die NVA-Soldaten – wie wir meinten – schlafend in ihren Bambushütten lagen.

Die anderen drei Special-Forces-Männer waren Captain Paris Davis, Staff Sergeant David Morgan und unser Sanitätsoffizier, Sergeant Robert Brown. Davis war der Anführer des Teams, aber weil dies sein erster Kampfeinsatz war, leitete ich den Angriff. Beim ersten Einsatz ist niemand perfekt auf den Kampf vorbereitet, aber das änderte sich für Brown und Davis im Verlauf dieses 18. Juni sehr schnell. Brown war ein harter Kerl, der gern grinste und wie ein typischer amerikanischer Junge aussah. Davis kam aus Washington D.C., ein Schwarzer mit blauen Augen, einer kompetenten Ausstrahlung und einem guten Kopf für Gefechtssituationen. Morgan hatte Kampferfahrung und Grips, ein zäher Kriegsveteran, den weder ein heftiges Scharmützel noch harte Arbeit abschreckten. Nur sehr wenige Menschen in der Welt können ein Basislager der Special Forces so aus dem Erdboden stampfen wie David Morgan. Ich wollte die besten Männer für diesen Angriff, und ich hatte sie gewählt, weil ich ihnen zutraute, schnell und intelligent zu handeln, falls wir in eine kritische Situation kamen. Bei den Special Forces waren kritische Situationen der Normalfall.

Frischlinge hätten vielleicht Angst gehabt und die Nerven verloren, aber das hier war nicht wie im Kino. Diese Männer hatten eine Ausbildung der Special Forces hinter sich, in einer Kampfsituation zu stehen war nichts Neues für sie. Eines darf man nicht vergessen: Solche Angriffe waren der Grund, warum wir hier waren. Leute, die nichts von Kriegen und Soldaten wissen, tun sich schwer damit, das zu verstehen. Es war nicht so, daß wir in der Nacht vor der Schlacht um ein Lagerfeuer saßen und über unsere Gefühle und Ängste redeten. So funktioniert das nicht. Ich bereitete meine Leute auf den Angriff vor, indem ich ihnen sagte: „Es wird schon alles gutgehen. Macht einfach alles so, wie ihr es gelernt habt."

Bei dieser Mission wollten wir ein feindliches Lager angreifen und so viel NVA wie möglich erschießen, dann abhauen, bevor die Überlebenden mit Gegenfeuer reagieren konnten. Wie jeder Auftrag der Special Forces war der Plan ziemlich verwegen und gefährlich. Es gab kaum Unterstützung für uns und niemanden, der uns rausholte, wenn es schiefging. Eine unbekannte Situation war das nicht für mich; ich hatte so etwas schon oft gemacht und würde es wieder tun, noch viele, viele Male. Das war unser Job. Manche Menschen arbeiten im Büro, und andere rennen heimlich im Dschungel herum und töten. Wir marschierten los in der Hoffnung, daß das ein ganz normaler Tag im Büro werden würde.

Wir hatten unsere Ausrüstung dabei: eine M-16 und fünfundzwanzig Magazine mit Munition vom Kaliber 0.223 über unsere grünen Kampfanzüge geschlungen, zehn Splittergranaten, zwei weiße Phosphorgranaten, zwei Rauchbomben. Jedes unserer fünfundzwanzig M-16-Magazine enthielt zwanzig Runden, damit hatten wir fünfhundert Runden pro Mann. Wir waren schwer bewaffnet. Dazu trugen wir noch die Rettungsausrüstung der Special Forces, die aus einem Spiegel bestand, einem roten Leuchtsignal, einem roten Signaltuch und einem Kompaß. Bei so einem Einsatz hofft jeder, daß er das nicht brauchen wird. Ich hatte mir noch eine Handvoll Bonbons geschnappt.

Unser Funkgerät, ein PRC-25-Kurzwellensender, wurde von einem der einheimischen „Irregulären" bedient, der Kontakt mit dem Flugzeug der Forward Air Control (FAC), der vorgeschobenen Luftraumbeobachtung hielt. Es war eine kleine Cessna O1-E, die von einem Piloten der US Air Force gesteuert wurde. Ein Mann aus meinem Special-Forces-Team, Sergeant Ronald Dies, flog vorn bei ihm mit. Im Laufe des Tages würde ich mir noch verdammt oft wünschen, daß ich mein eigenes Funkgerät mitgenommen hätte.

Der Plan war, direkt in Charlies Wohnzimmer zu marschieren, das Lager zu zerstören und der NVA mächtig einzuheizen, so daß sie ein für alle Mal die Finger von der Gegend um Bong Son ließen. Wir wollten den Kerlen so was auf den Deckel gaben, daß selbst ihre Vorfahren noch was davon mitkriegten. Und danach wollten wir uns so schnell wie möglich zurückziehen, bevor Charlie sich von dem Schlag erholte.

Lager Bong Son 1965 – errichtet von den Special Forces

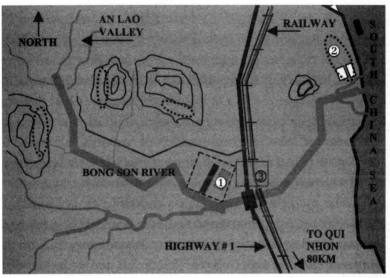

①   Bong Son SF Lager
⟨⋯⟩   Von der NVA besetztes Gebiet
②   NVA-Stützpunkt – Ort des Angriffs

Wir sammelten uns kurz vor Mitternacht am 17. Juni und verließen das Special-Forces-Lager Bong Son Punkt 1.00 Uhr. Vor uns lag ein Marsch von siebzehn Kilometern auf einem schmalen Pfad, der gerade breit genug für eine Person war und sich am Flußbett des An Lao entlangschlängelte. Geräuschlos und schnell passierten wir das kleine Dorf Bong Son. Nicht einmal die allgegenwärtigen Hunde bemerkten unseren Aufbruch.

Ich führte den Trupp an und marschierte direkt hinter dem Pointmann, mit einer Vorhut von dreißig Söldnern. Morgan und Brown waren auch vorne. Davis hielt sich weiter hinten und behielt die anderen fünfundsechzig Mann unserer Truppe im Auge.

Es war das erste Mal, daß wir die neu ausgebildete Einheit in einen Kampfeinsatz schickten. Sie waren, ehrlich gesagt, nicht besonders gut, aber sie hatten Potential. Meiner Meinung nach würde ein schneller, erfolgreicher Überfall wahre Wunder für ihr Selbstvertrauen und ihre Kompetenz tun. Darauf hofften wir – schnell rein und raus und dann Glückwunschtelegramme von allen Seiten.

Daß nicht alles so glatt laufen würde, wie wir uns das vorstellten, merkten wir, als wir ungefähr drei Kilometer von unserem Lager entfernt waren. Wir fanden einen NVA-Sanitäter, der am Rand des Pfads am Flußufer eingeschlafen war. Mit seiner chinesischen Pistole im Holster hätte der arme Kerl eigentlich den Weg zum Lager bewachen sollen, aber er schlief tief und fest und war für seine Truppen absolut wertlos. Ich war seit siebenundzwanzig Monaten in dieser Gegend, aber ich hatte immer nur mit Vietcong zu tun gehabt, die lokal angeworben worden waren. Dies hier war mein erster direkter Kontakt mit einem nordvietnamesischen Soldaten der NVA.

Wir nahmen ihn gefangen und durchsuchten ihn. Ich konnte es kaum glauben, als ich seine erstklassige medizinische Ausrüstung entdeckte. „Schau dir mal an, was der Kerl mit sich rumschleppt", flüsterte ich Morgan zu. Der schüttelte ungläubig den Kopf und pfiff leise durch die Zähne. Alles in der Arzttasche des Sanitäters war von höchster Qualität, es war die gleiche Erste-Hilfe-Ausstattung, die auch unsere Ärzte benutzten. Mir gefiel absolut nicht, wie gut der Kerl ausgerüstet war; ich ahnte dunkel, daß wir vielleicht auf mehr Widerstand als erwartet stoßen würden. Er trug einen brandneuen Kampfanzug, seine Füße steckten in brandneuen Stiefeln, auf seinem Kopf saß ein brandneuer Tropenhelm. Nutzen tat ihm das ganze neue Zeugs aber nichts mehr – wir nahmen ihm seine Tasche ab, dann befahl ich einem Söldner, ihm die Kehle aufzuschlitzen. Das alles ging fast lautlos und rasch vor sich. Es war ungefähr 2 Uhr morgens, der Angriff hatte begonnen.

Auf dem Pfad vielleicht zwei Kilometer vor dem NVA-Lager stießen wir auf einen Mann und eine Frau, die innerhalb eines großen, abgezäunten Areals das Frühstück für die Soldaten kochten. Es war 4.30 Uhr, und sie hatten alle Hände voll zu tun.

Töpfe mit Essen brodelten auf dem Feuer, und der Mann half der Frau gerade mit dem Brennholz, als sie hochschauten und uns heranstürzen sahen. Ich war als erster bei ihnen und sah sofort die Pistole an der rechten Hüfte des Mannes. Bevor er reagieren konnte, steckte mein Messer in seiner Kehle. Aber es wartete noch eine andere Überraschung auf mich: Seine Genossin war eine ziemlich abgebrühte vietnamesische Lady. Sie schnappte sich einen Stock und schlug mir damit auf den Kopf. Wie eine Wilde prügelte sie mit dem verdammten Stock auf mich ein, und sie schrie dabei wie am Spieß. So war das ganz und gar nicht geplant: Wir konnte es uns nicht leisten, daß die Frau das ganze verdammte Lager aufweckte. Wir mußten sie zum Schweigen bringen, und sie starb wie ihr Kochpartner mit einer Klinge im Hals.

Wir hatten kein Feuer eröffnet, und es war immer noch still. Die schlafenden Soldaten hatten nicht mitgekriegt, daß wir uns fast in ihrem Lagers befanden. In wenigen Minuten würde es für sie ein schlimmes Erwachen geben.

Im Schutz des Dschungels liefen wir weiter, vielleicht ein bißchen schneller als vor unseren Begegnungen auf dem Pfad. Per Handzeichen wurde nach hinten zu Davis gemeldet, daß der Feind nur noch wenige Meter entfernt war. Unsere Männer bewegten sich geräuschlos. Dann erreichten wir die erste Hütte, die sich am Rand des Dschungels befand, direkt neben dem Pfad, der hier breit und ausgetreten war. Jeder Mann hörte nur den eigenen Herzschlag. Wie eine Droge strömte das Adrenalin durch meinen Körper, schärfte meine Sinne und verlieh mir ein Gefühl von Stärke und Unbesiegbarkeit.

Dutzende von uniformierten Soldaten der NVA lagen in diesen niederen Unterständen. Die Dachkonstruktion war ungefähr einen Meter hoch, mit Ästen und Laub aus dem Dschungel bedeckt. Die NVA-Männer schliefen in ihren Kampfanzügen, ohne Decken. Zu dritt lagen sie auf rohen hölzernen Paletten, die knapp über die Erde reichten. Die Paletten maßen vielleicht ein Meter zwanzig, nicht größer als ein schmales Doppelbett. Jede Hütte war etwa zwölf Meter lang und zwölf Meter breit. An die sechzig Menschen schliefen in jeder.

Mit vorher festgelegten Hand- und Armsignalen gaben Morgan und Brown meine Befehle weiter. Dann teilten wir uns in drei

Gruppen, jede für eine Hütte. Ich nahm die erste, Morgan die nächste und Brown die dritte. Jedem von uns standen sieben oder acht Mann zur Seite. Die meisten der Söldner hatte Davis unter seinem Kommando, aber er hatte das Lager noch nicht erreicht.

Ursprünglich war geplant, daß wir auf den Rest der Einheit warteten und dann zusammen angriffen. Aber nach der Begegnung mit dem NVA-Sanitäter und den Köchen war es zu riskant. Wir konnten nicht noch lange auf Davis warten. Die kleinste Verzögerung konnte bedeuten, daß unsere Anwesenheit entdeckt wurde. Wir mußten angreifen und diese schlafenden Schönheiten erledigen, bevor sie aufwachten.

Wir positionierten uns an den Eingängen der Hütten, entsicherten die Waffen, die Granaten in den Händen. In diesem Moment, dem Moment, bevor der Kampf losging, hörte ich keinen Ton. In meinem Kopf war es ganz still, mein Körper war vollkommen ruhig. Ich gab das Zeichen zum Angriff, und wir legten perfekt aufeinander abgestimmt los. Mit ein paar Granaten für jede Hütte ließen wir sie wissen, wer vor der Tür war, dann feuerten wir Runde um Runde aus unseren M-16. Wir spritzten Kugeln in die Hütten, als wären wir Feuerwehrmänner, die einen Brand löschten. Wir feuerten und wir luden nach. Die leeren Magazine fielen auf den Boden, das Gemetzel nahm seinen Lauf. Viele NVA-Soldaten starben sofort, andere versuchten, durch die Rückseite der Hütte zu entkommen. Aber nur wenige schafften es.

Der Lärm ... Ich erinnere mich noch gut an den ohrenbetäubenden Lärm. Nach der konzentrierten Stille zerfetzte das Maschinengewehrfeuer die Ruhe vor der Morgendämmerung. Und dann die Schreie der vor Panik brüllenden Männer, die nicht wußten, wohin, und keinen Ausweg mehr sahen. Die menschliche Natur kennt nur Fluchtinstinkt oder Aggression, und diese Männer hatten keine Chance, sich aggressiv zu verhalten. Sie versuchten verzweifelt, ihrem Instinkt zur Flucht zu folgen, aber es war sinnlos.

Während das alles vor sich ging, behielt ich die Umgebung im Blick. Mit fielen sofort die Waffen der NVA ins Auge, die an den Pfosten der Hütte lehnten oder auf dem Dschungelboden verstreut lagen. Die Hütten waren voll von Waffen und Ausrüstungsgegenständen. Diese Kerle waren gut versorgt. Sie waren kampfbereit. Mir ging der Gedanke nicht aus dem Kopf – *das hier ist eine erstklassige Truppe; mir gefällt nicht, wie das hier aussieht.* Zu diesem frühen Zeitpunkt im Krieg hatten noch nicht viele US-Soldaten reguläre Truppenmitglieder der NVA gesehen. Mir dämmerte leise, daß der gut ausgerüstete Sanitäter auf dem Pfad keine Ausnahme gewesen war.

Aber als wir uns genauer anschauten, was uns alles in die Hände gefallen war, fegte die Euphorie über unseren Sieg alle Zweifel hinweg, die sich in mir breitmachen wollten. Wir verteilten die Waffen der toten NVA-Soldaten unter unseren einheimischen Söldnern – russische RPK und AK-47, Funkgeräte mit besseren Kommunikations- und Abhörmöglichkeiten. Mein Herz schlug wie wild. Schnell, heimlich und unerwartet – verdammt, das war das Beste an den Special Forces: ein gut geplanter Einsatz, der perfekt ausgeführt wurde.

Das Adrenalin kocht in einem, wenn man einen Menschen getötet hat, das Gefühl ist noch überwältigender als die Aufregung vor einem Angriff. Ich fühlte mich wie Superman, so, als könne ich Dinge meistern, die weit über das hinausgingen, was einem normalen Menschen möglich ist. Nichts mehr konnte uns aufhalten, das spürten wir alle. Die ganze Einheit, auch Davis und die übrigen Truppenmitglieder, sammelten fünfzehn Minuten lang die Beute ein und zählten alles. Wir waren immer noch am Aufladen und Feiern und klopften uns selbst auf die Schulter, als wir einen Klang hörten, der mir durch Mark und Bein ging. Aus den Tiefen des Dschungels hallte der Ruf eines Horns.

Das Schulterklopfen hörte abrupt auf.

Dieser Ton konnte nur eines bedeuten: Der Überfall wurde zu einer grimmigen, blutigen Schlacht.

Der Hornruf verkündete, daß wir tief in der Scheiße saßen.

Die Härchen auf meinen Armen richteten sich auf. Ich drehte mich zu David Morgan und sagte: „David, gleich sind wir am Arsch. Wird Zeit, daß wir abhauen."

Morgan hatte keine Ahnung, was der Hornruf bedeutete, aber ich hatte ihn schon in Korea gehört. Hörner bedeuteten chinesische Soldaten. Soldaten der chinesischen Armee.

Es wurde zum Gegenangriff geblasen.

Eine Kette von Dutzenden dieser Bambushütten verlief bis tief in den Dschungel hinein, aber das wußten wir nicht. Jede dieser Hütten war voll mit den besten Soldaten der NVA. Die NVA errichtete solche Unterstände tief im Schutz des Dschungels. Die Dächer dieser Hütten konnte man aus der Luft nicht erkennen, eigentlich sah man die ganze Hütte erst, wenn man direkt davor stand. 1965 gab es noch keine Aufspürgeräte. Wir hatten nur Kundschafter, Männer, die in den Dschungel krochen und die NVA-Burschen am Kragen herauszogen, ihnen mit dem Gewehrknauf ein paar Zähne ausschlugen und sie so davon überzeugten, daß Kooperation in ihrem eigenen Interesse lag. Es war ein Kampf Mann gegen Mann.

Duartes Delta-Force-Aufklärungsteam hatte zusammen mit ihm nur aus drei Mann bestanden, zu wenig, um so ein großes Gebiet gründlich auszukundschaften. Die drei Hütten, die wir angegriffen hatten, waren Teil eines großen NVA-Stützpunkts. Später erfuhren wir, daß erst in den letzten Tagen mehr als zehn Bootsladungen voll Soldaten in dieses Lager gekommen waren. An die viertausend ausgeruhte Soldaten schliefen in diesen Dschungelhütten, und jeder einzelne von ihnen wußte genau, was in den Hütten passiert war, denen wir am Morgen einen Besuch abgestattet hatten. Wir hatten den Bong-Son-Angriff aufgrund der Informationen durchgeführt, die uns das Hauptquartier zur Verfügung gestellt hatte, untermauert von dem, was unsere eigenen Spähtrupps in Erfahrung gebracht hatten. Nichts, was wir während unserer Aufklärungsmission oder am Morgen des Überfalls gesehen oder gehört hatten, hatte darauf schließen lassen, daß hier ein Lager von solchen Ausmaßen verborgen war.

Während die Hornrufe uns noch in den Ohren hallten, rannten Morgan und ich in den Dschungel, vorbei an weiteren Hütten. Wir warfen Handgranaten hinein und verschossen alle unsere Munition; wir legten reihenweise feindliche Soldaten um.

Um uns herum hörten wir das Getrampel von Männern, die sich für den Krieg fertig machten: die schnellen Schritte von Tausenden von Stiefeln auf der Erde, das metallische Durchladen der Waffen, die überraschten Schreie. Wir hatten in ein Wespennest gestochen. Es war höchste Zeit, daß wir hier wegkamen.

Nach und nach bezogen die Soldaten Position und eröffneten das Feuer, grüne Leuchtspurmunition feuerte aus ihren russischen RPK. Ich zündete zwei rote Leuchtbomben, das Signal für unsere Truppen, sich auf die Anhöhe zu dem Friedhof zurückzuziehen, der uns als Beobachtungsposten gedient hatte.

Ich nahm die Beine in die Hand und rannte Richtung Westen zum Sammelplatz. Alle meine Sinne waren in höchster Alarmbereitschaft. Über dem Knattern der Maschinengewehre war das Gebrüll der Feinde zu hören, und die Kugeln zischten nur so um meinen Kopf. Man weiß genau, wenn ein Geschoß für einen selbst bestimmt ist, das Krachen direkt neben dem eigenen Ohr ist unverwechselbar.

Sie feuerten auf uns und hörten nicht mehr auf damit. Um zum Sammelplatz im Friedhof zu kommen, mußten wir ein breites Reisfeld überqueren. Wir hatten Glück, und es waren noch ein paar Monate bis zur Monsunzeit, deshalb war der Boden des Feldes hart und trocken. Ich hörte, wie die niedrigen Grassoden gegen meine Springerstiefel klatschten, als ich durch das Feld rannte. Wäre es geflutet gewesen und wir hätten uns durch stehendes Wasser kämpfen müssen, dann hätte keiner von uns eine Chance gehabt. Es sah nicht gut für uns aus, aber wir konnten immer noch rennen. In der Not hält man sich an das, was man in kriegen kann.

Ich hatte nichts mehr – keine Munition, keine Handgranaten, fast keine Hoffnung mehr. Da bohrte sich ein grünes Leuchtspurgeschoß in mein rechtes Knie, als ich kaum dreißig Meter in das Reisfeld hineingerannt war. Die Wucht des Treffers warf mich um, ich mußte auf dem Boden weiterkriechen. Der Schmerz war brutal. Ich schleppte mich zu einem kleinen Bewässerungsdamm, einem vielleicht fünfzehn Zentimeter hohen Erdwall, der das Feld der Breite nach durchzog. Der erdige Geruch des Lehmbodens stieg mir in die Nase. Seit Tausenden von Jahren wurde hier Reis angebaut. Zum Schutz vor dem Dauerfeuer drückte ich mich hinter den niedrigen Damm und kroch weiter nach Westen, den Körper eng gegen die Kante gepreßt, die in Richtung Sicherheit zeigte.

Ich wußte es zu diesem Zeitpunkt noch nicht, aber Brown, unser junger Arzt, hatte einen Kopfschuß aus einem MG abgekriegt. Er überlebte noch die Schlacht, starb aber später auf dem

Operationstisch einer MASH-Einheit. Dutzende unserer Söldner lagen tot auf dem Schlachtfeld. Viele von ihnen waren sofort umgelegt worden, ohne eine Chance, abzuhauen. Der Rest war beim ersten Zeichen des Gegenangriffs losgerannt und dann wie Tontauben abgeknallt worden, als sie brüllend über das Feld stürmten.

Es war kaum zu glauben, aber ich hatte Glück gehabt, trotz meines zerschossenen Knies und den Leuchtspurgeschossen, die nur Zentimeter über meinen Kopf zischten. Ich robbte ungefähr vierzig Meter an dem Damm entlang bis zu einer Grube in der Mitte des Feldes. Sie sah aus wie ein gutes Versteck für mich, und ich ließ mich auf den schlammigen Boden plumpsen. Ein kurzes Gefühl der Erleichterung machte sich in mir breit.

Die Grube war vielleicht ein Meter zwanzig breit und sechs Meter lang. Ich drehte mich um, schaute hoch und … *verdammte Scheiße* … ich starrte direkt in die Nüstern eines Wasserbüffels, rot und gefährlich wie zwei Gewehrläufe. Nicht gerade ein Anblick, der mir Freude machte. Der bösartige alte Knabe starrte mich an, als wäre ich gerade in sein Wohnzimmer eingefallen, was aus seiner Sicht wohl auch stimmte. Wasserbüffel wurden von den Bauern sehr geschätzt, weil sie die schweren Arbeiten auf den Reisfeldern verrichteten. Die Bauern legten solche Wasserlöcher speziell für die Büffel an, damit sie einen Ort zum Ausruhen hatten und zum Abkühlen in der erbarmungslosen Hitze. Dieses Exemplar wollte mich auf seine Hörner aufspießen und mir die Gedärme ausweiden – und damit das zu Ende bringen, was die NVA begonnen hatte, nahm ich an. Aber der alte Hurenbock konnte seine Beine nicht bewegen. Er steckte zu tief im Schlamm, er konnte mich nicht von vorn angreifen. Der ganze Schlamassel nahm eine völlig bizarre Wendung: Die wilden Schreie des Feindes kamen jede Sekunde näher, und ich war auf der Flucht vor ihren Kugeln in einem Schlammloch mit einem Wasserbüffel gelandet. Ich schaute dem Vieh direkt ins Auge und sagte: „Du verdammter Dickschädel, beweg dich." Er schnaubte und wollte mich mit seinem massigen Kopf wegstoßen, aber er erwischte mich nicht. Ich kniete im Schlamm, mein Bein tat höllisch weh, und der Feind kam immer näher. Und was tat ich? Ich unterhielt mich mit einem beschissenen Wasserbüffel.

„Bist du bereit für einen Zweikampf?" Seine Schnauze prustete direkt vor mir. „Dann los, alter Junge."

Über mir bewegte sich etwas, Erde wurde hektisch aufgeworfen, und hier kam Morgan direkt zu mir in die Grube heruntergeplumpst. Er schaute mich an, dann den Büffel, dann wieder mich.

Krieg ist die Hölle, das stimmt, aber manchmal hat er auch verdammt komische Seiten. Wir wären am liebsten hiergeblieben und hätten uns ausgeruht, aber die Grube bot uns nur noch für kurze Zeit Schutz. Die NVA-Soldaten wußten, daß wir hier steckten, und sie gingen in Position, um das Feld zu stürmen. Entweder kamen wir aus diesem Loch heraus oder wir wurden zusammengeschossen und konnten uns gleich neben diese Dumpfbacke von Wasserbüffel legen. Ich wickelte das viereckige Signaltuch aus roter Zeltplane aus und legte es auf den Boden der Grube, in der Hoffnung, daß unser FAC-Kommandeur im Flugzeug irgendwo über uns das Notsignal sehen und Luftunterstützung anfordern würde. Dann sagte ich zu Morgan: „Das ist unsere letzte Chance, Kumpel – los, raus aus dem Loch."

Wir mußten einzeln weiter. Das Feuer der NVA-Truppen war so stark, daß Morgan nicht sich selbst in Sicherheit bringen und gleichzeitig mich retten konnte. Unser beste Chance, unsere einzige Chance war, daß Morgan sich einen Weg durch den Feuerhagel kämpfte bis zum Sammelplatz, wo er Luftunterstützung anfordern konnte.

Bevor er aus der Grube kletterte, schaute er mich kurz an, als wolle er mir noch eine Chance geben, es mir anders zu überlegen.

„Geh schon", sagte ich. „Hol Hilfe für uns."

„Wir holen dich raus, Billy", sagte er.

Morgan schwang sich aus der Grube und kroch tief gebückt in Richtung Sammelplatz.

Ich war wieder auf mich gestellt. Durchgeweicht von der Hüfte abwärts und schlammverschmiert, spürte ich, wie sich Blutegel an der Wunde in meinem Knie festbissen. Feindliches Gefechtsfeuer dröhnte ohne Unterbrechung über die Grube; ich nahm es fast nur noch als Hintergrundgeräusch wahr. Ich wünschte Morgan in Gedanken viel Glück, als ich mein Bein aus dem Büffelloch zog und in Richtung des Sammelplatzes loskroch. Ich war vollkommen hilflos, aber wild entschlossen, hier lebendig rauszukommen.

Karte des Gefechtsschauplatzes

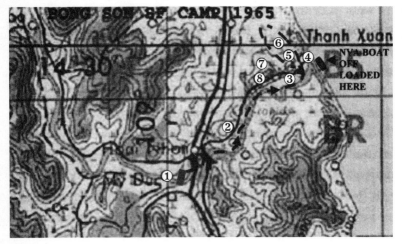

① *0100 SF Camp Bong Son – 1965. Koordinaten: N 14° 29' 30",
O 109° 01' 00" April 65, Ausgangspunkt des Angriffs.*
② *0300 Gefangennahme ein eingeschlafener NVA-Wachposten, erbeuten volles Erste-Hilfe-Kit, neuen Kampfanzug, gute Ausrüstung, Chicom-Pistole.*
③ *0500 Gefangennahme ein Mann/eine Frau bei Essenszubereitung, beide mit AK-47 bewaffnet.*
④ *0515 töten 60+ bewaffnete NVA, die in drei Hütten nächtigen, hatten Angriff auf US-Kräfte geplant.*
⑤ *0600 töten zusätzlich 100+ NVA, als sich Angriffstruppe durch das Zielgebiet bewegt.*
⑥ *0645 MSG Waugh hört chinesische Hörner, die zur Gegenattacke der NVA blasen. Waugh gibt Befehl zum Rückzug.*
⑦ *0730 hohe Verluste bei Verbündeten, als der Feind aus dem Hinterhalt Verbündete angreift, die über ein Reisfeld fliehen. Waugh SWIA, Brown KIA, 80 Verbündete SWIA/KIA. Gebiet des Wafferbüffellochs – die Schlacht dauert sechs Stunden.*
⑧ *Sammelstelle, an der MEDEVAC-Hubschrauber WIA aus- und Munition für belagerte Verbündete einfliegen.*

Kaum fünf Meter weiter erwischte es mich wieder. Diesmal war es am schlimmsten: Das runde Geschoß drang geradewegs durch die Sohle meines rechten Springerstiefels und zertrümmerte den Mittelfuß unterhalb des großen Zehs und der beiden danebenliegenden Zehen. Es schlug durch Fleisch und Knochen und trat oberhalb des Fußgelenks wieder aus.

Die Schmerzen. O Gott, was für Schmerzen. Solche Schmerzen kann man mit Worten nicht beschreiben.

Zum ersten Mal ging mir der Gedanke durch den Kopf: *Verdammt, meine Karriere beim Militär ist vorbei. Ich werde nie wieder auf einem Schlachtfeld stehen.*

Ich drückte das Gesicht in den Boden, und da sah ich das grüne Geschoß auf der braunroten Erde, wo es ein paar Zentimeter vor meiner Nase wie ein funkensprühendes Feuerwerk rotierte. Diese grüne Leuchtspurmunition glühte zehn Sekunden lang, und nach ein paar Momenten verlosch sie. Im Kopf rechnete ich die Entfernung zu meinem Gegner aus: Wer immer das Geschoß abgefeuert hatte, befand sich höchstens fünfzig Meter hinter mir.

Ich kroch weiter, zwang mich irgendwie Zentimeter um Zentimeter vorwärts auf ein Bambusgehölz zu, das etwa zwanzig Meter vor mir lag. Mein rechtes Bein war nutzlos, ich zog es mitsamt der offenliegenden Knochen hinter mir her. Schweiß tropfte mir von der Stirn, und immer mehr Blutegel machten sich an den frischen Wunden zu schaffen. Nirgends hörte ich einen Ton von meinen Leuten.

Die Leuchtspurgeschosse flogen grün leuchtend über mich hinweg wie eine gottverdammte Lichter-Show.

Ich sagte mir, daß ich weiterkommen mußte, irgendwie weiterkommen. Ich konnte nicht mehr kämpfen, aber noch konnte ich dem Gegner entkommen. Es dauerte volle zehn Minuten, aber irgendwie schaffte ich die zwanzig Meter bis zu dem dichten Gehölz. Ich kroch dahinter, so daß der Bambus zwischen mir und dem Feind stand.

Mein Herz schlug wie wild, ich kriegte kaum noch Luft. Von den Schmerzen und der Anstrengung war ich schweißgebadet.

Weiter konnte ich nicht. Der Friedhof lag vor mir in der Höhe, vielleicht vierzig Meter westlich und dann noch fünfzig

Meter hoch. Dorthin schaffte ich es auf keinen Fall, nicht bei diesem Beschuß, nicht in meinem Zustand.

Kampfgebiet Bong Son, April 1965
Das Kampfgebiet von 05.00 bis 14.00 Uhr

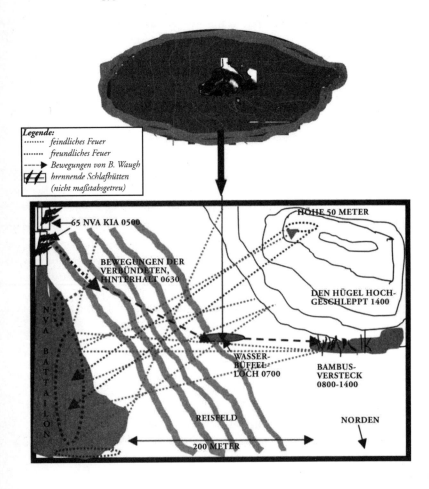

Während die Kugeln der NVA in den Bambus einschlugen oder daran abprallten, schaute ich mir meine Verletzungen an. Die Knochen von meinem rechten Fuß und Fußgelenk lagen frei. Weiß wie Schnee ragten sie über mein rechtes Schienbein. Mein Fuß war halb abgerissen, und alles war voller Blut. Mein rechtes Knie war voller Schrot und von Blutegeln bedeckt. Ich hatte noch einen Schuß ins linke Handgelenk abgekriegt, die Kugel war an meiner Uhr entlanggeschrappt. Der rational denkende Teil meines Gehirns konstatierte: *Du wirst nie wieder laufen können.* Aber der Rest von mir sagte: *Irgendwie schaffe ich es, irgendwann komme ich wieder hierher zurück und kämpfe.* Ich suchte in meinem Rucksack nach den Notfallspritzen und verabreichte mir selbst drei Schuß Morphium. Dann wartete ich darauf, daß die Betäubung einsetzte, aber die Spritzen zeigten keine Wirkung. Dieser Art von Schmerzen kam man so nicht bei. Die drei Schuß Morphium richteten soviel aus wie ein paar halbvolle Sandsäcke bei einer Überschwemmungskatastrophe.

Ich muß zugeben, daß meine Lage mich ziemlich demoralisierte. Meine ganze Zukunft hing davon ab, wie es hier, in diesem kleinen Versteck im Bambus, mit mir weiterging. Mein weiteres Schicksal entschied sich genau hier.

Die NVA-Truppen wußten genau, wo ich steckte, deshalb war es egal, ob sie mich sehen konnten. Ich schaute mich in meiner Umgebung um und sah, daß unsere Männer vom Friedhof aus das feindliche Feuer erwiderten. Ich konnte Davis an dem Sammelplatz erkennen, und er schien in meine Richtung zu blicken. Ich schrie zu ihm hinüber, brüllte ihn an, er solle taktische Luftunterstützung anfordern.

„Ich kann nicht", schrie er zurück. „Das beschissene Funkgerät ist total im Arsch. Hat an die dreißig Kugeln abgekriegt."

Einen Moment lang war ich wie vor den Kopf geschlagen. Das war schlimmer, als ich es mir vorgestellt hatte. Ich schaute hilflos zu Davis hoch und brachte keinen Ton heraus.

Davis brüllte: „Ich komm und hol dich, Billy!"

Im Schutz unseres Deckungsfeuers arbeitete sich Davis den Hügel hinunter. Er kam bis zu einer Stelle im Bambus drei Meter von mir entfernt, wo er selbst noch etwas geschützt war. „Wie sieht's aus, Billy?" fragte er.

„Sie haben mich ziemlich übel zugerichtet", sagte ich.

Er fragte mich, ob ich noch ein Funkgerät hätte, dann kapierte er, daß ich nichts mehr hatte, überhaupt nichts mehr. Ich schaute Davis direkt in die blauen Augen und wußte, daß er dasselbe fühlte wie ich: Angst, richtige Scheißangst. Ich brachte nur noch ein Flüstern zustande. „Wir haben eh schon Riesenprobleme am Hals. Aber jetzt steht's wirklich beschissen um uns, mein Freund."

Bevor ich den Satz zu Ende gebracht hatte, kriegte Davis einen Schuß an der rechten Hand ab. Die Kugel rasierte die Fingerspitzen glatt ab, und er schrie und fluchte. Von seiner Hand spritzte Blut.

„Verdammt noch mal, jetzt kann ich nicht mal mehr schießen", brüllte er. „Ich bin Rechtshänder."

Da lag ich, konnte mich nicht bewegen und hoffte nur, daß Davis lebendig hier rauskam. Trotzdem fiel mir nichts Besseres ein als: „Na, verdammt, Paris – dann mußt du eben mit der linken Hand abdrücken."

Mit Davis' abgeschossenen Fingern war auch jede Hoffnung verschwunden, daß er mich rausholen könnte. Er kletterte wieder zurück, hoch zu der höchsten Stelle des Friedhofs, wobei er die verletzten Finger mit seiner guten Hand umklammerte. Dann versuchte er, irgendwie dem FAC-Kommandeur zu signalisieren, daß unsere Einheit medizinische Notfälle evakuieren mußte und dringend Kommunikationsausrüstung brauchte. Weil wir den Funkkontakt verloren hatten, waren die Kommunikationsmöglichkeiten auf die Signaltücher und Spiegel beschränkt.

Davis war gerade zum Sammelplatz zurückgekehrt, als der US-Luftwaffenpilot in der zweisitzigen OE-1 über uns eine Einschätzung der Lage vornahm und zu dem Schluß kam, daß die NVA das Schlachtfeld kontrollierte. Das Gefechtsfeuer sah wie eine riesige Weihnachtsfeier aus – Massen grüner NVA-Geschosse gingen in die eine Richtung, und ziemlich wenige rote US-Leuchtspurgeschosse kamen zurück. Er kapierte, daß wir massive Probleme hatten. Dem Luftlandekommando meldete er, daß

US-Truppen in Schwierigkeiten steckten und sofortige taktische Unterstützung erforderlich war.

Nach kurzer Zeit hörten wir den süßen Klang von F-8-Jets und F-4C-Phantomjägern, die niedrig und schnell über das Schlachtfeld flogen. Der Air-Force-Kommandeur verstand es meisterhaft, diese schnellen Flugzeuge einzusetzen, und er brachte die Kampfjets in Position und befahl niedrigen Napalmbeschuß und Flächenbombardement. Die Vögel gingen paarweise vor, wobei der eine den anderen deckte, wenn sie herabstießen und ihre Napalmbomben auf dem Reisfeld absetzten und das Areal östlich davon bombardierten, wo die NVA-Truppen sich gesammelt hatten.

In der Schlacht von Bong Son fand der erste taktische Lufteinsatz im Vietnamkrieg statt, bei dem Kampfflugzeuge von Flugzeugträgern aus starteten. Die Luftwaffe hätte keinen besseren Zeitpunkt wählen können. Die Flugzeuge kamen von der *USS Washington*, einem Flugzeugträger, der im Südchinesischen Meer lag. Ich hatte noch nie etwas Schöneres gesehen. Die Kampfflugzeuge brachten den Vormarsch der NVA-Truppen zum Stillstand und retteten dadurch solche wie mich, die sich nicht mehr verteidigen konnten. Das Napalm landete in meiner Nähe, und ich spürte die Hitze und konnte das Kerosin der Flugzeugmotoren riechen. HE-Bomben detonierten überall mit ohrenbetäubendem Krachen, aber es war Musik in meinen Ohren.

Verdammt, ich liebe solche Luftangriffe.

In dem ganzen Chaos brüllten die NVA-Soldaten immer noch und bliesen in ihre verteufelten Hörner. Sie kamen bis auf fünfundzwanzig Meter an mich heran. Die Luftangriffe verlangsamten ihr Vorwärtskommen, aber es waren so viele, daß sie einfach nicht zu stoppen waren.

Sie kamen immer näher. Ich saß in der Falle, eingekeilt zwischen dem Gewehrfeuer, dem Bambus und meiner mir plötzlich bewußt werdenden Sterblichkeit. Es sah nicht gut für mich aus. Jetzt wäre wahrscheinlich ein guter Moment, dachte ich, um ein paar Worte mit dem alten Herrn da oben zu wechseln. Jetzt oder nie, richtig? Ich brachte mein Gehirn auf die passende Wellenlänge und machte ein paar Versprechungen. „Hör zu", sagte ich laut. „Ich bin dir 'ne ganze Menge schuldig. Ich mach dir einen

Vorschlag: Du holst mich aus diesem Schlamassel raus, und du kriegst mich. Ich bin dein."

Meine Gebete wurden erhört, aber die Kavallerie kam nicht angeritten und rettete mich, zumindest nicht gleich. Zuerst erwischte mich noch eine Kugel. Als ich mich tiefer in den Bambus drückte, den Blick abgewandt von den freiliegenden Knochen und den Blutegeln, die meine Situation weidlich ausnutzten, streifte das Geschoß die rechte Seite meiner Stirn. Ich weiß es nicht sicher, aber ich glaube, die Kugel war vom Bambus abgeprallt, bevor sie mich traf. Sie riß einen sechs Zentimeter langen, tiefen Streifen aus meiner Stirn, und es fing sofort an zu bluten, als hätte man einen Wasserhahn aufgedreht.

Das klingt jetzt wie die Pointe von einem saudummen Witz, aber man hat wirklich einen schlechten Tag, wenn ein Kopfschuß noch das beste daran ist.

Dabei hat diese Verletzung mir das Leben gerettet. Ich wurde sofort ohnmächtig und sah durch das viele Blut verdammt mausetot aus. Viel gefehlt hatte wirklich nicht, und die Kombination aus offenen Knochen, den Blutegeln, den Verletzungen an Knie, Handgelenk und Stirn – jeder hätte mich für tot liegen lassen, der mich so auf einem Schlachtfeld gefunden hätte.

Ich erwachte in einem undeutlichen Nebel, die Sonne brannte heiß auf mich herunter. In meinem Gehirn war alles verschwommen, und ich war so durch den Wind, daß ich nichts mit Sicherheit erkennen konnte. Aber nach der Position der Sonne zu schätzen, lag ich schon mindestens acht Stunden hier.

Der Schlamm auf mir war zu einer harten Schicht getrocknet. Überall waren Blutegel. Die offenliegenden Knochen in meinem Bein waren von der Sonne vollkommen ausgedörrt. Wegen des geronnenen Bluts auf meiner Stirn hatte ich Schwierigkeiten, etwas zu sehen, aber ich merkte auch so, daß ich vollkommen nackt war. Sie waren über das Feld gekommen und hatten mir die Kleider abgenommen, meine Rolex, meine ganze Ausrüstung – alles. Was mir das Leben gerettet hatte, war die Antwort des alten Herrn auf meine Gebete – ein Streifschuß an die Stirn. Selbst jetzt, wo ich das alles aufschreibe, hat der Alte noch was gut bei mir wegen des Versprechens von damals.

Ich hörte einen Hubschrauber. Das Geräusch drang nach und nach zu meinem Bewußtsein durch. Zum ersten Mal, seit dieses Leuchtspurgeschoß vor fast zehn Stunden mein Knie getroffen hatte, spürte ich so was wie Hoffnung. Der Chopper brachte neue Funkgeräte. Ich versuchte, zu ihm hinzukriechen, aber es war unmöglich. Obwohl die Phantomjäger der Marine das Schlachtfeld immer noch bombardierten, hatten die nordvietnamesischen Soldaten das Feuer keinesfalls eingestellt, im Gegenteil.

Einer unserer Männer von den Special Forces, Sergeant First Class John Reinburg, war mit einem der Hubschrauber gekommen und kroch trotz des feindlichen Beschusses bis zu dem Bambus. Reinburg war der Artillerie-Spezialist unseres Teams, und er wollte die Rettungsaktion unterstützen. Ich schaute hoch zu ihm in seinem US-Tarnanzug und wußte nicht, ob er wirklich da war oder ob ich Halluzinationen hatte.

„Billy, hör mir zu", sagte Reinburg. „Wir holen dich jetzt raus aus dieser verflixten Scheiße."

Mir war das sehr recht, und meine Stimmung verbesserte sich immens, aber ich hatte keine Ahnung, wie er das bewerkstelligen wollte. Inzwischen war ein Transporthubschrauber auf der anderen Seite des Sammelplatzes gelandet. Wir waren immer noch vierzig Meter vom Fuß des Hügels entfernt. Und von dort mußten wir fünfzig Meter unter feindlichem Beschuß hochklettern und es dann noch bis zum Hubschrauber schaffen.

Reinburg packte mich von hinten, hielt mich unter den Armen und schleppte mich in Richtung Hügel. Wir verließen die Deckung des Bambusgehölzes. Leuchtspurgeschosse zischten an uns vorbei, aber es waren weniger, als ich erwartet hatte. Ich hörte meine Kameraden aus den Special Forces, die uns vom Hügel herab anfeuerten. Irgendwann war Davis neben Reinburg, und sie schleiften mich gemeinsam, immer zwei Meter am Stück. „Wir schaffen es, Billy. Wir schaffen es", sagten sie immer wieder.

Ich fing an, ihnen zu glauben. Sie zogen mich den Hügel hoch, und die ganze Zeit schlotterten die Knochen von meinem rechten Fuß und dem Gelenk unter mir herum. Die Schmerzen waren so stark, daß mir schlecht wurde. Wir kletterten immer höher, bis ich über meiner Schulter den Gipfel des verdammten Hügels sehen konnte. Wurde ich gerade wirklich gerettet? Nach allem, was heute passiert war, konnte ich kaum glauben, daß es vorbeisein sollte. Ich war mir nicht sicher, ob es real war oder ich mir alles nur einbildete.

Wir näherten uns der Spitze des Hügels, und Reinburg packte mich und zog mich die letzten paar Meter nach oben. Dort ließ er meinen Körper auf den Boden gleiten und richtete sich über mir auf. In diesem Moment erwischte ihn eine Kugel in der linken Brusthälfte, genau über dem Herzen. Als er zu Boden ging, traf ihn eine zweite Kugel etwa zwanzig Zentimeter darunter. Die Kugeln hatten sein Herz verfehlt, aber beide Lungenflügel zerrissen. Jetzt waren wir beide schwer verletzt. Reinburg, der mich vor ein paar Augenblicken noch heroisch gerettet hatte, war in einem schlimmeren Zustand als ich.

Ich dachte nicht an die Schmerzen und kroch mit Davis' Hilfe zu dem Hubschrauber. Nahe am Boden war ich relativ sicher, und zum ersten Mal seit einer Ewigkeit glaubte ich, daß ich tatsächlich überleben könnte. Ich dachte nichts außer *Kriech weiter, du Arsch, kriech weiter –*, bis ich so nah an dem Hubschrauber war, daß sie mich einladen konnten. Ich blickte zu Davis, Morgan und den wenigen Söldnern unter den Überlebenden, die es bis auf die Anhöhe geschafft hatten. Wir brauchten hier unbedingt Maschinengewehre, um die NVA abzuwehren. Sonst überrannten sie den Hügel einfach in einer Pause zwischen den Luftangriffen.

Davis half mir in den Hubschrauber. Ich war ihm und dem verletzten Reinburg mehr als Dankbarkeit schuldig. Sie waren bei mir geblieben und hatten mir aus meiner hoffnungslosen Lage herausgeholfen.

Gerade als man mich auf den Boden des Hubschraubers legte, erwischte ein grünes Leuchtspurgeschoß einen der Bordschützen am linken Arm. Die Wucht der Ladung riß ihm den Arm fast ganz am Ellbogen ab. Der Mann starrte mit aufgerissenen Augen auf den halben Arm, der nur noch an einem dünnen Knorpel hing, er war zu schockiert, um zu reagieren. Körper wurden neben mich und unter mich und über mich gelegt, und als der Boden des Hubschraubers mit Verletzten bedeckt war, wurden sie eben auf meinen nackten Körper draufgestapelt. Überall im Rettungshubschrauber war geronnenes Blut, verbrannte Haut und offen liegende Knochen, die Verwundeten brüllten vor Schmerzen. Mir machte das nichts aus. Menschliche Würde war hier kein Thema. Die Schreie verschmolzen zu einem einzigen Laut, ein fortwährendes schmerzhaftes Wimmern.

Ich wollte so schnell wie möglich weg von hier und wieder gesund werden. Je schneller ich wegkam, desto früher konnte ich wieder zurück. Ein Schritt nach dem anderen.

Der Hubschrauber hob ab, und ich war weg vom Schlachtfeld. Trotzdem hörte mein Kopf nicht auf zu arbeiten. Ich verschaffte mir ein bißchen Platz auf dem Boden des Hubschraubers und benachrichtigte meinen Funker, Sergeant First Class Kenneth Bates. Er war im Lager geblieben, um Funksprüche zu empfangen und zu versenden. Ich wies ihn an, mit dem nächsten Hubschrauber mindestens zwei 0,30-Kaliber-Maschinengewehre zum Sammelplatz zu schicken. Und ich befahl ihm, Davis und den anderen Jungs Munition und zwei tragbare PRC-25-Funkgeräte zu bringen, bevor sie überrannt wurden. Bates gab mir ein „Alles okay" durch, als wir gerade auf dem Weg in die Krankenstation in Qui Nhon waren.

Bong Son war eine blutige, häßliche Schlacht. Zu diesem Zeitpunkt war es die größte Landschlacht des Vietnamkrieges gewesen. Brown starb an der Kopfverletzung, die er früh im Kampf erhalten hatte. Die anderen drei Männer der Special Forces – Morgan, Davis und ich – waren durch eine Kombination aus Glück und Willenskraft mit dem Leben davongekommen. Nur fünfzehn der sechsundachtzig Söldner überlebten, unser Angriff hatte achtzig Prozent der Truppen das Leben gekostet. Neunzig waren losgezogen und achtzehn wieder herausgekommen, aber keiner der Überlebenden konnte noch aufrecht stehen.

An diesem schicksalhaften Tag wurde schließlich eine Ranger-Einheit in das Zielgebiet eingeflogen. Nach ihren Schätzungen hatte die NVA mehr als sechshundert Männer in der Schlacht von Bong Son verloren. Soldaten der NVA waren auf dem Pfad, in den Hütten und im Reisfeld getötet und von den Bombardements der F-8-Jets und der F-4C-Phantomjäger niedergemäht worden.

Als der Hubschrauber von der Landezone über dem Reisfeld mit meinem zerschundenen Körper an Bord abhob, sah ich unter mir die grünen Leuchtspurgeschosse, die immer noch über die Leichen auf dem Schlachtfeld flogen. In diesem Moment schwor ich mir: So durfte ich meine Karriere beim Militär nicht enden lassen. Ich war brutal zusammengeschossen worden und einige meiner Körperteile waren in die Brüche gegangen, aber das konnte nicht das Ende sein.

Als das Reisfeld unter mir immer kleiner wurde, schwor ich mir noch etwas: Hier fand ein Krieg statt, für den es sich zu kämpfen lohnte. Vietnam war damals unser einzig echter Krieg.

Und ich wollte einer der Männer sein, die in diesem Krieg kämpften.

2

Niemand sagte einen Ton, aber von allen Seiten wurde mir vermittelt, daß ich furchtbar aussah. Im 8. Feldhospital in Nga Trang begrüßte mich gleich beim Ausladen aus der Ambulanz eine Krankenschwester mit einem erschreckten Aufschrei. Sie stieß einen Fluch aus und wandte sich ab. Ich dachte schon, jetzt kotzt sie mir vor die Füße. Aber sie schüttelte bloß den Kopf und blickte mich über die Schulter an. „Ich kann alles in diesem Krieg ertragen", sagte sie. „Aber diese verdammten Blutegel machen mich fertig."

Die anderen Krankenschwestern sahen mich genauso entsetzt und angeekelt an. Dabei paßten ihre Reaktionen so gar nicht zu meiner Stimmung. Ich war überglücklich, daß ich am Leben war, vollgepumpt mit Demerol und Morphium und schwindlig im Kopf vom massiven Blutverlust. Auf dem Flug von Qui Nhon hatte ich am laufenden Band mit der Crew des Army C-7 Caribou Witze gerissen. Die beiden Piloten schüttelten nur den Kopf, als wäre ich geradewegs von einem anderen Stern in ihren Flieger gefallen. Angesichts meiner Lage war ihre Verwunderung nur zu verständlich: Meine Klamotten waren weg, ich lag splitternackt in ein Leinentuch gewickelt auf der Bahre. Eine ganze Kolonie von Blutegeln hielt ein Festmahl auf meinem Körper ab, und ich lachte und frotzelte, als wäre ich total übergeschnappt. Aber in diesem Zustand konnte mich nichts und niemand mehr beleidigen. Ich war am Leben, Mensch – *am Leben!* Ich hatte gerade Stunden – wie lange eigentlich? Zehn Stunden? – in der Hölle verbracht, mit einem Feind, der absolut sauer war und sehr gut bewaffnet. Und ich war lebendig rausgekommen. Ich war, verdammt noch mal, lebendig aus dieser Scheiße rausgekommen. Was waren dagegen schon ein paar mickrige Blutegel? Kapierten diese Leute nicht, daß ich dem Teufel gerade noch mal knapp von der Klinge gesprungen war? Sahen sie mir nicht an, daß ich gerade noch in der Hölle gelegen hatte? In diesem Moment, in diesem kurzen euphorischen Freudentaumel dachte ich, daß mein Anblick alle Welt glücklich machen müßte.

Doch das war nur meine Sicht der Dinge. Für die Menschen, die mit mir in Kontakt kamen, lag da ein blut- und dreckverschmierter, mit Blutegeln bedeckter Mann auf der Bahre. Die Knochen meines rechten Fußes ragten über Spann Schienbein. Überall war Blut, das aus den Verletzungen am linken Fußgelenk, am rechten Knie, am linken Handgelenk und aus dem tiefen Streifschuß an meiner Stirn sickerte.

Das Feldlazarett sah ziemlich genauso aus wie in der Fernsehserie MASH. Der Arzt warf nur einen Blick auf mich, dann wies er die Schwestern an, mich für die Wundsäuberung fertig zu machen. Ich bekam eine Spritze mit einem starken Betäubungsmittel verpaßt, und weg war ich. Total hinüber. Was ich noch an Blut übrig hatte, wurde mit Medikamenten geflutet. Die nächsten elf Monate schleppten sich mit qualvollen Rehabilitationsmaßnahmen und nicht enden wollenden Frustrationen dahin. Ich konnte mich nur schwer an das Hochgefühl erinnern, das ich auf dem Flug ins Lazarett gespürt hatte.

Ich weiß nicht mehr, wie lange ich insgesamt im 8. Feldlazarett lag. Wahrscheinlich zwischen fünf bis acht Tage. Mit mir auf der Station waren noch zwei andere Schwerstverwundete, und als ich aus der Betäubung erwachte, erkannte ich den Patienten rechts neben mir: Es war Reinburg, der Artillerie-Spezialist aus meinem Team, den es zweimal in der Brust erwischt hatte, nachdem er mich aus dem Bambus hoch auf den Hügel geschleppt hatte. Er schrie vor Schmerzen, und gleich ein paar Ärzte kümmerten sich um ihn und den anderen Mann.

Ich lag da, neben mir Reinburg, der brüllte und heulte, und ich konnte es immer noch nicht fassen, daß ich es bis hierher geschafft hatte. Vor vierundzwanzig Stunden hätte ich nicht mal mehr mein letztes Hemd darauf verwettet. Allmählich spürte ich, wie die Wirkung des Demerol einsetzte. Reinburg brüllte immer noch furchtbar, aber seine Schreie wurden leiser, bis ich sie nur noch wie aus weiter Ferne hörte und allmählich wegdämmerte.

Ein- und auftauchen. Kurz da und wieder weg. Schlafen, wachen, irgendwo dazwischen. Das war mein Tagesablauf im 8. Feldlazarett. Fünf Tage, sieben, acht – keine Ahnung, wie lange mein Leben nur diesem Rhythmus folgte. Wenigstens die Hälfte der Zeit verbrachte ich in einem diffusen Medikamentennebel. Meistens schlief ich. Wenn meine persönliche Schmerzgrenze überschritten wurde, schrie ich so lange, bis jemand mir Demerol spritzte. Die Tage und Nächte verrannen wie hinter einem Dunstschleier, der alles gleichmachte. Mein Leben war auf zwei Empfindungen reduziert: Schmerz, und das Gefühl, wenn der Schmerz nachläßt. Ich kriegte nichts von dem mit, was um mich herum vor sich ging. Für gewöhnlich döste ich für vier Stunden, dann wurden die Schmerzen so stark, daß ich aus dem Dämmerzustand hochschreckte und schlagartig wach wurde. Ich schrie, man solle mir Demerol geben, dann versank ich wieder im Nebel. Ich hatte wenig klare Momente. An einen Tag erinnere ich mich, als mir General William Westmoreland ein Purple Heart an den Schlafanzug steckte. „Master Sergeant Waugh", sagte er, „dies ist Ihr sechstes Purple Heart. Ihr Land und ich danken Ihnen für Ihren harten Einsatz." Ich schaute General Westmoreland mit einem blödsinnigen Grinsen im Gesicht an und murmelte ein paar Dankesfloskeln.

An meinem letzten Tag im Feldlazarett wurde ich zur Abreise fertig gemacht und auf eine Tragbahre gelegt. Ich hatte immer noch schlimme Schmerzen, die nur durch das Demerol im Bereich des Erträglichen gehalten wurden. Die Schwestern wünschten mir alles Gute für die Reise. Die eine, die mich mit einem Entsetzensschrei begrüßt hatte, sagte mir noch, daß sie über dreißig Blutegel von meinem Körper entfernt hatten. Zum Abschied warf sie mir einen Blick zu, als könne sie es immer noch nicht glauben.

Wegen der Verwundungen wurde ich zum ersten Mal seit fünf Jahren zurück in die Vereinigten Staaten geschickt. Ich war mit den 5th Special Forces ohne Unterbrechung außerhalb des Landes im Einsatz gewesen, und ich hatte nie vorgehabt, jetzt schon zurückzukommen. Aber ich wurde ins Walter Reed Militärkrankenhaus in Washington überwiesen. Der rechte

Fuß, das Gelenk und das Bein waren die schlimmsten Verletzungen, aber zu dieser Zeit bekam mein linkes Fußgelenk höchste Priorität. Die Schußverletzung hatte sich schlimm entzündet und sah ziemlich übel aus – die Kugel hatte ein Stück des Gelenkknochens abgesplittert und mehr als zwanzig Zentimeter Haut vom Schienbein weggerissen. Der untere Teil meines Beins wurde von über zwanzig Metallklammern zusammengehalten, und die Schwellung des entzündeten Beins drückte immer stärker gegen die Klammern.

Im Walter Reed arbeiteten die besten Ärzte der Army, Spezialisten für das Zusammenflicken von zerschossenen Körpern. Und ich war dringend auf ihre Künste angewiesen, und zwar so schnell wie möglich. Daß sie mich in die Abteilung des Krankenhauses steckten, in der Amputationen von der Hüfte abwärts behandelt wurden, munterte mich nicht gerade auf. Es war ernst, und ich hatte noch einiges vor mir, damit mir alle Gließmaßen meines Körpers erhalten blieben.

Mein linkes Bein und das Fußgelenk sprachen auf die Behandlung mit Antibiotika an, und nach und nach verringerte sich der Druck auf die Metallklammern. Inzwischen hatten sich aber mein rechtes Bein und das rechte Gelenk entzündet. Egal, welche Behandlungsmethode die Ärzte auch anwendeten, die Wunden heilten nicht ab. Aber ich mußte einfach gesund werden. Ich hatte es mir in den Kopf gesetzt, wieder vollständig gesund zu werden, und deshalb mußte ich es schaffen. So wie ich die Dinge sah, war es absolut notwendig, daß ich wieder ins Kriegsgebiet kam, und es ärgerte mich maßlos, daß die Wunden so langsam heilten, und ich nicht zurück nach Vietnam konnte.

Ganz vertan war die Zeit im Walter Reed Hospital aber auch nicht. Ich bekam dort auf der Station den Silver Star für Tapferkeit während meines Einsatzes beim Angriff auf Bong Son verliehen. Ich gebe nicht viel auf Medaillen – deshalb bin ich nicht in der Army –, aber es war schon ein gutes Gefühl, als man mir die dritthöchste militärische Auszeichnung des Landes an die Brust steckte.

Ansonsten waren im Krankenhaus Langeweile und Galgenhumor angesagt. Einmal besuchte ich einen Tanzclub in Washington D.C., das rechte Bein noch ganz in Gips und das linke

BILLY WAUGH

vom Knie abwärts. Ich war mit einem Army Sergeant da, der den rechten Fuß unterhalb des Knöchels verloren hatte. In dem Club wurden für fünfundzwanzig Cent Tickets verkauft, die man für jeden Tanz bei der Gastgeberin ablieferte. Wir hatten schon ein paar Bier zu viel hinter der Binde, als der Sergeant vom Klo zurückkam und sagte: „Schau dir mal meine Schuhe an. Fällt dir irgendwas auf?"

Sogar in meinem Zustand konnte ich erkennen, daß er seine Prothese falsch herum angeschnallt hatte, und die Spitze des rechten Schuhs nach hinten zeigte. Er grinste und sagte: „Paß auf, Billy."

Er ging zu einem hübschen Mädchen und forderte sie zum Tanzen auf. Auf seine Schuhe achtete sie überhaupt nicht, bis das Lied schon zur Hälfte vorbei war und er einen Schritt zurücktrat und fragte: „Fällt Ihnen nichts an mir auf?"

Sie schaute hinunter auf die beiden Schuhe, schrie entsetzt auf und rannte von der Tanzfläche.

Nach dem kleinen Scherz meines Freundes fanden die Damen in dem Club unsere Gegenwart überhaupt nicht mehr angenehm, dafür interessierte sich der Rausschmeißer plötzlich sehr für uns. Er forderte uns auf, sofort zu gehen.

Ich bewunderte solche Männer, die sich ihren Sinn für Humor bewahren konnten, obwohl sie ein Körperteil verloren hatten. Für mich wäre eine Amputation auch psychisch das Ende gewesen. Ich war geschockt, als der Chefchirurg der orthopädischen Abteilung des Walter Reed, Dr. Arthur Metz, verlauten ließ, daß er die Amputation meines rechten Fußes in Betracht ziehen müßte. Nach drei Monaten war das Ding immer noch nicht verheilt. Eine Amputation bedeutete das Aus für meine militärische Karriere, und zwar unwiderruflich.

Es half nichts mehr. Irgendwie mußte ich mit Lügen, Tricks und meinen gesamten Überredungskünsten einen Weg raus aus dieser Scheiße finden.

Also legte ich los.

Als erstes bat ich, so seltsam das auch klingen mag, um neunzig Tage Genesungsurlaub, den ich in der zweiten Hälfte des Juli 1965 antreten wollte. Dr. Metz bewilligte mein Gesuch und empfahl mir, mit einer großen Packung Penizillintabletten nach Hause nach Texas zu gehen und mich dort die vollen drei Monate zu schonen und einfach nur auszuruhen.

Mein Plan sah anders aus. Beim Ausstellen der Papiere für den Genesungsurlaub ließ ich unter die Rubrik „Genehmigte Reiseziele" mehrere Länder eintragen, darunter die Republik Vietnam.

Obwohl mein Fuß und der Knöchel immer noch entzündet und eitrig waren, begab ich mich gleich an meinem ersten Urlaubstag auf eine Reise, bei der ich dreimal das Flugzeug wechseln mußte. Das Ziel der Reise war die Tan Son Nbut Airbase, ungefähr zehn Kilometer von Saigon entfernt. Kaum da, fühlte ich mich sofort wie zu Hause und hielt Ausschau nach meinen alten Freunden von den Special Forces. Ich wollte mich unbedingt mal wieder anständig unterhalten und ein bißchen Spaß haben.

Das Leben in Saigon spielte sich damals in der Tu Do Street ab. Es war eine recht kurze Straße, aber hier gab es Dutzende von Bars. Die Sporting Bar war die Lieblingskneipe meiner Freunde aus den Special Forces. Vierundzwanzig Stunden am Tag versorgte die Bar Angehörige der USArmy mit Drinks und weiblicher Begleitung.

An einem schönen Abend im August prosteten meine Freunde mir zu, und wir tranken wieder einmal darauf, daß ich es geschafft hatte, nach Südvietnam zu kommen. Dabei verloren wir ganz aus den Augen, daß für US-Militärs in Saigon nach Mitternacht Ausgehverbot herrschte. Um 0.30 Uhr betraten zwei uniformierte Männer der Militärpolizei die Sporting Bar, ein weißer Sergeant und ein schwarzer Corporal, und natürlich wollten sie unsere Papiere sehen.

Meine Kumpels waren alle einer neuen Einheit zugeteilt worden, die sich Studies and Observation Group (SOG) nannte, eine Truppe, die der höchsten Geheimhaltungsstufe unterstand und von der CIA befehligt wurde. SOG war 1963/64 eingerichtet worden, mit dem Ziel, einen Guerilla-Krieg in Nordvietnam durchzuführen, der nicht auf die Beteiligung der in Südvietnam stationierten US-Truppen angewiesen war. Meine Freunde bildeten Überläufer von der NVA aus, oder südvietnamesische Soldaten, die unsere Sache unterstützten. Einer der Vorteile der SOG

BILLY WAUGH

war ein „Walk on Water"(WOW)-Paß. Die Jungs zeigten dem Sergeanten ihre WOW-Pässe, und sie waren aus dem Schneider. Der WOW-Paß, auf dem eine rund um die Uhr besetzte Nummer stand, an die alle Nachfragen zu richten waren, war eine offene Einladung, sich im Kriegsgebiet frei zu bewegen. Er gab dem Halter die Erlaubnis, sich überall in Südvietnam zu jeder Tages- oder Nachtzeit aufzuhalten. Mit einem WOW-Paß durfte man überall Waffen tragen. Und jeder Polizist oder sonstige Offizielle hatte Befehl, einen hinzufahren, wohin man wollte. Dummerweise hatte ich keinen WOW-Paß und auch keinen guten Grund, warum ich mich nach Mitternacht im Land und in der Sporting Bar herumtrieb.

Als der MP-Corporal ganz pflichtgemäß nach meinem Ausweis fragte, fischte ich in meinen Taschen nach den Papieren, die bestätigten, daß ich mich im Genesungsurlaub befand. Ich machte ihn auf die Verfügung aufmerksam, die mich zum unbegrenzten Aufenthalt in Südvietnam und anderen Ländern berechtigte. Er blickte auf die Stelle, wo der Ort stand, an dem die Papiere ausgestellt waren – Walter Reed General Hospital, Washington D.C. –, dann schaute er mich an. Man konnte richtig sehen, wie er krampfhaft versuchte, meine Papiere und die Tatsache, daß ich hier vor ihm saß, irgendwie zusammenzubringen.

Ich versuchte es zu erklären. „Ich bin dem Walter Reed General Hospital in Washington unterstellt."

Der verblüffte Ausdruck in seinem Gesicht veränderte sich kein bißchen.

Dann drehte sich der MP-Corporal wortlos um und ging hinüber zu dem MP-Sergeant. Er senkte seine Stimme, aber man konnte ihn immer noch ganz gut verstehen. „Dieser Arsch da hat so komische Papiere von irgendeinem verdammten Krankenhaus in Washington. Was soll ich mit ihm machen?"

Meine Freunde fanden die ganze Situation ziemlich witzig, und auch ich konnte ihr viel Unterhaltswert abgewinnen. Was sollten die beiden schon groß mit mir tun? Mich heimschicken?

„Was zum Teufel haben Sie in Ihrem Genesungsurlaub in Vietnam verloren, Master Sergeant Waugh?" fragte mich der Sergeant.

„Sergeant, ich bin hier auf Besuch bei meinen Kumpels aus den Special Forces."

Darüber mußte er ein paar Sekunden ziemlich ernsthaft nachdenken, dann zückte er sein Funkgerät. Der Sergeant redete mit jemandem, den er mit „Provost 6" anredete – offensichtlich der Kommandeur bei der Militärpolizei, weil „6" immer den Kommandeur einer Einheit bezeichnet. Nach ein paar Takten ungläubigen Schweigens sagte Provost 6: „Bleiben Sie auf Empfang."

Wir warteten fünf Minuten, bis Provost 6 sich wieder per Funk meldete. „Gibt es irgendwelche Probleme mit dem fraglichen Mann?"

„Nein, Sir. Er ist nur nach der Sperrstunde noch draußen", sagte der Sergeant.

„Na gut", meinte Provost 6 dann, „wenn der Verrückte unbedingt seinen Urlaub in Vietnam verbringen will und seine Papiere in Ordnung sind, dann laßt ihn in Ruhe."

Der Sergeant beendete das Gespräch, gab mir meine Papiere zurück und legte noch die Hand zum Gruß an die Mütze, bevor er ging. Der Corporal folgte ihm, wobei er die ganze Zeit den Kopf schüttelte und leise vor sich hin brummte. Er kapierte einfach nicht, warum ich mich nicht daheim verwöhnen ließ, und ich habe nur wenige Menschen kennengelernt, die das wirklich verstanden haben.

Nach ein paar Wochen in Vietnam befolgte ich dann doch die Befehle von Dr. Metz und ging im September 1965 zurück nach Austin, Texas, wo ich meinen Genesungsurlaub zu Ende brachte. Der Gips an meinem rechten Bein war praktisch in Auflösung begriffen, und die Entzündung im Fuß suppte durch das brüchig gewordene Material. Der Gestank war unerträglich. Ich quartierte mich vier oder fünf Tage bei meiner Schwester in Bastrop ein, dann setzte ich mich in eine Maschine nach Fort Bragg in North Carolina, wo ich mir den Gips abnehmen und durch einen neuen ersetzen ließ. Ein paar Tage vor dem offiziellen Ende meines Urlaubs meldete ich mich im Walter Reed bei Dr. Metz zum Dienst zurück.

Mein Wunsch, nicht nur als Zuschauer zurück ins Kriegsgebiet zu kommen, war durch die Reise nach Vietnam nur noch stärker geworden. Auf einem Trip zum Pentagon lernte ich Billie Alexander kennen, eine großartige Frau und Offizierin, die für den Einsatz aller Unteroffiziere in den US Army Special Forces zuständig war. Das bedeutete, daß sie bei der Versetzung jedes Green Beret beteiligt war, was ihre Position für mich sehr interessant machte. Daß Billie A. und ich uns auch außerhalb des Dienstes ziemlich nahe kamen, schadete meiner Sache auch nicht, im Gegenteil.

Innerhalb der SOG war nach Informationen von Billie eine neue Mission geplant, deren Chancen auf Erfolg um einiges besser standen als die von früheren Aktionen, die allesamt gescheitert waren. Die neue Mission war top secret, aber ich fand heraus, daß die SOG Operation 35 in Gang setzen wollte, eine Einheit, die unter der Führung der Amerikaner Einsätze hinter den feindlichen Linien in Kambodscha, Laos und Nordvietnam durchführen, abgeschossene Piloten herausholen und der NVA das Leben auf dem Ho-Chi-Minh-Pfad zur Hölle machen sollte.

Etwas Besseres kam nicht mehr, und ich war genau der richtige Mann dafür. Seit meinem Eintritt 1953 in die Special Forces war ich mir einer Sache nicht mehr so sicher gewesen. Verletzung oder nicht, Infektion hin oder her, egal, ob ich immer noch hinkte: Ich *mußte* einfach bei dieser Einheit dabeisein, das stand für mich felsenfest. Ich war für *Top-Secret*-Einsätze zugelassen, und meine speziellen Kenntnisse – Special Forces Master Sergeant mit Erfahrungen im Bereich Aufklärung und Waffen – wurden bei dieser Art von Militäroperation dringend gebraucht. Eigentlich sah es direkt so aus, als hätten sie bei der Planung von Operation 35 speziell an mich gedacht. Das waren Kampfeinsätze vom Feinsten; man konnte mir den Dienst in dieser Truppe einfach nicht verwehren.

Billie A. brauchte 120 höherrangige Unteroffiziere der Special Forces für den neuen Arm der SOG. Ich bettelte sie an, daß sie mich dorthin abkommandierte, aber sie meinte nur: „Verdammt noch mal, Billy, du humpelst doch immer noch durch die Gegend. Dein Fuß und der Knöchel sind noch nicht verheilt. Keine Chance!"

Aber ich gab nicht auf. Ich heulte, ich versuchte es mit guten Worten und reiner Provokation. Schließlich schlug ich ihr eine Abmachung vor: Sie teilte mich zum Dienst bei der 7th Special Forces Group (A) in Fort Bragg ein. Wenn ich es schaffte, dort einen Monat lang meinen Dienst zu absolvieren, dann versetzte sie mich in die SOG, so daß ich noch rechtzeitig nach Vietnam kam, bevor die neue Bodenoffensive begann.

„Okay", sagte Billie. „Wenn du einen Monat lang in Fort Bragg durchhältst, ohne daß du ins Krankenhaus kommst, dann mache ich es."

Als nächstes mußte ich zusehen, wie ich meinen Arsch endlich aus dem Walter Reed herausbekam. Man hatte mich schon aus gesundheitlichen Gründen entlassen wollen, aber das hatte ich rundweg abgelehnt. Nur eine Woche nachdem ich mich bei Billie A. eingeschmeichelt hatte, überbrachte mir Dr. Metz die schlechten Nachrichten. Die Infektion schlug auf die Behandlung nicht an. Der Fuß mußte amputiert werden.

Dieses Mal war es ihm ernst. Nur mit Mühe konnte ich ihn davon überzeugen, daß er mir noch eine Chance gab. Mit seiner Erlaubnis ließ ich mir den Gips vom rechten Bein nehmen und schluckte weiterhin Penizillin, bis es mir zu beiden Ohren herauskam. Zum Erstauen aller, ich eingeschlossen, reagierte der Fuß endlich. Nach ein paar Wochen konnte ich ohne Krücken durch die Krankenhausgänge hinken. Als sich der Zeitpunkt näherte, an dem endgültig entschieden werden sollte, ob der Fuß oberhalb des Gelenks abgenommen werden mußte, näßte die Wunde immer weniger und trocknete schließlich ganz ab. Ich war überglücklich. Die Wunde schloß sich, obwohl noch mindestens dreißig Schrotkugeln in Fuß und Knöchel steckten.

Im Dezember 1965 wurde ich zur 7th SFG (A) in Fort Bragg versetzt. Ich meldete mich mit einem starken und unübersehbaren Hinken zum Dienst, trotzdem dauerte es keine Woche, bis ich den Befehl kriegte, mich für die SOG zu melden. Auf diese Nachricht hatte ich seit dem Moment gewartet, als der MEDEVAC-Hubschrauber von dem Hügel in Bong Son abhob. Mein Körper war samt aller seiner Einzelteile intakt, und ich hatte mir mit Tricks und Schlichen den Weg zurück ins Kriegsgebiet erstritten. Als glücklicher Soldat kehrte ich nach Vietnam zurück. Ich reiste mit mehr Metall am Leib, als erlaubt war, aber das spielte keine Rolle.

Ich war stur, ich glaubte an mich und ich hielt durch, und alle drei Eigenschaften hatte ich gebraucht, damit ich kriegte, was ich wollte. Verdammt, niemand hätte mich aus Vietnam raushalten können. Ein bißchen wacklig war ich vielleicht noch auf den Beinen, aber ich wußte, wo es langging. Und deshalb kam ich dieses Mal auch nicht nur auf Besuch zurück. Ich kam zurück, um zu kämpfen.

Im Mai 1966 meldete ich mich beim SOG-Kommandeur von Command and Control North (CCN) in Khe Sanh. Natürlich ließ sich nicht verheimlichen, daß meine Mobilität eingeschränkt war; das Hinken war zu sehen, egal, wie mackerhaft ich auftrat. Der kommandierende Offizier schickte mich sofort in ein SOG-Trainingscamp südwestlich von Saigon in der Stadt Long Thanh. Meine Aufgabe – Luftkoordination von SOG-Operationen – paßte mir absolut nicht. Ich war raus aus den Vereinigten Staaten und zurück im Kriegsgebiet, und das war klasse und angesichts dessen, wie mein Bein noch vor ein paar Monaten ausgesehen hatte, fast ein Wunder. Aber sonst gab es nicht viel, das mir meinen neuen Job ans Herz wachsen ließ.

Ich war am richtigen Ort, aber mein Aufgabenbereich – Ausbildung von Luftlandepersonal und Überprüfung von Ausrüstung – war nicht da, wo die Kugeln flogen. Ich wollte dahin, wo die Männer der Special Forces eingesetzt waren, mitten hinein in den Krieg. Da draußen im wuchernden, atmenden Dschungel gab es so viele Gelegenheiten für den Kampf, dahin mußte ich wieder und mit dabeisein. Ich war wieder Teil des Teams, aber ich mußte zurück aufs Schlachtfeld.

Der Name der neuen Einheit, Studier- und Observationsgruppe (Studies and Observation Group, SOG), war der reine Euphemismus, und nicht mal ein besonders treffender. Die SOG war verantwortlich für die gefährlichen und komplizierten Missionen hinter den feindlichen Linien, die alle höchster Geheimhaltung unterlagen. Die Einheit führte zahllose Aufklärungs- und Rettungseinsätze am Ho-Chi-Minh-Pfad durch, in Nordvietnam, Laos und Kambodscha. In gewagten Rettungsaktionen holten Mitglieder der SOG manchmal Soldaten aus dem feindlichen Gebiet, die sonst alle aufgegeben hatten.

Ein kurze und unvollständige Geschichte der SOG: 1965 wurde den Entscheidungsträgern im Weißen Haus klar, daß Ho

Chi Minh und sein kommandierender General, Vo Nguyen Giap, Vorbereitungen trafen, um Männer und Material von Nord- nach Südvietnam zu bringen. Alles sollte auf den verschlungenen Pässen und den labyrinthartigen Pfaden und Straßen transportiert werden, die an der Westgrenze von Nordvietnam entlang nach Laos führten. Insgeheim bauten sie Straßen, auf denen im Schutz des Dschungels Lastwagen, Panzer, Personen und technisches Gerät befördert werden konnten. Ausrüstung wurde getragen oder auf Fahrrädern in den Süden von Vietnam gebracht. Das alles waren Vorbereitungsmaßnahmen für die geplante Übernahme des Landes. Dieses Netz aus Straßen und Pfaden wurde später unter dem Namen Ho-Chi-Minh-Pfad (HCM-Pfad) bekannt.

Unsere U-2-Aufklärungsflugzeuge und die C-130 High Fliers beobachteten die Feindbewegungen während ihrer nächtlichen Erkundungsflüge. Die U-2 machten Aufnahmen, die den HCM-Pfad zeigten, als er noch in der Bauphase war. Über das Military Assistance Command Vietnam (MACV) und die CIA gaben die Vorgesetzten der SOG die Empfehlung, daß kleine Aufklärungstrupps, bestehend aus höchstens drei bis vier US-Army-Special-Forces-Männern und fünf bis sechs einheimischen Soldaten, ins Grenzgebiet von Laos eindringen sollten, um dort die Straßen und Pfade unter Beobachtung zu halten. Diese Trupps sollten an mehreren Stellen an der Südgrenze Kambodschas und der Grenze zwischen Laos und Vietnam eingesetzt werden. So wurde Operation 35, mit dem Hauptquartier in Saigon, aus der Taufe gehoben.

Der Auftrag der SOG war es, den Guerilla-Taktiken des Vietcong und der NVA unsere eigenen entgegenzusetzen. Wir durften ein wenig abseits der normalen Befehlskette agieren, damit wir uns bei unseren Einsätzen nicht auch noch um die alltägliche Bürokratie des amerikanischen Militärapparates kümmern mußten. SOG wurde von der CIA finanziert, und die Befehle kamen von ganz oben in der US-Regierung. Ich war kein Politiker, ich war Soldat. Deshalb war es für mich nie eine Frage, daß ich unbedingt zu dieser Truppe gehören wollte. Irgendwie mußte ich mit den beschissenen Wunden fertig werden und zurück aufs Schlachtfeld kommen. Die Verletzungen machten allerdings schon wieder Probleme. Nicht nur, daß ich hinkte, sondern der rechte Fuß und

Knöchel hatten sich von neuem entzündet, und die Wunde näßte wieder. Ich tat alles, damit niemand etwas davon mitkriegte, und die meiste Zeit funktionierte meine Geheimhaltungstaktik auch. Als der Fuß sich wieder besser anfühlte, beschloß ich, daß ich einfach abwarten würde, bis ich mich nach Norden ins Kampfgebiet der SOG durchschlagen konnte.

Ich hielt es ganze zweieinhalb Monate aus, dann machte ich mich auf den Weg ins Büro von Colonel Arthur D. (Bull) Simons, dem kommandierenden Offizier der SOG. Simons war ein kampferfahrener Army Ranger, der im Zweiten Weltkrieg gedient hatte. Von 1959 bis 1961 hatte er den geheimen CIA-Einsatz „White Star" in Laos kommandiert. Er kam im November 1970 zu Ruhm und Ehren für seine Leistungen bei der Organisation und der Leitung des Angriffs der Special Forces auf Son Tay, bei dem in einer gewagten Aktion ein Kriegsgefangenenlager in der Nähe von Hanoi befreit wurde. Noch berühmter wurde Simons nach seiner Pensionierung, als er 1979 eine Rettungsmission für zwei Mitarbeiter von Ross Perot anführte, die von der iranischen Regierung unter Ayatollah Khomeini gefangengenommen worden waren.

Man kam nicht mit Kleinigkeiten zu Bull Simons. Er war ein großer, kräftiger Mann mit einer dröhnenden Stimme und einer Ausstrahlung, die Respekt einflößte. Mit irgendwelchen Idioten gab er sich gar nicht erst ab, und bei einer Unterredung mit ihm kam man am besten gleich auf den Punkt. Er schaute mich mißtrauisch an, als ich ihm mein Anliegen vortrug, er möge mich doch an einer Stelle einsetzen, die mehr meinen Fähigkeiten entsprach. Danach wartete ich auf den Angriff des Bullen, und ich wurde nicht enttäuscht. Sein Mißtrauen verwandelte sich in Spott.

„Billy Waugh, verdammter Scheißkerl", sagte er. „Du humpelst doch immer noch herum wie ein fußlahmer Sack. Was zum Teufel, meinst du, soll ich so mit dir anfangen?"

Ich antwortete nicht, und mein Schweigen schien ihn ein bißchen auf den Teppich zu bringen. Er seufzte und dachte über mein Anliegen nach. Ich konnte nicht genau sagen, wie er reagieren würde, aber meine Stimmung wurde immer besser, je länger er nach einer passenden Antwort suchte. Der Bulle mußte nicht so lange überlegen, wenn es nur darum ging, mich hochkant aus seinem Büro zu werfen. Jetzt war der richtige Moment für ein paar schnell hingeworfene Sätze über meine Fähigkeiten und Kompetenzen, und ich rasselte alles herunter und platzte zum Schluß noch heraus: „Ich werd mir den Arsch für Sie aufreißen, Colonel."

Schließlich sagte er: „Also gut. Beweg deine Knochen nach Khe Sanh. Du übernimmst die Abschußrampe als Koordinator, bis deine Verletzung vollständig verheilt ist. Noch irgendwelche verdammten Fragen?"

Simons Funk-Rufname war „Dynamite", und deshalb antwortete ich: „Alles klar, Dynamite."

„Noch eine Sache, Waugh", sagte er. „Ich möchte nicht hören, wie ,Mustang'" – mein SOG-Rufname – „mir über Funk eins vorheult, daß er zurück nach Saigon und sich die Hucke vollaufen lassen will. Wenn ich's mir recht überlege, möchte ich in den nächsten sechs Monaten keinen verdammten Mucks mehr von ,Mustang' hören. Und jetzt raus hier."

Ich bestätigte, daß auch diese Nachricht angekommen war, und verließ das Büro als glücklicher Mann. Es war Juli 1966. Vor wenig mehr als einem Jahr hatte man mich für tot in einem Reisfeld in Bong Son liegenlassen. Ich humpelte mit neuem Schwung den Weg in die Baracken zurück und packte sofort mein Zeug zusammen. Ich war endlich runter von der Reservebank und zurück im Spiel.

Um circa 9 Uhr am 4. August 1966 schaute ich vom Rücksitz einer SOG-Cessna hinunter auf die Erde. Mitten auf einer Lichtung im Co-Roc-Gebirge in Laos sah ich die Leiche von Sergeant Donald Sain. Seine weit gespreizten Arme und Beine waren an Bambuspfählen festgebunden. Die Schweine von der NVA hatten Sain und Staff Sergeant Delmer Laws, beides Mitglieder des Aufklärungsteams Montana, getötet, und jetzt wollten sie uns noch eine spezielle Nachricht übermitteln, indem sie Sains Leiche wie eine Trophäe zur Schau stellten.

Mein erster Rettungseinsatz als ein SOG-Mann begann mit einer unglaublichen Wut. Meine Kriegserfahrung sagte mir, daß

Sains Körper nicht nur so plaziert war, daß wir ihn sehen mußten. Die Leiche war mit ziemlicher Sicherheit auch vermint. Wir sollten diese Leiche entdecken und uns am besten gleich selbst in die Luft sprengen, bei dem Versuch, Sain zurückzuholen. Sain and Laws waren die ersten SOG-Männer, die beim Kampf mit dem Feind umgekommen waren, wodurch ihr Tod noch eine zusätzliche Bedeutung erhielt. Es war schon schlimm genug, daß die NVA unsere Männer als Sprengfallen benutzte, aber es kotzte mich noch mehr an, daß sie dachten, wir würden auf diesen alten Trick hereinfallen.

Aufklärungsteam Montana war das erste SOG-Aufklärungsteam, das von Khe Sanh startete; es war eines der ersten in der Geschichte der Einheit. Der Trupp war in der Abenddämmerung des 26. Juli per Helikopter in den Co-Roc-Bergen abgesetzt worden. Das neunköpfige Team wurde von Master Sergeant Harry Whalen angeführt, einem erfahrenen und abgebrühten Kriegsveteranen. Montana bestand aus Sain, Sergeant Laws und sechs einheimischen Soldaten. Sie verbrachten acht Tage in der Gegend von Co Roc, und während dieser Zeit war kaum etwas Nennenswertes vorgefallen. Sie hielten sich ungefähr vierzehn Kilometer vom SOG-Camp in Khe Sanh auf. Das Team beobachtete die Aktivitäten der NVA und erstattete Bericht. Sie hatten Befehl, Informationen zu sammeln und sich in keine Kampfhandlungen verwickeln zu lassen. Montana sollte nur feuern, wenn Not am Mann war.

Jedes Mitglied des Teams hatte mindestens fünfundzwanzig Magazine mit 5.56-mm-Geschossen für ihre Maschinenpistolen, etliche Granaten und Minigranaten, abgesägte Gewehre, abgesägte 40-mm-Granatwerfer, so viele Pistolen wie sie tragen konnten, M-14-Minen (die *toe poppers* genannt wurden), und sonst noch alle möglichen anderen Waffen, die sie in den Kampfanzügen unterbringen konnten. Die SOG-Aufklärungsteams waren bis an die Zähne bewaffnet, und die NVA wußte, daß Nahkampf mit diesen Soldaten Selbstmord war.

Die Prinzipien der SOG bauten auf einer Tatsache auf: Der Dschungel kann für kleinere Einheiten, die sich in ihm bewegen und leben, sowohl Freund wie Feind sein. Der Dschungel ist eine lebendige Kraft, nicht nur eine Landschaft. Man muß ihn für seine Stärke respektieren, dann kann man sein Geheimnis für die eigene Sache nutzen. Der Dschungel verbirgt die Strukturen, die Pfade und die Soldaten des Feindes, aber genauso können sich die eigenen Teams unter seinem weiten, dunklen Schutz versteckt halten. Die SOG brachte einen Typ von Soldaten hervor, der sich mit dem Mantel des Dschungels umgab und in ihm leben konnte.

In den acht Tagen vom 26. Juli, als Montana in das Zielgebiet eingedrungen war, bis zum 3. August gab es keine Berichte über ungewöhnliche Vorfälle. Aber im Dschungel kann sich das Blatt ohne jede Warnung von einer Sekunde zur nächsten wenden. Irgendwann am Nachmittag des 2. August 1966 gerieten die neun Männer in den Hinterhalt eines fünfunddreißig Mann starken Platoons der NVA. Montana war unvermutet auf einen breiten, künstlich angelegten Hubschrauberlandeplatz gekommen, und die NVA eröffnete sofort das Feuer. Die Kugeln ihrer Repetiergewehre zerfetzten das herunterhängende Blätterwerk und prallten von den Stämmen ab. Der Angriff der NVA war so gut organisiert, daß Montana nicht standhalten konnte. Whalen und die sechs Einheimischen schossen sich den Weg frei bis zu einem Sammelplatz fast zwei Kilometer entfernt von dem Hinterhalt. Hier warteten sie ab, dann kraxelten sie heimlich und in aller Eile die Ostseite des Co Roc Mountain hinunter, raus aus Laos und zurück nach Südvietnam.

Am 2. August gab es keinen Funkkontakt zwischen dem Lager und Montana, und deshalb wußten wir, daß das Team in Schwierigkeiten steckte. Am nächsten Morgen erreichten Whalen und die sechs versprengten Montagnards (die Bergbevölkerung, die im zentralen Hochland Vietnams lebte) das Khe-Sanh-Special-Forces-Lager. Dem total erschöpften Whalen hing der Kampfanzug in Fetzen vom Leib, und er wurde sofort zur Einsatzbesprechung in einen SOG-Raum gebracht. Von Sain und Laws fehlte jede Spur, und Whalen sagte in seinem Bericht, er vermute, sie seien getötet oder gefangengenommen worden. Whalen konnte ungefähr die Stelle bezeichnen, wo der Hinterhalt stattgefunden hatte, und sofort wurde eine Rettungsmission gestartet. Noch während Whalen befragt wurde, stieg ich in eine Cessna O-1 und flog mit einem Piloten los, um Sain und Laws zu suchen. Schon nach wenigen Minuten waren wir über bergigem Terrain und blickten rechts vom Flugzeug hinunter auf die Visitenkarte, die uns die NVA hinterlassen hatte: Sains zur Schau gestellter toter Körper.

Es gibt einen Ehrenkodex bei den Special Forces, den ich an dieser Stelle erklären muß: Wenn einer der Jungs draufgeht, dann holen wir ihn auf jeden Fall raus. Wir lassen keine Verwundeten oder Toten zurück, an deren Leichen sich der Feind dann auslassen kann, sie aufhängen oder pfählen oder sonst irgendwelche Perversionen mit ihnen treiben kann. Kein Mann bleibt zurück. So einfach ist das. Und wenn es schon fünfzig Mann das Leben gekostet hat, dann schicken wir trotzdem auch den einundfünfzigsten rein, der die Leiche oder was noch davon übrig ist rausholt.

Dieser Kodex hatte sich schon 1952 etabliert, als die Special Forces ins Leben gerufen wurden, und er gilt bis heute. In Vietnam konnten wir dieses ungeschriebene Gesetz oft nur unter großen Schwierigkeiten durchhalten. Viele SOG-Einsätze fanden in schwierigem Gelände und weitab vom eigentlichen Kriegsgeschehen statt, und oft mußten tote Kameraden an kaum zugänglichen Stellen zurückgelassen werden. Das alles war auch für uns neu, und wir waren auf unser Improvisationstalent angewiesen. Früher, als noch klassisch Krieg geführt wurde, erwischte es einen Soldaten mitten im Kampfgeschehen. Damals war es viel leichter, die Leiche einfach vom Schlachtfeld zu holen. Die Männer der SOG starben an Orten, die oft selbst mit einem Hubschrauber schwer zu erreichen waren. Es ist allein dem heldenhaften Mut unserer Vietnamesischen Luftwaffenpiloten und der Rettungsteams auf diesen Vögeln zu verdanken, daß die Leichen von so vielen gefallenen Soldaten zurück in die Heimat gebracht werden konnten.

Zurück im Lager in Khe Sanh, erstatteten wir Major Jerry Kilburn Bericht über die Sache mit Sains Leiche, die, wie wir sicher annehmen konnten, nicht nur öffentlich zur Schau gestellt, sondern auch vermint war. Von Laws Leiche gab es keine Spur.

Kilburn beauftragte mich mit der Leitung des Rettungsteams. Staff Sergeant Danny Horton und Sergeant First Class James Craig wurden meinem Kommando unterstellt. Kilburn selbst war bei dem Rettungseinsatz ebenfalls mit von der Partie. Auch auf den Piloten einigten wir uns schnell: Der leitende H-34-Pilot der Vietnamesischen Luftwaffe, ein außergewöhnlich talentierter Mann, den alle nur Mustachio nannten, würde uns fliegen.

Diese Piloten der VNAF hatten wirklich was drauf. Sie waren die asiatischen Cowboys des Himmels und vollführten mit ihren H 34 Wunderdinge in der Luft und am Steuerhebel. Alle waren sie ehemalige Jet-Piloten, die in Texas ausgebildet wurden, damit sie für die SOG die H-43 beim Eindringen in den Dschungel und bei Rettungseinsätzen flogen. Was diese Jungs leisteten, brauchte unglaublichen Mut, und sie kriegten auch reichlich Kohle dafür. Sie hatten einen Vertrag, nach dem die CIA sie für jede Landung bezahlte. Deshalb mußten sie auch nie besonders animiert werden, wenn es darum ging, ihre Vögeln irgendwo im Dschungel auf den Boden zu setzen. Jede Landung hieß Bares direkt auf die Kralle. Sie waren gut, sie war hochmotiviert, und sie wollten verhindern, daß die ihnen verhaßte NVA weiter nach Süden vorrückte.

SOG-Zielgebiet (Laos)

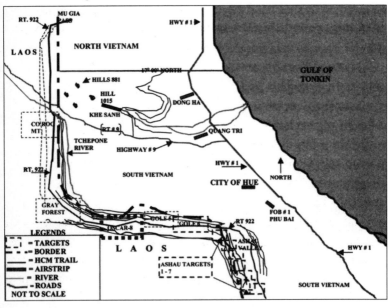

Allgemeine Karte mit den feindlichen Zielen im Operationsgebiet des Basislagers in Khe Sanh, Südvietnam

Mustachio – sein wirklicher Name war Nguyen Van Hoang, er war im Rahmen einer Spezialmission bei der SOG – hatte seinen Spitznamen abgekriegt, weil er den Oberlippenbart immer präzise in Form hielt. Er war absolut der beste Hubschrauberpilot, den ich jemals kennengelernt hatte, ein wahrer Maestro der Lüfte. Für diesen Rettungsflug schnappte ich ihn mir sofort. Mir war klar, daß das kein Einsatz werden würde, bei dem wir mal kurz eine Leiche im Dschungel einsammelten. Sains toten Körper weg von dieser winzigen Lichtung zu holen, die so klein war, daß wir mit dem Vogel auf keinen Fall dort landen konnten – dafür brauchte ich einen Piloten mit enormem Fingerspitzengefühl, mit Flugerfahrung und einer gehörigen Portion Mumm. Mein Freund Mustachio vereinte das alles in seiner Person.

Wir näherten uns der Stelle, wo die Leiche lag, und suchten nach einem Platz zum Landen. Während wir über der kleinen Lichtung kreisten, schauten wir alle fünf hinunter auf Sains gefesselten und grotesk auseinandergezerrten Körper. Ich konnte die Wut und den Abscheu der Männer um mich herum förmlich spüren. Kilburn und ich beschlossen, ungefähr hundert Meter von Sains Leiche entfernt runterzugehen. Der Hubschrauber setzte kurz auf, das Rettungsteam sprang aus dem Vogel und bewegte sich sofort in Richtung des Toten. Ich rannte schnell und mit aller Kraft. Die Schmerzen von den Schrotkugeln in meinem Bein spürte ich in diesem Moment überhaupt nicht, dafür sorgte schon das Adrenalin.

In kürzester Zeit waren wir auf der Lichtung und näherten uns vorsichtig Sains Leiche. Ein paar Handgranaten waren unter dem Toten platziert; sie waren scharf und würden sofort explodieren, wenn wir den Körper nicht vollkommen senkrecht über ihnen weghoben. Sain war seit über sechsunddreißig Stunden tot. Er war an einer Schußwunde in der Brust gestorben, und bei der Hitze im Dschungel hatten sich seine Wunden schon mit Larven gefüllt. Sie sahen aus wie Schwabbelmasse. Fette Fleischfliegen flogen rein und raus aus seinen Nasenlöchern. Die Würmer waren überall in seinem aufgeblähten und verwesenden Körper. Das verrottende Fleisch stank erbärmlich, es war fast nicht auszuhalten.

Ich schnappte mir ein Bergsteigerseil und sagte zu Kilburn: „Wir machen das folgendermaßen: Ich binde das hier um sein eines Bein und das andere Ende mache ich am Rad des H-34 fest. Wir fliegen die Leiche zur Landezone und dort sehen wir weiter."

Kilburn und der Rest des Teams schauten mich an, als hätte ich gerade den Verstand verloren. Für sie klang das nach einer Akrobatennummer, die nie funktionieren konnte. Diese Jungs hatten einfach noch nicht die Art von Kampferfahrung, wie ich sie hatte. Das ständige Improvisieren war ihnen noch nicht in Fleisch und Blut übergangen, sie hatten noch nicht kapiert, daß unter diesen Umständen zählte, was nötig und machbar war, egal, wie ungewöhnlich. Von solchen grausigen Scheißaufträgen ist natürlich auch im Lehrbuch kein Wort zu finden. Aber ich wußte, wie gut Mustachio war, und was ich vorhatte, brachte uns am schnellsten und am effektivsten ans Ziel.

Ich erklärte Mustachio die Situation und wickelte das Seil um Sains Bein. Auf meinen Befehl hin flog Mustachio so nah wie möglich über die Leiche. Er ließ den Vogel sanft über dem Toten niedersinken, als ginge es darum, einen Baseball ins Netz zu schieben. Ich band das Seil am Rad des H-34 fest, während Mustachio den Hubschrauber fast bewegungslos in der Schwebe hielt.

„Okay, raus hier", befahl ich dem Team. Dann hob Mustachio mitsamt der Leiche vom Boden ab, wobei zwei oder drei Sprengfallen in die Luft gingen, ohne daß sie Schaden anrichteten. Sain hing an einem Bein über uns, und als Mustachio aufstieg, spritzten Flüssigkeit und Würmer und die ganze Scheiße auf uns herunter. Kilburn hatte offensichtlich die weniger appetitlichen Gegebenheiten der menschlichen Natur vergessen, denn er schrie wie am Spieß, als er die Überreste des Todes auf Gesicht und Körper abkriegte.

Mustachio flog Sains Leiche aus dem Kampfgebiet und kam mit seinem Vogel auf einer freien Fläche außerhalb des Dschungels herunter. Wir hatten Sain, jetzt konnte die Suche nach Sergeant Laws losgehen. Ich befahl dem Team, nach allen Richtungen auszuschwärmen und seine Leiche zu suchen und dabei immer Blickkontakt zum nächsten Mann zu halten Wir kämpften uns durch den Dschungel. Dabei rissen wir uns die Arme und Gesichter an Sträuchern auf, die wir „Wart-ne-Sekunde" getauft hatten. Die Dinger hatten scharfe Dornen, die die Ärmel und Beine un-

BILLY WAUGH

serer Kampfanzüge aufschlitzten, so als wollten sie es uns heimzahlen, wie wir mit unseren Macheten den Dschungel niedermähten. Halbwegs heil kam man an ihnen nur vorbei, wenn man erst ein paar Sekunden wartete, bis der Vordermann sich den Weg durch das Gestrüpp gekämpft hatte. Näher als drei Schritte durfte man ihm nicht kommen, sonst fetzten einem sofort die Dornen über die Stirn. Der verdammte Dschungel war zum Kotzen.

Die Affen in Bäumen und Büschen kreischten, als wir durchkamen, aber es war ein gutes Zeichen, wenn sie sich so ganz auf uns konzentrierten. Offenbar war kein NVA-Platoon in der Nähe. Mustachio wartete die ganze Zeit in einiger Entfernung in der Luft, in Funkreichweite. Auf mein Signal hin würde er sofort zu unserem Landeplatz kommen. Laws fanden wir nicht, dafür entdeckten wir frische Pfade durch den Dschungel und viel Blut. Wir suchten stundenlang weiter. Einmal mußte Mustachio Sains Leiche sogar für kurze Zeit auf der freien Fläche liegenlassen und nach Khe Sanh zurückfliegen, um aufzutanken. Aber wir gaben nicht auf, und endlich, nach etlichen Stunden, hörte ich Danny Hortons in den Büschen nach mir rufen.

Momente später kam er aus dem Gestrüpp und zog Laws linkes Bein am Stiefel hinter sich her.

„Billy", sagte er leise und mit einem Gesichtsausdruck, als würde er sich gleich übergeben. „Das hier sieht ganz nach einem Springerstiefel der Army aus."

Es war bekannt, daß Tiger diese Gegend von Laos unsicher machten. Offenbar hatten sie Laws vor uns gefunden. Ich schob das Bein in einen Leichensack, und wir suchten weiter, bis wir einen weiten Kreis rings um die Lichtung, wo Montana in den Hinterhalt geraten war, abgesucht hatten. Ich entdeckte noch mehr Stellen, wo große Mengen von Blut ins Erdreich gedrungen waren, und viele Pfade, aber wir fanden keine NVA oder Leichen mehr. Und auch keine weiteren Teile von Laws Körper. Ungefähr um 17 Uhr – der Rettungseinsatz lief jetzt schon fünf Stunden – gab ich das Signal, daß der H-34 das Rettungsteam samt Sains Leiche und Laws Bein abholen sollte.

Die hundert Meter zur Landezone legten wir in Rekordzeit zurück. Kaum hatten wir uns in Verteidigungsposition aufgestellt, tauchte der H-34 mit Sains Leiche auf. Als der Helikopter gelandet war, löste ich den Toten vom Seil. Der aufgeblähte und geschundene Körper wurde in einen Leichensack und in den H-34 verstaut. Den Sack mit dem linken Bein von Delmer Laws legten wir daneben. Dann stieg das Rettungsteam ein, und wir kehrten zum Special-Forces-Lager in Khe Sanh zurück. Die Männer waren still, auf dem Flug wurde kaum ein Wort gesprochen.

Montana war eines der ersten SOG Aufklärungsteams, das sich über einen substantiellen Zeitraum hinter den feindlichen Linien in Laos aufgehalten hatte. Und Sain und Laws waren die ersten in einer langen Reihe mutiger amerikanischer Männer, die ihr Leben im Kampf um den Ho-Cho-Minh-Pfad verloren. Als wir damals alle auf diesem Rückflug nach Khe Sanh still unseren Gedanken nachhingen, wußten wir es noch nicht, aber diesem Rettungseinsatz würden noch viele weitere folgen.

Das Rettungsteam, das in Khe Sanh aus dem Hubschrauber stieg, sah furchtbar aus. Ich hatte den Geruch der halbverwesten Leiche überall an mir und stank wie ein Scheißhaus. An uns allen hing der Todesgeruch wie eine zweite Haut. Bei Kilburn war es am schlimmsten, weil er alles direkt abgekriegt hatte, was aus Sains Leiche heruntergeregnet war. Er stank so, daß es jedem, der sich ihm auch nur auf zehn Meter näherte, total übel wurde. Die Wart-mal-Dornen hatten die Ärmel meines Kampfanzugs in Konfetti verwandelt, und im Gesicht und an den Armen war ich so zerkratzt, als hätte ich mich mit einer wütenden Katze angelegt. Ich sah schauderhaft aus und fühlte mich beschissen. Mir ging nicht aus dem Sinn, wie einer unserer tapferen Männer als Sprengfalle mißbraucht und von der NVA noch im Tod zur Schau gestellt worden war.

Der kommandierende Sergeant Major der 5th Special Forces (A) war in Khe Sanh. Er erholte sich von seinem Bürojob im Hauptquartier in Nha Trang und besuchte ein SF-A-Team, das auch hier im Lager stationiert war. Der Mann war ein berüchtigter Sesselfurzer, der bis zu dreimal am Tag die Uniform wechselte, nur damit er immer proper aussah. Er hielt sich an unwichtigen Einzelheiten und Fragen der Etikette auf, und obwohl er keine Befugnisse und auch kein Interesse an den Operationen der SOG hatte, konnte er nicht an sich halten, als ich ihm in diesem Zustand über den Weg lief. Er ging auf mich zu und musterte mich mit einem ziemlich herablassenden Blick.

„Gott verdammt, Waugh, Sie sind vollkommen verdreckt und Ihr Kampfanzug sieht zum Heulen aus", sagte er zu mir. „In meinem ganzen Leben habe ich noch nie so was Widerliches gesehen. Man sollte doch meinen, daß es richtige Soldaten schaffen, wenigstens ihre Uniform in Ordnung zu halten."

Ich biß die Zähne zusammen und unterdrückte mit Mühe eine wütende Antwort. Wir hatten gerade zwei Leichen aus dem Dschungel zurückgeholt. Sains Leiche hatten wir zwei Stunden lang in der Luft hängen lassen müssen, sonst hätten wir es nicht geschafft. Wir hatten ein Bein aus dem Dschungel gerettet, das in einem US-Springerstiefel steckte, im vollen Bewußtsein, daß Raubtiere den Rest des Mannes aufgefressen hatten. Kilburn bekam den Geschmack von der Scheiße und Pisse des Toten noch Stunden später nicht aus dem Mund.

„Hören Sie", sagte ich, „ist ja schön, daß Sie hier im blütenweißen Hemd herumspazieren können. Aber während Sie in Nha Trang Papiere über den Schreibtisch schieben, verrichte ich meine verdammte Arbeit hier draußen im Kriegsgebiet. Das ist der Unterschied zwischen uns."

Dann öffnete ich den Leichensack, in dem sich Laws Bein befand. Ich zog es am Stiefel heraus und hielt es ihm direkt vor die Nase.

„Was sagen Sie zu diesem Kerl, Sergeant Major?" fragte ich ihn mit zusammengepreßten Lippen. „Wie finden Sie den Zustand seiner Uniform? Das ist alles, was wir von unserem Kameraden finden konnten, mehr gibt es nicht. Der Rest liegt irgendwo draußen in dem verdammten Dschungel, wo wir gerade herkommen."

Ich hielt das Bein fest umklammert, dabei blickte ich ihm direkt in die Augen. Dann sagte ich leise: „Am besten verziehen Sie sich jetzt ganz schnell und lassen mein Team in Ruhe, Sergeant Major."

Ich dachte, jetzt kotzt er mir gleich auf die Schuhe. Nach einer Weile brachte er schließlich eine Entschuldigung zustande. „Tut mir leid, Billy. Ich hätte das nicht sagen sollen."

„Da haben Sie verdammt recht", meinte ich.

„Was kann ich für euch Jungs hier draußen tun, Billy? Braucht ihr irgendwas?"

„Also, wir brauchen neue Kampfanzüge", sagte ich. „Die hier sehen grausig aus. Neue Kampfanzüge würden uns schon mal weiterhelfen."

Innerhalb von wenigen Tagen kam mit den Nachschublieferungen für die Special Forces ein Paket für uns: drei Schachteln mit brandneuen Kampfanzügen.

Whalen war ein Veteran aus dem 2. Weltkrieg und einer der zynischsten Menschen, die ich kannte. Trotzdem verwand er den Tod von Sain und Laws am schlechtesten. Er hatte zwei Männer aus seinem Team verloren. Solche Erfahrungen lassen sich nicht vermeiden, aber sie sind trotzdem traumatisch. Whalen soff nächtelang und versuchte, die Erinnerung an Sain und Laws im Alkohol zu ertränken. Aber die Sauferei half ihm auch nicht viel. In der ersten Nacht gesellte sich eine ganze Gruppe aus dem Aufklärungsteam zu ihm, und sie tranken auf ihre gefallenen Freunde.

An diesem Abend wurde eine SOG-Tradition begründet. Die Männer in der Bar fingen an, ein bekanntes Lied zu singen, „Hey Blue" hieß es.

> *I had a dog and his name was Blue*
> *Bet you five dollars*
> *He's a good dog, too*
> *Hey, Blue*
> *You're a good dog, too.*

Von da an entwickelte das Lied ein Eigenleben. Im Original erinnert sich der Sänger an die Treue und die Freundschaft seines Hundes, der auf den Namen Blue hört, und Blue stirbt dann in der letzte Strophe. Als die Männer an diesem Abend die letzte Strophe sangen, fügten sie die Namen von Sain und Laws ein:

> *Sain and Laws*
> *Hey, friends*
> *You were good guys, too.*

BILLY WAUGH

Dieses Lied wurde seither regelmäßig auf den Totenwachen der SOG angestimmt, und jedes Mal kamen mehr Namen von Gefallenen aus der SOG dazu. Ich war bei der spontanen Trauerfeier für Sain und Laws nicht dabeigewesen, und ich erinnere mich auch nicht, daß ich sonst an einem dieser traurigen Anlässe teilgenommen hätte. Ich mußte weiterarbeiten. Ich war der Anführer des Teams, das die Leichen dieser Männer aus dem Dschungel geholt hatte, aber mich an einer Feier zu beteiligen, in der ihr Leben gewürdigt wurde, das schaffte ich einfach nicht. Ich hatte den Tod zu oft gesehen. Ich war jemand, der ohne Pause von einem Job sofort zum nächsten überging, der so zielstrebig wie keiner sonst das Ziel einer Operation verfolgte. Für etwas anderes nahm ich mir die Zeit nicht – nicht für die Erinnerung, und auch nicht, um zu vergessen.

Als wir uns mit den Jahren besser kennenlernten, schaute mir manchmal einer meiner Männer in die Augen und sagte: „Sergeant Major, nehmen Sie's mir nicht übel, aber Sie sind doch ein ziemlich gefühlloser Brocken." Weil ich in Kampfsituationen vorausschauend und planend handelte, dachten die Männer, daß ich keine Gefühle hätte und Gewissensbisse nicht kannte. Mit Sains Leiche zum Beispiel war ich nicht gerade zimperlich umgegangen, aber Sain war tot. Meine Entscheidung, seine Leiche mit dem Bergsteigerseil und nicht von Hand aus dieser Lichtung zu transportieren, hatte einen einfachen Grund: Hätten wir die Leiche von der Lichtung getragen, wären wir einem möglichen Angriff des Feindes schutzlos ausgeliefert gewesen. Ich war kein gefühlloser Brocken, aber ich dachte immer daran, was als nächstes zu tun war. Während die anderen noch trauerten, überlegte ich schon, wie wir das Leben der Männer besser schützen konnten, wie die Mission zu erfüllen war, wie wir die Probleme in den Griff kriegen konnten, die sich jeden gottverdammten Tag aufs neue stellten. Ich löste Probleme, das war meine Spezialität. Und manchmal ist für Gefühle kein Platz, wenn man ein Problem lösen will.

Ich trauerte auf meine Art um die gefallenen Kameraden. Als ich der SOG beitrat, hatte ich schon Männer unter meinem Kommando im Kampf verloren. Es kam mir nie in den Sinn, daß ich die Geister der Gefallenen durch ein Besäufnis loswerden könnte. Nach Dienstschluß trank ich gerne einmal einen über den Durst, und ich genoß die sorglose Stimmung an einem Zechabend, wahrscheinlich gerade weil ich so total besessen von unserer Arbeit war. Aber die Kameradschaft einer feucht-sentimentalen Trauerfeier war einfach nicht mein Ding.

3

Für gewöhnlich mache ich mir keine großen Gedanken über die Auswirkungen des Krieges auf die menschliche Psyche. Ich bin ein Mann der Tat, ein Mann, der *funktioniert*, und ich habe mich nie damit aufgehalten, philosophisch in die Ferne zu blicken und die Bedeutung des Krieges zu reflektieren. Ich habe erlebt, wie Soldaten auf dem Schlachtfeld zu Männern wurden, und ich habe Männer gesehen, die am Krieg zerbrochen sind. Ich verstehe, welche Macht der Krieg hat. Nur fand ich es nie besonders sinnvoll, über mein Schicksal zu jammern oder jemands anderen für die Schrotkugeln in meinem Bein verantwortlich zu machen. Ich war Soldat. Ich tat meine Arbeit.

Während meiner siebeneinhalb Jahre in Vietnam kümmerte ich mich nie um Politik. Wir kriegten mit, wie die Stimmung daheim sich änderte, und direkt vor Ort erlebten wir, wie die Proteste gegen den Krieg und die allgemeine Unzufriedenheit dem Feind Auftrieb gaben. Aber es war einfach nicht unsere Welt, und das meine ich ganz wörtlich. So wie ich es damals sah, kämpften wir als einzige einen sauberen Krieg für eine gerechte Sache, und ich würde verdammt alles tun, damit ich mitkämpfen konnte. Ich hatte gesehen, welche Macht der Krieg hat, und deshalb wußte ich auch, daß ein Soldat nie, absolut nie, unaufmerksam sein darf. Denn genau dann, wenn du denkst, jetzt hast du die Sache vollkommen im Griff ... peng, peng, bist du tot. In dieser Welt, der Welt der Männer von der SOG, war einfach kein Platz für Politik. Ich fragte mich nie, warum wir eigentlich diesen Krieg führten. Statt dessen konzentrierte ich alle meine Kräfte darauf, ihn zu gewinnen.

Und der 1. Juni 1967 war für uns ein ganz besonderer Tag, der vielleicht den Verlauf des gesamten Krieges ändern würde. Auf jeden Fall passierte an diesem Tag etwas Wichtiges in einem kleinen Tal in Laos. Das Tal hatte den Codenamen Oscar-8. Die National Security Agency meldete, sie habe über fünfzehnhundert Berichte von Spezialagenten (sogenannte SPARs, Special Agents' Reports) erhalten, die alle Feindbewegungen an diesem Ort ungefähr zwanzig Kilometer südwestlich von Khe Sanh meldeten. U-2-Aufklärungsflieger über dem Gebiet meldeten eine enorme Zunahme des Fahrzeugverkehrs während der Nachtstunden. Die NSA identifizierte Oscar-8 als ein Hauptquartier des NVA-Oberkommandos. Und wegen der sprunghaft angestiegenen Funkmeldungen von dem kleinen Tal nach Hanoi ging die SOG davon aus, daß der NVA-Kommandeur Vo Nguyen Giap nach Oscar-8 kommen würde.

Giap war der Schlüsselmann in diesem Krieg. Er war ein scharfsinniger Stratege, und auch wenn ich es nur ungern zugebe, bewunderte ich die Gerissenheit, mit der er sich für seine Ziele einsetzte. Er war das Gehirn der Nordvietnamesischen Armee. Ich war genau wie meine Vorgesetzten in der SOG davon überzeugt, daß durch seinen Tod der Kriegsverlauf in Vietnam eine ganz andere Wendung genommen hätte. Schlag den Kopf ab, und du hast den Körper erledigt, der führerlos in den sicheren Tod stolpert.

Mit der Aussicht, daß Giap sich in Oscar-8 aufhalten würde, erhielt Command and Control in Da Nang den Befehl, das Zielgebiet unter Luftbeschuß zu nehmen. Der Angriff sollte um 6.00 Uhr am fraglichen Tag stattfinden, neun B-52-Bomber würden circa neunhundert 200-kg-HE-Bomben über dem Zielgebiet abwerfen. Danach sollten zwei SOG Hatchet Forces (fünfundfünzig Montagnarden und vier Special-Forces-Männer) mit CH-46-Helikoptern der Navy ins Zielgebiet Oscar-8 eindringen. Die Mission war ziemlich verwegen, konnte aber eine kriegsentscheidende Wendung herbeiführen: Unser Ziel war es, Giap auszulöschen und mit ihm alle feindlichen Soldaten, die uns bei der Aktion über den Weg liefen.

Einfach würde das nicht werden. Aus der Sicht der Verteidiger hatte Oscar-8 eine ideale Lage. Auf drei Seiten – Norden, Osten und Westen – standen Berge und umschlossen das kreisförmige Tal wie ein Hufeisen. Die Berge ragten etwa drei- bis fünfhundert Meter über der Talsohle auf. Das Tal selbst war ungefähr einen Kilometer breit und drei Kilometer lang. Giap war ein gewiefter alter Fuchs, der fast sein ganzes Leben im Kampf gestanden hatte. Mit einem Blick hatte er kapiert, welch hervorragenden Schutz ihm Oscar-8 bot. Route 922 ging mitten durch das Tal. Die unbefestigte Straße führte ins südliche Laos, sie war die direkte Verbindung in Vietnams berüchtigtes Ashau Tal[2]. Der Boden der Talschüssel war relativ ebenerdig und mit dichtem Dschungel bewachsen. Man brauchte nur Luftabwehrgeschütze auf den Bergen zu positionieren; damit war die Talsohle war für eine angreifende Streitmacht praktisch nicht einzunehmen. Es war ein Traumgelände für einen klugen Verteidiger, vor allem, wenn man eine wichtige Stellung verteidigen mußte.

Unsere gesamte taktische Luftunterstützung war kampfbereit – HU-1D-Helikopter Gunships der Navy, um die Landezone freizubomben, A-1E Skyraider als Unterstützung für die Hatchet Forces, vier F-4C-Phantomjäger als schnell einsetzbare Luftunterstützung, zwei SOG-H-34 Search-and-Rescue-Hubschrauber, zwei 0-2-Flugzeuge zur vorgeschobenen Luftraumbeobachtung als zusätzliches Backup. Die Hatchet Forces sollten um 7.00 Uhr am 4. Juni 1967 eintreffen und, nachdem die B-52 ihre Verwüstung angerichtet hatten, das Gelände von Oscar-8 durchkämmen. Sie würden den Kommandeur gefangennehmen oder töten und sich dann nicht später als 15.00 Uhr am selben Tag zurückziehen. Acht Stunden lang würde alles, was die US-Streitkräfte aufbieten konnte, mit hemmungsloser Gewalt auf Giap und seine NVA-Freunde losgelassen. Wenn alles nach Plan lief, brauchten die SOG-Bosse bei der anschließenden Schadensermittlung (BDA) nur noch den Tod des kommandierenden Generals der Volksarmee Vietnams bestätigen.

Am Tag des Angriffs startete ich um 4.00 Uhr morgens in einer 0-2 FAC, mit US Air Force Major James Alexander am Steuer. Wir waren die ersten, die das Zielgebiet auskundschafteten. Der Flug von Khe Sanh über die Grenze von Laos dauerte fünfunddreißig Minuten. Wie immer vor einem so bedeutenden

---

[2] Im Ashau-Tal südwestlich von Hue nahe der Grenze zu Laos hatten nordvietnamesische Truppen im Vorfeld der Tet-Offensive ein logistisches Zentrum eingerichtet. Dort fand im Frühjahr 1968 eine der schwersten Schlachten des Vietnamkriegs statt. *(Anmerkung der Übersetzerin.)*

Kampf raste das Adrenalin durch meinen Körper. Ich war mit einigen Unterbrechungen seit mehr als drei Jahren in Vietnam, und als ich in der Morgendämmerung auf das uferlose Grün des Dschungels von Südostasien blickte, dachte ich: *Heute entscheidet sich, wie dieser Krieg ausgehen wird.*

Wir näherten uns dem Ziel von Westen, dann hielten wir eine Position ungefähr fünfzehn Kilometer südlich von Oscar-8 und warteten auf den Luftangriff der B-52. Ich war unglaublich angespannt und konnte es kaum aushalten, bis die Show endlich losging. Um exakt 4.45 Uhr sahen wir die Kondensstreifen in dem leuchtend rot-orangen Sonnenaufgang, die sich in ungefähr zehntausend Meter Höhe Oscar-8 näherten. Unter uns hatten ein paar Frühaufsteher im Lager schon Feuer für das Frühstück angezündet.

Wir blieben in einem sicheren Abstand in der Luft, als die drei B-52-Bomber Punkt 6.00 Uhr neunhundert Bomben abwarfen. Eine tödliche Kapsel nach der anderen fiel aus dem Himmel. Die letzte Bombe war kaum explodiert, da verließen Alexander und ich unsere Warteposition und flogen schnell und zielsicher zu einer Stelle, von der aus wir das Zielgebiet einsehen konnten. Ich schaute auf die Bombenkrater und die vielen Feuer, die unten im Tal brannten. Oscar-8 hatte die geballte Wut unserer Waffen abgekriegt, und ich kam mir ein bißchen vor wie Gott, als ich vom Himmel auf das Schlachtfeld blickte.

Dutzende von NVA-Männern rannten herum und versuchten, die Feuer in den Griff zu kriegen. Von der Route 922 bis zum etwas erhöhten Basislager im Nordwesten des Tales loderten die Flammen. Weiter im Norden rollten fünfzehn, zwanzig Mann verzweifelt Benzinfässer aus dem Kraftstofflager der NVA. Riesige Flammen schossen aus dem Gebäude in den Himmel. Ein paar Grashütten und Häuser brannten, und überall rannten Menschen mehr oder weniger angezogen durcheinander. Von oben sahen sie aus wie Ameisen, denen gerade der Bau zerstört worden war. Alexander und ich hatte noch nie vorher als Team gearbeitet, aber daß wir beide Zeuge dieses ungeheuerlichen Ereignisses wurden, schweißte uns sofort zusammen.

Die NVA positionierte sich sehr schnell, um ihr wertvolles Hauptquartier zu verteidigen. Viel schneller als erwartet kamen

BILLY WAUGH

wir unter massiven Beschuß von tödlichen 1.27-mm-Automatik-Luftabwehrgeschützen. Die Kugeln schossen auf allen Seiten an uns vorbei. Unsere Position über dem Talkessel war so ungünstig, daß die feindliche Luftabwehr von den umliegenden Berghängen auf uns *hinunter* feuern konnte. Major Alexander gab mir sofort eine Kostprobe seines fliegerischen Geschicks und wich dem unablässigen Beschuß aus, ließ den Vogel durch den Feuerhagel hindurchtanzen.

Ich war ziemlich überrascht von der Geschwindigkeit und Vehemenz, mit der die NVA auf den Angriff reagierte. Sofort überlegte ich, ob es wirklich ratsam war, die Hatchet Forces in einem so aggressiv verteidigten Gebiet abzusetzen. Die Bombardierung durch die B-52 hatte schweren Schaden angerichtet, aber die Verteidigungsfähigkeit der NVA war nicht merklich eingeschränkt. Die Truppen wurden in CH-46-Helikoptern transportiert. Sie hatten Befehl, innerhalb von fünfzehn Minuten nach dem Angriff der B-52 auf zufälligen Landezonen innerhalb von Oscar-8 aufzusetzen. Um uns herum zischte das Feuer der nordvietnamesischen Luftabwehr, und ich schnappte das Funkgerät und versuchte hektisch, Kontakt mit den Navy-Piloten zu kriegen, die am Steuer der CH-46 saßen.

Westlich von uns nahmen zwei Gunships der Navy ein Gebiet unter Beschuß, auf dem die CH-46 landen sollten. Wir mußten hilflos zusehen, wie beide Flugzeuge vom Bodenfeuer getroffen und Seite an Seite vom Himmel geschossen wurden. Erst kam das eine Gunship ins Trudeln, dann das andere, und dann stürzten sie beide auf die Landezone. Es war, als hätte jemand unseren schlimmsten Alptraum inszeniert. Der Anblick der beiden abstürzenden Flugzeuge war reines Adrenalin für unsere Nerven. Major Alexander und ich riefen beide über UHF- und UKW-Frequenzen, die Landung der Truppen müßte abgebrochen werden. Wir waren panisch, wir brüllten in die Funkgeräte. Die Hatchet Forces durften hier nicht landen. Es war Selbstmord.

„Abbrechen! Mission abbrechen!" schrie ich ins Gerät. „Nicht landen! Stoppt diese verdammten Chopper!"

Verflucht, sie hörten uns nicht. Die Navy-Piloten hatten offenbar die Funkfrequenzen gewechselt. Unsere Warnungen verhallten im Nichts. Es war zu spät, wir waren hilflos. Ein Zucken lief mir den Rücken hinunter, die Härchen auf meinen Armen stellten sich auf. Die Landungen ließen sich nicht mehr aufhalten, die Hatchet Forces wurden blind und ahnungslos in einem Gebiet abgesetzt, in dem es von kampfbereiter NVA nur so wimmelte.

Alexander und ich brüllten in die Funkgeräte, was das Zeug hielt, während zwei CH-46 in der Luft abgeschossen wurden, ungefähr dreißig bis fünfzig Meter über dem Boden. *Scheiße!* Beide Hubschrauber zerbarsten in zwei Einzelteile. Vier Flugzeuge abgestürzt! Und die NVA ballerte weiter und knallte unsere Truppen mit einer Leichtigkeit ab, als wäre es ein Computerspiel. *Verdammte Kacke!* Ich konnte nichts machen und saß hier mit dem beschissenen, nutzlosen Funkgerät und durfte zusehen, wie unsere Männer niedergemacht wurden.

Das Funkgerät fiel mir in den Schoß, als unten die Truppen aus den beiden Hubschraubern torkelten. Wie Steinmännchen kippten sie auf die Landezone.

Alexander brachte uns auf eine Höhe von eintausend Meter und weiter westlich, raus aus dem Schußbereich des Luftabwehrfeuers der NVA. Wir brauchten eine klare Verbindung zu Hillsboro – unserer Kommunikationszentrale in der Luft.

Ich erreichte den Befehlshaber von Command and Control, der von Khe Sanh aus den Einsatz leitete.

„Wir haben ein echtes Problem hier in Oscar-8", gab ich durch.

Ich ließ das hufeisenförmige Gebiet keine Sekunde aus den Augen, drehte mich dauernd nach allen Seiten, ich konnte nicht glauben, was da unten vor sich ging. Überall kam es zu einer neuen Katastrophe, und ich hatte Mühe, alles mitzukriegen.

Die NVA schoß von der Talsohle und von den Hügeln und hatte unsere Flieger in einem tödlichen Kreuzfeuer. Der Feind nahm jeden Vogel auf Korn, der sich am Himmel zeigte. Zwei H-34 wollten zu den Landezonen, um die Überlebenden der abgestürzten Navy-Hubschrauber aufzusammeln. Der eine wurde mit feindlichem Beschuß überzogen. Er explodierte sofort und stürzte direkt auf Route 922. Die drei Besatzungsmitglieder kletterte aus dem brennenden Vogel und bewegten sich den Hügel hoch, der sich im Süden der Straße erhob. Kaum hatte ich sie entdeckt, gab ich ihre Koordinaten an die Kontrollstation in Khe Sanh weiter.

Wir waren die Augen dieser Operation und konnten doch nur entsetzt beobachten, wie sich der ursprüngliche Plan unter uns buchstäblich in Rauch auflöste. Zwei F-4C-Phantomjäger lotsten wir über den Rand des hufeisenförmigen Ringes. Einer wurde praktisch in der Sekunde vom feindlichen Geschützfeuer erfaßt, als er über dem Zielgebiet auftauchte. Ich wollte meinen Augen nicht trauen: Vollkommen erschüttert konnte ich nur zuschauen, wie die rechte Tragfläche des Phantomjägers getroffen wurde. Die Tragfläche ging in Flammen auf. Als hätte jemand ein brennendes Streichholz in den Tank geworfen, explodierte gleich darauf das gesamte Flugzeug.

Von irgendwelchen Rettungsfallschirmen war nichts zu sehen. Der stolze Vogel krachte auf die Talsohle, wo er liegenblieb wie ein Haufen verbogener Metallschrott.

Dann kamen zwei A-1E Skyraiders dran. Sie sollten die Kammhöhen mit Luftangriffen abdecken. Einer ging in Sinkflug, um Napalmbomben direkt über den Luftabwehrkanonen abzuwerfen, da wurde er von den Waffen, die er zerstören wollte, erfaßt und in Stücke zerlegt.

Wieder gab es keine Spur von einem Rettungsfallschirm, als das Flugzeug über der Kammlinie abstürzte.

Ich empfing einen Notruf von einer Hatchet-Einheit am Boden. Der Mann forderte taktische Luftunterstützung an. Die Position des Teams war mit zwei leuchtend roten Signaltüchern markiert, die ich am Rande von zwei etwa fünfzig Meter auseinanderliegenden Bombenkratern im Zentrum von Oscar-8 erkennen konnte. Der Anführer gab durch, daß er und ungefähr fünfundzwanzig einheimische Truppenmitglieder in diesen Kratern steckten, die unsere eigenen B-52 in das Erdreich gebombt hatten. Seine Einheit hielt hier die Stellung gegen die Angriffe der NVA. Aber er brauchte dringend Luftunterstützung und erbat Napalm- und Streubomben in einem Umkreis von dreißig Metern um ihre Position.

„Ich besorg euch die Unterstützung", sagte ich ihm. „Haltet durch, Jungs."

Ich warf einen Blick auf meine Armbanduhr: Punkt 9.00 Uhr. Seit die erste B-52-Formation Oscar-8 unter Beschuß genommen hatte, waren drei Stunden vergangen. Inzwischen war hier die

Hölle ausgebrochen; es war, als ob wir die Welt durch ein Kaleidoskop betrachteten. Ich stellte wieder Kontakt zu Hillsboro her und forderte weitere Luftunterstützung für das Gebiet rund um die Bombenkrater an.

Unser Sprit ging allmählich zur Neige, und ich bat Alexander, in großer Flughöhe zurückzufliegen. So konnte ich gleichzeitig Khe Sanh und Da Nang Meldung erstatten. Ich kriegte Funkkontakt zu Lieutenant Colonel Harold K. Rose, dem kommandierenden Offizier von Command and Control der SOG. Sein Rufname war „Gunfighter", und er wartete in Khe Sanh auf Nachricht aus dem Zielgebiet.

„Gunfighter, hier ist Mustang", sagte ich. „Sitzen Sie gut, Gunfighter?"

„Nein, Mustang. Warum sollte ich?"

„Setzen Sie sich hin, Gunfighter, und Sie brauchen ein Stück Papier. Ich gebe Ihnen jetzt die Verlustliste der Flugzeuge durch."

Karte der im Zielgebiet Oscar-8 abgeschossenen US-Luftlandemaschinen

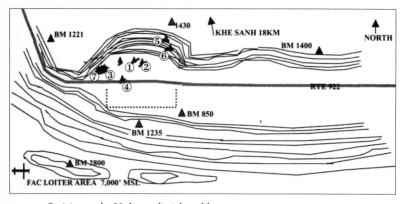

Positionen der Verluste, die ich meldete:
① / ② zwei in je zwei Bruchteile zerschossene CH-46 über der Landezone
③ ein HU-ID Gunship über der Landezone zerstört
④ ein H-34 bei Rettungsversuch über der Landezone abgeschossen
⑤ ein F-4C-Phantomjäger abgeschossen, kein Rettungsfallschirm
⑥ ein A-1E über dem Zielgebiet abgeschossen, kein Rettungsfallschirm
⑦ Position der Bombenkrater, in denen die Hatchet Forces um ihr Leben kämpften.

„Roger, Mustang", kam als Antwort.

„Gunfighter, zwei CH-46 wurden direkt über dem Abwurfareal abgeschossen, in zwei Teile zerbombt. Zwei HU-1D Gunships sind über der Landezone abgestürzt, ein H-34 wurde beim Rettungsversuch runtergeholt. Einen F-4C-Phantomjäger hat's erwischt, kein Rettungsfallschirm, und ein A-1E Skyraider wurde direkt über dem Zielgebiet abgeschossen, auch kein Fallschirm."

Ich beschrieb ihm die Bombenkrater, in denen die Hatchet Forces um ihr Leben kämpften, und danach war mindestens eine Minute lang Funkstille. Schließlich hörte ich Rose wieder, der deutlich erschüttert klang: „Was schlagen Sie vor, Mustang?"

„Gunfighter, wir müssen noch eine Hatchet Force als Verstärkung von Phu Bai holen. Fordern Sie wenigstens zwei SOG-H-34-Helikopter für den Rettungseinsatz an, so schnell es geht. Hillsboro hat jedes andere Bombardement in Nordvietnam eingestellt. Er hat mindestens acht Kampfflieger-Einheiten in Wartestellung fünf Minuten vom Zielgebiet entfernt. Der Bergkamm um das Tal ist immer noch unter massivem Bombenbeschuß."

„Roger, Mustang", antwortete Rose. „Wie ist euer Status?"

„Wir kommen runter zum Auftanken."

„Okay. Melden Sie sich im Bunker. Bis dahin hab ich das Fiasko hoffentlich meinen Vorgesetzten beigebracht."

Ich bestätigte den Befehl, obwohl ich in Gedanken ganz woanders war. Ich konnte nur noch an die Besatzung des abgeschossenen SOG-H-34 denken. Die drei Männer hatten sich Richtung Dschungel davongemacht, nachdem ihr Helikopter auf die Route 922 gestürzt war.

Unsere FAC-Ablösung war schon in der Luft, und wir kehrten um. Bei der Landung in Khe Sanh sah ich als erstes zwei H-34, die mit laufendem Rotor auf der Landebahn standen. Ich rannte zu einem hin und kletterte an Bord. Das Team des Choppers bestand aus drei vietnamesischen SOG-Mitgliedern.

Mustachio saß am Steuerhebel. Super. Das war wieder mal ein Einsatz, bei dem seine Expertise vonnöten war. Ich packte ihn am Arm und machte ihm klar, daß ich wußte, wo genau sich das Team des abgestürzten H-34 befand. Dann gab ich Mustachio mit dem Daumen Zeichen, den Vogel für den Rettungseinsatz zu starten. Ich handelte ohne Befehl, aber mein Freund Mustachio brachte uns ohne Zögern in die Luft.

Mustachio flog in einem höllischen Tempo zuerst Richtung Westen, dann nach Süden auf das Zielgebiet zu. Ich lotste ihn zu der Stelle, wo ich die drei Männer aus dem gestrandeten H-34 hatte herausklettern sehen. Zusammen mit der vietnamesischen Crew suchte ich die Umgebung des ausgebrannten Choppers ab. Die Einzelteile des Helikopters waren über die Route 922 verstreut.

Unter uns südlich der Straße blitzte etwas auf, das Signal eines Handspiegels. Mustachio drosselte den Motor und glitt im Sinkflug auf die Stelle zu. Wir wurden mit Bodenfeuer begrüßt, aber die Geschosse zischten, ohne Schaden anzurichten, an uns vorbei. Wir flogen zu einer kleiner Lichtung in der Nähe der Stelle, wo der Spiegel aufgeblitzt hatte. Dann sah ich die Besatzung des abgeschossenen H-34 – die drei vietnamesischen Kameraden hielten sich inmitten von großblättrigen Farnen und einem Bambusdickicht versteckt.

Da war eine freie Stelle im Dschungel, so winzig, daß man kaum von einer Lichtung reden konnte. Aber die knapp drei Quadratmeter waren genug für Mustachio. Perfekt zielgenau brachte er den Vogel an dieser Stelle herunter. Die Soldaten streckten die Arme in die Höhe, und nacheinander packte ich die Jungs bei den Händen und zog sie in den H-34.

Ich hielt den Daumen in die Höhe, klatschte Mustachio auf den Schenkel und brüllte: „Und jetzt mit Feuer unterm Arsch raus hier!" Das ließ er sich nicht zweimal sagen. Ein Hagel von grünen Leuchtspurgeschossen prasselte auf den Hubschrauber, und Mustachio preschte geradewegs durch ein paar kleinere Bäume. Die Motorblätter brachen durch die Äste, die wie Zahnstocher abknickten.

„Nicht nach Norden!" schrie ich. Wenn wir Richtung Norden flogen, kamen wir genau über den Kamm des Hufeisens um Oscar-8, wo die tödliche Luftabwehr der NVA positioniert war.

Der Rotor unseres H-34 lief in einem anderen Rhythmus als gewöhnlich; das war kein gleichmäßiges *Wusch-Wusch-Wusch* mehr, sondern ein abgehacktes Stottern, das wenig vertrauenserweckend klang. Ein oder sogar zwei der Motorblätter waren

BILLY WAUGH

bei unserem Start durch die Baumwipfel beschädigt worden, wodurch sie erheblich an Leistung einbüßten. Wir torkelten durch die Luft und ließen Oscar-8 langsam hinter uns, dann gewannen wir an Höhe und flogen Richtung Südwesten auf den Landestreifen von Khe Sanh zu.

Ich drehte mich um und lächelte die Besatzung des H-34 an. Sie grinsten breit zurück, und das sagte alles. Diese drei Männer waren einfach verdammt froh. Der agile kleine Kommandopilot des abgeschossenen H-34 hieß Hiep, und er kam zu mir nach vorn und legte mir den Arm um die Schultern. Wir schauten uns an und sagten nichts. Dankbarkeit braucht keine Worte.

Wahrscheinlich hatte „Gunfighter" gerade einen kleinen Ausraster im SOG-Kommandobunker, wo ich mich schon längst hätte melden sollen. Lange würde er aber sicher nicht sauer sein, wenn er von der Rettung der SOG-Hubschrauberpiloten erfuhr.

Bei allem verheerenden Durcheinander und trotz der katastrophalen Verluste auf unserer Seite hatten wir dem Feind beachtlichen Schaden zugefügt. Die Bombardierung durch die neun B-52 hatte direkte Treffer im Zielgebiet gelandet. Treibstoffvorräte, Gebäude und Bunker der NVA waren zerstört. An die neunhundert HE-Bomben hatten ihr Werk getan und den Plänen der NVA für ihr neues Hauptquartier einen gewaltigen Rückschlag versetzt. Und was mich betraf, sprachen die vehemente Abwehr und der außergewöhnliche Verteidigungseinsatz dafür, daß Giap sich tatsächlich im Zielgebiet aufgehalten hatte.

Die restlichen Hatchet Forces steckten wie gefährliche bissige Ratten in den Bombenkratern fest. Dort waren sie ein Problem für den Feind. Die Befehlshaber der NVA wußten genau, daß auch solch kleine Einheiten taktische Luftangriffe koordinieren konnten. Die Nordvietnamesen waren nicht gerade erpicht darauf, den Befehl für einen frontalen Angriff auf die Krater zu geben. Auf keinen Fall würden sie vor Einbruch der Dunkelheit angreifen.

Im Khe-Sanh-Bunker ging ich die Situation im Zielgebiet mit Lieutenant Colonel Rose und Major Jerry Kilburn durch. Es war 10.00 Uhr, und zu diesem Zeitpunkt waren vierzehn US-Piloten und Besatzungsmitglieder im feindlichen Gebiet abgestürzt.

Nach den Funkmeldungen zu urteilen, war der Anführer der Hatchet Force verletzt und mußte dringend evakuiert werden. Rose entschied schließlich, daß Kilburn im Zielgebiet abgesetzt wurde und die Hatchet Force anführen würde.

Rose orderte vier weitere H-34-SOG-Helikopter vom Da-Nang-Luftwaffenstützpunkt nach Khe Sanh, und er befahl, daß die beiden intakten H-34 Major Kilburn zusammen mit einer Standardausrüstung Munition, Granaten und Funkgeräten für die Hatchet Force so schnell wie nur möglich in dem Gebiet der Bombenkrater absetzten.

Ich war schon auf dem Weg zurück zu der 0-2, um wieder meinen eigentlichen Job bei der vorgeschobenen Luftraumbeobachtung anzutreten, als Rose mich einholte und mir den Arm um die Schultern legte. Ich drehte mich um, und wir schauten uns an. Es war fraglich, ob wir das Leben von so vielen unserer besten Männer retten konnten. Das wußten wir beide.

„Danke, Billy", sagte Rose in einem sehr ernsten Ton. „Jetzt holen Sie mir den Rest der Männer da raus."

„Roger", erwiderte ich leise.

Circa um 16 Uhr war Kilburn drin und die Evakuierung des verwundeten Anführers abgeschlossen. Der Vogel, der Kilburn reingebracht hatte, kam mit acht schwerverletzten Männern der Hatchet Force zurück. Die gesamte Operation wurde von taktischen Luftangriffen auf die Positionen der NVA-Luftabwehr auf den Hügeln unterstützt. Das sollte der NVA zu denken geben.

Alexander und ich flogen wieder los und suchten uns drei Stunden lang vergeblich die Augen aus dem Kopf. Kurzfristig sah es besser aus. Hillsboro, der fliegende Kommunikationsposten, empfing ein Notrufsignal aus der Gegend, in der sich der erste Sammelpunkt der Truppen befand. Vierzig Minuten lang suchten wir jeden Quadratmeter des Geländes ab, aber wir hatten „No joy", wie die Jungs von der US Air Force das ausdrückten.

Wir überflogen das Zielgebiet, die Route 922, wir klapperten alle Treff- und Sammelpunkte ab. Wir mühten uns ab, in der weiten grünen Welt unter uns irgend etwas zu erkennen, das auf tote oder lebendige US-Soldaten hindeutete. Wir suchten und suchten, blickten in alle Richtungen, bis uns die Augen tränten vor Anstrengung. Aber da war nichts.

Der verwundete Anführer der Hatchet Force erstattete bei seiner Rückkehr nach Khe Sanh Bericht. Mindestens fünfzig Mann der NVA hatten nach dem Absturz des Helikopters die SOG-Männer in Empfang genommen. SOG-Platoon-Führer Billy Ray Laney war im Einsatz ums Leben gekommen, als die CH-46 bei der Landung abgestürzt war. Vom Boden sah die Operation offenbar ziemlich genauso aus wie aus der Luft: absolutes Chaos.

Die Nacht brach sehr schnell über Oscar-8 herein. Schon am späten Nachmittag war es in der Talsohle wegen der dichten Vegetation dunkel wie in einem fensterlosen Kellerraum. Die Finsternis war nicht gerade günstig für die Hatchet Forces, die ihre Stellung in den Bombenkratern verteidigten. Es wurde immer dunkler, und Kilburn forderte eine Specter zur Unterstützung an. Das Flugzeug war mit kampfstarken Miniguns mit sehr hoher Kadenz ausgestattet, die die gesamte Nacht hindurch Bodenfeuer und Leuchtraketen abschießen konnten. F-4C-Teams standen bereit, um mit dem Einsetzen der Dämmerung die Kammhöhen des Hufeisens mit Luftschlägen zu überziehen und damit die ganze Nacht hindurch weiterzumachen.

Wir erfuhren mehr und mehr über die Situation am Boden in Oscar-8. Major Kilburn, der jetzt im Krater mit den Hatchet Forces steckte, schickte um 17.00 Uhr einen ersten Lagebericht. Zwei amerikanische und zweiundzwanzig südvietnamesische Soldaten hielten die Verteidigungspositionen in den Bombenkratern. Drei der Vietnamesen waren leicht verwundet, konnten aber ambulant versorgt werden. Sie hatten noch genügend Munition und die Moral war angesichts der wenig erfreulichen Umstände gut.

Es waren noch vierzehn US-Piloten und Besatzungsmitglieder der Hubschrauber am Boden, deshalb konnten wir die Hatchet Forces nicht einfach aus den Kratern abziehen. Es wurde entschieden, sie statt dessen als Such- und Rettungspatrouillen einzusetzen. Im Klartext hieß das: SOG hatte die Piloten und Hubschraubercrews der Navy in die verdammte Scheiße hineingeritten, und deshalb würde SOG nun auf keinen Fall abziehen, solange diese Jungs ihr Äußerstes gaben, um wieder aus dem Schlamassel herauszukommen. Allerdings war abzusehen, daß sie nicht viel Erfolg haben konnten. Die Männer von den Hatchet Forces konnten die Bombenkrater nicht verlassen, dafür sorgten schon der Granatenbeschuß und die Scharfschützen der NVA. Ein Ausbruchsversuch wäre Selbstmord gewesen.

Die Luftangriffe verhinderten, daß die NVA die Männer in den Kratern attackierte. Angriff um Angriff ging über Oscar-8 nieder. Eine Angriffswelle löste die nächste ab, pausenlos explodierten Bomben, CBU und Napalm, 20 mm Maschinengewehre feuerten unablässig. Kilburn forderte Napalm auf eine Position keine zwanzig Meter entfernt vom südlichsten Bombenkrater an. Die Kammlinien waren unter Dauerbeschuß mit dem gesamten Arsenal, das die US Air Force aufzubieten hatte. Was es an logistischem Aufwand und Waffengewalt gebraucht hatte, um die Männer überhaupt in Oscar-8 abzusetzen, wurde jetzt für ihren Schutz aufgewandt.

Bomben explodierten, Geschütze wurden abgefeuert. Kilburn brüllte in sein Funkgerät: „Kommt schon, Charlie, ihr Arschlöcher! Wir sind hier! Kommt und holt uns!"

Ich flog die ganze Nacht über dem Zielgebiet. Wir waren die Relaisstation für den Funkverkehr von den Hatchet Force zu den Kommandozentralen in Khe Sanh und Da Nang. Alle anderen Kriegshandlungen in Vietnam waren zum Stillstand gekommen, alles konzentrierte sich auf diesen Einsatz. Trotzdem gab es leider keinen Zweifel, daß die Operation abgebrochen und die Hatchet Forces gerettet werden mußten. Nur wußten wir nicht, wie. Lieutenant Colonel Rose und das SOG-Hauptquartier entwickelten einen absolut halsbrecherischen Rettungsplan. Vier H-34 würden einer nach dem anderen in den Bombenkratern landen. Sie sollten die Hatchet Forces rausholen, während ein anderer H-34 in der Luft wartete und im Notfall einspringen konnte.

In dieser Nacht machte niemand ein Auge zu. Die Truppen am Boden hielten ständig Ausschau nach Anzeichen für einen Angriff der NVA, der aber nie kam. Zum Teil waren dafür sicher die konzentrierten Luftangriffe auf die Hügelpositionen verantwortlich. Wir in der Luft versuchten, eventuelle Truppenbewegungen des Feindes möglichst schnell zu entdecken, gleichzeitig hofften wir wider besseres Wissen doch noch auf ein Notrufsignal von den abgestürzten Piloten und Besatzungsmitgliedern. Das C-130 Specter Gunship hatte das Gebiet rund um die zwei Bombenkrater unter Dauerbeschuß mit 7.62 Leuchtspurgeschossen.

Wir erhielten regelmäßig Meldungen vom Boden. Die NVA feuerte ein paar knatternde Mörserrunden auf die Krater ab, die aber nichts ausrichteten. Viel ruhiger als vorher gab Kilburn durch: „Läuft alles gut. Macht weiter so mit den Luftangriffen."

Um 5.00 Uhr begannen die taktischen Angriffe auf die Kammlinien. Vier Teams von F-4C-Phantomjägern warfen ihre Bomben ab und feuerten aus ihren 20-mm-Geschützen was das Zeug hielt. Diese Männer trieb nicht nur der normale Kampfgeist an: Sie hatten ihre Kameraden im Zielgebiet verloren, Piloten und Flugbesatzung wie sie selbst. Mit äußerster Präzision und einer Mordswut im Bauch hielten sie auf die feindlichen Stellungen. Das Feuer der NVA-Flugabwehr kam zum Erliegen.

Fünfundvierzig Minuten nachdem der taktische Luftangriff begonnen hatte, landeten die vier H-34, jeweils zwei in einem Bombenkrater. Geduckt rannten die Männer zu den Vögeln, die sie in Sicherheit bringen sollten. Sie stiegen im Höchsttempo in die Hubschrauber, jede Verzögerung konnte den Tod bedeuten. Kein einziger Mann wurde zurückgelassen. Kilburn sprang als letzter in einen der wartenden Vögel.

Zurück in Khe Sanh, hatten wir zum ersten Mal einen genauen Überblick über das Ausmaß der erlittenen Verluste. So wie es aussah, waren Leichen unserer Kameraden im gesamten Gebiet von Oscar-8 verstreut – vierzehn US-Piloten und Besatzungsmitglieder, zehn einheimische SOG-Mitglieder der Hatchet Force und drei amerikanische Angehörige der SOG. Die drei vermißten SOG-Männer waren Sergeant First Class Charles Wilklow, Sergeant First Class Charles Dexter und Laney, der als tot gemeldet, aber dessen Leiche nicht gefunden worden war. Wir machten weiter und suchten nach den Männern, bis wir am Rande der Erschöpfung waren. In den beiden folgenden Tagen flogen wir mindestens zwanzig Stunden pro Tag. Wir suchten das gesamte Tal ab, wie Männer, die es auf Gold abgesehen haben. Aber wir fanden nichts.

Am Morgen von Tag 4, dem 8. Juni 1967, kreisten Alexander und ich über der westlichen Seite der hufeisenförmige Hügelkette. Da bemerkte ich eine ungewöhnliche Färbung und eine Erhöhung am Boden direkt unterhalb des rechten Flügels der 0-2.

Ich schoß im Sitz hoch und brüllte: „Verdammt, da unten liegt ein Toter, hart rechts."

Oscar-8, zweiter Ausschnitt: Skizze der Absturzstellen

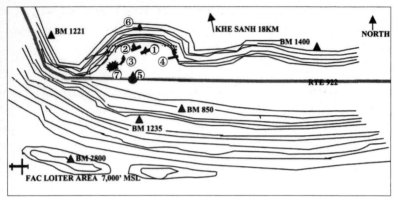

① / ②   CH-46-Truppenhubschrauber
③   F-4C-Phantomjäger
④   A-1E Skyraider
⑤   HU-ID Gunship
⑥   H-34-SOG-Helikopter
⑦   Bombenkrater, HF-Truppen in Verteidigungsposition

Alexander drehte den Vogel nach rechts. Ich ließ das Objekt nicht mehr aus den Augen und bemerkte etwas, das aussah wie ein Signaltuch. Wir schauten uns die Sache näher an und erkannten, daß das rote Viereck auf der Brust eines Toten lag. Endlich ein Treffer, und gottverdammt, wir hatten auch lange genug darauf gewartet. Die Person lag lang ausgestreckt, es schien sich um einen männlichen Weißen zu handeln.

Alexander und ich hoben unsere Daumen, dann tat ich, was jeder erfahrene Rettungsflieger in so einem Fall machte: Ich suchte mir ein auffälliges Kennzeichen in der Landschaft, in diesem Fall eine Gruppe von hohen Bäumen in der Nähe des Toten, mit dessen Hilfe ich seine Lage später wiederfinden würde. Alexander ging genauso vor, nur merkte er sich ein anderes Kennzeichen.

Ich war so aufgeregt, daß es mich kaum noch im Sitz hielt. Pures Adrenalin schwemmte die Erschöpfung und die Frustrationen der letzten vier Tage weg wie nichts. Ich gab Meldung zur Basis Khe Sanh durch und forderte einen H-34-Rettungsvogel an, ausgerüstet für einen Abseileinsatz, der sofort starten sollte. Ich bat um zwei SOG-Männer, aber nur einer – Staff Sergeant Lester Pace – stand zur Verfügung. Pace war ein massiger Schwarzer, der unglaublich stark war. Er war ein Einzelgänger und meistens schlecht drauf, und wir waren in der Vergangenheit schon ein paar Mal aneinandergeraten. Aber das alles war vergessen, jetzt zählte nur die Aufgabe und die große Bedeutung der Rettungsmission. Wir mußten den Toten aus dem Tal holen, und wenn Pace der einzige war, der für diesen Einsatz abkömmlich war, dann machte es eben Pace.

Ich erklärte ihm über Funk, um was es ging, und gab ihm Anweisungen, wie wir uns das Rettungsmanöver vorstellten. „Pace, hör bei dieser Sache mal auf mich", meinte ich. „Du hast folgendes zu tun: Du seilst dich von dem H-34 ab, bis du direkt seitlich von dem Mann am Boden bist. Trag dein Gurtzeug beim Abseilen und nimm ein Pullout-Rig mit runter." Mit diesem Pullout-Rig – auch Stabo-Rig genannt – konnte man einen Menschen aus einem feindlichen Gebiet herausholen und ihn so lange an einem Bergsteigerseil unterhalb des Helikopters hängenlassen, bis man einen sicheren Landeplatz fand. „Pace, wenn du unten bist, hakst du den Mann und dich selbst an der Zugstange am Ende des Seils ein, unterhalb des Choppers, und du gibst dem Piloten Handzeichen für den Abflug, sobald du euch beide sicher befestigt hast."

Am anderen Ende war Schweigen, und ich wartete, ob Pace die Anweisungen schlucken würde. Was ich von ihm wollte, war kein gewöhnliches Rettungsmanöver: Der Mann am Boden mußte so schnell wie möglich raus, sonst war es gut möglich, daß Pace und der H-34 vom Himmel geschossen wurden.

Als Pace nach einer ganzen Weile immer noch nichts sagte, fuhr ich fort: „Du darfst nicht ohne den Mann hochkommen, Pace. Paß auf Sprengfallen auf, und wenn du irgendwelche versteckte Bomben an der Leiche entdeckst, gib sofort Signal, dann ziehen wir dich hoch."

Ich verlangte etwas von Lester Pace, das er kaum bewerkstelligen konnte. Zumindest hatte er das verstanden, wenn ich das anhaltende Schweigen am anderen Ende der Leitung richtig deutete. Schließlich brummte er etwas, daß er meine Befehle nicht ganz kapiert hätte. Ich wiederholte die Anweisungen, und endlich bestätigte Pace den Auftrag.

Wir flogen immer noch über die Gestalt am Boden und warteten auf Pace und den H-34. Da setzte sich die Person mit einem Mal auf, als ob sie einen elektrischen Schlag bekommen hätte. Als nächstes winkte uns der vermeintliche Tote hektisch mit dem Signaltuch zu.

„Es ist ein Amerikaner", sagte ich zu Alexander, der ihn von seiner Seite aus nicht im Blickfeld hatte. „Er hat sich gerade bewegt. Er steht auf, und er hat das Signaltuch in der Hand. Geh tiefer."

Ich hatte keine Ahnung, wer der Mann war, aber er hielt jetzt die rote Signalflagge in beiden Händen und winkte damit. Alexander würgte den Motor der O-2 ab, als Zeichen für den Mann am Boden, daß wir ihn gesehen hatten. Sonst gab es für uns keine Möglichkeit, mit ihm zu kommunizieren.

Allzulange konnte wir nicht mehr in diesem Gebiet bleiben. Wir befanden uns schon im Steigflug, als wir in der Ferne den H-34 sahen. Ich informierte Pace über die veränderte Situation am Boden und brüllte fast ins Funkgerät: „Er lebt, Pace! Er lebt! Beweg deinen Arsch das Seil runter und hol den Mann da raus. Siehst du ihn?"

„Roger, Mann", antwortete Pace, und seine Stimme zitterte vor freudiger Anspannung.

Der H-34 schwebte über der Position, und Pace begann sich abzuseilen. Er hing ungeschützt in der Luft, ein perfektes Ziel für die Scharfschützen der NVA. Doch Pace ließ sich nicht beirren, erreichte den Boden, hakte den abgestürzten Soldaten fest und gab dem Piloten das Zeichen, mit den beiden loszufliegen. Pace erledigte seine Aufgabe perfekt, einfach perfekt, und Alexander und ich grinsten uns an, als Pace und Sergeant First Class Charles Wilklow, kurzfristig vermißt gemeldet in Oscar-8, in die Luft gehoben wurden und Richtung Westen davonflogen.

Wilklow war bei dem Einsatz durch eine Schußwunde an seinem Bein schwer verletzt worden. Der Militärarzt der Special Forces erzählte mir später, die Wunde hätte wie eine Schlachtplatte für Dschungelmaden ausgesehen. Aber genau wegen dieser Maden hatte Wilklow Glück gehabt: Sie fraßen das verrottete Fleisch und hielten so die Wunde sauber. Ohne sie hätte er wahrscheinlich das Bein verloren.

Ich suchte noch fünf weitere Tage nach den Leichen der Vermißten und nach Überlebenden in Oscar-8. Wir suchten ohne Unterbrechung nach Sergeant First Class Billy Ray Laney, nach Sergeant First Class Charles Dexter, nach den vierzehn vermißten Piloten und Besatzungsmitgliedern und nach den südvietnamesischen Soldaten. Jeden Tag kamen wir mit der Nachricht „No joy" zurück. Kein Anzeichen von den Vermißten, keine Notsignale. Nichts.

Die Stimmung hatte sich seit der Rettung Wilklows gebessert, aber als die Tage vergingen, legte sich dieser Optimismus schnell wieder. Wilklows Rettung war eines dieser seltenen Wunder, wenn in einer scheinbar aussichtslosen Kriegssituation plötzlich ein Hoffnungsschimmer auftaucht.

Am Ende des Vietnamkrieges wurden einige der in Oscar-8 vermißten Soldaten aus einem Kriegsgefangenenlager im Norden Vietnams entlassen. SOG Sergeant First Class Charles Dexter war in der Gefangenschaft gestorben.

Im nachhinein kann man nicht sagen, daß der Einsatz in Oscar-8 sich gelohnt hätte. Aber damals schien der mögliche Gewinn das Risiko zu rechtfertigen. Wenn wir General Giap getötet oder gefangengenommen hätten, dann wäre der Krieg schon damals zu Ende gewesen. Zumindest wäre er viel früher beendet worden. Oscar-8 war ein ehrenvoller Mißerfolg, und ich ziehe den Hut vor den Männern, die an dieser Mission teilgenommen haben. Mein besonderes Andenken gilt denjenigen, die wir nicht retten konnten, darunter Billy Ray Laney, Charles Dexter und die US-Piloten.

In den späten 90er Jahren des letzten Jahrhunderts wurde ein Teil von Laneys Leiche gefunden und an seine Tochter Vickey Laney Workman in Minnesota überführt. 2001 lud ich Vickey ein, doch am Treffen der Specials Operations in Las Vegas teilzunehmen. Sie und ihr Mann waren dabei, als wir in Ehren Abschied von ihrem Vater nahmen. Er war gefallen, als sie gerade mal sechs Jahre alt gewesen war.

Dreiunddreißig Jahre lang hatte Vickey die Hoffnung nicht aufgegeben, daß die Leiche ihres Vaters doch noch irgendwo im Dschungel von Laos auftauchen würde. Bei dem Treffen stand

Vickey vor den SOG-Männern, und ich stellte mich neben sie und sagte leise: „Bitte, sag ein paar Worte zu diesen Männern und ihren Frauen, Vickey."

In dem großen Bankett-Saal war es absolut still. Die Blicke der Veteranen richteten sich auf die zierliche Frau, die so lange an die Rückkehr ihres Vaters geglaubt hatte. Vickey hatte kleine Knochensplitter ihres Vaters beim Veteranendenkmal in Huntsville, Alabama, begraben. Dann erzählte sie den schweigenden Veteranen, wie sie ein paar Knochen ihres Vaters in eine grüne Armeeuniform gewickelt hatte, mit seinen Springerstiefeln darunter, und die Auszeichnungen und sein Fallschirmjägerabzeichen darauf. Oben auf die Uniform hatte sie das grüne Beret gelegt, das ihr Vater voller Stolz getragen hatte. Das alles hatte sie in den Sarg gelegt, in dem die Überreste von Sergeant Major Billy Ray Laney begraben worden waren.

Mit tränenerstickter Stimme sagte sie: „Ich danke Gott, daß er mir und meiner Familie den Vater zurückgegeben hat. Wir haben ihn so sehr geliebt. Wir sind so stolz auf meinen Vater. Und so glücklich, daß wir ihn wieder bei uns zu Hause haben dürfen."

Mit leiser, tränenerstickter Stimme sprach Vickey Laney Workman von der Liebe zu ihrem Vater und dieser amerikanischen Geschichte von Treue und Loyalität, die über den Tod hinausgeht. Grabesstille herrschte in dem großen Saal. Sechshundert Veteranen der SOG saßen in diesem Saal – sechshundert abgebrühte, kampfgestählte Männer, die vom Krieg ihre eigenen Narben davongetragen hatten. Beim Kampf um den Ho-Chi-Minh-Pfad hatten diese Männer Dinge gesehen, die sich Zivilisten in ihren schlimmsten Träumen nicht ausmalen können. Und doch blieb kein Auge trocken, als Vickey Laney Workman ihre Geschichte erzählte.

4

Am Morgen des 2. Februar 1970 erhielt ich Befehl vom kommandierenden Offizier (CO) der MACSOG Operation 35, ich solle mich sofort in seinem Büro in Saigon melden. Ich erhielt spezielle Instruktionen: *Melden Sie sich allein im Büro des CO und halten Sie Ihre Kampfausrüstung bereit.* Diese Worte ließen mein Herz höher schlagen. Sie konnten nur eins bedeuten: Ein streng geheimer Einsatz stand unmittelbar bevor, und ich war mit dabei.

Im Büro des CO wurde ich von Lieutenant Colonel John Lindsey empfangen. Er beschrieb mir ohne weitere Einleitung eine Situation, die er vom Flugzeug aus an einem Ort namens Ba Kev beobachtet hatte, zweiunddreißig Kilometer in Kambodscha, auf dem Weg Richtung Westen zum Duc Co Special Forces Basislager. Vom Rücksitz einer Cessna 0-1 Birddog der US Air Force aus hatte Lindsey alte Menschen und Kinder gesehen. Mit ausgehungerten und von Malaria gezeichneten Körpern saßen sie an den Rändern eines unbefestigten Landestreifens. Lindsey erkannte eine bunt zusammengewürfelte Gruppe von kambodschanischen Soldaten und ihren Familien, die seinem Flugzeug zuwinkten, so als wollten sie sich ihm ergeben. Sie standen verloren auf dem Fleckchen Erde, das im Dschungel freigekratzt worden war, und starrten gen Himmel und winkten dem Flugzeug und versuchten, es zum Landen auf der provisorischen Landebahn zu bewegen.

Lindsey erklärte mir, daß das Lager der NVA als Zwischenstation auf dem Ho-Chi-Minh-Pfad gedient hatte, bevor Prinz Norodom Sihanouk von Kambodscha aus Amt und Macht geputscht worden war. Der Führungswechsel – von Sihanouk zu dem von der USA unterstützten Lon Nol – hielt die NVA davon ab, den Außenposten weiter zu benutzen. Allerdings wurden dadurch auch alle Nachschublieferungen gekappt, die die

Bewohner von Ba Kev bisher aus der Luft erhalten hatten. Diese Menschen waren politische Waisen, und Lindsey sah hier eine Chance, wie wir aus der Situation einen Vorteil für uns schlagen konnten.

Er bot mir die Führung einer beispiellosen Mission an: Ich sollte mit einer Gruppe von drei Dolmetschern und zwei anderen SOG-Männern nach Ba Kev marschieren und den Außenposten zu einem funktionierenden Basislager aufrüsten. Es war unsere Chance, in unmittelbarer Nähe des Ho-Chi-Minh-Pfades, im fast undurchdringlichen Dschungel zweiunddreißig Kilometer von der Grenze entfernt, etwas gegen die NVA zu unternehmen.

Bei dieser streng geheimen Mission würden amerikanische Truppen tiefer in feindliches Territorium eindringen als je zuvor, und wir mußten den Kontakt zu einer großen Gruppe von bewaffneten Menschen aufbauen, die krank, hungrig und uns wahrscheinlich nicht besonders freundlich gesonnen waren.

Ob ich das übernehmen würde, fragte mich Lindsey. Ich grüßte zackig mit einem breiten texanischen Grinsen im Gesicht. Ob ich das übernehmen würde? Wollte er mich verarschen? Ich würde jemanden umbringen, nur um so eine Mission zu führen.

So ein unkonventioneller, grenzüberschreitender Spontaneinsatz tief im feindlichen Gebiet war genau das, wofür ich mich schon immer ausgesprochen hatte. Meine Ansichten waren bisher nur mit blankem Unverständnis quittiert worden, aber was ich hier hörte, war Musik für meine Ohren. Ich wollte sofort losmarschieren.

Es folgt die ausführliche Chronik einer beispiellosen Mission, die hier zum ersten Mal veröffentlicht wird. Die Akten der SOG wurden schon 1995 freigegeben, aber bis heute hat keiner der wenigen Teilnehmer der Ba-Kev-Operation die Geschichte dieses Einsatzes vollständig erzählt.

D ie Dolmetscher wurden vom Hauptquartier ausgewählt, und ich suchte mir schnell die beiden anderen SOG-Männer zusammen: der Kommunikationsspezialist Staff Sergeant Dennis Motley und der Sprengmeister und Ingenieur Sergeant First Class Charles Smith. Motley war schon bei zwei Einsätzen auf der anderen Seite der Grenze dabeigewesen, und ich brauchte Männer mit Erfahrung. Smith war ein Veteran, der seit dreizehn Jahren in der Army diente. Er hatte schon alles gesehen und sah auch so aus, als könne ihn absolut nichts mehr überraschen. Er nahm den Auftrag mit einem Schulterzucken und einem Nicken zur Kenntnis.

Jeder große Special-Ops-Einsatz löste in mir ein Gefühl zwischen gespannter Aufregung und Unsicherheit aus, dieser hier war keine Ausnahme. Ich rutschte ziemlich unruhig auf meinem Arsch hin und her, als der H-34-Helikopter über Ba Kev niederging. Von oben aus sicherer Distanz konnte ich die verblüfften Menschen in dem Außenposten beobachten, die uns ungläubig entgegenkamen. Wir blickten auf eine Streitmacht, deren Größe wir nicht einschätzen konnten. Wir wußten, daß sie über mehr als tausend Gewehre verfügten, aber auf welcher Seite sie standen, davon hatten wir keinen blassen Schimmer. Im besten Fall waren diese Menschen nicht für die NVA.

Und im schlimmsten Fall? Darüber wollte ich gar nicht erst nachdenken.

Der Vogel glitt sanft zu Boden, und wir fragten uns, ob wir wohl mit offenen Armen aufgenommen oder auf der Stelle abgeknallt werden würden. Beides war vollkommen im Rahmen des Möglichen.

Wir stiegen aus den Hubschraubern und atmeten erst einmal erleichtert auf. Alles war ruhig, niemand schoß auf uns. Ich hatte meinem Team vorher zur Vorsicht geraten, und wir gingen langsam und mit einem Lächeln im Gesicht auf die vereinbarte Stelle zu – ein Schuppen am westlichen Ende der Landepiste. Die ganze Situation fühlte sich an, als wären wir in einem Science-fiction gelandet und man hätte uns in einer Art Experiment auf einem fremden Planeten ausgesetzt.

Ich überflog die Gesichter und Uniformen, bis mir ein Mann auffiel, den ich für einen führenden Offizier hielt. Er wurde mir als Colonel Um Savuth vorgestellt. Der Mann war Mitte fünfzig, mit einem zerfurchten, wettergegerbten Gesicht. Beim Gehen stützte er sich auf einen Stock, er war vielleicht ein Meter fünfundsechzig groß. Nahe am Haaransatz hatte er eine tiefe Narbe, die aussah, als rühre sie von einer Schußverletzung her.

Karte von Vietnam, Kambodscha und Laos

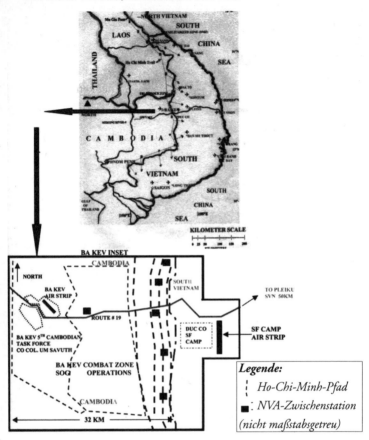

Vergrößerter Ausschnitt mit dem Gebiet um Ba Kev

Seine Haut war auffällig gelb gefärbt, ein deutliches Zeichen, daß der Colonel höchstwahrscheinlich an Gelbsucht litt, verursacht durch Malaria. Schnell und unauffällig blickte ich an ihm hinunter und bemerkte eine chinesische Pistole in einem Lederhalfter, das an einem französischen Waffengürtel befestigt war. Seine Uniform war abgetragen, aber sauber. Er hielt sich sehr aufrecht, und mein erster Eindruck war, daß ich einen äußerst stolzen Mann vor mir hatte.

In meinem besten Militärfranzösisch (das nicht besonders war) begrüßte ich Colonel Savuth. Dann überreichte ich ihm ein Grußschreiben vom Chief der SOG, wie es üblich war bei Verhandlungen mit asiatischen Militärführern. Nachdem wir ein paar Minuten lang ziemlich steif Smalltalk ausgetauscht hatten, gab ich dem Colonel kleine Geschenke, die zeigen sollten, daß wir in freundlicher Absicht kamen. Unter den Geschenken war ein Sixpack Budweiser, und dieser Anblick brachte die Augen des alten Knaben wirklich zum Leuchten. Das Bier war warm, aber das kümmerte ihn nicht. Er öffnete eine Dose und nahm einen kräftigen Schluck. Das war ein gutes Zeichen. Dann befahl Colonel Savuth einem seiner Männer, die übrigen Bierdosen unter seinen Offizieren zu verteilen. Das Eis war gebrochen.

Eins war gleich klar: Bier würde ganz oben auf meiner Liste für die erste Nachschublieferung stehen.

Ich gab den Hubschraubern Zeichen, daß sie abfliegen konnten. Als die Vögel sich über die Bäume erhoben und bald darauf der Lärm der Rotorblätter in der Ferne verschwand, wurde mir schlagartig klar, daß wir nun vollkommen abgeschnitten von unseren Truppen waren. Mit dem Budweiser in der Hand gab Savuth die Geschichte seines Außenpostens zum besten. Mehr als tausend Soldaten samt ihrer Familienangehörigen lebten in der Umgebung des Postens. Kurz nach dem Staatsstreich war aller Kontakt mit Phnom Penh abgebrochen, und seit vier Wochen kamen auch die Flugzeuge nicht mehr, die zweimal pro Woche Nahrungsmittel abgeworfen hatten. Die Lage war schlimm. Colonel Savuth selbst und viele seiner Männer brauchten unbedingt sofortige medizinische Betreuung. Alte und Kinder warteten am Rande des Landestreifens, sie waren krank und kaum in der Lage, sich noch einmal von dort fortzubewegen. Schon in den ersten Stunden nach unserer Ankunft mußten wir mit ansehen, wie Leichen vom Landestreifen zum Außenposten gebracht und dort für die Verbrennung auf einem Scheiterhaufen vorbereitet wurden. Die Toten wurden auf Baumstämme gelegt, und dann wurden mehr Stämme über die Toten geschichtet. Das Holz und die Leichen wurden zusammen verbrannt, bis nichts mehr übrig war als Asche, die im Dschungel verstreut wurde.

Die NVA hatte den Außenposten als ein Zwischenlager genutzt. Verwundete oder kranke Soldaten konnten sich in der ausgeräumten Krankenstation ein paar Tage ausruhen und wieder zu Kräften kommen. Die Truppen nahmen sich einfach die Nahrungs- und Arzneimittel, die sie brauchten, und kümmerten sich nicht darum, ob dann noch genug für die Einheit von Colonel Savuth übrigblieb. Diese Vorgehensweise hatte den stolzen Mann sichtlich erschüttert. Die Aussicht, wir könnten die fast aufgebrauchten Vorräte an Nahrung und Arznei wieder auffüllen, gab ihm neuen Mut. Hier war ein Mann, dem etwas am Überleben seiner Leute lag. Anscheinend wollte er sich auf eine Zusammenarbeit mit uns einlassen.

Endlich hatten wir die Förmlichkeiten hinter uns, und Colonel Savuth schaute mich mit seinen gelblichen, müden Augen an. Er stellte eine einfache Frage: „Wie könnt ihr uns schützen?"

Damit hatte ich gerechnet. Unsere Anwesenheit hier mußte die Aufmerksamkeit der NVA auf sich ziehen. Wenn der Colonel mit uns zusammenarbeitete, konnte er damit rechnen, daß er und seine Regimenter als Überläufer betrachtet wurden. Er mußte sicherstellen, daß wir seine Leute auch beschützen konnten. Hillsboro, der luftgestützte Kommunikationsposten, war über unsere Anwesenheit im Ba-Kev-Gebiet informiert. Deshalb konnte wir die einfache Frage von Colonel Savuth mit einer beeindruckenden Demonstration unserer Feuerkraft beantworten.

Ich deutete auf die umliegenden Berge. „Suchen Sie sich irgendeine Stelle", forderte ich ihn auf. „Irgendwo in einer Entfernung von mindestens vierhundert Metern. Dann zeige ich Ihnen, was die US-Streitkräfte draufhaben."

Savuth zeigte nach Osten auf eine bewaldete Anhöhe, ungefähr achthundert Meter weit weg vom Landstreifen. „Sehen Sie das da?" fragte er mich.

Ich übermittelte die ungefähren Koordinaten an den Piloten der US Air Force, der mit Lieutenant Colonel Lindsey flog, und forderte einen „Sky Spot" an – zwei 250-Kilo-HE-Bomben sollten unverzüglich über den Koordinaten des Hügels abgeworfen werden.

Inzwischen hatten sich die kambodschanischen Soldaten an den Seiten der Piste aufgestellt; sie ahnten, daß die verrückten Amis etwas Ungewöhnliches vorhatten. Innerhalb von fünf Minuten warfen zwei Kampfflieger ihre Ladung genau über dem Zielpunkt ab. Sie flogen sehr hoch und waren für die Kambodschaner weder zu sehen noch zu hören. Auch die Bomben waren für uns während des Abwurfs nicht zu erkennen, und die gewaltige Explosion kam so überraschend, daß es den Kambodschanern samt Colonel Savuth den Atem verschlug.

Der Hügel explodierte in einem Inferno aus Feuer und Rauch, und die Soldaten brachen in ein Freudengeheul aus. Sie standen am Landestreifen und klatschten und lachten lauthals und schienen sich gegenseitig immer wieder zu versichern, daß das auch stimmte, was sie da eben gesehen hatten. Ich war unglaublich erleichtert und mußte mich zusammenreißen, daß ich nicht mitjubelte. Schnell blickte ich zu Colonel Savuth hinüber. Der Colonel zwinkerte, grinste und kippte gleich noch ein paar Budweiser hinterher. *Verdammt, diese Mission hatte eine echte Chance auf Erfolg.*

Wir mußten auf jeden Fall mit einem Angriff der NVA rechnen. Keine Chance, daß die Nordvietnamesen die Präsenz von US-Truppen in dieser Region einfach so hinnahmen, ohne wenigstens einen Versuch zu unternehmen, uns zu vertreiben. Die feindlichen Verteidigungslinien hier waren keine echte Verteidigung, es waren einfach bewohnte Gebiete. Unser SOG-Team sollte das Überleben des kambodschanischen Außenposten sichern und dann mit Offensivschlägen gegen die NVA beginnen. Wenn wir Erfolg mit den Leuten hier hatten, dann wollten wir kleine Patrouillen vom Osten her in Richtung Ho-Chi-Minh-Pfad losschicken und durch diese Strategie den Druck von dem überarbeiteten und heftig bombardierten Du-Co-Special-Forces-Lager abziehen, das in nur ein paar Kilometern Entfernung auf der anderen Seite der Grenze in Südvietnam in der taktischen II-Corps-Zone lag. Wenn wir uns also hier direkt unter den Augen der NVA eine Zeitlang seßhaft machen wollten, dann wartete noch höllisch viel Arbeit auf uns. Unser neues Heim hatte unbedingt noch ein paar Renovierungsmaßnahmen nötig. Wir mußten Verteidigungs- und Kommunikationsposten einrichten, die Moral der Einheimischen aufbauen und die Truppen und ihre Familien medizinisch versorgen.

Die Gesundheit von Colonel Savuth stand ganz oben auf unserer Liste. Wir waren drei Tage im Lager, als er während einer Unterhaltung so schwach wurde, daß er nicht mehr weiterreden konnte und in sein Quartier zurückmußte, um sich auszuruhen. Der alte Knabe brauchte dringend ärztliche Hilfe. Auch aus Gründen der Moral war seine Evakuierung dringend erforderlich. Wir konnten nicht zulassen, daß Colonel Savuth uns hier im Lager wegstarb. Sein Tod wäre das Ende der Mission, und wenn wir ihn nicht innerhalb von vierundzwanzig Stunden zu einem Arzt brachten, war er wahrscheinlich ein toter Mann.

Am Morgen des 5. Februars, dem dritten Tag unserer Besetzung, waren im Außenposten die hohen Frequenzen von sich nähernden SOG-Hubschraubern zu hören. Bei dem Klang wurde es uns warm ums Herz. Ein dreiköpfiges Ambulanzteam der Special Forces wurde eingeflogen, dazu eine Lieferung mit medizinischem Gerät und Arzneimitteln. Die Helikopter waren kaum gelandet, als sich schon die Schlangen bildeten. Soldaten, Alte, Kinder, Schwangere – alle warteten darauf, daß die beiden SOG-Ärzte und der Sanitäter der Special Forces sie behandelten. In vielen Fällen war die medizinische Versorgung lebensrettend. Die Mitglieder des Ambulanzteams wurden wie Götter behandelt. Die Leute waren so schwach und krank, daß sie kaum in der Schlange stehen konnte, aber sie warteten geduldig. Acht Stunden lang behandelten die Mediziner etwa fünfhundert Menschen, die an Malaria und anderen Krankheiten oder Verletzungen litten.

Einer der Ärzte schaute sich Colonel Savuth an, der zu diesem Zeitpunkt seine Hütte kaum mehr verlassen konnte und an die hölzerne Pritsche gefesselt war, die ihm als Bett diente. Der Colonel hatte hohes Fieber und er zitterte heftig vor Schüttelfrost. Der Arzt untersuchte ihn, dann kam er mit ernster Miene auf mich zu.

„Er muß raus hier", sagte er. „Und zwar sofort. Jede Minute länger kann für ihn den Tod bedeuten."

Colonel Savuth wußte, daß es schlecht um ihn stand, aber er wollte nicht fort von seinem Posten. „Ich muß bleiben", erklärte er mir. „Ich kann doch jetzt nicht abhauen."

„Colonel", meinte ich, „ich sage es Ihnen, wie es ist: Sie müssen in ein Krankenhaus, sonst bleiben Ihnen keine zwei Wochen

BILLY WAUGH

mehr." Er überlegte es sich kurz, dann willigte er ein. Als das letzte Tageslicht über den Bergen verschwand, übergab Colonel Savuth offiziell das Kommando über den Außenposten an Major Um Thant. Dann wurde er in einen der SOG-Hubschrauber gebracht, wo ihn ein erschöpftes Mitglied des Ambulanzteams empfing. Beim Abflug des H-34 Richtung Osten standen alle Regimentsoffiziere auf dem Landestreifen stramm und salutierten ihrem stolzen Colonel. Savuth wurde ins Feldlazarett in Nha Trang in Südvietnam geflogen, wo er sicher war und von Ärzten der Special Forces behandelt wurde, die seine Anwesenheit strikt geheimhielten.

Die medizinische Versorgung des Außenpostens war allmählich gesichert, und wir begannen mit dem Abwurf von Hilfsgütern. Die Kambodschaner waren schwer beeindruckt von der schieren Menge der Lieferungen, die jede zweite Nacht geschickt wurden. Major Thant hörte nicht mehr auf zu grinsen und schüttelte nur ungläubig den Kopf, als ich ihm den Inhalt der Abwürfe vorführte: Reisvorräte für drei Tage, Nahrungsmittelrationen für drei- bis viertausend Menschen, Unmengen von Ballen an Stacheldraht für die Verteidigung, einhundert Paar Arbeitshandschuhe, sechs Kettensägen, Claymore-Minen, Trommelfässer mit Benzin und Diesel, die jedes fünfundfünfzig Gallonen faßten. So etwas hatten die Menschen hier noch nie gesehen.

Wir konnte geradezu mitansehen, wie das Stockholm-Syndrom einsetzte. Wenn du deinen Gegner gut behandelst, dann wird er irgendwann zu deinem Freund. In Ba Kev taten wir alles, um uns dieses psychologische Verhaltensmuster zunutze zu machen. Ich blickte in die Gesichter der kambodschanischen Soldaten, wie sie die Luftabwürfe bestaunten. Bald waren alle vollkommen überzeugt, daß wir ihnen das Leben gerettet hatten. Und genau dieses Bild von uns sollten sie auch in ihren Köpfen haben.

Die Trupps arbeiteten rund um die Uhr, damit der Außenposten sich zumindest minimal selbst verteidigen und vielleicht sogar einem feindlichen Angriff standhalten konnte. Was die humanitären Aspekte betraf, war unsere Mission bislang ein voller Erfolg. Es war an der Zeit, daß wir mit den militärischen Angriffsaktionen begannen, die ja der Hauptgrund waren, warum wir uns überhaupt in diesem abgelegenen kambodschanischen Außenposten aufhielten. Anders ausgedrückt, hatten wir unsere Seite des Deals erfüllt. Die Menschen waren gesünder und sicherer als vor unserer Ankunft. Jetzt mußte sich zeigen, ob die Kambodschaner im Gegenzug auch uns einen Gefallen taten.

An unserem neunten Tag in Ba Kev, dem 12. Februar, sandten wir kleine Patrouillen aus, die die nähere Umgebung erkunden sollten. Diese Patrouillen bestanden aus drei- oder vierköpfigen Teams, die immer wieder zu Fuß von unserer Stellung in Richtung Ho-Chi-Minh-Pfad losgeschickt wurden. Ihre Aufgabe war es nicht, irgendwelche Charlies umzulegen, sondern sie sollten den Kommandeur frühzeitig warnen, für den Fall, daß der Feind sich näherte. Die Teams hielten sich an den vom Gelände her in Frage kommenden Angriffsrouten im Hinterhalt versteckt; sie hatten Befehl, jede feindliche Bewegung oder Aktivität sofort zu melden.

Die Männer waren mit AK-47 und fünf Magazinen Munition bewaffnet. Alle trugen sie grüne Dschungelkampfanzüge, an denen die Hosenbeine an den Knöcheln mit schwarzem Klebeband umwickelt waren. So kann man sich im Dschungel sehr leise bewegen. Außerdem hatte jeder einen Pistolengurt mit zwei Wasserflaschen und jeder war mit einem Signalspiegel, einem roten Signaltuch und einem kleinen Kompaß ausgerüstet. Ausgewählte Mitglieder trugen außerdem noch M-79-Granatwerfer.

Die ersten Patrouillen waren seit zwei Tagen unterwegs, als ein Vier-Mann-Team einen einzelnen nordvietnamesischen Soldaten bemerkte. Sie lagen versteckt in einem Hinterhalt, doch der Mann kam direkt auf sie zu. Dieser NVA-Soldat konnte unmöglich ahnen, daß eine vierköpfige Patrouille, die zudem noch aus kambodschanischen Soldaten bestand, einige Kilometer östlich vom Ho-Chi-Minh-Pfad quasi auf ihn wartete. Trotzdem lief er, die AK-47 über der rechten Schulter, geradewegs in die Fänge der Patrouille. Der Mann wurde mit Stößen und Tritten aus dem Busch getrieben und zurück zum Außenposten gebracht. Und damit hatten die Besetzer von Ba Kev ihren ersten Feind gefangengenommen.

Stolz und glückstrahlend kam die Patrouille ins Lager und präsentierte einen kranken und verängstigten NVA namens Nguyen Van Dong, ein Neunzehnjähriger, der sich erst vor drei Monaten freiwillig zum Militärdienst gemeldet hatte. Ich fragte ihn, warum er sich so nahe am Posten aufgehalten hatte, und er meinte: „Meine Anführer haben mich hierhergeschickt, damit ich zu einem Arzt komme und mich erhole." Die Einheit von Van Dong wußte also noch nicht, daß in Ba Kev jetzt der Feind saß. Von der Aufgabe des Außenpostens durch die NVA hatten sie auch noch nichts mitgekriegt. Dong war sich unsicher, was die Zeiträume betraf, und er war nicht ganz klar im Kopf wegen der Malaria, aber er sagte, seine Einheit sei schon vier Wochen unterwegs gewesen, bevor er weggeschickt wurde, um sich behandeln zu lassen. Er war nur ein ziemlich kranker Junge, ein Frischling, der sich vor Angst fast in die Hose machte. Wir konnte nichts mit ihm anfangen und ließen ihn nach Duc Co bringen, wo er weiter verhört und behandelt wurde.

Die Gefangennahme brachte uns im Endeffekt keine verwertbaren Informationen, aber es war ein großer Schritt für unsere Mission in Ba Kev. Deshalb schlug ich Sergeant Major Uk Saddan vor: „Die Männer, die bei der Festnahme dabei waren, haben sich eine Belohnung verdient." Am Nachmittag, nachdem Dong abgeholt worden war, stellte sich ein Teil des Regiments auf und feuerte für die Männer der Patrouille einen Ehrensalut ab. Saddan überreichte jedem von ihnen den Gegenwert von 20 Dollar in kambodschanischen Riel. Auch die Kameraden lobten die Soldaten für ihre gute Arbeit, und man konnte es den vieren am Gesicht ablesen, wie stolz sie waren.

Ich selbst erlaubte mir einen kurzen Moment, in dem ich mich stolz auf dem Geleisteten ausruhte, dann kehrte ich schnurstracks in die Realität zurück. Bei aller Freude war eines klar: Ohne Gegenwehr würde es Charlie nicht hinnehmen, daß wir uns hier breitmachten und ihm bei seinem Marsch Richtung Süden ins Gehege kamen.

Wir mußten nicht mehr lange warten.

D
ie Not hatte mich gelehrt, mit offenen Augen und Ohren zu schlafen. Ich schlief wenig, und ich schlief nie richtig fest. Wenn bei Nacht seltsame Geräusche ums Lager zu hören waren, kriegte ich das fast immer mit. Um zwei Uhr morgens am 15. Februar, ein Tag nach der Festnahme des NVA-Soldaten, weckten

mich die unheilvollen Schläge der Granatwerfer der NVA. Runde um Runde feuerten sie aus ihren Rohren ab. Innerhalb von Sekunden kamen sie heran und statteten uns einen unerwünschten und sehr lautstarken Besuch ab.

Ich rieb mir den Schlaf aus den Augen und rannte los, um den Rest des Außenpostens zu alarmieren. Sofort war mir klar, daß Charlie sich endlich doch entschlossen hatte, auf unsere Präsenz zu reagieren.

Ich brüllte, was das Zeug hielt: „Feindliche Granaten!"

Wie wild rannten wir alle durcheinander und versuchten, das Lager so schnell wie möglich wach zu kriegen. Ein paar Kambodschaner schrien: „Faire attention!", und alle rannten in Deckung. Selbst der langsamste Mensch wird zum Sprinter, wenn ihm die Angst im Nacken sitzt, und in Nullkommanichts war der gesamte Außenposten einschließlich der Familien, die auf beiden Seiten der Route 19 wohnten, angezogen und bereit, unsere Position zu verteidigen.

Ich stürzte in den Graben in unserem Bunker, wo schon Smith und Sergeant First Class Melvin Hill saßen. Hill war erst am vorherigen Tag eingetroffen. Er betreute nun unser Kommunikationsnetz anstelle des überarbeiteten und ziemlich überforderten Motley. Vor seiner Abreise in Saigon hatte ich Hill gesagt, ich hätte hier einen guten Job für ihn. Jetzt schlugen um uns herum die Granaten der NVA ein, und er brummte leise vor sich hin. „Verdammt, Sergeant Major, Sie beschissener Kerl", fluchte er, „ohne Sie und Ihre ‚guten Jobs' wäre ich jetzt in Saigon und würde mit einem jungen Ding anbändeln. Statt dessen sitze ich hier in diesem verfluchten Loch."

Die Einschläge der Granatwerfer konzentrierten sich auf die südwestliche Seite des Hauptlagers. Ich wandte mich an Melvin. „Halt die Klappe und mach, daß du an den Funk kommst. Bring uns ein verdammtes Specter Gunship hier raus."

Hill hörte sofort mit dem Gejammere auf. „Schon passiert", sagte er. „Die Gunships sind unterwegs." Hillsboro antwortete sofort und affirmativ, und in unseren Ohren klang die Nachricht wie die Stimme eines himmlischen Retters. Zur gleichen Zeit meldete eine Patrouille, die sich drei Kilometer östlich vom Außenposten befand, daß sie zwei verschiedene NVA-Trupps mit

Granatwerfern gesichtet hätte. Die feindlichen Geschütztruppen waren weniger als dreihundert Meter nördlich von ihnen entfernt, schätzte die Patrouille. Doch aus guten Gründen befahlen wir den Männern nicht, Feuer auf die NVA zu eröffnen: Die Patrouillen waren zu klein und ihre Position zu ungeschützt, als daß sie es im Kampf mit feindlichen Trupps unbekannter Stärke aufnehmen könnten.

Ich schnappte mir einen der Dolmetscher, rannte zur Position des 82-mm-Granatwerfers und sprang in die Geschützgrube zu der kambodschanischen Crew. Durch den Dolmetscher ließ ich der Patrouille, die dem Feind am nächsten war, ausrichten, daß sie ihre Ärsche in Deckung bringen sollten. Wir würden gleich eine „Markierungsrunde" mit HE-Bomben abfeuern. Diese Runde sollte die Patrouille beobachten, damit sie wenn nötig unsere Reichweite und Zielgenauigkeit korrigieren konnten. Ich konnte nur hoffen, daß unsere Markierungsrunde nicht auf den versammelten Häuptern der Vier-Mann-Patrouille niederging. Die Jungs hatten Glück, aber den Feind erreichte unser Feuer auch nicht. Die Patrouille meldete, daß unsere Granaten zwar in der korrekten Richtung, aber fünfhundert Meter vor dem Feind eingeschlagen hatten. Ich ließ das Abschußrohr neu ausrichten und feuerte dann ein paar Mal. Diesmal explodierten die Granaten genau dort, wo die Patrouille feindliches Feuer bemerkt hatte. Wir kriegten Meldung, daß im Zielgebiet hastige Bewegungen im Unterholz und Gewehrfeuer zu hören waren.

„Die bösen Buben verteilen sich vielleicht nur", sagte ich. Die Kerle kämpften sich eilig durch den dunklen Dschungel, und ich hoffte, daß sie wenigstens ein paar Granatsplitter abgekriegt hatten.

Dann feuerten unsere Truppen von einer zweiten Geschützposition, und zwar genau auf die Stelle, von der die B-40-Rakete der NVA gekommen war. Die Soldaten fanden sofort Gefallen an ihrer neuen Feuerkraft, was gut für die Moral, aber schlecht für die Munitionsvorräte war. Die irre, hektische Feuersequenz hielt höchstens ein paar Minuten an. Aber sie vermittelte den Regimentstruppen einen guten Eindruck davon, auf was es in einer ernsten Kampfsituation ankam. Die Jungs waren kaum wieder von den Geschützen wegzukriegen, und obwohl ihre Disziplin einiges zu wünschen übrigließ, war ich stolz auf die Männer. Charlies Herausforderung hatten sie mit ein paar tödlichen Botschaften ihrerseits quittiert. Es schien sie überhaupt nicht zu stören, wie schnell sich das Blatt für sie gewendet hatte: Noch vor zwei Monaten hatten sie genau die Soldaten untergebracht und verpflegt, die sie jetzt aus dem Dschungel bombten.

Der nächste Morgen brach an. In jedem Lager saßen kambodschanische Soldaten auf den Grabenstufen und redeten wild gestikulierend durcheinander. Überall waren aufgeregte, enthusiastische Stimmen zu hören, als sich die Männer die Ereignisse der Nacht immer wieder erzählten. Melvin Hill und ich mußten grinsen. Die Truppen erlebten gerade zum ersten Mal das Hochgefühl nach einer erfolgreichen Schlacht.

Wir hatten zwei tote Kambodschaner zu beklagen und drei Verwundete im Support Camp Alpha, das von der B-40-Rakete getroffen worden war. Die Kambodschaner verbrannten die Toten sofort. Sie legten beide Leichen auf einen Scheiterhaufen, genau wie am ersten Tag, als wir gleich bei unserer Ankunft so eine Bestattung hatten mit ansehen müssen. Mit ausdrucksloser Miene beobachteten wir die Verbrennungen und bemühten uns, keine Gefühle zu zeigen. Hill war zum ersten Mal Zeuge diese ungewöhnliche Bestattungspraxis. In seinem Gesicht spiegelte sich eine Mischung aus Neugier und Abscheu.

„So macht man das hier", meinte ich. „Sollen sie damit glücklich werden." Melvin brummte etwas, das vage zustimmend klang.

Bei der Einsatznachbesprechung lobte ich den Kommandeur des Außenpostens dafür, wie schnell und gut seine Jungs auf die feindliche Attacke reagiert hatten. Und ich sagte den Männern, wie stolz ich war, daß sie sich bei ihrer ersten wirklichen Kampfhandlung so gut gehalten hatten. Dabei dachte ich mir: *Diese Kerle werden vielleicht wirklich noch mal eine verdammt gute Kampftruppe.* Bei dem Gedanken mußte ich fast lachen. Vor zwei Wochen wäre mir so etwas nicht im Traum durch den Kopf gegangen.

Die NVA wollte sich nicht hier in der gottverlorenen Wildnis mit uns anlegen, aber wir ließen ihnen keine andere Möglichkeit. Wir hatten bewiesen, daß wir feindlichen Granatenbeschuß gewachsen waren. Jetzt schickten wir die Patrouillen in dichteren Abständen los. Wir wurden zur richtiggehenden Landplage, wir waren nervige kleine Störenfriede. Charlie konnte es sich nicht mehr leisten, uns einfach links liegen zu lassen.

Lindsey kontaktierte mich am 16. Februar aus der Luft. Ich sollte mich zusammen mit SOG-Captain James Spoerry, der vor kurzem zu unserem Team gestoßen war und fließend französisch sprach, in Pleiku zu einem Treffen mit Lieutenant General Lu Lon, dem Kommandeur von Südvietnams Militärregion II, einfinden. Außerdem bat mich Lindsey, einen der Regimentsoffiziere des Außenpostens mitzubringen. So bestiegen der kambodschanische Lieutenant Um Ari und ich einen H-34-SOG-Hubschrauber, der uns zum II-Corps-Hauptquartier in Pleiku brachte.

General Lon empfing uns mit der Nachricht, daß nach verläßlichen Meldungen die NVA den Außenposten innerhalb der nächsten Wochen einnehmen wollte. Dann stellte er eine einfache Frage: „Möchte das kambodschanische Regiment lieber im Ba-Kev-Außenposten bleiben, oder will es lieber nach Südvietnam überwechseln."

Es war ein Moment von entscheidender Bedeutung: Die Militärbosse, Amerikaner wie Südvietnamesen, sahen sich angesichts der Erfolge unserer aggressiven Mission gezwungen, sich eine Strategie auszudenken, wie sie uns aus Ba Kev herausholen konnten. General Lon sprach Ari direkt an: „Ich biete Ihnen und Ihrem ganzen Regiment, einschließlich der Angehörigen, im Namen der südvietnamesischen Regierung Asyl und Schutz an. Dafür brauchen wir Ihr Einverständnis, daß Sie mit Geleitschutz nach Südvietnam marschieren und alle Waffen und Ausrüstung der südvietnamesischen Regierung übergeben." Ein offizielles Schriftstück wurde aufgesetzt und an Colonel Um Savuth adressiert. Der Colonel war immer noch im Krankenhaus, würde aber bald entlassen werden.

Während des Treffens hatte sich Lindsey wie immer verhalten und seine stoische Art zur Schau getragen. Danach nahm er mich beiseite und überbrachte mir die direkten Befehle des Chief SOG. Wir sollten die Verteidigung des Außenpostens weiter ausbauen, die offensiven Einsätze verstärken und, wenn möglich, Gefangene nehmen. Die SOG sah vor, daß wir die Kambodschaner für Helikopterangriffe und großräumige Patrouilleneinsätze ausbildeten und weiterhin für unsere Zwecke nützlich machten.

Und was war mit dem Plan, das übergelaufene Regiment aus Kambodscha herauszuholen? Was die SOG betraf, gingen ihnen solche Pläne am Arsch vorbei.

Am 19. Februar begrüßten wir unseren alten Freund Colonel Um Savuth zurück im Lager. Es war unsere sechzehnter Tag in Ba Kev. Der Colonel schien wieder vollständig hergestellt zu sein und war prächtiger Laune. Er traf sich mit seinen Offizieren, danach ließ er mich und SOG-Captain James Spoerry zu sich rufen.

Savuth klopfte mir auf den Rücken und sagte: „Billy, dein Team hat mir das Leben gerettet."

Dann überreichte mir der Colonel zwei tief dunkelblaue chinesische Tokarev-Pistolen. Ich war wirklich gerührt und wußte kaum, wie ich ein so wunderbares Geschenk annehmen sollte. Aber dann nahm ich sie doch und sagte ein paar bescheidene Dankesworte.

Colonel Savuth wischte meinen Dank mit einer Handbewegung weg. Dann sprach er über die Aussicht, daß das Regiment Ba Kev verlassen sollte. „Billy, wenn du und Captain Spoerry sagen, daß es sein muß, dann evakuieren wir Ba Kev."

Colonel Savuth machte sich sofort wieder an die Arbeit. An dem Respekt, den seine Truppen dem Mann und seinen Methoden entgegenbrachten, hatte sich durch den Lazarettaufenthalt nichts geändert. Ich schaute oft zu, wie ihm die Soldaten vorgeführt wurden, die gegen die Regimentsregeln verstoßen hatten. Danach verstand ich ziemlich gut, warum sich die Männer in seiner Gegenwart so respektvoll und diszipliniert verhielten.

Der Colonel war teilweise gelähmt, und er benutzte einen Stock als Gehhilfe. Gewöhnlich saß er vor seiner Hütte in einem Stuhl mit einer hohen geraden Rückenlehne und hörte zu, wie der Truppenführer das Vergehen des Soldaten vorlas. Dann blickte der Colonel starr in die Augen des Mannes. Der versuchte, seine Angst nicht zu zeigen, und stand so gerade wie nur möglich. Dieser unangenehme Blickkontakt hielt ein paar Sekunden an, dann hob der Colonel seinen zentimeterdicken Stock und ließ

BILLY WAUGH

ihn auf die Schultern des Soldaten niedersausen. Die Anzahl der Schläge richtete sich nach der Schwere des Vergehens. Für einen alten, hinfälligen Mann hatte der Colonel noch ganz schön Kraft im Arm. Als liebevolle Klapse konnte man diese Schläge nicht bezeichnen.

Nie erlebte ich, daß ein Soldat vor Schmerzen wimmerte oder schrie. Die Männer waren oft den Tränen nahe, wenn sie aufrecht vor dem Colonel standen und sich auf die Wucht der Schläge einstellten, aber immer herrschte absolutes Schweigen. Keiner der Anwesenheit machte ein Geräusch. Wenn der Colonel fertig war, ließ er den Soldaten abtreten und schickte ihn einfach weg.

Der Colonel und seine Methoden faszinierten mich. Ein paar Tage nachdem er von seinem Lazarettaufenthalt zurück war, lud mich Colonel Savuth eines Nachmittags auf ein paar Budweiser zu sich vor seine Hütte ein. Gleich bei unserer ersten Begegnung war ich neugierig gewesen, woher die Wunde auf seiner Stirn stammte. Unsere Beziehung hatte den Punkt erreicht, an dem ich ihn endlich danach fragen konnte.

„Colonel, darf ich Sie fragen, wie Sie sich Ihre Verwundungen zugezogen haben?"

Colonel Savuth nahm erst noch einen kräftigen Schluck Budweiser, dann erzählte er mir seine unglaubliche Geschichte.

Vor ein paar Jahren waren der Colonel und ein befreundeter Major in einer Kneipe in der Hauptstadt Phnom Penh bei einem Bière Larue beisammen gesessen. Jeder der Männer war überzeugt, daß er von beiden der bessere Schütze war, und an diesem Tag beschlossen sie, den Geist von Wilhelm Tell anzurufen und die Sache ein für alle Mal zu klären.

Der Major maß eine Distanz von knapp zehn Metern ab, drehte sich zum Colonel um und stellte sich eine Bierflasche auf den Kopf. Der Colonel zielte ohne weitere Umstände und holte die Bierflasche perfekt vom Kopf des Majors herunter.

Dann wiederholten sie das Ganze, nur balancierte die Bierflasche dieses Mal auf dem Kopf des Colonel. Der Major verfehlte die Flasche und schoß Colonel Savuth knapp unterhalb des Haaransatzes in die Stirn. Der alte Knabe überlebte, aber er war infolge der Gehirnschädigungen zum Krüppel geworden. Den Wettstreit hatte er gewonnen, aber ein großer Trost war ihm das nicht.

Wie vom Donner gerührt saß ich da, als der Colonel die Geschichte zu Ende brachte. Ich war geschockt über die lächerlichen Umstände, durch die der Colonel teilweise gelähmt worden war. Der Schock war sicher deutlich in meinem Gesicht zu sehen, obwohl ich mir Mühe gab, es nicht zu zeigen. Doch der Colonel schien nichts zu bemerken.

„Hat es Sie nicht wütend gemacht, daß der Major so ein schlechter Schütze war?" fragte ich ihn.

Der Colonel lachte über die Frage und winkte ab. „Ach nein", meinte er nur und nahm noch einen Schluck Bier. „Wir sind immer noch gute Freunde."

Ich erinnere mich wirklich gerne an die Zeit in Ba Kev zurück. Es war eine der besten und erfolgreichsten Operationen, die ich während meiner Karriere bei der SOG durchgeführt hatte. Und es gab natürlich auch viele unvergeßliche Momente. Wir waren schon fast einen ganzen Monat in Kambodscha, als ich am 1. März in ziemlicher Eile nach einer Möglichkeit suchte, um einen verletzten amerikanischen Soldaten rauszubringen, einen SOG-Mann, der ziemlich spät zu uns gestoßen war. Es war während einer der häufigen Phasen, in denen feindliches Gewehrfeuer zunahm und wir dachten, die NVA bereite sich auf den Finalschlag gegen den Außenposten vor. Die Sorge, daß ein solcher Angriff bevorstehen könnte, bestimmte fast unsere gesamten Aktivitäten und beherrschte unsere Gedanken.

Über eine UHF-Verbindung schickte ich einen Notruf los in der Hoffnung, daß ich irgend jemanden überreden konnte, den verletzten Soldaten abzuholen. Sofort antwortete ein unbekanntes US-Flugzeug, und ich fragte den Piloten, auf welchem Einsatz er mit seinem Vogel unterwegs war.

„Ich mach hier die verdammte Milchrunde", sagte er und meinte damit, daß er Truppen oder Nachschub in Südvietnam hin- und herflog.

„Können Sie mit Ihrem Funkgerät die Richtung orten, aus der mein Signal kommt?" Ich fragte das, um zu testen, ob ihm klar war, daß ich mich an einem ungewöhnlichen, streng geheimen Ort befand.

„Roger", sagte er. „Sie befinden sich westlich von uns 275 Grad Azimut. Wie können wir helfen?"

Ich erklärte ihm, daß ich mich circa zweiunddreißig Kilometer westlich von dem Special-Forces-Camp bei Duc Co befand, und betonte damit noch einmal meine Position. Daß „zweiunddreißig Kilometer westlich von Duc Co" offensichtlich „zweiunddreißig Kilometer innerhalb von Kambodscha" bedeuten mußte, kapierte der Pilot nicht. Mir war das recht, und der Pilot war glücklich über jede Unterbrechung seiner Milchrunde. „Roger. Wir sind unterwegs", meinte er und erklärte mir, daß er generell Erlaubnis hatte, überall zur Evakuierung von verletzten Angehörigen der US Army zu landen.

Bald darauf hörte ich das Dröhnen einer C-123 Provider. Das zweimotorige Arbeitstier im Camouflage-Look erschien am östlichen Himmel. Die C-123 wirkte immer ein bißchen wie ein Bodybuilder – kurze, breite Flügel gingen von dem stämmigen Torso ab. Sie war entwickelt worden, um Fracht und Soldaten verläßlich und ohne großes Aufsehen zu transportieren, der Lastengaul der Lüfte sozusagen.

Der Pilot flog im Tiefflug über den Landestreifen von Ba Kev. Ich fragte mich, was ihm wohl durch den Kopf ging, als er den großen Vogel über unser unkrautüberwuchertes Fleckchen Land steuerte.

„Wie ist der Zustand der Piste?" fragte er mich dann auch.

Diese Frage hatte ich befürchtet. „Ach, ganz gut", meinte ich, was mehr meinem Wunsch entsprach als den Tatsachen. „In der Mitte ist es okay zum Landen, aber nur auf einem Streifen von zehn Metern. Die Erde an den Rändern ist an manchen Stellen zu weich. Halt sie mittig, und alles geht gut."

„Roger", kam die Antwort.

Er setzte den Vogel gekonnt und vorsichtig auf dem Landestreifen auf. Doch als sie ausrollte, wurde mir klar, daß die dickbauchige, schwere C-123 kaum mehr vorwärtskam. Die Landevorrichtung grub sich wie ein verschreckter Maulwurf in die weiche Erde, und das Flugzeug kam knirschend zum Stillstand.

Ich schaute auf die Uhr und merkte mir die Zeit – 10.30 Uhr. Diese Information brauchte ich sicher noch für die vielen Berichte, die ich später über dieses kleine Malheur schreiben mußte. Mit ziemlich erschrockenem Gesichtsausdruck sprang mein freundlicher Pilot aus dem Flugzeug, dann folgte seine Mannschaft. Sie schauten sich die Unterseite des Vogels lange und ernsthaft an. Selbst ein überzeugter Bodenkämpfer wie ich konnte nicht übersehen, daß die Maschine hoffnungslos feststeckte.

Der Pilot starrte mich mit weit aufgerissenen Augen an. Er war ziemlich aufgeregt und bemühte sich sichtlich, seine Gefühle unter Kontrolle zu kriegen. Ganz ruhig, doch mit einem Unterton von drohendem Unheil in der Stimme fragte er mich: „Wo zum Teufel sind wir?"

Ich grinste ein bißchen und starrte ihn an. „Willkommen auf Ba Kev International Airport", sagte ich dann.

„Ba Kev? Das ist in Kambodscha, das stimmt doch? Verdammt, was macht ihr Leute denn hier?"

„Bodenkampf gegen die NVA." Ich zuckte mit den Schultern. „Genau wie alle anderen."

Der Pilot lief ein paar Schritte auf und ab und fuhr sich durchs Haar.

„Verdammt", brummte er. „Jetzt sitz ich echt in der Scheiße. Ich stecke fest, und das mitten in dem verdammten Kambodscha."

Ich kriegte direkt Mitleid mit dem jungen Air-Force-Piloten. Immerhin hatten er und seine Crew auf meinen Hilferuf reagiert und tapfer versucht, ihren Vogel hier heil runterzukriegen.

„Was braucht's, damit Sie die Maschine wieder freikriegen?" fragte ich.

„Graben, graben, graben, und ein paar Flaschen JATO."

Jet Assist Take Off (JATO) schnallt man an die Unterseite eines Flugzeugs, wo es wie der Düsenantrieb einer Rakete funktioniert und dadurch die Vorwärts- und Hochbewegung unterstützt. Dieser Anstoß und die Propellerkraft der C-123 sollten eigentlich ausreichen, um den Vogel aus der Erde hoch über die Baumlinie und in die Luft zu bringen.

SOG mischte sich in nichts ein, was im Außenposten vor sich ging, das war einer der großen Vorteile dieser Mission. Wir planten alle unsere Aktionen auf der Grundlage, daß keine Fragen gestellt wurden. Das war möglich, weil sich die Mission für die

SOG, das MACV (Military Assistance Command Vietnam) und die Nixon-Regierung auszahlte. Zu diesem Zeitpunkt war es einer der wenigen erfolgreichen Spezialeinsätze im Vietnamkrieg. Deshalb konnte wir auch ohne Probleme vom Special-Forces-Team V in Pleiku ein paar Flaschen JATO anfordern. Ein SOG-H-34-Helikopter landete Punkt 16 Uhr mit den Flaschen an Bord in Ba Kev.

Unsere Truppen hatten ohne Unterbrechung den ganzen Tag gegraben und einen Pfad für die C-123 freigeschaufelt. Wir gruben auch gegen die Zeit an. So ein großer Vogel, der über Nacht auf unserem Gelände lag, war ein gefundenes Fressen für die NVA. Sie würden die Maschine zweifellos zerstören. Der freigeschaufelte Pfad war zweihundert Meter lang und so breit wie das Fahrwerk des Vogels. Nun befestigte der Crew Chief die JATO-Flaschen am Heck des Flugzeugs. Wir übrigen schauten zu und hofften.

Der Pilot setzte sich ans Steuer und hielt aufmunternd den Daumen in die Höhe. Dann ließ er die Motoren aufheulen, ohne die Bremsen zu lösen. Ich schickte ein Stoßgebet hoch zu dem alten Herrn, damit dieses Baby vom Boden hochkam und über die Bäume und weiter in die blaue Weite des Himmels segelte.

Tu's für mich.

Bitte.

Der Pilot löste die Bremsen, und im gleichen Moment zündeten die JATO-Flaschen. Der Vogel machte einen Satz und schoß in einem schiefen Winkel so heftig nach oben, daß die schräge Heckflosse fast auf der Landebahn aufschlug. Die Maschine erreichte eine Höhe von ungefähr siebzig Metern, dann senkte sie die Schnauze und gewann so viel an Geschwindigkeit, daß sie hochsteigen konnte und weg von Ba Kev kam.

Der erleichterte Pilot meldete sich über Funk. Es sei ihm eine wahre Freude gewesen, auf unserer seltsamen Position zu landen, obwohl der verletzte Amerikaner ja nun mit dem H-34, der das JATO gebracht hatte, evakuiert worden war. Der Vogel legte sich in eine Linkskurve und flog Richtung Osten nach Südvietnam davon. Der Pilot verabschiedete sich von unserem Team. Seine letzten Worten waren klar und deutlich: „Sergeant Major, suchen Sie sich für Ihren nächsten Notruf einen anderen Vogel."

Wie nicht anders zu erwarten, beschleunigte unser offensives Vorgehen gegen den Feind unseren Abzug aus Ba Kev. Wir waren uns über die Situation im klaren – je mehr wir die NVA nervten und ihre Aktivitäten störten, desto eher würden wir unter Beschuß kommen, so daß uns nichts anderes übrigblieb als zu gehen. Wenn der Feind genug von uns hatte, würde er uns angreifen, und zwar mit aller verfügbaren Kraft.

In den letzten beiden Märzwochen kamen noch zwei NVA-Soldaten, die beide schwer an Malaria erkrankt waren, in das Gebiet um Ba Kev gestolpert. Und bei Angriffen aus dem Hinterhalt nahmen wir weitere gefangen, die wir nach Duc Co schickten. Unsere Patrouillen hatten insgesamt zwanzig NVA-Soldaten getötet. Wir trampelten der NVA gehörig auf den Nerven herum und gerieten dafür häufiger als bisher unter Beschuß. Schließlich erhielten die Kambodschaner die Nachricht, daß es bald vorbei mit uns sei. Die Spatzen sangen es von den Dächern: NVA-Truppen marschierten auf Ba Kev und würde den Außenposten ein für alle Mal dem Erdboden gleichmachen.

Diese Meldungen erreichten auch sofort die Spitze der Befehlskette – und die saß hundertprozentig im Weißen Haus. Dort wurde beschlossen, daß jetzt endgültig Schluß war. Die SOG wurde angewiesen, die Operation einzustellen.

Der Umfang der geplanten Evakuierung war atemberaubend. Alle Bewohner Ba Kevs und das gesamte Material wurden nach Südvietnam geschafft. Wir brachten das gesamte Regiment und alles, was dazugehörte, auf die Straße – die Soldaten, ihre Frauen und Kinder, Hunde, Kühe, Esel, Ziegen, Laster, die gesamte Ausrüstung, Waffen und was sonst noch im Außenposten herumlag. Die Reise ging auf der Route 19 nach Osten zum Duc Co Special Forces Camp, wobei wir den Ho-Chi-Minh-Pfad überqueren mußten. Die oberste Heeresleitung der Südvietnamesen würde diese Menschen mit Respekt behandeln, die Waffen des Bataillons beschlagnahmen und alle nach Phnom Penh umsiedeln.

Die Führer der SOG präsentierten das Ganze als „humanitären Einsatz", und in Ba Kev erschien ein ganzer Trupp Presseleute, um den Abzug unserer tapferen kambodschanischen Einheit zu filmen. Die wahren Umstände, die zur Evakuierung geführt hatten, wurden den Medien nicht mitgeteilt. Colonel Savuth war angewiesen, seinen Männern Stillschweigen zu befehlen, was die Anwesenheit eines amerikanischen Teams auf ihrem Außenposten betraf. Unser Einsatz hier war Teil einer streng geheimen SOG-Operation, und wir mußten uns unbedingt von Kameras und Reportern fernhalten. Als die Medienleute eintrafen, machten wir uns unsichtbar, und Colonel Savuth übernahm das Kommando.

Ich erkundigte mich nach dem Geleitschutz, den Operation 35 von der Luft aus gewähren sollte. Mir wurde versichert, daß sich während des gesamten Zugs Richtung Osten taktische Luftunterstützung fünf Minuten von Route 19 entfernt bereithielt.

Ein ganzes Dorf wurde aufgelöst und an einen Ort umgesiedelt, wo die Menschen ein besseres Leben erwartete. Ob die NVA bei unseren Plänen mitspielte, mußte sich erst noch zeigen.

Der Konvoi startete in der Morgendämmerung des 2. April 1970. Colonel Savuth wußte, daß die Karawane die südvietnamesische Grenze unbedingt vor Anbruch der Nacht erreichen mußte, und er trieb seine Leute an wie ein waschechter texanischer Cowboy beim Viehauftrieb. Am frühen Morgen waren zwei H-34 der SOG gekommen, mit denen das US-Team immer wieder den Konvoi der gesamten Länge nach abflog. Die Menschenmassen brachen Richtung Osten auf und folgten der Route 19. Die Mechaniker hatten nur ein paar der russischen und britischen Laster wieder flottgekriegt, weshalb viele der kambodschanischen Familien laufen mußten. Die paar funktionierenden Fahrzeuge waren bis unters Dach vollgestopft mit Menschen. Alte und solche, die schlecht zu Fuß waren, wurden in den Hubschraubern transportiert.

Die Spione der NVA waren immer aktiv. Die Ankunft der Presse und der damit einhergehende Trubel konnte dem Feind nicht entgangen sein. Sie wußten auf jeden Fall Bescheid über die Vorbereitungen für die Evakuierung. Daraus konnten wir nur schlußfolgern, daß die NVA-Heeresführung den Befehl ausgegeben hatte, den Konvoi nicht anzugreifen.

Melvil Hill und ich behielten den Konvoi von einem H-34 aus im Blick. Wir flogen immer wieder vor und zurück, für den Fall, daß doch noch Verteidigungsmaßnahmen nötig wurden. Als ich mir die zerlumpten Truppen anschaute, die sich Richtung

Osten raus aus Kambodscha bewegten, war ich vor allem stolz auf Colonel Savuth. Ich schaute ihm zu, wie er sich an den Seiten des Konvois herumkutschieren ließ.

Aus der Vogelperspektive war es ein Anblick, wie man ihn nur einmal im Leben zu Gesicht bekommt, eine Vision, die Bilder des biblischen Exodus heraufbeschwor. Der lange Zug der Menschheit mit all ihren irdischen Gütern bewegte sich unerträglich langsam. Die Kambodschaner verteilten sich über eine Strecke von fünf Kilometern, und sie kamen nur mühsam vorwärts auf dem Weg in ein neues Leben. Die Ziegen und Kühe konnte das Tempo nicht mithalten, aber auch sie liefen weiter zielstrebig Richtung Osten. Ein paar kambodschanische Kinder trieben sie an – die Kinder unserer Soldaten.

Wir waren elf Stunden unterwegs, als wir ungefähr um 17 Uhr die Grenze nach Südvietnam erreichten. Colonel Savuth gab Befehl, die Laster zu entladen, damit sie leer zurückfahren und die Nachzügler auflesen konnten. Diese standhaften Menschen wurden mit heißem Reis und Huhn versorgt, und die älteren zeigten uns ihre Dankbarkeit, indem sie uns berührten. Dann legten sie die Hände zusammen und schenkten uns ihr wunderbares, zahnloses Lächeln.

Am nächsten Morgen um 10.00 Uhr gingen Colonel Savuth und ich zusammen ins Duc Co Special Forces Camp. Wir unterhielten uns darüber, was in den letzten beiden Monaten passiert war, und der Colonel ging langsam und stützte sich schwer auf sein linkes Bein. Im Lager humpelte er stolz auf eine Gruppe von VIPs zu, und als er von General Lu Lon begrüßt wurde, salutierte er so scharf und zackig, wie es ihm möglich war. Bei diesem Treffen passierte etwas, auf das ich überhaupt nicht vorbereitet war: Ich kriegte einen Kloß in der Kehle, und bevor ich etwas dagegen unternehmen konnte, lief mir eine Träne die Wange hinunter. Verdammt, ich war so stolz auf diesen guten Mann.

Als der Colonel seine Gespräche mit den VIPs beendet hatte, hieß es Abschied nehmen für mich und das Team. Zweiundsechzig Tage lang waren wir zusammen durch dick und dünn gegangen, und der Abschied von Colonel Savuth fiel uns unglaublich schwer. Als erstes vermachte ich ihm zwanzig Sixpacks Budweiser, ein Geschenk, das er sofort und ohne zu zögern annahm.

Ich reichte ihm die Hand und schaute ihm in die Augen.
„Dieu vous garde, mon colonel", sagte ich.

Er zwinkerte ein paar Mal und verabschiedete sich. Dann legte er mir den Arm um die Schulter und sagte auf englisch: „Goodbye, Billy. Und vielen Dank. An dich und dein Team."

Wir traten beide einen Schritt zurück und salutierten. Ich schaute Colonel Savuth nach, wie er auf seinen obligatorischen Stock gestützt davonhumpelte. Nie werde ich diese Mission und diesen Mann vergessen können.

Die letzte mir bekannte Aufzeichnung über Colonel Savuth stammt aus dem Jahr 1973. Er taucht in der CIA-Liste der eingesetzten Einheiten (im sogenannten *Order of Battle*) auf, als ein Ein-Sterne-General, was bedeutet, daß der gute Colonel nach unserer Zeit zusammen in Ba Kev noch eine ziemlich erfolgreiche Karriere beim Militär machte. Was letztendlich aus Savuth geworden ist, habe ich nie in Erfahrung bringen können. Aber eins weiß ich genau: Wo immer sich dieser Mann jetzt auch aufhält, er ist bei seinen Leuten, und er führt sie an.

5

Im Dezember 1971 kehrte ich in die Vereinigten Staaten zurück. Insgesamt war ich siebeneinhalb Jahre in Vietnam gewesen. Der Krieg war mein Leben: Siebeneinhalb Jahre, acht Purple Hearts, ein Silver Star. Das sind die vorzeigbaren Erinnerungen an den Krieg, aber sie bedeuten am wenigsten und sind im Grunde unwichtig. Aber was ist mit den unzähligen Stunden harter Arbeit? Mit dem Schweiß? Dem Blut? Wie viele Leben konnte ich retten? Wie viele Freunde hatte ich im Kampf verloren? Solche Erinnerungen verblassen nicht. Sie machen das aus, was mir von den siebeneinhalb Jahren in Vietnam geblieben ist.

Präsident Nixons Politik der „Vietnamisierung" bedeutete, daß die Verantwortung für die administrielle und praktische Kriegsführung in die Hände der Südvietnamesen gelegt wurde. Man mußte keine Geistesgröße sein, um zu kapieren, daß die USA alle ihre Verbindungen zu Südvietnam kappte und das Land damit dem Norden auf dem Servierteller präsentierte.

Für mich war das ein harter Schlag. So viel Einsatz und Mühe umsonst. So viel Blut für nichts vergossen. So viele zerschlagene Hoffnungen. Ich konnte absolut nicht verstehen, warum wir diesen Krieg zu Ende brachten, als hätten wir ihn verloren. Präsident Nixon hielt seine Vietnamisierungsrede 1969, das war knapp ein Jahr vor unserer historischen Mission in Ba Kev. Sofort wurde das umständliche und künstlich geschaffene Wort *Vietnamisierung* zur allgemeinen Doktrin, die fortan alle US-Operationen in Vietnam beherrschte.

Ich war gerade aus Kriegszone D gekommen, als man mir im Hinblick auf meine lange Dienstzeit anbot, den Abzug der 5th Special Forces (SF) aus Vietnam im Jahre 1969 zu begleiten. Ich war einer der ersten Special-Forces-Männer, die gleich 1962 nach Vietnam gekommen waren, als die Fünfte zum ersten Mal dort eingesetzt wurde. Und bei Gott, inzwischen schrieben wir das Jahr 1972, und ich war immer noch da. Mein Körper hatte ernsthaften Schaden genommen, und ich hatte schlimme Zeiten durchgestanden, als die Ärzte mich zusammenflickten. Aber ich war immer wiedergekommen.

Ich erklärte mich bereit, die Flagge der Fünften zu tragen, gemeinsam mit vielen anderen Kriegsveteranen. Ebenso wie die Fünfte erhielt die Flagge ihr neues Zuhause in Fort Bragg, North Carolina. Ich dagegen ging sofort zurück nach Vietnam und zur SOG, als Sergeant Major einer Aufklärungseinheit für Command and Control South (C2 South). Diesen Rang hatte ich schon bei der Operation in Ba Kev innegehabt.

Nach Ba Kev war ich zur Aufklärungseinheit Command and Control North abkommandiert worden. Ich war für eine sehr große Aufklärungskompanie verantwortlich, mit dreiundzwanzig von Amerikanern geführten Aufklärungsteams. Dazu kamen noch fast dreihundert kampferfahrene, einheimische Bru, die mit uns zusammenarbeiteten.

Im Gegensatz zu Präsident Nixon und seiner Regierung gab die SOG den Krieg noch lange nicht verloren. Wir führten mehr Einsätze durch als vorher und waren damit wahrscheinlich die einzigen in der gesamten US-Army. Im Juli 1970 wurde ich ausgewählt, um Freiwilligenteams aus den Aufklärungstrupps zusammenzustellen. Diese Männer sollten High Altitude Low Opening (HALO)-Teams bilden, die per Fallschirmabsprünge aus hoher Höhe auf den Ho-Chi-Minh-Pfad eingeschleust wurden.

Wir übernahmen das Konzept von HALO-Infiltrationen, weil unsere Helikopter immer öfter vom Himmel geschossen wurden. Die NVA hielt jede Landemöglichkeit im gesamten Gebiet besetzt. Der Feind brauchte nur darauf zu warten, daß unsere SOG-CCN-Aufklärungsteams in den Hubschrauber-Landezonen westlich vom Ashau-Tal aufsetzten. Fünf Teams hatte die NVA schon restlos ausgelöscht, bevor die Männer sich überhaupt von der Landezone hatten entfernen können. Fünfundvierzig Soldaten waren gefallen, fünfzehn davon aus den US Special Forces. Einen Helikopter konnte man nicht tarnen, dafür waren sie zu deutlich am Himmel zu erkennen und zu laut. Daß es der NVA gelang, die SOG-Aufklärungsteams vom Kriegsgeschehen fernzuhalten, konsolidierte nach und nach ihre Kontrolle über den Ho-Chi-Minh-Pfad.

Im Dschungel gab es niemanden, der die Nachschublieferungen der NVA mit der nötigen Waffengewalt behinderte. Wenn sie nicht von SOG-Teams abgefangen wurden, dann konnte die NVA Hunderttausende von Männern und Material in den Süden schicken. Ohne den Pfad konnten die Nordvietnamesen den Krieg nicht gewinnen, und wir taten verdammt alles, was in unserer Macht stand, um ihn für die NVA unbenutzbar zu machen. Aber wir schafften es einfach nicht.

Irgendwie mußten wir unsere Truppen auf den Boden kriegen, und HALO war die einzige in Frage kommende Möglichkeit. Es war eine extreme und außergewöhnliche, vielleicht sogar eine verzweifelte Entscheidung, aber unsere einzige Hoffnung. HALO war das perfekte Beispiel dafür, daß Not erfinderisch macht. HALO-Infiltration gehörte bei der SOG bald zum üblichen Vorgehen. Die Absprünge erfolgten nachts, oft bei schlechtem Wetter, aus Höhen von mehr als achttausend Metern. Nur so war es möglich, daß die Teams unbemerkt den Boden erreichten. HALO-Teams wurden von November 1970 bis August 1971 eingeschleust, mit unterschiedlichem Erfolg.

Es war ein nervenaufreibendes und gefährliches Vorgehen, das sich zu einer unverzichtbaren Taktik in den heutigen High-Tech-Kriegen entwickeln sollte. Wir waren die Versuchskaninchen, Kerle, die Mumm genug hatten und ganz andere Freiheiten besaßen als die Soldaten heute. Mit Einfallsreichtum und einer gehörigen Portion Draufgängertum wagten wir alles, um die uns gestellte Aufgabe zu erledigen. Heute, mehr als dreißig Jahre später, gibt es viele Bespiele, wo Kreativität sich mit der fortgeschrittensten Technologie paart und spektakuläre Resultate hervorbringt.

In Afghanistan zum Beispiel wurden kleine HALO-Teams eingeschleust. Sie waren das Rückgrat der Operationen, die innerhalb von wenigen Wochen die Taliban absetzten. Im Irak spielten die eingeschleusten HALO-Teams eine ähnliche Rolle. Wir in der SOG waren Pioniere, aber unsere Vision war reiner Zufall. Wir wollten einfach so effektiv wie möglich in Feindnähe kommen und dabei unseren Leuten die größtmöglichen Überlebenschancen bieten.

Der unerträgliche Rückzug aus Vietnam war ein Wendepunkt in meiner Karriere. Im November 1971 sollte ich neue Einsatzbefehle kriegen, und ich besprach sie mit dem Kommandeur von Operation 35, Colonel Roger Pezzelle. Der Befehl lautete, nach Fort Bragg zurückzukehren, deshalb mußte ich mich wieder einmal entscheiden, ob ich meine Dienstzeit in Vietnam verlängern sollte oder nicht.

Der Colonel sagte mit leiser Stimme: „Die Vereinigten Staaten wollen nichts mehr mit Vietnam zu tun haben, Billy. Wir machen CCN und CCC dicht. Geh am besten zurück nach Fort Bragg und halte dich an deine Befehle. Die SOG wird im März 1972 endgültig aufgelöst."

Dieser ausgezeichnete Offizier, der früher beim OSS gedient hatte, erklärte mir, daß wir das Land praktisch der NVA überließen. Ich dachte die ganze Zeit nur: *Was für eine verdammte Schande. Und dafür mußten all die Jungs draufgehen? Was für ein beschissener Witz soll das sein?*

Dem Colonel sagte ich nichts von dem, was mir im Kopf herumging. Aber wir fühlten beide dasselbe, und das Schlimmste war, daß wir nichts gegen die Entscheidungen tun konnten, die in Washington gefällt wurden. Ich schaute Pezzelle ins Gesicht und sagte: „Ich weiß, Colonel. Es ist vorbei."

Ich stand da und dachte: *Verdammte Scheiße, verdammt. Dieser Krieg hätte im Norden, in Hanoi stattfinden müssen, das haben wir so oft gesagt. Geradezu gebettelt haben wir darum, daß die USA endlich Nordvietnam angreifen. Wir wollten die Schlachten direkt mit Ho Chi Minh und Vo Nguyen Giap ausfechten. Wir hätten die beiden umgelegt, und der Krieg wäre schon vor Jahren zu Ende gewesen.*

Auch darüber mußte ich nicht mit dem Colonel sprechen. Der richtige Zeitpunkt wäre 1965 gewesen. Statt einzelner Ablösungen und halblebiger Angriffe hätten wir den Krieg direkt im Herzen des Feindes führen müssen. Sieben Jahre bevor die Jungs der SOG in ihrer letzten Schlacht standen, hätte dieser Krieg vorüber sein können.

Unsere Regierung hatte damals nicht den Mut für so eine durchschlagende Vorgehensweise gehabt. Und was taten wir statt dessen? Zehn Jahre lang schickten wir Soldaten in den Tod, nur um dann zum Schluß einfach davonzulaufen. Nachdem fünfzigtausend amerikanische Männer und Frauen gefallen waren, zogen wir uns vom Schlachtfeld zurück, mit nichts in den Händen, das dieses Blutvergießen auch nur im mindestens rechtfertigte.

Colonel Pezzelle war ein guter Offizier und ein altgedienter Soldat. Ich wußte, daß er genau wie ich fühlte. Darüber mußten wir nicht reden.

Ich konnte nur noch traurig und langsam den Kopf schütteln. Wir sahen uns an, er hatte Tränen in den Augen, und auch meine Augen waren feucht. Der Krieg in Vietnam war für mich exakt in diesem Moment zu Ende.

Im Dezember 1971 kam ich zurück nach Fort Bragg zu der 5th Special Forces Group (A) und mußte mich zum ersten Mal in meiner Karriere mit den Verwaltungsaufgaben eines Sergeant Major vertraut machen. Das war neu für mich. Ich hatte noch nie in Friedenszeiten als Master Sergeant oder Sergeant Major gedient. Der Gedanke, daß ich nun Dienstpläne aufstellen, meinen Vorgesetzten in den Arsch kriechen und mir sonst irgendwelche sinnlosen Beschäftigungen suchen sollte, behagte mir ganz und gar nicht.

Als ich mich beim Hauptquartier meldete, wurde ich zum kommandierenden Sergeant Major gerufen. Ich sprach bei dem Mann vor, den alle „SMAJ" nannten, und er sagte: „Sie waren verdammt lange in Übersee, Billy. Wir haben hier zu viele Männer mit Ihrem Dienstgrad (E-9). Sie werden nach Fort Devens in Massachusetts versetzt, zur 10th Special Forces Group."

„Keine Chance", sagte ich. Ich respektierte den Mann und seine Position, aber das kam überhaupt nicht Frage.

„Das akzeptiere ich nicht", sagte ich. „Auf keinen Fall gehe ich nach Massachusetts, und ich lasse mich auch nicht zu den 10th Special Forces versetzen. Und das ist mein letztes beschissenes Wort zu diesem Thema."

Ich glaube, meine Einstellung war laut und deutlich beim kommandierenden Sergeant Major angekommen, aber für den Fall, daß ich mich nicht vollkommen klar ausgedrückt hatte, legte ich noch ein bißchen nach. „Ich gehe bis zum Pentagon, um das klarzustellen. Und wenn ich es nicht klarstellen kann, dann quittiere ich den Dienst bei der Army."

Der kommandierende Sergeant Major gab mir Urlaub, und ich reiste im Januar 1972 zum Pentagon. Dort empfing mich Vier-Sterne-General William Westmoreland von den Joint Chiefs of Staff. Er erinnerte sich noch eindrücklich daran, wie er mir 1965 im Feldlazarett in Nha Trang mein sechstes Purple Heart an die Brust geheftet hatte.

Es war gleich am Anfang unserer Unterhaltung klar, daß ich wohl oder übel meine Drohung wahrmachen und die Army verlassen mußte.

„Die Special Forces sind zu vielen normalen Generälen auf den Schlips getreten, Billy. Wir können froh sein, wenn die Truppe nicht ganz abgeschafft wird."

Ich stritt mich nicht einmal mit ihm. Es gab keine Zweifel, was er mir sagen wollte. Ich schüttelte Westmoreland die Hand und sagte: „Verdammt, General, dann muß ich den Dienst quittieren. Und das ist 'ne verdammte Schande, weil ich jede Minute beim Militär in vollen Züge genossen habe."

Ich hatte Mühe, meine Gefühle im Zaum zu halten, und daß auch General Westmoreland die Tränen in die Augen traten, machte es nicht einfacher für mich.

Kaum war ich zurück in Fort Bragg, reichte ich mein Abschiedsgesuch ein. Hier hatte ich nichts verloren, wenn ich nicht in einem Krieg kämpfen konnte. Ich brauchte das Gefühl, daß das Leben meiner Männer von mir abhing, daß ich Piloten aus den Fängen des Feindes retten konnte und die tapferen Männer der Special Forces um mich hatte.

Meinem Gesuch wurde zugestimmt, und der kommandierende Sergeant Major der Special Forces fragte, wie ich meinen Abschied feiern wollte.

Ich dachte vielleicht fünf Sekunden darüber nach.

„SMAJ", sagte ich dann, „ich möchte mit dem Fallschirm über dem Exerzierplatz abspringen. Ich möchte, daß Sie und ein paar meiner Freunde mit mir zusammen springen. Und danach möchte ich, daß Sie den Männern für den Rest des Tages freigeben, damit wir zusammen ein paar Bier trinken können."

Der kommandierende Sergeant Major erbat bei seinen Vorgesetzten Genehmigung für meinen ungewöhnlichen Wunsch, und die Antwort war positiv. Im Alter von dreiundvierzig sprang ich mit dem Fallschirm in den Ruhestand.

Als ich landete, hatten sich alle Special-Forces-Männer in Kampfanzügen auf dem Exerzierplatz versammelt. Ich wurde auf der Stelle aus der Army verabschiedet.

Den Rest des Tages betranken wir uns mit dem Bier, das die Special Forces anläßlich der Feier spendierten. Wir erzählten alte Geschichten, schüttelten Hände, klopften uns auf die Schultern. Niemand mußte mehr zum Dienst, genau wie ich es mir gewünscht hatte.

Die offizielle Abschiedszeremonie fand am 1. Februar 1972 statt. Am Ende sangen zweihundert Männer der Special Forces, in Aufstellung und Kampfanzug, die „Ballade vom Green Beret" für mich. „Lebt wohl, Special Forces", sagte ich, während das Lied ausklang, und ich weinte und schämte mich keine Sekunde dafür.

Als mir die Tränen über die Wangen liefen, konnte ich nicht wissen, daß ich in Zukunft noch oft mit den großen Männern der Special Forces zusammenarbeiten würde. In vieler Hinsicht war dieses Ende – dieses traurige, unerwartete Ende meiner militärischen Karriere – nichts als ein neuer Anfang.

Keine Gefechte mehr, kein Militär, kein Dienst. So kann man zusammenfassen, wie ich mich in den Jahren nach meinem Abschied von der Army fühlte. 1975 landete ich wieder in Texas, und weil ich Geld verdienen mußte, arbeitete ich beim US Postal Service. Mir war es erst wie eine passende Stelle für mich vorgekommen, aber schon nach wenigen Monaten langweilte ich mich im Postamt zu Tode. Nach fast zwanzig Jahren bei den Special Forces und den langen Zeiten, die ich im Kriegsgebiet verbracht hatte, machte mich Briefesortieren einfach nicht mehr glücklich. Im Gegenteil.

Ich ertrug die Arbeit beim Postamt, da bis ich am 20. Juli 1977 einen Anruf kriegte. Der Mann am anderen Ende der Leitung sagte nicht, wer er war, er stellte mir nur eine einfache Frage: „Bist du reisefertig, Billy?"

Sofort erkannte ich die Stimme eines Freundes aus meiner Zeit bei den Special Forces. Ich antwortete mit derselben Selbstverständlichkeit, mit der er gefragt hatte: „Roger. Sag mir, wann und wo ich hinkommen soll."

„Jemand nimmt morgen Kontakt mit dir auf. Mit ihm besprichst du alles Weitere", sagte er.

Am nächsten Tag wies mich der Anrufer an, mich am 25. Juli um 15.00 Uhr in einem bestimmten Zimmer in einem Hotel im Norden des Staates Virginia einzufinden. Was das Gepäck betraf, sollte ich mich auf einen Zeitraum von einem Jahr und auf ein warmes Klima einstellen. „Das Zielgebiet ist Afrika", sagte die Stimme, wollte oder konnte mir aber nicht mehr verraten als den Kontinent.

In meinem Kopf reimte ich mir ein paar Sachen zusammen. Ich war mir fast sicher, daß die CIA ein Bodenteam für einen Einsatz zusammenstellte, auch wenn ich keine Ahnung hatte, wo dieser Einsatz stattfinden würde und um was es dabei ging. Über das Gebiet und wie gefährlich die Lage dort eventuell sein würde, machte ich mir keine Gedanken. Ich hatte es satt, in Texas Däumchen zu drehen, wo es nichts für mich zu tun gab. Mein Enthusiasmus für das Leben im Extremfall hatte kein bißchen nachgelassen, und „extrem" ist ein Wort, das die wenigsten mit der Post in Verbindung bringen.

Am vereinbarten Ort zur vereinbarten Zeit traf ich mich mit einem SF-Mann, dessen Namen ich hier nicht nennen will. Er informierte mich knapp über den Job.

„Sie sollen für uns in Libyen arbeiten", sagte er. „Sie werden noch diese Woche nach Libyen fliegen und für ein paar Leute einen Job durchführen. Wer Ihre Auftraggeber sind, erfahren Sie zu einem späteren Zeitpunkt."

Das ließ nur eine Schlußfolgerung zu: Es konnte sich nur um ein Projekt des Geheimdienstes handeln. Ich war begeistert und ziemlich überrascht. Der Dienst war im Zuge des Rückzugs aus Vietnam drastisch verkleinert worden. Admiral Stansfield Turner übernahm die CIA im Februar 1977, und als erstes entließ er achthundert verdeckte Berufsagenten und machte den Laden damit fast operationsunfähig. Ich hätte gerne für den Dienst gearbeitet, aber Turners Herangehensweise hatte mir deutlich vor Augen geführt, daß es für mich keinen Platz in der CIA der Nach-Vietnam-Ära gab. Ich war genau der Typ Mann, den Turner nicht dabeihaben wollte: aggressiv, nach vorne gewandt, handlungsorientiert, dazu noch jemand, der kein Blatt vor den Mund nahm.

Wir beantragten meine Visa-Papiere in der libyschen Botschaft. Die folgenden Nächte machten wir durch und lernten dabei die Stadt in der Umgebung von D.C. besser kennen. 1977 war dort ziemlich viel los, und ich kannte ein paar Jungs, die immer in Partystimmung waren. Auf mich warteten ein ernster und einsamer Job und lange Monate in Afrika. Deshalb rief ich meine Kameraden von früher an, damit ich noch mal so richtig mit allen feiern konnte.

Offenbar war ein Training für die Mission nicht vergesehen. Als ich danach fragte, sagte mir der Teamführer: „Was wir von dir wollen, hast du drauf, Billy. Du brauchst kein Spezialtraining und keine komplizierten Einsatzbesprechungen."

Das Team bestand aus vier Männern, die alle früher bei den Special Forces gewesen waren: Luke T. war Militärarzt, Chuck H. Kommunikationsexperte und Charles T. Spezialist für leichte Waffen. Ich wurde als Spezialist für intelligente Waffentechnologie eingestuft, der zudem noch leidlich das Morsealphabet beherrschte. Chuck H. und ich hatten beide dreizehn Jahre Kampferfahrung in Vietnam auf dem Buckel, und Luke T. war vier Jahre in Nam gewesen. Charles T. war der Anfänger in unserem Team – er hatte „nur" drei Jahre in Vietnam gedient. Alles in allem waren wir eine ziemlich kampferprobte Gruppe.

Wir wurden zu einer Besprechung in der Nähe von Washington D.C. zusammengerufen. Das Treffen wurde von einem „Rechtsanwalt" geleitet, der die Interessen eines ehemaligen CIA-Agenten namens Edwin Wilson vertrat. Während dieser Besprechung erfuhr ich, daß der Job überhaupt kein Auftrag für die CIA war. Wilson persönlich war unser Auftraggeber.

Bei mir schlugen die Alarmglocken, als uns diese Neuigkeiten mitgeteilt wurden. Etwas war oberfaul an dieser Sache. Daß die CIA manchmal illegale Operationen organisierte und finanzierte, wußte ich, auch, daß sie dabei abenteuerliche Tarnungen benutzte, um ihre Rolle zu vertuschen. Als uns erzählt wurde, der Job sei Wilsons Privatangelegenheit, war ich mir deshalb immer noch sicher, daß die CIA hinter der Sache stand.

Der Auftrag war paramilitärischer Natur, wir sollten eine libysche Special-Forces-Truppe ausbilden, die dem libyschen Regierungschef, Colonel Muammar Gaddhafi, unterstand. Als wir das erfuhren, horchte ich sofort auf, und ein Schauer lief mir über den Rücken. Libyen hatte schon damals nicht gerade ein freundschaftliches Verhältnis zu den USA, und aus gutem Grund war ich besorgt, daß die Durchführung eines solchen Auftrags sofort das US-Außenministerium auf den Plan rufen würde.

Mit dem Außenministerium legt man sich besser nicht an, aber ich stieg trotzdem nicht aus der Sache aus. Ich verließ mich auf mein Gefühl, daß die CIA bei dieser Operation im Hintergrund federführend war.

Ich versuchte mich abzusichern, und wärmte meine alten Kontakte zur CIA wieder auf. Irgend etwas mußte ja über Ed Wilson und seine Verbindung zu Libyen in Erfahrung zu bringen sein. Leider waren nur wenige meiner alten Freunde der Axt Turners entgangen, und von denen wußte angeblich niemand, was Wilson zur Zeit trieb. Wilson selbst hatte ich nie kennengelernt, als er noch für die CIA arbeitete.

Der angebliche Anwalt versicherte uns mehrmals, daß die ganze Sache abgesichert sei. Wir sollten den libyschen Special Forces die Grundlagen der Bodenkampftaktiken nahebringen. Mit einem Schulterzucken meinte er, rechtlich gäbe es bei der Sache kein Risiko. Der Auftrag sei wirklich legal.

Ehrlich gesagt, ich wollte unbedingt dabeisein. Ich hatte genug von der eintönigen Arbeit auf dem Postamt. Ich wollte wieder unter Extrembedingungen arbeiten, ich sehnte mich nach der Herausforderung von streng geheimen Missionen und gefährlichen Einsätzen. Und weil ich das so sehr wollte, redete ich mir ein, daß die Operation insgeheim von der CIA unterstützt wurde und nur als illegale Aktion getarnt war. Als wir uns entscheiden sollten, sagte ich nur „*Yallah Emshee*", was auf arabisch so viel heißt wie: „Na dann los."

Spät am Abend vor unserem Abflug vom Dulles Airport klingelte das Telefon in meinem Hotelzimmer. Ein Mann war am Apparat. Er stellte sich mir nicht vor, und seine Stimme war mir unbekannt. Zuerst nannte er ein paar Namen von Leuten aus den Special Forces, von denen er wußte, daß ich sie aus Vietnam kannte. Als er so seine „Glaubwürdigkeit" etabliert hatte, bat er mich um ein Treffen in einem kleinen Restaurant in Arlington. Er hätte wichtige Informationen für mich, was meine Reise morgen betraf.

Aus meinen ungutem Gefühlen waren inzwischen ernsthafte Bedenken geworden. Ich war irritiert, daß bei dem Auftrag so viele Parteien ihre Hände mit im Spiel hatten.

„Roger. Ich komme", versprach ich dem Anrufer und fuhr dann auch wirklich zu dem Restaurant. Dort traf ich einen Mann, der sich als Pat ausgab. Ich hatte ihn noch nie gesehen. Anstatt sich vorzustellen, zeigte er mir seinen CIA-Ausweis. Den schaute ich mir sehr genau an und nickte dann. Er war echt.

„Ich weiß von der Sache, wegen der Sie morgen nach Libyen fliegen", sagte Pat. „Die Operation wird von der CIA nicht unterstützt."

Ich nickte, war mir aber immer noch nicht darüber im klaren, was ich davon halten sollte. Wollten sie die Tarnung so perfekt machen, daß nicht einmal die Beteiligten etwas ahnten? Was konnte an der Sache so illegal sein?

Ich sagte nichts und überließ Pat das Reden. Und der redete nicht lange um den heißen Brei herum.

„Sie können sich selbst und den anderen Jungs einen großen Gefallen tun, Billy. Schießen Sie einfach ein paar Fotos, wenn Sie in Libyen sind. Sprechen Sie mit niemandem über unser Treffen, auch nicht mit Ed Wilson. Machen Sie Bilder von libyschen Offizieren, von Ausländern, Raketenbasen und anderen Dingen, die für die CIA von Interesse sein könnten."

Pat öffnete seine Aktentasche und überreichte mir eine Pentax 35 mm und einige Rollen Schwarzweiß-Film. Er nannte mir eine Telefonnummer in Virginia, die ich anrufen sollte, wenn ich wieder zurück in den Vereinigten Staaten war. Und ich bekam ein Paßwort, eine Frage mit der dazugehörigen Antwort, als Erkennungszeichen bei allen weiteren Treffen oder Anrufen.

Genau so machte die CIA ihre Geschäfte, es war die typische Vorgehensweise des Dienstes. Mir gefiel das Angebot, und ich mußte nicht lange überlegen, ob ich annehmen oder ablehnen sollte. Pat beendete das Treffen mit den Worten: „Wenn die Fotos etwas taugen, dann lohnt sich die Sache auch finanziell für Sie."

Er wartete auf meine Antwort. Die ungewöhnlichen Ereignisse der letzten Tage und die widersprüchlichen Signale wirbelten durch meinen Kopf. Dieser Fotoauftrag kam mir immer mehr wie das kleine Stück Normalität in dem ganzen verrückten, unsicheren Unternehmen vor. Damit hatte ich ein As im Ärmel, eine Art Rückversicherung, wenn auf der Ebene des Außenministeriums Fragen gestellt wurden.

Ich schaute Pat an und sagte: „Okay, abgemacht."

Auf dem Weg nach Libyen legten wir einen Zwischenstopp in der Schweiz ein. Wir vier lernten Edwin Wilson auf dem Genfer Flughafen kennen. Er hielt eine sehr kurze Teambesprechung ab und teilte uns dann mit, daß wir noch am selben Tag nach Tripolis in Libyen weiterfliegen würden. Dort würde uns ein Führer mit dem Decknamen Mohammid Fatah abholen.

Mohammid erwartete uns im Flughafen von Tripolis. Er brachte uns in Null Komma nichts durch den libyschen Zoll und fuhr dann mit uns raus aus Tripolis zu einem Strandhotel direkt am Mittelmeer. Das Hotel war nicht schlecht. In jedem Stockwerk saß eine verschleierte arabische Frau, eine Art Aufpasserin, die genau im Auge behielt, wann die Gäste auf ihrem Stockwerk kamen und gingen.

Es war August 1977, und Libyen war in heftige Grenzstreitigkeiten mit Ägypten verwickelt. Ich bekam allmählich das Gefühl, daß wir angeworben worden waren, um den Libyern zu helfen, ihre Ziele militärisch durchzusetzen. Wir trafen uns mit dem libyschen Geheimdienstchef Abdullah Hajazi. Als der Mann das Zimmer betrat, warf ich einen kurzen Blick in seine kalten Augen und dachte bloß: *Na, was haben wir denn da für einen fiesen Typen?* Er unterhielt sich auf arabisch mit uns, und Mohammid spielte den Dolmetscher. (Ich hatte 1957 in Monterey, Kalifornien, mal einen Schnellkurs Arabisch absolviert. Zwanzig Jahre später war von meinen Arabischkenntnissen fast nichts mehr übrig, aber ich war mir sicher, daß sie zurückkommen würden, wenn ich mich erst länger unter Arabern aufhielt.)

„Ist einer von Ihnen Sprengexperte?" fragte Hajazi.

Luke T., der Arzt, meinte, er hätte das Sprengtraining bei den Special Forces durchlaufen. Das hatte ich auch hinter mir, aber ich hielt mich absolut nicht für einen Experten.

„Haben Sie schon einmal Soldaten ausgebildet?" lautete Hajazis nächste Frage.

Das bejahten wir alle. Als Team Sergeant bei den Special Forces und als Intel Sergeant Major hatte ich in etlichen Ländern die geheime Ausbildung in Unkonventioneller Kriegsführung (Unconventional Warfare, UW) organisiert, unter anderem in den Philippinen, Laos und Kambodscha. Ich konnte einen Trainingsplan ausarbeiten und jede x-beliebige Gruppe von Soldaten in UW unterweisen.

Drei von uns wurden nach Benghazi gebracht, eine Stadt an der Mittelmeerküste, etwa tausend Kilometer von Tripolis entfernt. (Chuck H. reiste herum, um Truppen anzuwerben, und gehörte nicht zu unserem Ausbilderteam.) Wir wurden im Omar Khayyam Hotel in der Innenstadt von Benghazi untergebracht.

Es war ein angenehmes Hotel mit komfortablen Zimmern und den allgegenwärtigen „Aufpasserinnen" auf jedem Stockwerk. Jedes Mal, wenn wir unsere Zimmer verließen und an der Aufpasserin vorbeigingen, beugte sie sich über ein Buch und notierte die Zeit und die Zimmernummer des Gastes. Was sie sonst noch vermerkte, blieb unserer Phantasie überlassen.

In Benghazi wurde ich von Captain Abdu Salem Hassie eingewiesen, einem Libyer, der fließend Russisch und Englisch sprach. Die Kommandotruppen, die auf der Militärbasis von Benghazi stationiert waren, sollten in allgemeiner und Bodenkampftaktik ausgebildet werden. Die Libyer waren extrem an grundsätzlichen Aufklärungstechniken interessiert, wie Hinterhalte, Angriffe, Sprengungen, Infiltration ins feindliche Gebiet aus der Luft und HALO.

Es war fraglich, ob die Männer die anspruchsvollen und alles fordernden Aufgaben überhaupt bewältigen konnten, aber ich nahm diesen Job ernst, egal, ob sie es letztlich schaffen würden. Ich stellte einen vierwöchigen Ausbildungsplan zusammen, bei dem wir einundzwanzig Kommandotrupps Bodentaktiken lehren würden. Felipe und Henry, die auch zum Team gehörten, wurden meine Assistenten.

Eines war von vorneherein klar: Das Niveau dieser angeblichen Elitetruppen war extrem niedrig. Was aber nicht verhinderte, daß wir uns mit ihnen anfreundeten – wieder einmal erwies sich die psychologische Stimmigkeit des Stockholm-Syndroms, genau wie in den zweiundsechzig Tagen in Ba Kev.

Zwischen mir und einem Mann, den ich Captain Mohammid Ageby nennen will, entwickelte sich eine Freundschaft. Er war Ägypter und hatte seine militärische Ausbildung in der britischen Armee absolviert. Er war ehrlich, und ich konnte ihm vertrauen. Abdu Salem war der politische Offizier der Gruppe, Mohammid Ageby der Anführer der Kommandotrupps.

Ich gewann nach und nach das Vertrauen der Libyer, und das machte es einfacher, Fotos für die CIA aufzunehmen. Am Anfang wurde mir das Fotografieren knallhart verboten, ohne Ausnahme. Aber mit der Zeit beachtete man mich nicht mehr, und ich konnte Dutzende von Aufnahmen machen. Ich war absolut kein Experte, aber in der Ausbildung der Special Forces hatten wir gelernt, wie man fotografierte. ohne daß es auffiel. Und ich kannte mich mit einer 35-mm-Kamera ganz gut aus. Die Aufklärungsteams der SOG hatten Hunderte von Aufnahmen gemacht. Damals hatte ich zum letzten Mal regelmäßig Fotos geschossen und selbst entwickelt.

Für mich verlief der Job an zwei Fronten: Ich trainierte natürlich die libyschen Einheiten, aber mit einem Auge hielt ich immer Ausschau nach möglichen Objekten, die es sich lohnen würden, zu fotografieren. Im Zuge der Ausbildung forderte ich Helikopter an, um unsere Teams zu den Absprunggebieten zu fliegen. Unserer Kommandoeinheit wurde ein in den USA hergestellter CH-46-Hubschrauber zugeteilt, zusammen mit einem ziemlich guten pakistanischen Piloten. Die Teams bestiegen den Chopper auf dem Benina International Airport von Benghazi. Mich juckte es in den Fingern, Aufnahmen vom Flughafen und der russischen MIG auf der Rollbahn zu machen, aber ich ließ es sein. Ich würde später noch reichlich Gelegenheit zum Fotografieren haben, doch ich wollte mich nicht gleich zu Anfang meines Aufenthalts in Libyen verdächtig machen.

Unsere Flugroute in dem beladenen CH-46 führte uns direkt über russische SAM-Stellungen. Ich ließ mir Zeit, und nach zwei Monaten war es soweit, daß ich diese Stellungen problemlos fotografieren konnte. Ich klickte wie beiläufig auf den Auslöser und tat so, als handele es sich um unwichtige Schnappschüsse. Als die Helikopter einmal direkt über die Stellungen hinwegflogen, kriegte ich ein paar sehr gute Aufnahmen, auf denen die genauen Positionen der SAM-Raketen innerhalb der schwer bewachten Stellungen deutlich zu sehen waren. Dann entdeckte ich etwas, das sich von unschätzbarem Wert erwies: Die Jungs in den Kommandotrupps liebten es, wenn man sie fotografierte. Das machte ich mir zunutze und hielt sie dazu an, sich so in Positur zu stellen, daß ich wichtige Stellungen im Hintergrund mit auf den Bildern hatte. Ganz besonders gut funktionierte diese Taktik, als ich die Frühwarnsysteme in den Green Mountains östlich von Benghazi aufnehmen wollte.

Karte

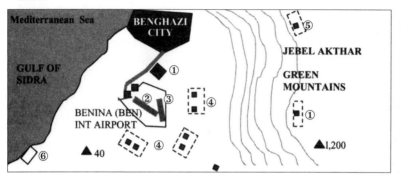

① Kommandolager
② Benina International Airport
③ Militärflughafen
④ russische SAM-Stellungen
⑤ Benghazi Abwehrschilde
⑥ Ausbildungsareal der Kommandotrupps
Entfernung zwischen Benghazi und Benina Airport: 19 Kilometer

Wir nahmen die Ausbildung und das Training der libyschen Kommandotruppen sehr ernst. Felipe A., Henry C., Charles T. und ich arbeiteten hart und pflichtbewußt an den Techniken, die die Vorgesetzten dieser Burschen für wichtig hielten. Mit der Zeit wurde allerdings mehr als deutlich, daß diese Männer einfach nicht das Zeug für ein Luftlandekommando hatten. Laufen konnten sie ziemlich gut, und ihre Static-Line-Fallschirmabsprünge waren auch ganz passabel. Alles, was darüber hinausging, überstieg ihre Fähigkeiten.

Es war mein erster Aufenthalt in einem arabischen Land, dem, wie sich zeigen sollte, noch viele folgen würden. Mich interessierten die tieferen Gründe für die Sitten und Einstellungen der Menschen, und ich beschäftigte mich ausführlich mit ihnen. Mit der Zeit gelangte ich zu der Überzeugung, daß meine Schlußfolgerungen sich auf einer allgemeinen, kulturellen Einstellung begründeten und sie sich deshalb auch auf das Militär im Sudan, in Ägypten, Jordanien, Jemen, im Irak und in Afghanistan übertragen ließen.

Erstens fehlen nach meiner Erfahrung den arabischen Einheiten die mittleren Offiziersränge, ohne die keine erfolgreiche militärische Operation auskommen kann. Diese mittleren Ränge – die Unteroffiziere nämlich – sind das Rückgrat des amerikanischen Militärs. Bei den Libyern gab es keine Unteroffiziere, die im Feld selbständige Entscheidungen fällen konnten. In arabischen Kampfverbänden muß jeder Befehl von ganz oben abgesegnet werden, bevor Entscheidungen getroffen werden. Die verheerende Wirkung dieses Prinzips konnte man erst kürzlich in Afghanistan und im Irak beobachten, wo das gesamte Kriegsaufgebot in sich zusammenfiel, als die oberste Kommandostruktur ausgehebelt wurde. Mich überrascht es überhaupt nicht, daß die Araber bisher jeden Krieg, an dem sie beteiligt waren, verloren haben.

Zweitens haben die Araber einen furchtbaren Hang dazu, sich nur kurzfristig für eine Sache zu interessieren. Sie schalten verdammt schnell ab. Wartung und Reparatur von technischem Gerät interessiert sie nicht, und sie schaffen es nie, ihre Ausrüstung kampfbereit zu halten. Wenn ich den Libyern etwa erklärte, wie man Karten richtig las, den Kompaß verwendete oder die Funkanlagen bediente, glitt ihr Blick zusehends ins Leere und sie starrten nur noch abwesend vor sich hin. Arabische Soldaten haben kein Interesse am Bodenkampf, weil sie denken, sie bräuchten diese Informationen nicht zu verstehen. Sie verlassen sich immer – und ich meine *immer* – darauf, daß ihre Vorgesetzten schon wissen werden, wie man mit dem technischen Gerät umgeht.

Drittens ist die muslimische Religion bei weitem das Wichtigste im Leben jedes Arabers. Allmählich wird uns immer klarer, was das eigentlich im vollen Umfang bedeutet, aber es braucht eine Weile, bis man es versteht.

Ehrlich gesagt, ist Religion nicht unbedingt besonders gut mit der Ausbildung und dem Einstudieren von komplexen Kriegsoperationen zu vereinbaren. 1961 arbeitete ich in Laos mit einem Bataillon der laotischen Infanterie zusammen. Wenn sie zum Gefecht zogen, dann steckten sich die Soldaten kleine Buddhafiguren zwischen die Zähne, und im Kampf machten sie die Augen zu, wenn sie auf die Feinde feuerten. Wie man sich leicht vorstellen kann, kostete dieses Verhalten vielen Laoten ihr Leben.

Die Gegner, die Pathet Lao, zogen nicht mit Buddhafiguren im Mund in den Kampf. Sie zielten auch mit offenen Augen. Buddha, der in diesem Fall um Schutz Angerufene, konnte die Kugeln der Feinde nicht stoppen. Ihre Geschosse erwischten die Laoten, während sie betend auf den Knien herumrutschten, um es einmal klar auszudrücken.

Araber gehen mit der unerschütterlichen Überzeugung in den Kampf, daß sie gewinnen werden. Sie glauben, daß Allah sie auf dem Schlachtfeld führen wird. Und warum sollte man die Befehle von irgendwelchen Unteroffizieren befolgen, wenn Allah selbst einen führte? Ich will hier gar nicht Allah oder Buddha oder den christlichen Gott heruntermachen. Aber Schlachten werden von Soldaten gewonnen, von Offizieren, die die Grundlagen des Kriegshandwerks beherrschen – wann man feuert und wann man in Deckung geht, daß man sich zurückzieht, sobald das Zielobjekt neutralisiert wurde. Bei einer vernünftigen Planung und wenn Befehle befolgt werden, hat Religion keinen Einfluß auf den Ausgang eines Gefechts.

Meine knappe Einschätzung der libyschen Kommandotrupps beschönigte nichts. Es waren anständige junge Männer, aber sie hatten nichts in einem Krieg zu suchen. Sie konnten es mit keiner Armee aufnehmen, die ich in Kampfhandlungen erlebt hatte.

Ich blieb bis Januar 1978 bei den Kommandoverbänden, dann flog ich für zwei Wochen in die USA zurück. Am Flughafen in Dulles übergab ich meinem Kontaktmann zwanzig Rollen belichteten Film.

Ich kehrte allein nach Benghazi zurück. Im August 1978 war unser Jahr beendet, und meine Kumpel von den Special Forces hatten sich entschlossen, nicht noch einmal nach Libyen zu gehen. Aber ich wollte gerne wieder hin. Abdu Salem und mein Freund Mohammid Ageby hatten mich gefragt, ob ich nicht eine Gruppe von Männern in Techniken der Unkonventionellen Kriegsführung (UW) unterweisen wolle. Die Gruppe war in einer Geheimbasis in den Green Mountains stationiert.

Diese Basis interessierte mich ungemein. Die Libyer waren sehr zurückhaltend mit Informationen darüber, alles war supergeheim, deshalb war klar, daß es sich um eine sehr wichtige Basis handelt mußte.

Ich ließ mich darauf ein. Und wieder, wie vor einem Jahr, führten ganz unterschiedliche Motive zu meiner Entscheidung.

Ich wollte meinen Freunden einen Gefallen tun.

Den Libyern UW-Taktiken beizubringen, war eine schwierige Aufgabe, die mich sehr reizte.

Und ich wollte Fotos von dieser Geheimbasis machen.

Doch dann nahm mein Leben eine ganz andere, unerwartete Wendung. Im September 1978 kam ich in die USA zurück und lernte in Austin, Texas, eine tolle Frau kennen. Karin Zull war eine deutsche Linguistin, die in Teilzeit an der University of Texas unterrichtete. Ein befreundeter Rechtsanwalt stellte sie mir vor, und wir verstanden uns auf Anhieb. Sie war außerordentlich intelligent und hatte eine wunderbare Einstellung zum Leben. Und es schadete unserer Beziehung auch nicht, daß sie meinen Hang zum Abenteuer verstand, schätzte und sogar ein bißchen teilte.

Als nach einem Monat meine Abreise nach Libyen anstand, wollte ich überhaupt nicht weg. Ich verschob die Abreise bis in den Januar 1979, als Karin und ich auf Hawaii heirateten. Wir zogen nach Oahu, wo Karin eventuell Aussichten auf einen Job auf der Pearl Harbor Naval Base hatte.

Wir waren noch keinen Monat verheiratet, als ich im Februar 1979 auf Hawaii angerufen wurde. Die Libyer forderten mich auf, zurückzukommen und im nächsten Monat endlich die Ausbildung der libyschen Kommandotrupps fortzuführen. Karin ließ sich darauf ein, daß wir unser Heim auf Hawaii auflösten und sie nach Frankfurt zu ihrer Schwester zog, wo sie auf mich wartete.

Von Frankfurt aus flog ich nach Benghazi und wurde von Mohammid Ageby und Abdu Salem empfangen, den Kommando-Offizieren, mit denen ich mich angefreundet hatte. Ich hatte angenommen, daß ich wieder die unzulänglichen Kommandotrupps trainieren sollte, aber die beiden hatten eine Überraschung für mich in petto.

Sie wollten, daß ich mit ihnen nach Tobruk fuhr, wo ich ihren Vorgesetzten, Colonel Fatah, kennenlernen sollte. Ich fragte sie nach dem Anlaß für die Einladung, aber die Captains wichen mir aus, was untypisch für beide war. Trotzdem ließ ich mich darauf ein, und wir fuhren die zweihundertundfünfzig Kilometer nach Tobruk, das östlich von Benghazi liegt.

In einem Land, das von einem Colonel – Gaddhafi – angeführt wird, war jemand wie Colonel Fatah ein ernstzunehmender und wichtiger Mann. Ein Treffen mit ihm war nicht belanglos, und ich hatte keine Ahnung, was er von mir wollte.

Colonel Fatah kam sofort zur Sache. „Wir wollen, daß Sie für uns nach Ägypten gehen und dort die Raketenstellungen des ägyptischen Militärs fotografieren."

Ich mußte erst einmal verdauen, was hinter dieser Bitte steckte. Bevor ich antworten konnte, wiederholte Colonel Fatah sein Anliegen noch unmißverständlicher: „Wir wollen, daß Sie für uns als Spion in Ägypten arbeiten. Sie werden gut dafür bezahlt."

Sie wollten, daß ich mich an ihrem Krieg an der ägyptisch-libyschen Grenze beteiligte. Ich sollte für sie die Aufgaben von Sondereinheiten erfüllen – hinter die feindlichen Linien gehen und Informationen besorgen, die sie für ihre Kriegsziele nutzen konnten.

„Nein, nein, nein", wehrte ich schnell ab. Auf keinen Fall würde ich irgendwelche Spionagetätigkeiten für einen Feind der Vereinigten Staaten ausführen. Zu Fatah sagte ich: „Wenn ich das tue, dann kann ich gleich darauf warten, daß mir in den USA der Prozeß gemacht wird."

Fatah schaute mich halbfragend, halbspöttisch an. Er kapierte nicht, wie ich in Schwierigkeiten kommen könnte.

Mir dagegen war glasklar, daß ich mir durch so etwas Schwierigkeiten ohne Ende einhandelte. Dieses Angebot konnte und wollte ich unter keinen Umständen annehmen. Ich sagte Fatah, daß er auf meine Mitarbeit verzichten müsse.

Die Libyer hatten nicht erwartet, daß ich den Auftrag ausschlagen würde, und ich sank deshalb ein wenig in ihrer Achtung. Mir war das allerdings so was von egal. Für mich war es unvorstellbar, daß ich nach Ägypten gehen und für Gaddhafi spionieren könnte. Hätte ich mich mit einem Agenten der CIA treffen und ihm von dem Angebot der Libyer berichten können, dann hätte mich der Dienst vielleicht gebeten, es anzunehmen. Die libyschen Behörden hätten mir zweifellos noch mehr vertraut, als sie es jetzt schon taten, und wahrscheinlich hätte ich Zugang zu weiteren Geheimbasen bekommen. Die Vorteile einer solchen

Position waren unübersehbar, aber mir war genauso die Gefahr bewußt, die ein solches doppeltes Spiel mit sich brachte. Wie dem auch sei, die CIA war nicht an mich herangetreten, und Fatah wollte sofort eine Antwort von mir.

Nach diesem Treffen zogen Mohammid Ageby und ich zu der Geheimbasis in Darnah in den Jebel Akhdar, den Green Mountains, ungefähr hundert Kilometer östlich von Benghazi. Im Winter und den ersten Frühlingsmonaten war Nordafrika keine besonders warme Gegend. In den Bergen war es bitterkalt, und die Ausbildung der Truppen fand in einem breiten Wüstenlandstrich statt, durch den eisige Winde fegten. Sie kamen direkt aus den Alpen und peitschten ohne sich zu erwärmen über das Mittelmeer in die Küstendünen bei Benghazi. Die Landschaft war atemberaubend schön, karg und von einer fast schon überheblichen Härte.

Ich nahm eine Einschätzung der Männer vor, die ich für kriegerische Sondereinsätze ausbilden sollte, und es war mir sofort klar, daß sie nie ernsthafte Special-Operation-Einsätze gegen einen Feind durchführen konnten. Nach meinem Urteil war es absolut unmöglich, sie so weit zu bringen, daß sie einen Einsatz erfolgreich zu Ende führen konnten. Trotzdem fing ich an, ihnen die Grundlagen der Infiltration mit einem Zodiac-Schlauchboot nahezubringen. Nebenher schoß ich immer noch Fotos mit meiner zuverlässigen Pentax. In Darnah gab es viele interessante Zielobjekte für die CIA, und ich hielt immer Ausschau nach neuen Motiven.

Die Kommandotrupps waren nicht gerade glücklich darüber, daß sie jetzt Taktiken der Infiltration vom Wasser aus lernen sollten. Während eines der vorherigen Ausbildungslehrgänge in Benghazi hatte es sich herausgestellt, daß sage und schreibe zwei – zwei! – der einundzwanzig Männer bei mir in der Ausbildung überhaupt schwimmen konnten. Diese Soldaten trainierten, weil sie eine Elitetruppe sein wollten, verdammt noch mal, und da konnten sie nicht mal schwimmen. Aus welchen Gründen auch immer glaubten die Libyer offenbar nicht, daß Sondereinheiten irgendwann auch mal schwimmen mußten.

Es kam immer wieder zu Unfällen während der Ausbildung. Bei einer Übung am Mittelmeer ereignete sich eine Tragödie: Einer der Auszubildenden fiel von Bord und ertrank. Glücklicherweise war ich zu diesem Zeitpunkt nicht in der Nähe, und niemand gab mir die Schuld.

Ich spürte eine wachsende Feindseligkeit von seiten der Kommandotruppen und der libyschen Offiziere. Es hatte sicher zum Teil damit zu tun, daß ich Colonel Fatahs Angebot, bei den Ägyptern zu spionieren, ausgeschlagen hatte. Zusätzlich unterminierte die Unfähigkeit der Truppen das gute Verhältnis, das ich aufgebaut hatte. Leider schafften diese Soldaten die Art von Operationen einfach nicht, die für mich zum normalen Ausbildungsprogramm gehörten. Was mich am meisten frustrierte, war ihr Mangel an Einsatzbereitschaft. Ein-, zweimal ist mir wirklich die Faust ausgerutscht, und ich verpaßte ein paar *jundis* einen Schlag in den Magen, weil sie ihren Offizieren nicht gehorchten. Der öffentliche Ehrverlust der betroffenen Soldaten kam bei der ganzen Truppe ziemlich schlecht an. Für den Moment wirkte die Maßnahme allerdings erstaunlich gut, vor allem, wenn die Befehle sofort ausgeführt werden mußten, wie bei Feuerübungen. Wenn ein Soldat bei einem Befehl nicht spurt, bringt er die gesamte Einheit in Gefahr. Ein Schlag in den Magen kann da wahre Wunder wirken. Mir fiel auf, daß die Männer viel aufmerksamer waren und die Befehle viel schneller befolgten, wenn ich ihnen vorher einen satten Schlag in die Magengrube verpaßt hatte.

Bis zum Sommer 1979 setzte ich die Ausbildung auf der Geheimbasis in Darnah fort. Ich machte so viele Fotos wie ich konnte, ohne daß jemand Verdacht schöpfte. Ganz in meiner Nähe befand sich eine MIG-25, und ich hatte Kontakt mit vielen russischen Piloten, die für die libysche Luftwaffe flogen. Von diesem Ort konnte ich viele strategisch wichtige und qualitativ hochwertige Aufnahmen machen.

Trotzdem wurde es immer deutlicher, daß die Moral der Truppen sank und die Feindseligkeit gegen mich zunahm. Abdu Salem verhielt sich besonders unfreundlich mir gegenüber, und er bemühte sich auch nicht, seine Abneigung besonders zu verbergen. Ich fragte meinen Freund Mohammid Ageby, was das zu bedeuten hatte. Er gab schließlich zu, daß immer mehr Offiziere die Anwesenheit von Amerikanern in Lybien ablehnten.

„Billy", sagte er, „sie reden schon darüber, ob sie dich aus dem Land werfen sollen."

Wegen dieser Unterhaltung kam der Ratschlag, den Mohammid mir Anfang November gab, nicht ganz unvorbereitet.

„Denk drüber nach, Billy, ob du nicht von dir aus Libyen verlassen willst. Der Kommandeur Colonel Gaddhafi ist stinksauer auf die Amerikaner."

Am 4. November 1979 erfuhren wir, daß ein Mob von dreitausend Menschen die amerikanische Botschaft in Teheran gestürmt und dreiundfünfzig amerikanische Botschaftsangehörige als Geiseln genommen hatte. Die Geiselnehmer waren angeblich Studenten, die wütend waren, weil die USA dem Schah Asyl gewährt hatten. Dieses Ereignis war bekanntlich der Auftakt eines schier endlosen und beschämenden Belagerungszustands der amerikanischen Psyche.

An diesem Tag kam Mohammid Ageby in höchster Eile zu mir.

„Billy, du mußt noch heute weg. Die schmeißen dich in den Knast, wenn du nicht sofort das Land verläßt."

Die Libyer waren außer sich vor Wut, weil die Amerikaner, so wie sie es sahen, den Islam verraten hatten. Sie ließen ihrem Unmut freien Lauf, indem sie die US-Botschaft in Tripoli anzündeten und plünderten. Definitiv kein guter Zeitpunkt für einen Amerikaner in Libyen.

Mohammid hatte mir einen Flug nach Frankfurt besorgt, der in zwei Stunden startete. Ich wußte nicht, ob ich das noch schaffen konnte.

„Du kannst nichts mitnehmen, nicht mal Geld", sagte Mohammid.

Er drückte mir das Flugticket in die Hand. Karin lebte ja in Frankfurt, und ich rief sie an und bat sie, mich vom Frankfurter Flughafen abzuholen. Ich hatte noch meine Kreditkarte, aber keinerlei Bargeld. Ich hetzte zum Flughafen in Benghazi und schüttelte dort Mohammid zum Abschied die Hand. Wir hatten kaum Zeit, uns richtig zu verabschieden, und mir war gar nicht wohl dabei, einen Freund in einer so gefährlichen Lage zurückzulassen.

Als mich Karin in Frankfurt abholte, hatte ich nichts dabei als die Kleider an meinem Leib. Wir kehrten über Anchorage nach Hawaii zurück, und wieder ging ein Kapitel meines Lebens zu Ende. Meine Kontaktnummer in Virginia funktionierte noch, und mir wurde eine Kontaktperson in Hawaii vermittelt, die mein Dutzend Filme entgegennahm und sie an die CIA weitergab.

Aus verläßlichen Quellen erfuhr ich später, daß Mohammid Ageby, der mir wahrscheinlich das Leben gerettet hatte, wegen seiner Rolle in einem gescheiterten Attentat auf Gaddhafi hingerichtet worden war. Verdammt, meine guten Freunde starben alle viel zu früh.

Die Erfahrung in Libyen sollte ein Wendepunkt in meinem Leben werden. Was eigentlich erstaunlich ist, wenn man bedenkt, aus was für einem irritierenden Gewirr an Motiven und Gegenmotiven heraus alle handelten, die direkt oder indirekt darin verwickelt waren. Unser Boß, der Ex-CIA-Mann Edwin Wilson, verdiente Millionen von Dollar damit, daß er frühere Geheimdienstleute und Militärs anheuerte und überall auf dem Erdball für sich arbeiten ließ. 1976 wurde das FBI auf ihn und seine Aktivitäten aufmerksam. Wilson wurde vorgeworfen, daß er unter „falscher Flagge" rekrutiert hätte, und einige Zeugen behaupteten, er hätte sich ihnen gegenüber als aktiver CIA-Mann ausgegeben. (Wie schon gesagt, mir gegenüber hat Wilson nie etwas dergleichen verlauten lassen.) Fünf Jahre lang untersuchten die Bundesbehörden Wilsons Aktivitäten und ließen ihn schließlich aufgrund gleich mehrerer Anklagepunkte festnehmen. Einer davon war eine kleine Sensation: Angeblich hatte Wilson mehr als zwanzig Tonnen C-4 verkauft, ein Plastiksprengstoff, der sich ideal für Terroroperationen eignet. Die Verkäufe hatten offenbar im Jahr 1977 stattgefunden, dem Jahr, als er mich angeheuert hatte, um die libyschen Kommandotruppen zu trainieren. Wilson wurde wegen drei Anklagepunkten zu dreiundfünfzig Jahren Gefängnis verurteilt: Handel mit C-4, versuchtem Mord und illegalem Waffenexport.

Wilson saß zwanzig Jahre ab, bevor die Verurteilung wegen des Handels mit C-4 am 29. Oktober 2003 von einem Bezirksrichter in Houston aufgehoben wurde. Die Aufhebung des Urteils begründete der Richter damit, daß die Anklage gefälschte Zeugenaussagen benutzt hätte, um Wilsons Verteidigung auszuhebeln. In seinem Widerspruch hatte Wilson mindestens vierzig Beispiele aufgeführt, wo er auch nach seinem Ausscheiden aus der CIA noch für den Dienst gearbeitet hatte. Es gab keinen Hinweis darauf, daß die CIA den Verkauf der Plastikbomben gutgeheißen hätte, aber Wilson konnte stichhaltig nachweisen, daß die CIA darüber informiert war, daß er sich zum Zeitpunkt des Verkaufs in Libyen aufgehalten hatte. Genau wie bei mir war die CIA damals auch an Wilson herangetreten und hatte ihn gebeten, für sie Informationen in Libyen zu sammeln.

Ich hatte Wilsons Festnahme und Verurteilung mit Anspannung und nicht geringer Besorgnis verfolgt, aber niemand machte mir Vorwürfe wegen meiner Arbeit in Libyen.

Die Fotografiererei für die CIA bewahrte mich wirklich vor einem möglichen unangenehmen Nachspiel, ganz wie ich gehofft hatte. Und ich denke, die vielen Stunden, die ich damit verbracht habe, strategisch wichtige Lokalitäten unauffällig auf Film zu bannen, waren auch mehr als nur Beschäftigungstherapie gewesen. Am 14. April 1986 starteten vierundzwanzig F-111-F der US Air Force von einem Stützpunkt in England in Richtung Libyen. Insgesamt wurden während Operation El Dorado Canyon mehr als sechzig Tonnen lasergesteuerter Bomben auf fünf Zielgebiete abgeworfen.

Ich las die Berichte über diese Einsätze, und eines der Ziele sprang mir ins Auge: das Flugfeld und die Baracken in Benina. Die Bomben zerstörten vier libysche MIG-25 aus russischer Herstellung, fünf Transportflugzeuge und zwei Hubschrauber, die auch die Russen gebaut hatten. Benina war einer der Stützpunkte, von dem ich fast zwei Jahre lang heimlich Fotos gemacht hatte. Die geheimen SAM-Stellungen, die ich so sorgfältig dokumentiert hatte, wurden ebenfalls alle durch die Bombardements der F-111-F zerstört. Meine verdeckte Arbeit hat vielleicht eine Rolle bei der Auswahl der Ziele für die Operation gespielt, wer weiß? Aber zumindest hatte ich durch die Arbeit mit der Kamera meine Leidenschaft für die Fotografie entdeckt, was mir bei meinen späteren Unternehmungen noch sehr gute Dienste leistete.

Im nachhinein hätte ich nie einen Einsatz planen können, der mich so perfekt auf meine zukünftige Arbeit vorbereitete. Mich packte eine Wanderlust, die ich nie wieder loswurde, so als sei sie direkt in meine DNS eingeschrieben worden. In Libyen machte ich zum ersten Mal Erfahrungen in einem arabischen Land, und was ich dort sah und lernte, war mir auch später immer wieder hilfreich, als ich im Nahen und Mittleren Osten den Terrorismus bekämpfte.

Und zu guter Letzt brachte mich der Einsatz in Libyen wieder in Kontakt mit der CIA. Aus dieser Zusammenarbeit entwickelte sich meine Karriere als unabhängiger Kontraktor für den Geheimdienst. Die Arbeit für die CIA führte mich durch die ganze Welt und zurück zu den Special Forces.

Aus einer Laune heraus hatte ich mich auf die Sache eingelassen, vor allem, um aus der Briefsortierstelle herauszukommen. Jetzt sah die Laune plötzlich wie eine clevere und vorausschauende Karriereentscheidung aus. Der Job in Lybien hatte mich wieder an die vorderste Front gebracht, genau da, wo ich hingehörte. Wenn ich mir heute die zwei Jahre in Libyen aus der Warte all dessen, was folgte, anschaue, dann kommt mir nur ein Wort in den Sinn: *Schicksal.*

Zunächst finde ich mich allerdings in Hawaii wieder, kaum Geld in der Tasche, und der Job in Libyen ist zum Teufel. Unsere dreiundfünfzig Geiseln sind immer noch in Teheran und warten, daß man sie befreit. Die Carter-Regierung legt verzweifelt die Hände in den Schoß und dreht Däumchen. Am meisten beschäftigt sie die Frage, wie sie in diese Situation gekommen ist, und vor allem, wie sie jemals wieder aus ihr herauskommen soll. In den Vereinigten Staaten verändert sich nichts bei der Army und den paramilitärischen Einheiten der CIA, sie stecken fest in derselben lähmenden Malaise wie die Regierung. An der Spitze beider Organisationen stehen Leute, die die Special Forces hassen. Entschlossene Ex-Special-Forces-Männer haben oft ziemlich eigene Vorstellungen davon, wie ein Einsatz durchzuführen ist, und das wird in den frühen 80er Jahren bei der CIA nicht gerne gesehen. Wenn der Zeitgeist sich nicht bald drastisch ändert, dann sehe ich keine Chance, wie ich mein Ziel, als unabhängiger Kontraktor für die CIA zu arbeiten, jemals erreichen soll.

Ich kann die Früchte meiner Arbeit in Libyen noch nicht einsammeln, obwohl ich davon überzeugt bin, daß mich das Schicksal nach Libyen verschlagen hat. Ich warte ab. In den 1980er Jahren scheint das gesamte Militär abzuwarten, und die CIA macht dasselbe. Viele Soldaten verlassen die Army, die Bewerbungen für die Militärakademien gehen zurück, die Moral der Truppe ist am Boden. Die Army, die CIA, unser ganzes Land ist in einer Umbruchsphase, und während Karin und ich in Hawaii leben, merke ich, daß auch ich mich umorientiere.

Ich weiß, was das Leben mir außer dem Militär zu bieten hat, ich habe schon ein bißchen in das Zivilleben hineingeschnuppert. Wenn alles so ist wie der US Postal Service, dann bin ich nicht der Richtige dafür. An meinen Überzeugungen ändert sich allerdings nichts: Mein Vaterland wird immer Männer brauchen, die überall hingehen und alles tun, um die Feinde der Vereinigten Staaten zu finden und schachmatt zu setzen.

Ich weiß, daß man mich wieder brauchen wird. Ich weiß nur nicht, wann.

Die Ära nach Vietnam hat die Vereinigten Staaten, was das Militär betrifft, in eine zweitklassige Nation verwandelt. Das ist meine feste Überzeugung. Vietnam haben wir mit eingezogenem Schwanz verlassen, und in den Jahren danach haben wir nicht eine einzige erfolgreiche militärische Aktion gegen unsere Feinde durchgeführt. Der Präsident wurde zum Rücktritt gezwungen und durch einen Vizepräsidenten ersetzt, der nicht einmal rechtmäßig gewählt war, sondern nur in diese Position kam, weil der gewählte Vizepräsident aus dem Amt gejagt wurde. Es waren wirklich schlechte Zeiten, und alle Zweige des Militärs hatten darunter zu leiden, ganz zu schweigen von der CIA, dem FBI und jeder anderen Regierungsorganisation. Es waren verdammt schwierige Jahre für unsere Nation.

Dann wählten wir einen sehr klugen Erdnußfarmer, der die gesamte Welt zufriedenstellen wollte und nett zu jedem war. So kann man zwar Politik angehen, aber es funktioniert nicht. In diesen Jahren war von der Regierung keinerlei Unterstützung für das Militär zu erwarten, und die Aussichten auf Veränderung standen schlecht. In den 1980er Jahren waren weite Kreise der hochrangigen Militärs und der Regierung gegen die Special Forces eingestellt. Für die Special Forces war das eine altbekannte Situation, sie hatten sich im Lauf der Zeit daran gewöhnt, daß der Sinn und Zweck einer solchen Eliteeinheit immer wieder in Frage gestellt wurde. Klar war, daß das Militär sich den neuen Zeiten anpassen mußte, nur war es schwierig, sich darüber zu verständigen, wie diese Anpassung aussehen sollte. Normale Generäle verstanden einfach nicht, warum es notwendig sein sollte, Special Operations auszubauen, wenn die herkömmlichen Methoden der Kriegsführung immer noch angewandt wurden.

Zur gleichen Zeit war die CIA unter Dauerbeschuß von den liberalen Gutmenschen. In ihren Augen bestanden die paramilitärischen Einheiten der CIA aus Abenteurern, die in die eigene Tasche wirtschafteten und abgeschafft gehörten. Diese Vorwürfe waren schon in den späten 1950ern laut geworden, wegen der verdeckten Kriege in Laos, und sie verschärften sich durch Operationen wie die SOG und den Sturz der Regierung Allende in Chile. Die berühmten Ergebnisse Untersuchungsausschußes unter dem Vorsitz von Senator Frank Church bestimmten den Ton in dieser Zeit: Die CIA mußte entschärft und der Truppe ein Haufen Papierfresser und Tintenkleckser zugeteilt werden. Die Aufgabe der Dienste sollte sich auf die *Beobachtung* der Feinde beschränken, nicht darauf, sie unschädlich zu machen. Und die Art von Leuten, die beides konnten, wurde erst gar nicht mehr eingestellt.

Ein Ereignis änderte schlagartig die politische Landschaft für das Militär und die paramilitärischen Einheiten der CIA: das Desert One-Desaster, der verunglückte Versuch im April 1980, die Geiseln im Iran zu befreien. Colonel Charlie Beckwith, der zu dieser Zeit das Delta Project leitete, kommandierte den Einsatz im Iran. Er hatte das Zielgebiet in Teheran sorgfältig anhand der Berichte im Fernsehen studiert und beschäftigte sich seit dem Tag der Geiselnahme mit den Möglichkeiten der Befreiung der Botschaftsangehörigen. Er arbeitete den Plan für eine ausgefeilte Rettungsoperation aus, der im Kabinett auf großen Widerstand stieß. Schließlich konnte Colonel Beckwith Jimmy Carter aber davon überzeugen, daß der gefährliche und risikoreiche Plan zum Erfolg führen würde.

Und er wäre vielleicht auch erfolgreich gewesen, wenn sich nicht die Joint Chiefs of Staff eingemischt hätten. Sie verfügten, daß bei der Rettungsaktion alle Teile des Militärs gleichberechtigt beteiligt sein sollten. Das hatte dann zur Folge, daß zum Beispiel der US-Air-Force-Kommandeur der Rettungsaktion eine Entscheidung taf, durch die Piloten einer anderen Abteilung gezwungen wurden, die RH-53D-Sea-Stallion-Helikopter während des Einsatzes zu fliegen, obwohl diese Piloten weder für einen Nachtflug noch für das Fliegen in einem *haboob*, einem Sandsturm, qualifiziert waren.

Desert One war das vereinbarte Gelände, wo die Hubschrauber sich sammeln und aufgetankt werden sollten. Es war gut dreihundert Kilometer vom Ziel des Rettungseinsatzes in Teheran entfernt. Der Plan sah acht Sea-Stallion-Helikopter mit einer Besatzung von Special-Operations-Leuten vor. Sie sollten in Desert One landen und von zwei C-130 wieder aufgetankt werden. Ein Minimum von sechs Hubschraubern war nach Beckwiths Einschätzung nötig, um die Rettungsaktion durchzuführen.

Fast von Anfang an lief nichts nach Plan. Leuchtende Scheinwerfer näherten sich in der Nacht Desert One, ein Bus brachte vierundvierzig iranische Passagiere in diese angeblich so abgelegene Gegend. Mitglieder des Delta-Teams stoppten den Bus und nahmen die Passagiere als Geiseln. Kurze Zeit später kam ein Tanklaster in die Gegend gerollt. Er wurde gesprengt, und die Explosion strahlte wie ein Feuerwerk am Nachthimmel. Einer der Hubschrauber mußte schon auf dem Weg nach Desert One notlanden, weil er an Druck für die Rotorblätter verlor. Ein anderer geriet in den unvermeidlichen *haboob* und verlor sein Gyroskop, er mußte umkehren. Von den sechs Hubschraubern, die es überhaupt zur Sammelstelle schafften, hatte einer keine hydraulische Pumpe dabei und konnte deshalb nicht mehr abheben.

Damit standen Beckwith fünf Hubschrauber zur Verfügung, für einen Einsatz, für den er mindestens sechs brauchte. Auf dem Boden von Desert One gab der Colonel seinen ausgefeilten und guten Plan auf. Ohne die nötigen Hubschrauber konnte er einfach nicht weitermachen, und wie jeder verantwortungsbewußte Kommandeur erkannte Beckwith das sofort und weigerte sich, seine Männer auf eine aussichtslose Mission zu schicken. Die bittere Lage verwandelte sich in eine Tragödie, als ein Sea-Stallion-Helikopter beim Abheben mit einer der beiden C-130-Transportmaschinen kollidierte, die gerade ebenfalls das Gebiet verlassen wollten. Der Sea Stallion explodierte, und acht Männer der Besatzung kamen ums Leben.

Wir werden nie wissen, ob der mutige Befreiungsplan mit dem Decknamen Eagle Claw zum Erfolg geführt hätte. Außer Frage steht aber, daß sein Mißerfolg weitreichende Auswirkungen nach sich zog. Wenn man es im größeren Zusammenhang sieht, dann war es die erste Konfrontation der USA mit dem modernen Islam, zum ersten Mal waren amerikanische Soldaten gestorben, als sie sich für den Kampf mit dieser relativ neuen und erst im Entstehen begriffenen Bedrohung rüsteten. Für mich persönlich war besonders schlimm, daß die vermasselte Special Ops-Mission zu einer Zeit stattfand, als alle eh schon den Wert und die Notwendigkeit der Special-Operations-Einheiten mit Skepsis betrachteten. Das Desert One-Desaster hätte zu keinem ungünstigeren Zeitpunkt passieren können.

General Peter J. Schoomaker sagte am 1. August 2003 in seiner Antrittsrede als dreiundfünfzigster Chief of Staff der US-Army:

„Vor dreiundzwanzig Jahren stand ich in einer mondbeschienenen Nacht in der iranischen Wüste an einem Ort, den wir Desert One nannten. Ich besitze immer noch ein Foto von dem Blutbad in dieser Nacht. Es erinnert mich daran, daß man niemals Enthusiasmus mit Können verwechseln soll. Acht meiner Kameraden hatten ihr Leben verloren. Wir Überlebenden haben gelernt, was es heißt, zu trauern, wir haben gelernt, was es heißt, versagt zu haben. Aber wir haben auch geschworen, daß sich so etwas nie wiederholen darf.

In dieser Nacht war uns noch nicht klar, was sich in Zukunft alles verändern würde. Wir erkannten noch nicht, daß die Ereignisse von Desert One einen Wendepunkt darstellten, daß sie eine Ära der Erneuerung im Militär anstoßen würden, die bis heute fortdauert. Wir wußten nicht, daß wir am Beginn eines beispiellosen Wandels standen, der alle Aspekte unserer militärischen Kultur, der Struktur, der Truppen und unserer Einsätze erfaßt, eines Wandels hin zur Zusammenarbeit, der noch lange nicht abgeschlossen ist. Und wir konnten nicht ahnen, daß wir uns in einer der ersten Auseinandersetzungen im langen Kampf Amerikas gegen den Terrorismus befanden, ein Kampf, der selbst den amerikanischen Boden erreichen und sich zum globalen Krieg gegen den Terror ausweiten würde."

Männer, die in Special Operations dienten, mußten sich schon immer gegen die vorherrschende Meinung innerhalb des amerikanischen Militärs durchsetzen. Die Stagnation der frühen 80er Jahre war im Grunde nur ein altes Problem im neuen Kleid. In den Jahren direkt nach dem Zweiten Weltkrieg wehrten sich die konventionellen Generäle gegen die Einrichtung von jeder Art von Sondereinheiten. Diese alten Haudegen kämpften jedes Jahr um die finanzielle Zuwendung, die das Militär vom

Kongreß erhielt, und sie hatten kein Interesse, ihre Pfründe mit irgendwelchen aufstrebenden Typen zu teilen, die sie eh für unzivilisierte Gauner hielten. Die Admirale mit ihren weißen Uniformen und goldenen Schulterklappen jammerten und klagten, daß der Untergang der USA bevorstand, wenn sie keine neuen Schlachtschiffe bekamen. Die Air Force blies ins selbe Horn und bestand darauf, daß sie die modernsten Flugzeuge brauchte. (Heute ist uns klar, daß sie gute Gründe für ihr Anliegen hatten.) Die Army verließ sich währenddessen weiterhin auf ihre Panzer und die Infanterie. Befürworter von konventioneller Kriegsführung glaubten (und zu der Zeit auch noch mit einiger Berechtigung), daß Kriege in der direkten Konfrontation auf dem Schlachtfeld gewonnen wurden. Mann gegen Mann feuerten beide Seiten mit Panzern und Artillerie aufeinander los, mit genügend Zeit zwischen den Feuerrunden, in denen die Verletzten ihre Wunden lecken konnten.

Die ehrwürdigen Schlachtkommandeure liebten diese Frontalkonfrontationen, sie freuten sich richtiggehend auf den Moment, wenn sie ihre Hauptverteidigungslinie (die „main line of resistance", oder MLR, im Sprachgebrauch der alten Militärs) nach vorne schicken konnten, wo die Soldaten sich dann Zentimeter um Zentimeter vorwärtsarbeiteten und alles und fast jeden umlegten, der ihnen in die Schußlinie kam. Die US Air Force (wie die amerikanische Luftwaffe seit 1947 heißt) wurde nur gegen im engen Sinn strategische Ziele eingesetzt, die sie normalerweise Dutzende von Meilen hinter den feindlichen Linien bombardierten. Close-Air-Support(CAS)-Bombardements, die nur wenige hundert Meter entfernt von den eigenen oder verbündeten Truppen niedergingen, oder im Fall von SOG-Einheiten sogar nur in einer Entfernung von fünfzig Metern, gehörten nicht zum Schlachtplan.

Frontalangriff und direkter Schlagabtausch Mann gegen Mann galten als ehrenvolle Art der Kriegsführung. Von allen kriegsführenden Parteien wurde diese althergebrachte und von hehren Prinzipien geleitete Form des Krieges als eine edle Kunst das Kampfes gesehen, das geht unmißverständlich aus den Aufzeichnungen von General Patton hervor. Patton, die große militärische Legende, kümmerte sich nicht besonders um die Höhe der

Verluste unter den eigenen Soldaten, ihn interessierte vor allem, wie er die volle Stärke von Artillerie und Infanterie so einsetzen konnte, daß die feindlichen Kräfte an der Frontlinie aufgerieben wurden. Menschenleben spielten keine große Rolle in dieser Gleichung.

Die Patton-Formel wurde immer wieder angewandt. Sie besagt, daß, wer die meisten Schlachten gewinnt, letztlich auch siegreich aus einem Krieg hervorgehen wird. Und grundsätzlich stimmt das ja auch, zumindest traf es für den größten Teil der Geschichte militärischer Auseinandersetzungen zu. Aber als sich die Waffentechnologie immer rasanter entwickelte, wurde die Patton-Formel schnell obsolet. Konventionelle Kriege verbrauchten zu viele Truppen, es waren Materialschlachten von Panzern, Schlachtschiffen und herkömmlichen Luftbombardements, die sich heute keine Nation mehr leisten kann. Es kostet zu viele Menschenleben, solche Kriege dauern einfach zu lange. Militärische Stärke zeigt sich nicht mehr darin, wer die meisten Panzer ins Gefecht schicken kann.

Die Etablierung der Special Forces mit ein paar hundert Unteroffizieren und Offizieren der US Army im Jahr 1952 war das erste Anzeichen dafür, daß die klügsten Köpfe im Militär neue Ideen ausbrüteten, wie eine moderne Form der Kriegsführung aussehen könnte. Die Special Forces waren alle außergewöhnlich gut ausgebildet, sie verfügten über mehr Spezialqualifikationen als alle anderen Truppeneinheiten zusammen. Sie konnten in kleinen Teams das feindliche Gebiet infiltrieren und – wenn sie richtig versorgt wurden – den Gegner innerhalb seines eigenen Territoriums richtiggehend an der Nase herumführen. Die Männer mußten mit Leib und Seele Soldaten sein und physisch und geistig damit umgehen können, daß ihr Einsatzort oft Hunderte von Kilometern von ihren Truppen entfernt war. Dieser logistische Alptraum, was Unterstützung und Nachschub betraf, beeinträchtigte die Beharrlichkeit nicht, mit der die Special Forces ihr Ziel verfolgten: *Jeden* Gegner zu unterminieren und zu schlagen. Nach den Vorstellungen der Anführer der Special Forces mußte ein moderner Bodenkampf so aussehen, daß er die Konzepte Planung, Training, Geheimhaltung, Hinterhalt, Überraschung und Entschlossenheit taktisch umsetzte und sich die alles entscheidende Entwicklung der sogenannten intelligenten Bomben der US Air Force zunutze machte.

Diese Pläne gefielen den Panzerkommandeuren überhaupt nicht. Sie waren stolz darauf, daß sie mit ihrer Art der Kriegsführung den Zweiten Weltkrieg gewonnen hatten, und genau wie die ordensgeschmückte Artillerie lebten sie in dem Bewußtsein, daß sie mit ihrem hochwinkligen Feuer die Achsenmächte besiegt hatten. Diese Generäle schützten ihre Pfründe, und diese verfluchte neue Spezaialeinheit mit ihrem schlangenfressenden Gesocks hatte es auf den Militärhaushalt abgesehen. Die Auseinandersetzung wurde auf beiden Seiten mit aller Kraft geführt, und 1956 erzielten die Anti-SF-Kräfte sogar einen kleinen Sieg, als die Special Forces von zwanzig auf zwölf Teams reduziert wurden.

Dann begannen die Special Forces damit, Soldaten von verbündeten Armeen auszubilden und mit ihnen zusammenzuleben. Die Männer lernten Sprachen – wenn auch in den meisten Fällen gerade mal die notwendigsten Militärbegriffe –, dann trainierten sie die einheimischen Truppen, lebten mit ihnen und starben mit ihnen. Sie waren damit sehr erfolgreich, und die CIA wurde auf ihre Arbeit aufmerksam. Besonders angetan war der Dienst von der Idee, kleine Einheiten ins Herz des Feindes vorzuschikken. 1958 forderte die CIA Special-Forces-Männer an, die sich mit den Infanteriebataillonen der laotischen Armee zusammentun sollten. Diese umstrittene Aktion, die unter dem Codenamen Operation White Star lief, war der Beginn der anhaltenden engen Zusammenarbeit zwischen den Special Forces und der CIA. Ich ging mit White Star im Jahr 1961 nach Laos, als die Operation schon fast zu Ende war. 1962 betrat ich als einer der ersten Special-Forces-Männer Vietnam.

Die CIA verbuchte die Kosten für solche Aktionen in ihrem Budget für ihre eigene paramilitärische Einheit, die damals noch Combined Studies Division (CSD) hieß und heute Ground Branch genannt wird. Die normalen Generäle fanden diese Entwicklungen deshalb nicht allzu besorgniserregend. Das änderte sich allerdings fundamental, als der Vietnamkrieg begann und die 3rd, 5th, 6th, 7th und 8th Special Forces Groups gebildet wurden. Die Kosten waren immens. Darüber hinaus mußten die Infanterie-Generäle feststellen, daß ihre besten Männer schnell das zukunftsträchtige Potential der neuen Truppe erkannten und sich freiwillig zur Ausbildung für die Special Forces meldeten. Hohe Summen gingen vom jährlichen Militärhaushalt an die Special Forces, und der Chief of Staff und seine Generäle fingen das alte Gejammere wieder von vorne an.

Die Anhänger der konventionellen Kriegsführung verstanden die besondere Dynamik von Sondereinsätzen nicht – und manche kapieren es bis heute nicht. Sie wollen nicht einsehen, daß eine Schlacht von nur einer Handvoll Männer gewonnen werden kann, wenn sie einige hundert Kilometer tief im Feindesland agieren und ihnen die ganze Palette modernster Kriegstechnologie zur Verfügung steht. Diese Männer werden ganz unkonventionell per Luft im Zielgebiet abgesetzt, auf Positionen, von denen aus sie einen Standortvorteil haben. Von dort fordern sie den Abwurf von intelligenten Bomben an, die direkt auf die feindlichen Fabriken und Ausbildungslager niedergehen. Niemand, der als Soldat einmal an einem unkonventionellen Kriegseinsatz teilgenommen hat, möchte wieder zurück zu den Massenschlachten eines konventionellen Krieges.

Die alten militärischen Würdenträger verstehen unter Krieg, daß der Feind in den Fahrrillen ihrer Panzer zermatscht wird, die alles überrollen und so Boden gewinnen. Dann erklären sie die gewonnenen Meter für eingenommen, hissen die Flagge und rollen weiter. Nun, ihr guten Leute, nach dem Ende der offiziellen Feindseligkeiten im Irak hat man ja gesehen, wohin es führt, wenn man es nur darauf anlegt, besetztes Terrain zu halten. Das Land ist ein klassischen Beispiel dafür, was für Auswirkungen ein Stellungskrieg nach sich zieht. Eine Kriegsstrategie, die nur darauf ausgerichtet ist, gewonnenes Terrain zu halten und zu verteidigen, gibt dem Feind jede Chance, mit kleinen Gruppen gegen unsere Soldaten vorzugehen. Doch das juckt die alten Generäle nicht besonders. Wenn der Abzugsbefehl kommt, ziehen sie sich in ihre Nischen zurück, kümmern sich wieder darum, daß sie regelmäßig ihr Budget zugeteilt kriegen und beschäftigen sich ansonsten mit den Kriegslisten längst vergangener Schlachten.

Wie bei allem muß man die politischen Hintergründe kennen, wenn man den neuerlichen Widerstand der Nach-Vietnam-Ära gegen die Special Operations verstehen will. Würden die konservativen Vier-Sterne-Typen zugeben, daß die unkonventionelle Art der Kriegsführung konventionellen Kriegsstrategien haushoch überlegen war, dann grüben sie sich damit das eigene Wasser ab. Dann hätten sie ausgedient, würden abgeschafft und von ihren fetten Weideplätzen vertrieben. Für ihre konventionelle Kriegsausrüstung und Panzer würde kein Geld mehr bewilligt. Sie würden sich entscheiden müssen, ob sie mit der Zeit gehen wollten oder ihre militärische Karriere für beendet erklärten. Aus diesen Gründen kämpften sie bis aufs Blut, um den Kongreß davon zu überzeugen, daß die Special-Operations-Gruppen (Special Forces, die SEALs, Rangers, die US Air Force Special Tactics Squadron, wie auch die Combat Talons und andere Specials Ops der Air Force und die Force Marines) nichts waren als eine Verschwendung von Zeit, Energie und Geld. Als sich die Special Forces aber wieder und wieder im Kampfeinsatz bewährten, mußten sich die alten Knaben irgendwann in ihre Ecke zurückziehen, ihre Wunden lecken und sich mit einem kleineren Teil des Budgets zufriedengeben.

Diese kleine Geschichtsstunde erklärt so einiges über die Situation in den frühen 1980ern, und sie steckt den größeren Rahmen ab, in dem sich meine Anstrengungen bewegten, als ich mir mit Anfang fünfzig einen neuen Lebensweg aufbaute. Nach Carter kam Präsident Reagan an die Macht, und in den ersten vier Jahren seiner Amtszeit war die Aufrüstung des Militärs eine seiner vorrangigen Prioritäten. Er gab viel Geld für die konventionelle Armee aus, vor allem für die Marine. Aber daneben wurde unter seiner Führung das US Joint Special Operations Command (JSOC) ins Leben gerufen. Vorausschauende Offiziere der Special Forces setzten große Hoffnungen in eine kombinierte Truppe aus US Air Force, Special Forces, SEALs, Rangers, Force Marines und Delta Force.

Wahrscheinlich ohne es zu beabsichtigen, löste die Gründung des JSOC etwas aus, das man heutzutage einen Synergieeffekt nennen würde. In diesem Fall war es ein Mega-Synergieeffekt. So ein multiplizierender Effekt setzt dann ein, wenn durch einen Teil in einer Gleichung die Gesamtsumme exponential ansteigt oder beschleunigt wird. Wie man an dem blitzartigen Aufstieg der Special Operations leicht sehen kann, war Technologie der Teil in der

Gleichung, der den Synergieeffekt ins Rollen brachte. Drei Special-Forces-Männer, mit Leitsystemen ausgerüstet, mit denen sie intelligente Waffen von Air Force Jets oder unbemannten Flugkörpern auf feindliche Ziele steuern können, fünfhundert oder über tausend Kilometer im feindlichen Territorium – Mann, das ist ein Synergieeffekt, wie er in der Welt des Militärs noch nie erreicht wurde. Jeder Truppenteil besitzt seine eigene, besondere Stärke, aber durch diese Zusammenarbeit bekommen sie eine Schlagkraft von astronomischen Ausmaßen.

Ich vergleiche die militärischen Veränderungen der 1980er Jahre – eine radikale Wendung von den konventionellen hin zu den technologiegestützten unkonventionellen Kriegsmethoden – immer mit einem Zahnarzt, der einem Vierzigjährigen erklärt, daß er sich besser von seinen verläßlichen alten Backenzähnen trennt. „Aber warum denn?" fragt der Vierzigjährige. „Bis jetzt bin ich doch ganz gut mit ihnen gefahren." Worauf dann der Zahnarzt sagt: „Aber sie sind nicht mehr leistungsfähig, und außerdem entwickeln wir gerade Nahrungsmittel, die man nicht mehr kauen muß."

Der ausschlaggebende Beweis wurde in Panama, in Desert Storm, Afghanistan und Irak angetreten. Die neue Art, Kriege zu führen, erwies sich wiederholt als erfolgreich, selbst die konservativen Generäle mußten das zugeben. Das perfekte Beispiel dafür ist Afghanistan: Innerhalb von drei Monaten haben wir die Taliban-Extremisten besiegt, durch den Einsatz von kleinen Special Forces Teams und einheimischen Taliban-Gegnern. Dazu kamen Laserwaffen, Infrarotgeräte, das GPS-Leitsystem, überhaupt die Gesamtkoordination via Satellit. Alles zusammen war eine unschlagbare Kombination, vor allem angesichts der Tatsache, daß nur zwei Jahrzehnte zuvor die Afghanen den Russen mit ihren konventionellen Panzer-Überroll-Methoden eine grausame, demoralisierende und peinliche Niederlage beigebracht hatten.

Der Wandel innerhalb der amerikanischen Streitkräfte war schmerzhaft. Er zog sich über einen Zeitraum von mehreren Jahren hin und ging durch endlose politische Debatten. Hin und wieder kann man heute noch die kleinen, aufgeblasenen Admirale in ihren herausgeputzten weißen Uniformen sehen, wie sie in ihren Admiralsbooten an den großen Schiffen vorbeifahren, die im Hafen vor Anker liegen, und von jedem wird dem kleinen Mann der Ehrensalut gezollt. Ich will mich auch gar nicht über die ehrenvollen Traditionen lustig machen, aber solches Zeremoniell heben wir uns besser für irgendwelche Staatsempfänge in Friedenszeiten auf. Im Krieg heißt es, rein ins Zielgebiet, in den Luftraum über den Feind, und dann draufgebombt, was das Zeug hält. Ich salutiere als Zeichen meines Respekts und halte die alte Garde von hochdotierten Generälen in allen Ehren, aber bei ihrem Anblick muß ich immer an das alte Pac-Man Computerspiel denken. Da springt Pac-Man immer wenn er verloren hat, noch ein paar Mal wie im Reflex auf und ab, bevor das Spiel aus ist.

Welche Auswirkungen hatten nun all diese Veränderungen in der Welt des Militärs auf mein Leben? Keine, erst mal. Während das amerikanische Militär sich bildlich gesprochen auf rauher See befand, war ich wirklich auf See.

Trotz meiner optimistischen Einstellung kam es mir manchmal so vor, als wären die Tage vorbei, in denen ich den Feinden der Vereinigten Staaten nachjagen durfte. Ich war kein junger Mann mehr, und je länger sich diese Überbrückungszeit hinzog, desto unattraktiver wurde ich für jede Art von militärischem Einsatz für die Regierung. Als das Militär JSOC und Special Operations Command gründete, hatte ich keinen blassen Schimmer von den Anstrengungen, die unternommen wurden, um die amerikanischen Streitkräfte bestmöglichst umzugruppieren, zu reformieren und zu modernisieren. Es war keine leichte Zeit für das Militär, und für mich war es nicht leicht, darauf zu warten, bis ich wieder eine Chance bekam.

Ich lebte an einem exotischen Ort – auf Hawaii –, aber ich bekam keinen exotischen Job beim Militär oder sonst einer Regierungsbehörde. Ich entschied mich, die Flaute in meinem Berufsfeld für meine Weiterbildung zu nutzen, damit ich attraktiver für die CIA war, wenn das Pendel wieder mehr in meiner Richtung schwang. Mit Unterstützung meiner Frau Karin belegte ich Abendkurse an verschiedenen Unis, der University of Hawaii, der Chaminade University of Honolulu und der Weyland Baptist University of Hawaii. Tagsüber arbeitete ich als Polizist in Pearl Harbor, ein Job, der mich unterforderte und den ich nicht besonders mochte.

Ich war ein Mann auf der Suche, in einem Land, das sich wieder neu entdecken mußte.

1987 fragte mich ein ausgeschiedener Special Forces Colonel, ob ich Interesse hätte am Job des stellvertretenden Polizeichefs auf der US Army Kwajalein Missile Range (KMR), die auf den Marshallinseln, knapp viertausend Kilometer südsüdwestlich von Hawaii, lag. Ich nahm das Angebot an. Wir verkauften das Apartment und zogen mit Sack und Pack nach Süden in den Pazifik, an einen Ort, der als das Reagan-Atomwaffen-Testgelände bekannt geworden ist.

Ich war für die Koordination von rund hundert US-Sicherheitsoffizieren zuständig. Jede Woche wurden sie auf die verschiedenen Inseln der Kwajalein Missile Range geflogen, die aus ungefähr fünfundzwanzig kleinen, atollartigen Felsbrocken im Ozean bestand. Sie kümmerten sich dort um die Sicherheit der Ausrüstung und um den Schutz und das Wohlergehen der Marshallesen.

Das klingt ziemlich einfach, aber Kwajalein Missile Range hat mehr zu bieten als unberührte Strände, kristallklares Wasser und tropische Fische. Die USA feuern regelmäßig Raketen von der Vandenburg-Luftwaffenbasis in Kalifornien auf ausgewählte Ziele auf der KMR ab. Nach dem Abschuß verlassen diese riesengroßen Raketen auf ihrem Kurs südsüdwestlich auf die KMR zu die Erdatmosphäre. Beim Wiedereintritt in die Atmosphäre teilen sich die Raketen in viele kleinere Raketen mit Atomsprengköpfen, und jede dieser Raketen trifft auf ein ausgewähltes Ziel im Ozean. Vom Abschuß bis zum Einschlag vergehen etwa dreißig Minuten, in denen die Rakete in der Luft ist.

Weil unsere Raketen hier runterkamen, und weil wir uns in den frühen bis mitt-Achtzigern befanden, waren auch die Russen da. Sie waren scharf auf die Technologie, die in jedem Sprengkopf dieser Raketen steckte, und deshalb waren die Roten ständig in der Gegend um die KMR präsent. Die alten Knaben hatten sich für ihr Unterfangen was ganz Besonderes ausgedacht: Fast das ganze Jahr über hielt sich eine schwimmende Abhörstation und ein U-Boot in der näheren Umgebung auf. Die Idioten wollten unsere Atomköpfe stehlen oder ihrer sonstwie habhaft werden, sobald sie in der Gegend aufgeschlagen waren. Die verdammten

Roten waren zu bescheuert, um ihr eigenes Leitsystem zu entwickeln, also versuchten sie auf einem anderen Weg, an eins ranzukommen: Durch Diebstahl.

Wie unschwer zu erraten, sollten wir dafür sorgen, daß die Russen ihre Mission nicht erfolgreich zu Ende führten. Die Russen hatten es mit guten Grund auf diese Sprengköpfe abgesehen: Die Raketen trafen ihr Ziel fast jedes Mal mit äußerster Präzision. Die einzelnen Multi-Re-Entry Vehicles (MREV) wurden von der großen Rakete abgefeuert, die in Vandenburg startete. Sie schlugen direkt in vorher bestimmte Ziele auf dem Kwajalein-Atoll ein. Und das waren nicht nur ungefähre Einschlagkoordinaten; nein, es waren sehr genau umrissene Zielpunkte, oft einfach eine Boje, die draußen auf dem Atoll ausgesetzt worden war. Die Raketen trafen die Ziele genau ins Schwarze.

Natürlich konnten die Roten die Fluglinie dieser Wunder der Technik von ihrem Abhörschiff und den U-Booten mitverfolgen. Wenn die MREVs in ihre Ziele einschlugen, setzten die Russen ein Zodiac-Schlauchboot voller Taucher ins Wasser. Der Zodiac raste dann zum Einschlaggebiet, und die Taucher hüpften ins Wasser und versuchten, die Sprengköpfe zu klauen. Unsere Aufgabe war es, diese Schwachköpfe mit unseren eigenen Tauchern festzunehmen.

Meistens arbeiteten wir in Teams, aber gelegentlich zog ich eine Einzelnummer durch, wenn ich mich mit den Russen anlegen wollte. Leider ist es mir nie gelungen, aber ich hätte zu gerne einen russischen Special-Forces-Mann direkt von einem der Schiffe oder einem Zodiac-Boot heruntergeholt und ihm genauere Informationen über ihre Pläne aus der Nase gezogen. Nach der routinemäßigen Durchsuchung einer Insel blieb ich manchmal zurück, wenn die anderen Mitglieder des Suchtrupps wieder verschwanden. Das offene Meer war außerhalb unseres Hoheitsgebiets, und wir konnten wenig gegen die bloße Präsenz der russischen Abhörschiffe und U-Boote tun, die sich dort herumtrieben. Fuhren sie allerdings mit den kleinen Zodiac-Schlauchbooten in das Atoll hinein und kreuzten dort in der Lagune, dann befanden sie sich in einem Gewässer, das die USA gepachtet hatte, und wir konnten sie aufs Korn nehmen. Ein paar Mal kamen wir so nah, daß die Roten fast aus ihren Taucheranzügen gehüpft wären vor

Schreck, aber erwischt habe ich nie einen. Mir machte es Spaß, sie zu beobachten und mir einen Plan auszudenken, wie ich sie überlisten könnte. Später zeigte sich, daß das keine verlorene Zeit war. Die so erworbenen Talente konnte ich schon bald im Kampf gegen viel gefährlichere Feinde einsetzen.

Die Arbeit auf Kwajalein war wirklich befriedigend, und wir machten unsere Sache sehr gut. Obwohl sie ziemlich viele Männer einsetzten und einiges an moderner Ausrüstung auffuhren, schafften es die Russen nicht, auch nur einen einzigen Sprengkopf von Kwajalein mitzunehmen. Wir konnten dafür auch keinen einzigen Russen festsetzen, aber oft verjagten wir sie so schnell von den winzigen Inseln, daß sie alle möglichen Ausrüstungsgegenstände zurückließen – Essensrationen, Taucheranzüge und dergleichen. Verglichen mit der Ausstattung der US-Army waren die Sachen natürlich furchtbar steinzeitlich.

Die Reibereien, die wir uns hier mit den Russen weit weg vom amerikanischen Festland leisteten, waren symptomatisch für die verlogenen Katz-und-Maus-Spielchen des Kalten Krieges, die rund um die Welt getrieben wurden. Es war nicht zu vergleichen mit meinen Einsätzen bei der SOG, auch nicht mit der Zeit in Libyen, aber es brachte wieder etwas Aufregung in mein Leben. Ich wollte unbedingt etwas tun, das meine Abenteuerlust befriedigte. In den frühen 1980ern jagte mir der Job auf Kwajalein wenigstens ab und zu das Adrenalin durch die Adern. Man nimmt eben, was man kriegen kann.

Was ernsthaftere Dinge betrifft, erlebte ich bei diesem Job die Gewalt der neuen Waffentechnologie, ich erkannte zum ersten Mal das Potential des Synergieeffekts. Ich war zwar nicht mehr in der Army, aber ich sah die Welt immer noch durch die Augen des Militärs. Ich war kein ahnungsloser Zuschauer, der einfach nur zusah, wie diese genialen intelligenten Bomben immer wieder genau in das angesteuerte Ziel trafen. Wie immer dachte ich gleich weiter und überlegte, was es für die Zukunft des Krieges bedeutete, wenn uns solche Waffen zur Verfügung standen.

Ich betrachtete diese Entwicklungen vom Standpunkt eines Mannes aus, der in Vietnam gekämpft hat: Jedem, der einmal im Dschungel gesessen und versucht hat, mit einem tragbaren Funkgerät oder einem Spiegel taktische Luftunterstützung anzufordern, mußten sie als eine höchst interessante Alternative erscheinen.

Und ich wartete immer noch, daß die Stimmung in den Vereinigten Staaten endlich umschlug. Ich wartete darauf, daß die klügsten und pragmatischsten Köpfe sich gegen die selbstgerechten Gutmenschen durchsetzten und Amerikas Streitkräfte wieder zu ihrer früheren Größe und Bedeutung führten. Ich wußte – und die jüngste Geschichte hat das auch deutlich gezeigt –, das Wohlergehen unseres Landes hing davon ab, daß wir die neuen Gefahren erkannten und einen Plan entwickelten, wie wir uns gegen sie wehren konnten. Während dieser Wartezeit gab es ein paar schwache Momente, wo ich an allem zweifelte, aber eigentlich wußte ich immer, daß man irgendwann wieder auf mich zukommen und Männer wie mich brauchen würde. 1985 rief mich Paul P. an, ein alter Freund und Sergeant in einem Special Forces Team.

„Hättest du Interesse, in nächster Zeit wieder in die Staaten zurückzukommen?" fragte er.

„Das kommt darauf an, was du zu bieten hast", entgegnete ich.

Paul meinte, daß er mir bei meiner Rückkehr einen Job bei der CIA in Aussicht stellen konnte. Das war es, worauf ich die ganze Zeit gewartet hatte, das Zeichen, daß ein entscheidender Wandel in der Einstellung unseren militärischen und paramilitärischen Einheiten gegenüber stattfand. Ich war noch nicht soweit, daß ich sofort darauf ansprang. Doch wenn die Zeit reif war, würde ich Pauls Angebot auf jeden Fall annehmen, das stand fest. Vorher mußte ich aber noch ein paar wichtige Dinge erledigen.

Als ich in Hawaii ankam, hatte ich nur einen normalen Schulabschluß vorzuweisen. Zwei Jahre nach Pauls Anruf kehrte ich mit zwei Bachelor-of-Science-Diplomen von der Weyland Baptist University in die Vereinigten Staaten zurück. Das Studieren machte mir sehr viel Spaß, und ich wußte inzwischen die Art von theoretischer Ausbildung auch mehr zu schätzen als in meinen jungen Jahren. So beschloß ich, den Magister in einem interdisziplinären Studiengang zu machen, mit einem Schwerpunkt auf Strafrechtsverwaltung. Ich schrieb mich an der Southwest Texas State University in San Marcos, Texas, ein.

Mit einem Magisterabschluß in der Tasche besuchte ich 1989 Paul P. in Washington D.C., um mich als unabhängiger Kontraktor bei der CIA vorzustellen. Man bot mir einen Job mit einer Einheit an, die ursprünglich als „Killer-Einheit" geplant war und Individuen eliminieren sollte, die eine große Bedrohung für die Vereinigten Staaten darstellten.

Mich reizte die Aussicht auf diese Art von Arbeit natürlich sehr, aber die Einheit kam nie so zustande, wie sie geplant war. Die Gutmenschen – Leute in der Oberaufsicht über die CIA und etliche Lahmärsche in hohen Positionen – übten Druck aus, und die Einheit wurde zu einer simplen Beobachtungstruppe heruntergestuft. Senatoren, die keine Ahnung hatten, was es braucht, um an nachrichtendienstlich relevante Informationen zu kommen, und wie man gegen Personen vorgeht, die einen unerbittlichen Kampf gegen die Vereinigten Staaten und die westliche Welt führen, hatten der Einheit die Klauen gezogen. Von diesen Leuten gab es weniger als noch vor zehn Jahren, und sie waren nicht mehr so einflußreich, aber sie hatten immer noch nicht kapiert, was die Geheimdienste tun mußten, damit sie ihre Aufgabe erfüllen konnten. Sie vertrauen blind auf ihre eigenen frommen Ideale, und wir haben heute immer noch mit den Auswirkungen ihrer verfehlten Ideologie zu kämpfen.

Trotzdem hatte sich das Pendel in die richtige Richtung zurückbewegt, genau wie ich es erwartet hatte. Und ich war gut für die neue Zeit gerüstet: Zusätzlich zu meiner Kampferfahrung hatte ich jetzt noch einen Universitätsabschluß vorzuweisen. Für die CIA war ich immer noch attraktiv, ich war noch jung genug, voller Energie und – nach einem Jahrzehnt, das ich in relativer Stagnation verbracht hatte – hochmotiviert.

Was ich von meiner Karriere beim Geheimdienst erzähle, konzentriert sich auf die beiden bekanntesten und in gewisser Hinsicht gefährlichsten Zielpersonen – Usama bin Laden und Carlos, den Schakal. Viele meiner anderen Aufträge und Zielpersonen unterliegen der Geheimhaltungspflicht. Ich kann aber sagen, daß ich im Laufe der Zeit sehr erfolgreich war. Ich wurde oft als Einzelkämpfer rekrutiert, weil ich sehr gut alleine arbeite und mich vor nichts und niemandem fürchte. Die kläglichen achtziger Jahre wurden von den hoffnungsvollen Neunzigern abgelöst. Als Amerika endlich wieder groß mitmischte, war ich mit voller Kraft dabei. Ich war ein Jäger mit Leib und Seele, und es waren Zeiten, in denen man reichlich Beute schlagen konnte.

8

Der große weiße Mercedes wirbelte eine Staubwolke auf, die wie der Kondensstreifen einer B-52 hinter ihm her zog. Es war Februar 1992, ich befand mich in Khartoum im Sudan und joggte eine Straße im Stadtteil Riyadh entlang. Sowohl den Mercedes als auch die Staubwolke sah ich nicht zum ersten Mal. Deshalb war ich auch nicht überrascht, als der Mercedes vor dem Haus neben mir parkte und ich plötzlich den Mann auf dem Fahrersitz direkt vor mir hatte. Er fuhr wie gewöhnlich allein, und in dem kurzen Moment, bevor der Staub den Wagen überholte und weiter die Straße hinunterwehte, schaute er mir direkt ins Gesicht. Ich hielt dem Blick stand und starrte in die dunklen, schwerlidrigen Augen von Usama bin Laden.

Ich wußte immer genau, wann bin Laden am Steuer des weißen, viertürigen Mercedes 300 mit dem sudanesischen Autokennzeichen 0990 saß. Der Mann raste durch die staubigen Straßen, als sei der Teufel hinter ihm her. Mit Verkehrsregeln nahm man es nicht so genau im Sudan, und dieser Typ fuhr, als gehörte die Stadt ihm. Zu diesem Zeitpunkt war das gar nicht mal so weit entfernt von der Wahrheit.

Ich wußte auch genau, was er dachte, als er mich zweiundsechzigjährigen Amerikaner in dieser staubigen Straße joggen sah: *Was zum Teufel hat dieser bescheuerte alte Ami hier zu suchen?* Es war das erste Mal, daß ich auf drei Meter an bin Laden herankam und er mich registrierte. In den nächsten achtzehn Monaten trafen wir uns noch oft, wenn ich an seinem Haus vorbeijoggte und er entweder gerade kam oder ging. Er wußte bestimmt ziemlich genau, was ich hier zu suchen hatte. Er war intelligent, und das Auftauchen eines alten weißen Mannes, der regelmäßig die Straße an seinem Haus vorbeirannte, mußte seinen Verdacht erregen. Mich kümmerte es allerdings einen feuchten Dreck, welche Vermutungen er über meine Anwesenheit anstellte – ich hatte alles

Recht der Welt, hier die Straße entlangzujoggen, und ich mußte einen Auftrag erfüllen.

Ich joggte an ihm vorbei und drehte weiter meine Runde, hoch zu seinem Haus und an der Schwadron von großen afghanischen Wachmännern vorbei, die alarmbereit und aufmerksam am Zaun des Grundstücks Wache schoben. Auch wenn ihr Boß sich ganz ungezwungen in der Stadt bewegte – diese Typen waren für alles gewappnet. Ihr Job war es, Usama bin Laden zu bewachen, und ich muß sagen, das machten sie sehr gut. Diese Männer mit ihren langen Bärten und den wilden Augen nahmen ihre Aufgabe sehr ernst. Sie trugen einheimische Kleider und nicht die langen Gewänder, die in Afghanistan üblich sind. Sie waren äußerst wachsam und suchten ständig die Straße und die Umgebung des Hauses ab. Das war zu erwarten von Männern, die glauben, daß sie nicht einfach nur ihren Boß, sondern ihren Messias beschützten. Ohne daß es allzu sehr auffiel, zählte ich vier oder fünf Wachposten im Erdgeschoß. Wie viele sich noch auf dem Dach und in den anderen Etagen des großen, dreistöckigen Wohnhauses befanden, konnte ich nur vermuten. Ich joggte weiter und beobachtete das Anwesen genau. Ich selbst wurde dabei ebenfalls sehr genau unter die Lupe genommen. Das Gefühl kannte ich nur zu gut, ich merke es sofort, wenn ich beobachtet werde. Inzwischen kann ich das Gefühl sogar genießen.

Die Wachen brauchten nur eine einfache Milchmädchenrechnung aufzumachen: Ein Amerikaner, der nahe am Wohnhaus von Usama bin Laden vorbeigeht, das konnte nur bedeuten, daß die Vereinigten Staaten sich für ihren Boß interessierten. Was ich hier trieb, verhieß nichts Gutes – weder für sie selbst noch für das Land, in dem sie sich niedergelassen hatten. Diese Wachposten waren hartgesottene Burschen. Mit ihren AK-47 über den Schultern waren sie mir eindeutig nicht freundlich gesonnen. Sie sagten keinen Ton, aber sie starrten mich voller Haß aus ihren schwarzen, tiefliegenden Augen an. Genau wie bei bin Laden blickte ich den Alpha Sierras (über Funk bezeichneten wir sie schlicht als Arschlöcher) direkt ins Gesicht und ließ nicht locker.

Nur noch meine Atemgeräusche und die Schritte im Staub waren zu hören, als ich im gleichen Tempo weiterjoggte. Um meine eigene Sicherheit machte ich mir keine Sorgen. Was ich tat, war nicht illegal. Die Jungs von bin Laden wußten genau, daß sie die guten Beziehungen, die ihr Boß sich hier im Sudan aufgebaut hatte, mit nichts mehr gefährdeten, als wenn sie einen Amerikaner ohne guten Grund hopsgehen ließen. Während meines Einsatzes in Khartoum (das wir K-Town nannten) joggte ich also diese Strecke mit kleinen Abweichungen mindestens zweimal die Woche. Mit der Zeit ähnelte das Ganze einem etwas unbeholfenen, einstudierten Ritual: Ich joggte vorbei und die Wachposten verfolgten mich mit starren Blicken.

Zwischen Februar 1991 und Juli 1992 hatte ich den Auftrag, bin Laden zu beschatten und Fotos von ihm zu machen. Ich war einer der ersten Agenten, die auf bin Laden angesetzt waren. Zu dieser Zeit wurde er noch nicht als besonders wichtig eingestuft. Khartoum quoll damals förmlich über von Kriminellen und bösartigen Lumpen, und meine Jagdzüge beschränkten sich nicht auf diesen einen hochgewachsenen Exilanten aus Saudi-Arabien. Ich kam regelmäßig in den Sudan, blieb sechs Wochen, manchmal auch bis zu drei Monaten, wenn die Jagd gut lief. Dann verschwand ich wieder für sechs Wochen. Länger als sechs Wochen konnte sich kaum ein Agent, der im öffentlichen Raum Observationen durchführte, im Sudan aufhalten. Die sudanesischen Sicherheitskräfte (eine ziemlich inkompetente Truppe, die sich als PSO bezeichnete) hatten Anweisung, Ausländer streng im Auge zu behalten. Wenn man zu lange von der Straße aus observierte, konnten sie einem das Leben zur Hölle machen. In Khartoum war sowieso nichts einfach: Die Regierung hatte ein Verbot gegen Kameras und Filmentwicklung erlassen, weil sie fürchteten, daß Bilder von dem zerstörten und am Boden liegenden Land an die Öffentlichkeit gelangen würden. Die Menschen verhungerten in den Straßen von K-Town, und viele wurden einfach eingesammelt und in Gebiete außerhalb der Stadt geschafft, wo sie still und unbemerkt krepierten. Die Regierung wollte auf keinen Fall, daß so ein Bild des Sudans um die Welt ging. Meine hauptsächliche Aufgabe war es allerdings, Fotos der Zielpersonen zu schießen. Wir umgingen das sudanesische Gesetz, indem wir die Kameras in Diplomatentaschen ins Land schmuggelten, die nicht vom Zoll durchsucht werden durften. Diplomatentaschen waren ein Schlupfloch, das vom Außenministerium ausgehandelt worden war, und dadurch schafften wir es meistens, daß wir unsere Arbeit durchführen konnten. Hätte ich mich allerdings mit einer Kamera in den Straßen von Khartoum erwischen lassen, dann wäre ich sofort zur unerwünschten Person erklärt worden. Der Standortleiter der CIA hätte keine Möglichkeit gehabt, daran etwas zu ändern; er hätte mich sofort aus dem Land hinauswerfen lassen müssen.

Der Sudan war in den frühen 1990ern eine Art Jauchegrube der Welt, wo auch der schlimmste Verbrecher Asyl finden konnten. Terroristen und Halunken aus dem ganzen Mittleren Osten hatten hier freien Zutritt und konnten im Land machen, was sie wollten. Im Sudan wütete ein blutiger Bürgerkrieg zwischen der christlichen Mehrheit und einer islamischen Minderheit, der auch heute noch nicht vorbei ist. Der Sudan war das Zentrum des radikalen Islamismus, und die Herrscher ließen zu, daß Terroristen in ihrem Territorium Ausbildungslager errichteten und sich frei bewegten. Die islamistischen Terroristen wurden hier nicht nur willkommen geheißen, sie wurden geradezu wie VIPs behandelt. Sie lebten relativ wohlhabend in der Stadt, während sich rund um Khartoum riesige Slums ausbreiteten, in denen die verhungernden Flüchtlinge aus dem Bürgerkrieg vor sich hin vegetierten.

In diesem Land konnte sich jeder weltweit gesuchte Staatenlose zu Hause fühlen, an jeder Straßenecke stieß man auf skrupellose Schwerverbrecher. Die Vereinigten Staaten wurden gerade erst auf bin Laden und seine Einstellungen und Ziele aufmerksam, aber er paßte perfekt in den Sudan. Anders ausgedrückt: Ich konnte die Joggingstrecke von meiner Wohnung in Riyadh aus ohne Probleme verlängern, und ich kam nicht nur an den Quartieren und Gästehäusern von bin Laden vorbei, sondern auch von Abu Nidal, von mehreren Mitgliedern der Hisbollah, der ägyptischen Gama'at al-Islamiyya, der Gruppe Algerischer Islamischer Dschihad, von Hamas, der Gruppe Palästinensischer Islamischer Dschihad und einer Bande von iranischem Gesocks, Anhängern von Ayatollah Khomeinis irrwitzigem „Tod den USA"-Feldzug. Nidal verbrachte die meiste Zeit in Tunesien und Libyen, aber er kam immer wieder mal nach Khartoum. Der blinde Scheich, Omar Abdel Rahman, ließ sich sein Visa für die USA 1993 in

Khartoum ausstellen, dann zog er los und plante den ersten Bombenanschlag auf das World Trade Center. Alle diese Arschlöcher waren hier versammelt, sie beteten und lernten, wie man am besten Israelis und Amerikaner umlegt. Es war eine beschissene Stadt, und Ende 1993 stieß dann auch noch der berüchtigste Terrorist von allen zu der erlauchten Gemeinschaft – Carlos der Schakal.

Daß die afrikanische Stadt am Zusammenfluß des Weißen und des Blauen Nils zum Treffpunkt für die Crème de la Crème des internationalen Terrorismus wurde, hatte vor allem der Vizepräsident des Sudans zu verantworten, ein Mann namens Hassan al-Turabi. Al-Turabi, der an der Sorbonne studiert hatte, verwandelte den Sudan 1991 in einen islamistischen Staat. Er war der Kopf der Nationalen Islamischen Front und fühlte sich als geistiger Führer des Sudans und darüber hinaus des ganzen afrikanischen Kontinents. Eine Zeitung im Sudan, die *Al Rai Al A'm*, zitierte ihn einmal mit folgenden Worten: „Wir wollen Amerika islamisieren und Afrika arabisch machen." Terroristen, die an seine Ideale glaubten, konnten mit seiner Erlaubnis in K-Town tun und lassen, was sie wollten. Natürlich mußte sich das für ihn finanziell auch lohnen, oder es mußte wenigstens etwas für sein Land herausspringen. Durch das Khomeini-Regime pumpten die Iraner große Summen in den Sudan. Der sudanesische Präsident, General Omar Hassan al-Bashir, fungierte nur als Repräsentationsfigur, er war eine Marionette al-Turabis. Al-Bashir machte sich bei den Vereinigten Staaten lieb Kind, während er gleichzeitig die meisten von al-Turabis Anordnungen absegnete. Und wenn der Präsident doch einmal kritisierte, daß al-Turabi Terroristen aus aller Herren Länder Zuflucht im Sudan gewährte, dann übersandten die Iraner al-Bashir einfach einen neuen Mercedes, und er stimmte wieder allem zu. In einem Land mit einem Pro-Kopf-Einkommen von ungefähr 330 Dollar war der Terrorismus ein ökonomischer Segen.

UBL – auf dieses Kürzel und die Schreibweise „Usama" einigte sich die CIA schon ganz am Anfang seiner berüchtigten Laufbahn – galt im Sudan als VIP. Wie es diesen Mann nach K-Town verschlagen hat, ist an sich schon eine abenteuerliche Geschichte, die damit begann, daß Usama sich von seinen ehemaligen Freunden zutiefst verraten fühlte, und in religiösem Fanatismus und Krieg endete.

Die Bin-Laden-Familie war im Mittleren Osten schon berühmt, lange bevor UBL ganz oben auf der Liste der meistgesuchten Männer landete. Sein Vater, Mohamed bin Laden, stammte aus dem Jemen. 1930 verließ er sein Heimatland und reiste mit einer Kamel-Karawane tausendsechshundert Kilometer weit bis nach Saudi-Arabien. Obwohl er nie schreiben lernte und sein Leben lang mit einem X unterzeichnete, gründete Mohamed seine eigene Baufirma und brachte es sehr weit im Baugewerbe. Den größten Coup landete er, als er bei einem Großauftrag für den Bau der Paläste des saudischen Königshauses in Riyadh die Konkurrenz aus dem Rennen schlug. In einem Hintergrundartikel, der im Oktober 2001 im Londoner *Guardian* erschien, wurde ein französischer Ingenieur zitiert, der sagte, Mohamed bin Laden, „wechselt die Frauen wie du und ich die Autos". Angeblich hatte Mohamed drei feste Frauen und eine, die immer wieder durch eine neue ersetzt wurde. Das islamische Gesetz erlaubt vier Ehefrauen.

Usamas Mutter war entweder die zehnte oder elfte Ehefrau von Mohamed, eine Syrerin namens Hamida, die Designerkleider anstelle des Schleiers trug. Sie war als Mohameds „Sklavenfrau" bekannt. Als sein Vater starb, war UBL elf Jahre alt und hatte sich schon an das gute Leben gewöhnt. Seine Obsession mit der islamischen Religion entwickelte er erst später, als er fast zwanzig war. Sein religiöser Fanatismus ließ sich nur schwer mit den Wünschen der Familie vereinbaren, die wollte, daß er Ingenieurwesen studierte und in das Baugeschäft einstieg. Seine Studienzeit verbrachte er größtenteils in Saudi-Arabien, und nicht in den USA oder Europa, wie die meisten seiner Geschwister. Er widmete sich dem Studium der Islamwissenschaften, gleichzeitig machte er eine Ausbildung als Tiefbauingenieur. Vielleicht wollte er mit dieser Wahl den Forderungen seiner Familie nachkommen, ohne seine eigenen Interessen ganz aufgeben zu müssen. Wie dem auch sei, es war eine Entscheidung, die sich als glücklich und vielleicht sogar genial erweisen sollte.

In seinem Glauben wurde UBL immer militanter, und sein Fanatismus wurde durch zwei Ereignisse noch weiter radikalisiert:

Das erste war der Sturz des Schahs im Iran im Jahre 1979 durch Ayatollah Khomeini, das zweite der Widerstand der Mujahedin gegen den Einmarsch der Russen in Afghanistan. UBL kämpfte mit den Mujahedin in Afghanistan. Und er war ihr größter Geldbeschaffer. Nach Informationen der CIA trieb er bis zu fünfzig Millionen Dollar im Jahr für die Sache der afghanischen Widerstandskämpfer auf.

Die erfolgreiche Verteidigung von Afghanistan bestärkte bin Laden. Inzwischen hielt er sich nicht nur für einen guten Ingenieur, sondern er sah sich als religiösen Führer, zudem als scharfsinnigen Militärstrategen. Nach dem Ende des Afghanistan-Krieges kehrte er nach Saudi-Arabien zurück und wurde dort mit einem dritten einschneidenden Erlebnis konfrontiert: die Besetzung Kuwaits durch Saddam Hussein im August 1990. Für ihn bot sich hier eine erneute Gelegenheit, um seinen Glauben und sein militärisches Können unter Beweis zu stellen. Seine Jungs waren mit den Russen fertig geworden, die Irakis waren für sie eine Kleinigkeit. Er machte dem saudischen Königshaus einen Vorschlag: Er wollte eine Armee von dreißigtausend afghanischen Kriegsveteranen zusammenstellen, und mit ihm an der Spitze würden sie gegen Saddam kämpfen. Daß die Saudis diesen Vorschlag ablehnen könnten, kam UBL überhaupt nicht in den Sinn.

Doch die Saudis lehnten ab. Und nicht nur das, sie machten etwas, das in bin Ladens Augen unvorstellbar war: Sie holten sich freiwillig eine Armee von dreihunderttausend US-amerikanischen Soldaten auf saudischen Boden, die ihre – im Sinne bin Ladens – verkommenen Sitten wie Alkoholkonsum und Sonnenbaden mit ins Land brachten. Die saudi-arabische Regierung wollte nicht mit einer islamischen Armee die Wiege des Islams verteidigen, sie zogen es vor, daß Amerikaner die heilige Erde besetzten. Verärgert rekrutierte UBL seine Armee trotzdem, und er richtete seine religiösen Haßtiraden nun gegen die ungläubigen Amerikaner und seinen neuen Feind – die Führungselite seines Heimatlandes. Viertausend Männer schickte er nach Afghanistan zur Kriegsausbildung. Der abtrünnige Sproß einer der mächtigsten Familien des Landes sorgte für ziemliche Irritation und Nervosität innerhalb des saudischen Regimes.

Schließlich durchsuchten die Saudis das Haus von bin Laden und stellten ihn unter Hausarrest. Offenbar wußten sie nicht, was sie sonst mit ihm tun sollten. Seine Familie war zu einflußreich, als daß die Regierung sich einen großen Eklat wegen ihm hätte leisten können. Die Familie bin Laden versuchte UBL dazu zu bewegen, seine radikalen Positionen abzumildern, aber er zeigte keinerlei Kompromißbereitschaft, was dazu führte, daß er praktisch von der Familie enterbt wurde. Ende des Jahres 1990 kam dann endlich Hassan al-Turabi der saudischen Regierung zu Hilfe, indem er UBL Asyl im Sudan anbot. Die Saudis hätten alles getan, um sich von dem Dorn in ihrem Fleisch zu befreien, und sie ergriffen diese Chance sofort. Sie drängten auf die Ausreise, und schließlich gab UBL dem Druck nach und ließ sich im Exil in Khartoum nieder.

Viele der afghanischen Kriegsveteranen kamen mit ihm in den Sudan. Sie bildeten den Kern, aus dem sich später Al-Qaida entwickelte, die Armee, mit der bin Laden seinen erklärten Krieg gegen die Vereinigten Staaten führen würde. Die CIA registrierte seine Ankunft im Sudan, und wir betrachteten den hochgewachsenen Araber mit der sanften Stimme als potentielle Gefahr für unsere Interessen. Seine Kriegserklärung wurde allerdings von niemandem allzu ernst genommen. Zu der Zeit konnten wir nicht ahnen, zu welcher Bösartigkeit und Zerstörungswut dieser Mann fähig war. Doch wie sich bei den Kongreßanhörungen in der Folge des 11. September herausstellte, reisten die ersten Kundschafter bin Ladens genau zum selben Zeitpunkt irgendwann im Jahre 1991 in die USA ein, als ich UBL im Sudan unter Beschattung hatte.

Im Sudan setzte UBL sein Geld und seine Kenntnisse als Bauingenieur dazu ein, um Straßen zu bauen. Dabei ging es ganz schlicht um den Bau von *asphaltierten* Straßen. Seine größte Leistung war die Fertigstellung einer tausend Kilometer langen Trasse von K-Town nach Port Sudan. Als Gegenleistung für diese Arbeiten überließ die sudanesische Regierung bin Laden das Monopol für das einheimische Exportgeschäft mit Sesamsaat. Der Sudan ist einer der drei größten Produzenten von Sesam weltweit, die Abtretung des Monopols war deshalb eine äußerst lukrative Einnahmequelle.

Bin Ladens Einfluß war im ganzen Land zu spüren. Er führte eine Investmentfirma, die auf den Namen „Laden International" eingetragen war. Er hatte ein Exportgeschäft und eine Tiefbaufirma. Er besaß sogar ein Agrarunternehmen, das Farmen bestellte, auf denen Erdnüsse und Mais angebaut wurden. Eines seiner großen Bauprojekte war die Errichtung eines neuen Passagierterminals auf dem Flughafen von K-Town. Der Mann spielte ganz oben mit im Sudan. Er war Hassan al-Turabis Liebling, was bedeutete, daß ihn auch die Regierung in die Arme geschlossen hatte. Finanziell gesehen und was die Anwerbung von neuen Gotteskriegern betraf, war die Zeit im Exil ungemein erfolgreich für UBL.

Es war eine perfekte Beziehung. Bin Laden modernisierte den Sudanesen ihre Infrastruktur, dafür konnte er sich frei und sicher überall im Land bewegen. Diese Freiheit ermöglichte es ihm, sich seiner wichtigsten Aufgabe zu widmen – der Ausbildung von Al-Qaida-Terroristen. Er war nicht nur ein bedeutender Geschäftsmann, er war vor allem ein religiöser Führer, der sich mit den Arbeitern zum Gebet traf und seine Wut und den Haß auf die Saudis und die amerikanische Regierung an seine weniger gebildeten Schützlinge weitergab.

Nur wenige Leute der CIA zog es in diesen Tagen nach Khartoum. Die Stadt war gefährlich und unberechenbar und den Bösen viel freundlicher gesonnen als den Guten. Der Dienst schickte ausschließlich männliche Agenten mit einem militärischen Hintergrund nach Khartoum, die meisten hatten wie ich früher in den Special Forces gedient. Die Sicherheitskräfte der PSO waren uns immer auf den Fersen. Die meiste Zeit waren sie allerdings damit beschäftigt, sich nicht selbst auf die Zehen zu treten. Wir hatten bald genug von diesen unfähigen Schwachköpfen, und manchmal trieben wir unseren Spaß mit ihnen. Einmal verfolgten sie mich bis zur Amerikanischen Botschaft und warteten im Wagen. Es war nur eine Frage der Zeit, bis sie einschliefen. Als ich wieder herauskam, klopfte ich ans Autofenster, und sie schreckten aus ihren Träumen hoch. „Okay, ich geh jetzt ", sagte ich auf arabisch. „Laßt besser schon mal den Motor an."

Oder ich lockte sie in die Wüste außerhalb der Stadt. Junge, da wurden sie vielleicht sauer. Wir kannten die Wüste besser als sie, und sie folgten uns nur sehr widerwillig hinaus in den Sand. Wir hatten uns Fluchtrouten zurechtgelegt, und ich fuhr sehr schnell, so daß sie nicht wußten, wohin ich sie führte. Für gewöhnlich folgten sie mir eine Weile und gaben dann irgendwann auf. Offenbar war es ihnen die Mühe nicht wert. Sie drehten um, und ich fuhr meine Route weiter. In einem großen Bogen kam ich zurück in die Stadt, wo ich ohne lästige Überwacher meinem Job nachgehen konnte.

Ich hatte fünfzig Jahre mit Herumschnüffeln und Auskundschaften zugebracht, und was diese nachrichtendienstlichen Qualitäten betraf, gehörte ich zu den Besten. Während meiner gesamten Karriere, sowohl beim Militär als auch in der CIA, war mein Markenzeichen, daß ich am liebsten nachts arbeitete. Die Nacht war mir freundlich gesonnen, und ich arbeitete mit der Dunkelheit zusammen wie mit einem zweiten Mann, auf den ich mich verlassen konnte. Schon vor Jahren hatte ich mir angewöhnt, mit einem Minimum an Schlaf einsatzfähig zu sein, und ich arbeitete meistens zwischen 1 und 5 Uhr morgens, wenn der Rest der Welt sich schon lange verabschiedet hat. Außerdem versteckte ich meine blauen Augen hinter dunklen Sonnenbrillen und spielte einen gebrechlichen alten Mann, der langsam und mit gebeugtem Rücken ging. Das hat mir einige Male in gefährlichen Situationen den Arsch gerettet, als ich in verschiedenen Ländern mit der politischen Polizei aneinandergeraten war. Die Dokumente, die meinen Decknamen und meine falsche Biographie bestätigten, trug ich immer in der hinteren Hosentasche, damit ich sie bei Bedarf vorweisen konnte.

Es gab Zeiten, da arbeitete ich vierundzwanzig Stunden, sieben Tage die Woche ununterbrochen über einen längeren Zeitraum hinweg und legte mich nur ab und zu kurz (zwanzig bis dreißig Minuten) für ein Nickerchen hin. Während der wertvollen Stunden zwischen 1 und 5 Uhr morgens gelang es mir oft, direkt an die Gebäude heranzukommen, in denen Zielobjekte wohnten. Ich konnte durch die Fenster ins Innere blicken, Gefahren abschätzen, mögliche Aktionen durchspielen. Dabei verließ ich mich auf zwei Prinzipien: Arbeite, wenn alle anderen schlafen oder so müde sind, daß sie nicht mehr richtig aufpassen. Und kenne die Straße, die Stadt, das Land oder (wie im Sudan) die Wüste besser als die Polizei oder das Zielobjekt. Ich lebte wie schon bei den Special Forces nach der Devise *schnell, heimlich, unerwartet*. Und nachts war die beste Zeit, um mit dieser Vorgehensweise das Bestmögliche aus einer Überwachung herauszuholen.

Nachts arbeitete ich immer allein und ohne Unterstützung, solche Einzelmissionen waren meine Stärke. Als Einzelkämpfer zu arbeiten hat seine Vorteile. Ein gutes Beispiel dafür ist eine Operation in Jordanien, die ich 1992 oder 1993 durchführte. Der Dienst brauchte genaue Informationen über den Grundriß eines Hauses in Amman, in dem der Standortleiter des irakischen Gegenparts der CIA wohnte. Bei der Einsatzbesprechung betonte ein Mitarbeiter, wie extrem wichtig es war, daß die Informationen, die ich über den irakischen Diplomaten besorgen sollte, absolut korrekt waren. Ich entwickelte sofort einen Plan, wie ich an die Informationen kommen konnte.

Ich beschloß, daß ich zu Fuß arbeiten würde. Zur Ablenkung würde ich mich wieder joggenderweise durch die Gegend bewegen. Mein Plan erforderte etwas Geduld, aber wenn alles klappte, könnte ich mit wenig Mühe sehr viel neue Informationen in Erfahrung bringen. Jede Nacht um 2 Uhr rannte ich eine Strecke von ungefähr sechs Kilometern, von meinem Hotel zum Intercontinental Hotel in Amman. Die Zeit war nicht zufällig gewählt: Zu dieser Stunde schliefen die meisten Araber. Generell waren sie wach bis Mitternacht, aßen und unterhielten sich mit irgendwelchem Blödsinn, aber danach kamen die Partys immer ziemlich bald zum Erliegen. In den ersten fünf oder sechs Nächten folgte mir die jordanische Polizei auf meiner Joggingroute durch die nächtlichen Straßen. Die Strecke führte am Haus des irakischen Zielobjekts vorbei, aber zu diesem Zeitpunkt sammelte ich noch keine Informationen. Während der ganzen sechs Kilometer blickte ich starr vor mich hin. Auch als ich direkt am Wohnhaus des Iraki vorbeikam, schaute ich weder nach links noch nach rechts. Am Intercontinental Hotel angekommen, warf ich mich auf den Boden und machte vierzig Liegestütze direkt vor den Augen der jordanischen Polizisten, die vor dem Hotel parkten. Die ganze Zeit schon hatte ich ein Nachtsichtgerät und eine Kamera unter meinem Jogginganzug versteckt, aber ich benutzte sie erst, als ich mir sicher war, daß mich niemand mehr beobachtete.

Die Polizisten gaben meine Route an ihre Vorgesetzten weiter, da war ich mir ganz sicher. Ich winkte ihnen oft zu, sie sollten mitkriegen, daß ich ihre Anwesenheit registriert hatte, aber mich das nicht aus der Ruhe brachte. Nachdem das öde Verfolgungsspielchen sich über ein paar Nächte hingezogen hatte, verlor die Polizei ihr Interesse an dieser doofen alten Nachteule von einem Amerikaner, der Nacht für Nacht dieselbe unwichtige Strecke joggte. Schließlich folgten sie mir überhaupt nicht mehr, wahrscheinlich, weil das Ganze sie nur furchtbar langweilte. Jetzt konnte ich endlich ernsthaft mit meiner Arbeit beginnen. Trotzdem überstürzte ich nichts und lief weiterhin jede Nacht dieselbe Route. Eine Woche nachdem die Polizisten ihr Interesse an mir verloren hatten, kundschaftete ich die Wohnung des irakischen Standortleiters aus.

Er hatte keinen Hund (eine meiner größten Sorgen), und sein Auto war nicht verwanzt. Mit meinem verläßlichen Litton-Nachtobjektiv fotografierte ich seinen Wagen und die Lage des Gartens. Durch die Fenster machte ich ein paar Aufnahmen vom Inneren des Hauses. Ich versuchte, die Türen mit einem Brecheisen aufzustemmen, aber sie waren verschlossen. Ein Einbruch war zu diesem Zeitpunkt der Operation noch nicht erforderlich – das kam später. Nach Abschluß meines Auftrags wurde das Haus zum Zielobjekt einer Operation, die ich hier nicht weiter beschreiben kann. Nur soviel will ich verraten, daß das Telefon des Iraki abgehört werden sollte und die Abhörgeräte dafür in seinem Haus versteckt wurden.

Zum Teil gefiel mir die Arbeit in K-Town deshalb so gut, weil ich so arbeiten konnte, wie es mir am liebsten war: allein und auf mich selbst gestellt. Ich scheute kein Risiko, das war schon immer meine Stärke gewesen. Und wenn ich dabei das Gesetz brach (was schon ab und zu vorkam), dann wollte ich nicht andere Amerikaner, die mit mir zusammenarbeiteten, damit in Schwierigkeiten bringen. Ich bin ziemlich stolz darauf, daß ich bei all meinen kleinen Beutezügen ins unerlaubte Terrain nie aufgeflogen bin oder von der Polizei erwischt wurde.

Mein Leben in Khartoum kann man nicht gerade als luxuriös bezeichnen. Unsere Teams arbeiteten zusammen, wir wohnten alle in einem großen dreistöckigen Apartmentgebäude im Stadtteil Riyadh. Für die unabhängigen Kontraktoren (die *independent contractors*, kurz IC) gab es keine bequemere Unterbringung als für die Agenten, doch wir hatten separate Wohnungseingänge, damit wir kommen und gehen konnten, ohne die anderen zu stören. Und während bin Laden in einem teuren weißen Mercedes durch die Gegend fuhr, mußte ich mit einem alten Schlitten aus Rußland vorlieb nehmen, der ein Riesenloch im Bodenblech hatte. Draußen in der Wüste preschte ich meistens mit siebzig Stundenkilometern über die Piste, und der Staub und die Hitze sammelten sich unter der Karosserie und drangen durch das Loch hoch ins Wageninnere.

Während der Zeit, als ich UBL beschattete, wurde ein stellvertretender Leiter des Dienstes von Südafrika nach Khartoum versetzt. Als Teil seiner Einweisung befahl mir der Standortleiter, mit ihm herumzufahren und ihm die Stadt zu zeigen. Wenn wir mit dem Auto in Khartoum unterwegs waren, trugen wir oft Masken, die unsere Identität als Amerikaner verbargen. Diese Masken waren Spezialanfertigungen, die genau an die Gesichtszüge des Trägers angepaßt waren, und in der Anfertigung Tausende von Dollar kosteten. Es waren schwarze Masken, die uns wie Einheimische aussehen lassen sollten. Aus etwas Distanz wirkten sie auch ziemlich lebensecht, der Betrachter durfte nur nicht sehr nahe herankommen. Mit meiner Maske gab es allerdings ein Problem. Die Lippen waren zu groß, und damit ich beim Fahren zur Windschutzscheibe hinaussehen konnte, mußte ich den Kopf so weit nach vorne beugen, daß ich mit dem Mund fast das Lenkrad berührte. Wenn ich so herumfuhr, muß ich wie ein verrückter Dinka ausgesehen haben. Doch der Maskenbildner saß in Hollywood, und ich war in K-Town, was gingen ihn also meine kleinen Probleme an? Ich trug auch speziell angefertigte Handschuhe, die von den Fingerspitzen bis hoch zu den Schultern gingen. Sie waren wirklich sehr gut gemacht und eine ausgezeichnete Verkleidung. Wurde man allerdings mit so einem Handschuh am Arm geschnappt, landete man sofort im Gefängnis und wurde als Spion des Landes verwiesen.

Damit nun der frisch angekommene CIA-Boß gleich einen richtigen Einblick in die Arbeit in K-Town bekam, führte ich ihn zuerst in die komplizierte Handhabung der Spezialmasken ein und nahm ihn dann mit auf eine Tour über unsere Fluchtwege in der Wüste. Den kleinen Ausflug in die Sahara unternahmen wir in meiner alten russischen Kutsche. Wir trugen beide unsere Masken, er hatte zum ersten Mal so ein Ding auf. Die heiße Luft und der Staub wirbelten ins Fahrzeuginnere wie beißender Rauch von einem offenen Feuer. Mir fiel auf, daß mein Passagier ungewöhnlich still war. Schließlich sagte er so leise, daß ich ihn kaum hören konnte: „Fahren Sie immer so schnell?"

„Ja, Sir."

Schweigen.

„Wo ist denn den Boden von Ihrer Karre?"

„Na, da fehlt ein Stück." Um die Stimmung ein bißchen aufzulockern, sagte ich noch: „Beschaffen Sie uns ein paar neue Fahrzeuge, dann hab ich das Problem nicht mehr."

Gleich darauf hörte ich ein ziemlich besorgniserregendes Geräusch – so was wie *plo-ip* –, dann merkte ich am Geruch, daß der stellvertretende Leiter sich hinter der Maske übergeben hatte.

Er war wütend, gleichzeitig war ihm die Sache peinlich, aber er konnte die Maske nicht abnehmen, weil wir sonst Gefahr liefen, daß unsere Verkleidung aufflog. Durch die Kotze und die Maske drang ein Geräusch, das fast wie ein unterdrückter Schrei klang.

„Das ist Ihre Schuld", sagte er. „Wegen Ihrer verrückten Raserei ist mir total schlecht." Zurück am Posten, riß er sich die Maske vom Gesicht. Überall klebte seine eigene Kotze. Der Standortleiter schaute ihn kurz an und sagte: „Was zum Teufel ist denn mit Ihnen los?"

Ich merkte, daß der Mann fast losheulte. Er wischte sich das Erbrochene aus dem Gesicht und aus dem Haar. Zu dem Leiter sagte er: „Er ist wie der Henker durch die Wüste gerast, und seine Karre hat ein Loch im Boden. So eine Scheiße halt ich nicht lange aus."

Bei seinem vorherigen Auftrag er in Südafrika den Großwildjäger gespielt, als Deckung für seine Tätigkeit für die CIA. Das war natürlich etwas ganz anderes als unser Job hier in Khartoum. Der Mann war offensichtlich nicht für Undercover-Einsätze in Wüstenregionen geeignet. Der Standortleiter musterte ihn auch nur kurz und meinte dann: „An so etwas werden Sie sich hier wohl gewöhnen müssen." Der Mann wurde noch im selben Jahr nach Hause geschickt.

Der Sudan war in den frühen 1990er Jahren als Einsatzort beim Dienst äußerst unbeliebt, was das Land für mich natürlich noch attraktiver machte. Ich hätte meinen Job für nichts in der Welt eingetauscht. Bei allem, was ich anpackte, betrat ich Neuland; ich war einer der ersten IC, der sich so lange in Khartoum aufhielt. Hier waren alle diese internationalen Verbrecher versammelt, und wir waren die ersten, die sich an ihre Fersen hefteten. Wir konnten entscheiden, wo wir unsere Safe Houses einrichteten und welche Art von Operationen wir durchziehen wollten. Khartoum mit seinen vermüllten Straßen, dem maroden Abwassersystem und dem extrem heißen Klima war für mich das Paradies. Meine Karriere baute darauf auf, daß ich mich gerne an Orten aufhielt, um die andere Leute einen großen Bogen machten – Vietnam war da nur das deutlichste Beispiel. Schon 1991, gleich am Anfang, war mir klar geworden, daß der Sudan genau so ein gottverlassenes Land war, wo es mir sicher gefallen würde. Damals konnte man in diesem Wüstenloch verdammt gute Aufträge von den Diensten bekommen. Die Sache war in meinen Augen ganz einfach: Mein Job war die Jagd. Ich beschattete und fotografierte Verbrecher und Feinde der USA und gab Berichte darüber weiter, wo sie sich herumtrieben. Ein Jäger muß dort sein, wo sich seine Beute aufhält. Für jemanden mit meinem Beruf gab es deshalb während der neunziger Jahre keinen anderen Ort auf der Welt, der solche Möglichkeiten bot wie Khartoum.

Für mich war die Tätigkeit für die CIA eine logische Fortführung meiner Zeit bei den Special Forces. Die nachrichtendienstlichen Operationen ging ich in militärischer Manier an. Ganz schnell fand ich heraus, wie anders IC arbeiteten, die früher beim FBI oder bei der DEA oder sonst einer Regierungsbehörde gewesen waren, im Vergleich mit Ex-Special-Forces-Männern. Die ehemaligen FBI-Agenten, zum Beispiel, waren berühmt dafür, daß sie intelligent, aber langsam waren. Vor einem Einsatz machten sie sich mit jedem winzigen Detail vertraut, bevor sie den Auftrag angingen. Es wird niemanden überraschen, daß ich eine ganz andere Taktik bevorzugte. Ich schaute mir Luftaufnahmen und die Zielobjekte an, als ginge es um einen Militäreinsatz. Mit der Geschichte und dem ausführlichen Hintergrund eines Zielobjekts hielt ich mich nicht lange auf.

Deshalb erfuhr ich auch vieles von dem, was ich heute über bin Laden weiß, erst lange nachdem ich ihn in K-Town beschattet hatte. Damals beschäftigte ich mich ausschließlich mit dem, was ich für den Job brauchte – mit seinem Tagesablauf, seiner Einstellung gegenüber den Amerikanern, seinem religiösen Fanatismus. Viel mehr interessierte mich nicht. Seine Kindheit oder die Familiengeschichte der bin Ladens betrafen meine Aufgabe nicht. Inzwischen hat sich Usama bin Laden zum weltweit meistgesuchten Kriminellen gemausert. Genau wie der Rest der Welt habe ich seither viel mehr darüber erfahren, wer dieser Mann ist und woher er kommt.

Gleich bei meiner Ankunft in Khartoum informierte mich der Standortleiter, daß bin Laden einer der Männer war, die wir observierten. „Behalten Sie ihn im Auge", sagte er. „Wir haben keine Ahnung, was er vorhat, aber er ist ein reicher Geldgeber. Und wir glauben, daß er ein paar von diesen Truppen, die sich Al-Qaida nennen, bei sich Unterschlupf gewährt. Finden Sie alles über ihn heraus, was für uns interessant sein könnte." Von bin Laden hatte ich schon von anderen Agenten gehört, aber es war das erste Mal, daß mir der Name Al-Qaida begegnete. Wir hatten es mit gefährlichen Leuten wie Abu Nidal und Mitgliedern der Hamas zu tun, die die Stadt unsicher machten, und es gab schlicht keinen Grund, warum wir unser Augenmerk besonders auf diesen einen Fundamentalisten mit seinem Haß auf den Westen richten sollten. Ich mache der CIA in dieser Hinsicht überhaupt keine Vorwürfe. Allein schon in K-Town hielt sich eine ganze Reihe von Verbrechern auf, und UBL hob sich durch nichts von vielen anderen ab.

Bin Laden gehörte ein ganzer Block im Stadtteil Riyadh. Er besaß sein dreistöckiges Quartier und mehrere Gästehäuser, in denen er seine Geschäfte abwickelte. Nördlich von seinem Wohnhaus gehörte ihm eine große Lagerhalle, in der die schweren Maschinen und Gerätschaften für sein Baugewerbe lagerten. Südlich davon befand sich ein Gästehaus, in dem bin Ladens sogenannte „Angestellte" untergebracht waren. Die Männer, die dort wohnten, sollte man vielleicht besser als Soldaten, oder auch als Gläubige beschreiben. In diesem Haus leitete UBL jeden Tag die Mittagsgebete.

Zu diesem Zeitpunkt war bin Laden fünf- oder sechsunddreißig Jahre alt, und er galt im Sudan als Einzelgänger. In seinem weißen Mercedes fuhr er immer alleine. Besucher, die ihn zu Hause trafen, fuhren im Wagen auf sein von einer Mauer umgebenes Anwesen. Sie saßen immer hinter zugezogenen Vorhängen versteckt im Wageninneren, und wir konnten ihre Identitäten nicht ermitteln. Bin Laden hatte natürlich die obligatorischen vier Ehefrauen und etliche Kinder. Doch das Leben, das er in K-Town führte, spielte sich über weite Strecken hinter verschlossenen Mauern ab, so daß wir nie mit Sicherheit sagen konnten, ob seine Familie ein Teil davon war. Inzwischen habe ich gelesen, daß seine Frauen und Kinder angeblich mit ihm im Sudan lebten, aber wir hatten sie nie zu Gesicht gekriegt.

Wie es sich für einen Mann mit strikten religiösen Überzeugungen gehörte, wich UBL selten von seinem geordneten Tagesablauf ab. Die Gebetszeiten verpaßte er nie. Ich konnte ihn nie beim frühen Morgengebet beobachten, das ungefähr um 4.30 Uhr stattfindet, aber er hielt es wahrscheinlich in einem Gebetsraum ab, der sich im Innern seines Anwesens befand. Dann machte er sich auf den Weg zu seinen Gästehäusern und fand sich danach an jedem Arbeitstag (Sonntag bis Donnerstag) Punkt 9 Uhr bei der Arab Bank an der Latif Street ein. Bin Laden fühlte sich im Sudan so sicher, daß er dort sogar ein Konto unter seinem echten Namen eröffnet hatte. Nach dem Besuch bei der Bank fuhr er wieder zu den Gästehäusern, wobei er jeden Tag um 12 Uhr an dem Quartier im südlichen Teil von Riyadh haltmachte und mit seinen Männern zusammen das Mittagsgebet verrichtete. Am Nachmittag ruhte er sich daheim aus, und ich nehme an, seine Ruhezeit verbrachte er zumindest mit einer seiner Ehefrauen.

Ausschnitt aus dem Stadtplan von Riyadh, Khartoum, Sudan

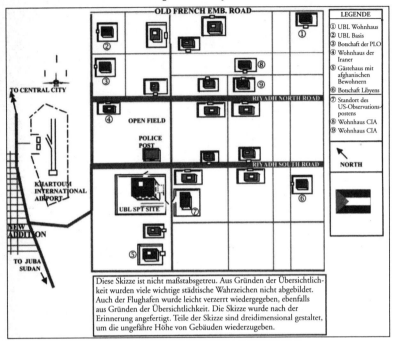

Als erstes mußte ich einen Observationsposten finden, der so nahe an bin Ladens Wohnhaus lag, daß wir von dort seine Bewegungen im Auge behalten konnten. Die CIA wußte noch nicht viel über ihn und scheute deshalb weder Kosten und Mühen, damit ich mehr über ihn herausfinden konnte. Meine Vorgesetzten wollten genau wissen, wohin er ging, was er tat und wie er das alles anstellte. Sie wußten von dem privaten Bankkonto, aber sie wollten mehr über ihn erfahren – mit wem er sich traf, seine Gewohnheiten, und ob die Ausbildung seiner Al-Qaida-Kämpfer die Sicherheit und die Interessen der USA gefährden könnten. Vom Standortleiter war ich autorisiert, so viel Geld wie nötig für die Einrichtung eines Observationsposten auszugeben, von dem aus ich UBL beobachten und fotografieren konnte. Der hochgewachsene, etwas träge wirkende Mann mit dem ungewöhnlichen Familienhintergrund geriet langsam, aber sicher ins Blickfeld der CIA.

★

Auf den Straßen von K-Town war es um die Sicherheit so schlecht bestellt, daß man kaum von Sicherheit sprechen konnte. Die Art von städtischer Gewalt, denen die abgebrühten Bewohner amerikanischer Großstädte ausgesetzt sind, ist nichts dagegen. Einmal folgte ich nachts einem Fahrzeug von bin Laden durch die Straßen von Riyadh. Ich fuhr einen Mitsubishi mit Nummernschildern der amerikanischen Botschaft, einen Wagen, den mir der Dienst gestellt hatte. Natürlich war es nicht legal, daß ich mit einem Autokennzeichen der Botschaft herumfuhr, aber Diplomaten durften ungestraft Nummernschilder austauschen. Bin Laden saß nicht in dem Fahrzeug, das ich verfolgte, sondern einige seiner bärtigen afghanischen Wachposten, die offenbar an einen anderen Standort verlegt wurden. Ich fuhr knapp drei Meter hinter ihnen, als einer der Wachposten auf der Rückbank, ein besonders schlecht gelaunter Kerl, mich anvisierte und sofort mein Botschaftskennzeichen bemerkte. Er reagierte auf die Situation, indem er seine AK-47 hochriß und durch die Rückscheibe auf mich anlegte. Ich schaltete sofort das Fernlicht an und tat so, als mache ich einen Handgranate scharf und würde sie ins hintere Ende des Fahrzeugs werfen. Natürlich hatte ich gar keine Granate, aber ich konnte sonst nichts machen, außer in den Lauf der AK-47 zu starren und auf meine Hupe zu drücken. Die Wachposten hielten sich geduckt, und ich winkte dem Arsch noch zu, als ich an der nächsten Kreuzung abbog. Meine Einstellung, was solche Aufeinandertreffen betraf, war ziemlich eindeutig: Was soll's, meine Knarren sind so gut wie ihre.

Joggen war meine beste Deckung. Es war eine meiner Angewohnheiten, daß ich Erkundungstouren meistens zu Fuß durchführte. Ich war ein ziemlich guter Läufer, trotz des Altmetallagers, das ich dank der NVA in meinem rechten Fuß, Knöchel und Knie mit mir herumschleppte. Die Jogging-Runden hatten einen rein gesundheitlichen Aspekt, aber natürlich sprachen auch praktische Gründe für diese ungewöhnliche Vorgehensweise. Wenigstens zweimal in der Woche rannte ich eine Strecke von zwölf Kilometern, die mich durch bin Ladens Standquartier und an seinem Wohnhaus vorbeiführte. Ich mußte mich am Boden bewegen und ein Gefühl für das Viertel und seine Umgebung kriegen. Ich mußte in Erfahrung bringen, woher die Leute kamen, die ich beobachtete, wie sie unterwegs waren und wohin sie wieder verschwanden, wenn sie Riyadh verließen. Das konnte ich nicht vom Auto aus bewerkstelligen – in einem Wagen ist man nicht so beweglich wie zu Fuß. Außerdem machte man sich auf jeden Fall verdächtig, wenn man mit dem Auto die Straße, in der bin Laden wohnte, entlangtuckerte und womöglich noch versuchte, einen Blick durch die Fenster in das Anwesen von bin Laden zu werfen. In K-Town konnte man nicht einfach am Straßenrand anhalten, die eh schon verbotene Kamera zücken und Schnappschüsse vom Haus oder Geschäftssitz von irgend jemand machen. Man mußte die Sache schon cleverer anstellen. Und was mich betraf, war es immer clever, zu Fuß loszuziehen, und beim Observieren auch noch etwas für die eigene Kondition zu tun.

Was ich in Khartoum trieb, war Spionage der alten Schule. Inzwischen werden diese Geheimdienstmethoden nach und nach durch die neuen technischen Möglichkeiten ersetzt. Aber als ich mit der Observierung von Usama bin Laden beauftragt war, verfügten wir noch nicht über die Technologie, mit der man heute einen Menschen per Satellit aufspüren und verfolgen kann. Heute ist das kein Problem mehr und gehört zum Alltag der Dienste. Aber 1992 hätten wir höchstens ein Peilgerät an bin Ladens Mercedes anbringen und seine Fahrten auf diese Weise im Blick behalten können. Das Problem mit einem Peilgerät ist, daß man zwar immer weiß, wo das Fahrzeug gerade ist, aber nicht, wo sich der Mann selbst befindet. Um wirklich solide Informationen zu kriegen, mußte ich mich selbst auf der Straße herumtreiben und ihn so genau beobachten, daß ich die Strukturen seines Alltags in- und auswendig kannte.

Meine Joggingroute beschränkte sich nicht auf die Observation von bin Laden. Der Dienst interessierte sich auch für andere Terroristen im Sudan, und beim Joggen hielt ich immer Ausschau nach auffälligen Fahrzeugen und Funkantennen. Diese gefährlichen Gruppierungen verfügten selbst in einem so primitiven Land wie dem Sudan über modernes Kommunikationsgerät, und wenn ich heimlich eine Aufnahme von einem Fahrzeug mit Funkantenne machen könnte, dann wäre das ein Volltreffer. Die Kommunikationsspezialisten konnten selbst am Foto einer Antenne sofort erkennen, was für eine Art Sender und Übertragungsfrequenz benutzt wurde. In Null Komma nichts konnten wir dann ihre Funksprüche abfangen und kriegten schon im Vorfeld mit, was sie als nächstes planten. Aber an diesen Punkt kommt man nur, wenn man zu Fuß unterwegs ist und sich erst mal kilometerlang die Hacken abläuft, wie ein Bulle auf der Streife.

Bin Ladens nervige Leibwächter und ihre nie nachlassende Wachsamkeit wurden zu einem richtigen Problem, als ich den Observationsposten einrichten wollte. Man schüchtert mich nicht so leicht ein, und auch bei diesem Auftrag hatte ich keine Angst, nicht einmal, als ich an bin Ladens Haus vorbeijoggte und sie ihre durchdringenden Laser-Blicke an mir ausprobierten. Aber ich wußte genug, so daß ich den ursprünglichen Plan aufgab. Auf keinen Fall konnte ich mich in direkter Nähe zum Anwesen von UBL häuslich einrichten und ihn regelmäßig fotografieren. Die Wachposten und die fehlenden logistischen Möglichkeiten der Gegend ließen das nicht zu. Die Geschichte hat die Afghanen gelehrt, rücksichtslos gegen ihre Feinde vorzugehen und niemandem zu trauen. Bin Laden rekrutierte seine Gefolgsleute durch das Gebet, er versprach ihnen das, was sie hören wollten. Er hatte ihnen einen Feind verschafft und einen berechtigten Grund für ihren Haß. Er hatte sie in die Schlacht geführt und ihnen auch finanziell geholfen, die Russen zu besiegen. Dadurch hatte er ihre absolute Loyalität erworben.

Trotzdem würden die afghanischen Leibwächter mir nichts antun, da war ich mir sicher. Manchmal sah es zwar so aus, als hätten sie gute Lust, mir eins überzuziehen, aber diese afghanischen Wächter gehorchten ihrem Boß bedingungslos. Sie wußten genau, daß sie das sichere Exil ihres Herrn gefährdeten, wenn sie einen CIA-Agenten umlegten. Ich würde meinen letzten Cent darauf verwetten, daß das Leben amerikanischer Staatsangehöriger tabu für sie war. Der Sudan war ein gefährliches und unsicheres Land, in dem Gesetze nicht viel zählten und dem es ernsthaft an einer durchsetzungsfähigen Polizeigewalt fehlte. Die sanitären Bedingungen waren grauenhaft, und in den Wohnsiedlungen hockten sich die eingeborenen Dinka neben die Mülltonnen und verrichteten aus alter Gewohnheit ihr Geschäft auf dem Boden. Dennoch wußte die sudanesische Regierung genau Bescheid um ihre Position innerhalb des internationalen Machtgefüges. Wenn einer der Männer von UBL einen Amerikaner verletzte oder tötete, dann würde bin Laden sofort aus dem Land geworfen, aus berechtigter Angst vor den Vergeltungsmaßnahmen des amerikanischen Militärs.

Ich wußte das. Die Leibwächter von UBL wußten das. Und was das Wichtigste war, sie kapierten, daß mir genau klar war, in welcher Zwickmühle sie steckten. Das verschaffte mir ein bißchen Handhabe in dieser seltsamen Beziehung. Trotzdem zeigte mir ihre Wachsamkeit, die auch nach mehreren Joggingrunden keinen Deut nachließ, daß ich einen Observationsposten in der Nähe von einem seiner Gästehäuser finden mußte. Hier am Wohnhaus kam ich nicht weiter, wenn ich mein Ziel erfüllen und seine Bewegungen verfolgen und ihn fotografieren wollte.

Auf bin Ladens Anwesen mußte ich mich auch noch mit einer weiteren Gefahrenquelle herumschlagen: seinen Wachhunden. Er besaß sechs oder acht Wüstenhunde, große weiße Hunde, die bissiger und angriffslustiger als Schlangen waren. Die verdammten Viecher rannten mir jedesmal nach, wenn ich vorbeijoggte, und wollten mir unbedingt ihre Reißzähne in die nackten Schenkel hauen. Zur Abwehr nahm ich ein kurzes Eisenrohr mit. Ein paar Hunde kriegten damit einen Schlag auf die Schnauze, dann sahen sie ein, daß ich die Mühe nicht wert war. Immer wenn ich danach am Bin-Laden-Anwesen vorbeirannte, schlugen sie an wie verrückt. In die Nähe meines Eisenrohrs traute sich aber keiner der Hunde mehr. Ich hatte auch Pfefferspray dabei, das mir ein paar Sekunden Vorsprung gebracht hätte, falls ich doch einmal von irgendjemand attackiert wurde.

Nur ein einziges Mal konnten die Leibwächter von UBL offenbar ihre Neugier nicht mehr zügeln. Ich hatte das Anwesen gerade joggenderweise passiert, da hörte ich, wie in meinem Rücken ein Wagen startete. Einer der Wachposten folgte mir. Den ganzen Rest meiner Joggingrunde blieb er immer ungefähr zehn Meter hinter mir. Ich lief ruhig und im selben Tempo weiter und beachtete ihn nicht. Zu mir selbst brummte ich: „Nimm's als Kompliment, alter Junge." Bei diesem Job darf einem nicht gleich das Herz in die Hose fallen, wenn es ein bißchen brenzlig wird. Ich joggte weiter, und er fuhr hinter mir her, als sei ich ein Boxer, der für einen wichtigen Kampf trainiert. Offensichtlich hatten sie allmählich genug von mir. Aber sie würden mich nicht abmurksen und so riskieren, daß ihr Führer aus dem Sudan geschmissen wurde, wo er frei und ungestört leben konnte. Die ganze Scharade mußte ziemlich langweilig sein: Besonders aufregend war es sicher nicht, einem alten Mann hinterherzufahren, der ein paar staubige Straßen rauf und runter joggte. Ich befand mich nur noch vier oder fünf Straßenzüge von dem Haus entfernt, in dem ich wohnte und das einer amerikanischen Firma gehörte. Der Wachposten war mir die ganze Strecke gefolgt und sah auch, welches Haus ich betrat. Sofort drückte er aufs Gas und machte sich auf den Rückweg zu bin Ladens befestigtem Anwesen. Mich kümmerte es nicht, daß sie wußten, wo ich wohnte. Sie sollten nur kommen. Ich verbrachte eh die meiste Zeit auf dem Dach des Hauses, und in dieser Zeit schlief ich selten mehr als drei Stunden in der Nacht. Die Chancen standen also gut, daß ich sie entdeckte, bevor sie auch nur in die Nähe des Hauses kamen.

Ich war also zu dem Schluß gekommen, daß ich den Observationsposten nicht nah genug an bin Ladens Anwesen würde einrichten können, und sah mich deshalb bei seinen Gästehäusern um. Ein Quartier war ganz in der Nähe der Palästinensischen Botschaft, westlich von bin Ladens Wohnhaus in der Nähe des Internationalen Flughafens von Khartoum. Ein anderes befand sich südlich davon an der South Riyadh Road. Ich berichtete dem Standortleiter, daß es mir nicht möglich war, Usama bin Laden rund um die Uhr im Auge zu behalten. Mit ziemlicher Sicherheit konnte ich aber einen Posten ganz in der Nähe des South Riyadh Street Gästehauses einrichten, dem Quartier, wo UBL immer sein Mittagsgebet verrichtete. Von dort aus hatte ich ihn wenigstens einen Teil der Zeit im Visier. Ich schnüffelte ein wenig herum und fand heraus, daß ein Haus direkt auf der anderen Straßenseite von den Amerikanern kontrolliert wurde. Das Gebäude stand circa achtzig Meter östlich von dem Innenhof, in dem bin Laden immer das Gebet anführte. Vom Dach aus hatte man einen freien Blick über das gesamte Areal. Es war perfekt.

Vertreter der amerikanischen Regierung hatten das große Wohnhaus für ein Jahr angemietet, waren dann aber schon sechs Monate bevor der Mietvertrag auslief wieder ausgezogen. Der Botschafter gab seine Zustimmung, daß ich das Haus als Observationsposten nutzen konnte, was ein Glücksfall war, weil das Außenministerium den geheimen Operationen der CIA normalerweise nicht sehr gewogen war. Die meisten Mitarbeiter des Außenministeriums waren überzeugt, daß die CIA immer in irgendwelche Scheiße verwickelt war, die unweigerlich jemanden in Schwierigkeiten brachte. Ganz unrecht haben sie da nicht mal.

Bei einem Spionageeinsatz ist es genau wie im Krieg entscheidend, sich eine höhergelegene Position zu erkämpfen. Es ist immer wünschenswert, daß man von oben auf den Feind oder das Zielobjekt hinunterschaut. In Khartoum gab es da allerdings ein ganz besonderes Problem. Die meisten Einwohner schlafen wegen der unerbittlichen Hitze im Freien, auf den Dächern ihrer Häuser oder Wohnanlagen. Tagsüber herrschen in der Stadt Temperaturen bis zu 48 Grad, und die Abkühlung in der Nacht ist nur minimal. Noch nachts um drei kann das Thermometer bei 37 Grad stehen. Nur die ganz Reichen besitzen Klimaanlagen, und den meisten Einheimischen bleibt deshalb nicht viel übrig als draußen an der frischen Luft zu schlafen, sofern man in der erstickenden Hitze überhaupt von frischer Luft reden will.

Mein Problem war also, daß ich den Observationsposten auf dem Dach des Gebäudes einrichten mußte, aber all die Schläfer auf den anderen Dächern davon auf keinen Fall etwas mitkriegen durften. Es brauchte nicht viel Phantasie, um sich auszumalen, was ein Amerikaner vorhatte, der in Khartoum auf einem Dach sitzt und Fotos von Usama bin Laden schießt. Selbst in dieser frühen Phase seiner „Karriere" als Terroristenführer hätte das für Aufregung gesorgt. Deshalb errichtete ich als erstes einen Unterstand aus Bambus auf dem Dach, in dessen Schutz ich unbemerkt Aufnahmen machen konnte. Es war ein niedriger Unterstand, der nicht auffällig war oder verdächtig wirkte. Es hätte ein Art Schattenspender sein können, den sich ein Einheimischer gebaut hatte, der hier oben sein Nachmittagsschläfchen abhalten wollte. Auf vielen Dächern in K-Town standen solche oder ähnliche Verschläge.

Durch die bisherige Observierung wußten wir, daß bin Laden ein Gewohnheitstier war. Er fuhr täglich viele derselben Strecken ab, vom Wohnhaus zu den Gästehäusern und oft Richtung Norden über die Weiße-Nil-Brücke und weiter nach Omdurman, einer Wüstenstadt etwas außerhalb von Khartoum. Für gewöhnlich saß ich in meinem Observationsstand und wartete, daß er zum Mittagsgebet kam. Genau auf die Minute donnerte er in seinem Mercedes immer die South Riyadh Road entlang und zog die obligatorische Staubwolke hinter sich her. Dann betrat er den Innenhof, wo seine Anhänger schon auf ihn warteten. Jeden Tag trat er zur selben Zeit genau vor die Linse meiner Kamera.

Man kann sich das heute kaum noch vorstellen, aber damals war bin Laden vollkommen unbedeutend. Wir hatten keinen Grund anzunehmen, daß er zur Massenvernichtung gegen die USA fähig wäre. Wir wußten, daß er wütend war und uns haßte, und uns war bekannt, daß hohe Geldsummen durch seine Hände gingen. Diese wenigen Tatsachen genügten der CIA, damit sie mich und andere mit seiner Observierung beauftragten. Er schaute jeden Tag bei der Bank vorbei. Da der Dienst wußte, mit welcher Bank bin Laden Geschäfte machte, lag es nahe, daß ein Mitarbeiter der Bank gewonnen wurde und wir durch ihn an Informationen über bin Ladens Konto kamen. Die CIA hat das, bei Gott, wirklich versucht. Es macht mich wirklich wütend, wenn ich höre, wie sich Leute beim Thema Usama bin Laden endlos über die angeblichen Fehler und das Versagen der Geheimdienste auslassen. Diesen Mann beschatten zu lassen, war ein Schritt in die richtige Richtung gewesen. Aber in den frühen 1990er Jahren konnte niemand voraussehen, wie sich seine Pläne entwickeln würden. Er war zweifellos ein Feind Amerikas, aber er wurde nicht als drohende Gefahr eingestuft.

Ich saß also jeden Tag auf der anderen Straßenseite, beobachtete, was in dem Gästehaus vor sich ging, und fotografierte UBL vom Dach des Observationspostens herunter. Wenn er kam, versammelten sich alle für das Mittagsgebet. Sie saßen zusammen und rezitierten aus dem Koran. Im Islam gehört es zu den religiösen Pflichten, den Koran auswendig zu lernen. Danach scharte bin La-

den seine Gefolgsleute näher um sich und fing an, ihnen so richtig
üblen Humbug à la Tod-dem-Westen und Die-Sünder-werden-
alle-im-Höllenfeuer-schmoren zu predigen. Er saß im Schneider-
sitz vor ihnen, und sie saßen ebenfalls auf dem Boden und hörten
zu. In diesem Quartier lebten ungefähr zwanzig bis fünfundzwanzig Anhänger. Sie starrten alle schweigend, mit halb geöffnetem
Mund auf ihren Messias und lauschten gebannt, als ob Mohammed persönlich zu ihnen spräche. Es war, als ob Usama bin Laden
sie jeden Tag zur gleichen Zeit in einen Zauberbann schlug und
diese treuen Gefolgsleute pflichtschuldig in Trance fielen.

Umgebung des Gästehäuses von UBL:
UBL hielt hier täglich das Mittagsgebet ab

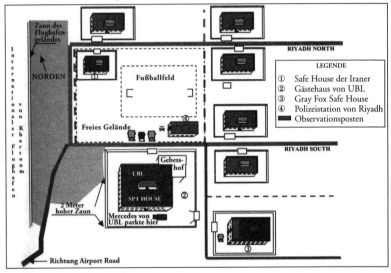

Zu diesem Zeitpunkt hatten wir noch keine Abhörgeräte in bin
Ladens Umgebung installiert, und er war so weit entfernt, daß
ich nicht hören konnte, was er sagte. Seine leise, weiche Stimme
und seine bedächtige, ruhige Art trieben mich zur Weißglut. Ich
hatte immer das Gefühl, daß ich seine Worte auch über die Distanz hätte verstehen können, wenn der Mann ein besserer Red-
ner wäre. So saß ich vierzig Meter entfernt hinter meiner Kamera

und brummte: „Geht's noch leiser, du verlogener Hurenbock?!"
Aber ich hörte nur ein verhaltenes Gemurmel.

Heute kennt die ganze Welt die Stimme von Usama bin Laden, leider, muß ich sagen. Wir wissen alle, wie seine Stimme klingt und wie er immer dieses schiefe Grinsen auf dem Gesicht trägt, als wäre er der einzige, der den Witz kapiert.

Meine Einschätzung von bin Laden begründete sich damals auf die starken Reaktionen, die er bei seinen Gefolgsleuten auslöste. Und ich wurde immer besorgter, je mehr ich davon mitkriegte. Sie näherten sich ihm mit einer schier unglaublichen Verehrung, sie vergötterten ihn geradezu. Mir war immer unwohl, wenn ich solche Szenen beobachtete; sie kamen mir fast unheimlich vor. Aus Erfahrung wußte ich, daß der Glaube der islamischen Fundamentalisten so tief gehen konnte, daß sie bereit waren, ihr Leben dafür zu opfern. Einen Glauben von dieser Intensität gibt es in unserem Land nicht. Ich denke, ein Teil unserer Fassungslosigkeit angesichts von Selbstmordanschlägen, Flugzeugentführern und Menschen, die sich selbst für eine Sache in die Luft sprengen, liegt daran, daß wir ein solches Ausmaß an Hingabe und Pflichtbewußtsein nicht verstehen können. Uns erscheinen solche Taten als irregeleiteter Wahnsinn, aber für die Fundamentalisten sind die Gefühle real, und daran wird sich auch nichts ändern. Wir sind es, die unsere Weltsicht ändern und sie der Wirklichkeit anpassen müssen. Wir wissen alle, was passiert ist: Usama bin Laden hat diese verdammte Truppe so lange gepflegt und aufgebaut, bis sie schließlich so weit waren, daß sie sich für ihn die Luft sprengen ließen. Sie glaubten an ihn – das habe ich mit eigenen Augen gesehen –, und der nächste Schritt nach dem Glauben war die Gefolgschaft. Ihm zu folgen bedeutete, daß sie alles taten, um seine Wünsche zu erfüllen. Mit ihm gingen sie bis ans Ende der Welt und darüber hinaus.

Bin Laden formierte seine Al-Qaida-Kampfeinheiten genau zu der Zeit, als ich ihn von meinem kleinen Bambusverschlag auf dem gegenüberliegenden Hausdach beobachtete und fotografierte. Er hatte ein Ausbildungslager ungefähr fünfundzwanzig Kilometer nördlich vom Zentrum von Khartoum auf der anderen Seite der Weißen-Nil-Brücke in Omdurman. Die Männer von Al-Qaida lernten dort draußen, wie man Handgranaten warf und Sprengtaktiken anwendete. Sie wurden auch in Kommunikationstechniken eingewiesen, und man brachte ihnen zum Beispiel bei, wie man Telefone abhört. Wir wußten von der Existenz des Lagers, aber wir kamen nicht einmal in seine Nähe. Die Sudanesen gaben uns keine Erlaubnis für Ausflüge in das Gebiet nördlich von Khartoum. Jede Fahrt aus der Stadt Richtung Norden wurde von der Polizei überwacht, wodurch effektiv verhindert wurde, daß wir heimlich zu dem Lager fahren und es uns anschauen konnten. Die Sudanesen arbeiteten Hand in Hand mit bin Laden. Sie bekamen ihre neuen Straßen und ihr Flughafenterminal. Und dank al-Turabi bekam bin Laden den Schutz, den er brauchte, um Al-Qaida heimlich zu einer schlagkräftigen Terroreinheit aufzubauen. Weil es damals noch keine Satellitenüberwachung gab, konnte wir nicht an ihm dranbleiben. Es war einfach Pech.

Es war uns auch bekannt, daß bin Laden fünfundzwanzig Kilometer östlich von Khartoum an der Straße nach Juba eine Lagerhalle hatte errichten lassen. Dieses kleine Bauprojekt hatte nichts mit seinen sonstigen, angeblich legalen Geschäften zu tun. In dieser Zeit lieferte er Waffen nach Somalia. Außerdem schickte er Al-Qaida-Soldaten nach Somalia. Sie unterstützten die Somalis bei der Ausbildung der Stammeskrieger, die Widerstand gegen die Intervention der UN und USA im somalischen Bürgerkrieg leisteten. Es ist inzwischen erwiesen, daß bin Laden seine Hand mit im Spiel hatte, als sich am 3. und 4. Oktober 1993 Operation Restore Hope in ein Blutbad verwandelte und achtzehn US-Militärs in Mogadischu ihr Leben verloren.

Was bin Laden betraf, hatten wir unsere Arbeit nach bestem Wissen und Gewissen ausgeführt. Das kann ich mit aller Entschiedenheit sagen. So weit wie möglich hatte ich seine Bewegungen und Kontakte ausführlich mit der Kamera dokumentiert. Wir wußten, wo er herumfuhr, seine tägliche Route änderte sich praktisch nie. Zuerst schaute er bei den Gästehäusern vorbei, dann fuhr er zur Bank, Tag für Tag. Bin Laden war ein Gewohnheitstier, und wir wußten Bescheid über alle seine Gewohnheiten.

Wir hatten eine Einschätzung vorgenommen, wie groß die Gefahr war, die von diesem Kerl ausging. Die Einschätzung der CIA basierte auf den Informationen, die uns mit nachrichtendienstlichen Mitteln zugänglich waren. Jetzt mußten wir eine ganz simple Entscheidung treffen: Was sollten wir mit ihm tun?

Ich war nur ein Fußsoldat und Informationensammler, es war nicht meine Aufgabe, solche Fragen zu beantworten. Aber das, was ich wußte, beeinflußte natürlich die Entscheidung, die letztlich getroffen wurde. Zu den Informationen, die ich an meine Vorgesetzten weitergab, gehörte ein von mir angefertigter Plan, wie man den Hurensohn umlegen könnte, falls die Entscheidung in diese Richtung gehen sollte. So einen Plan nennt man „operation" oder „ops proposal" (Operationsvorschlag), und innerhalb des Dienstes ist es nichts Besonderes. Ich habe Hunderte solcher Operationsvorschläge geschrieben. Ein Operationsvorschlag soll den Vorgesetzten nur vermitteln, welche Möglichkeiten ihnen zur Verfügung stehen. Und wenn es dann wirklich dazu kommt, daß jemand eliminiert werden muß, dann hat man mit dem Operationsvorschlag schon einen Plan zur Hand.

Man muß sich immer vor Augen halten, daß bin Laden für uns damals keine hohe Priorität hatte. Weil ich ihn über einen längeren Zeitraum beobachtete, wurde mir allerdings schon damals klar, wie tief sein Haß auf die Vereinigten Staaten ging. Ich zog zwei Schlußfolgerungen aus meiner Observierung: Erstens hingen ihm seine Anhänger mit einer religiösen Ehrfurcht an den Lippen, die mich beunruhigte. Zweitens wäre es damals ein leichtes gewesen, ihn zu eliminieren. Weil er immer allein im Auto unterwegs war, hätte man den Typen mit einem gut geplanten Überfall und einem Bleirohr ohne Probleme umlegen können und wäre dabei mit ziemlicher Sicherheit auch ungeschoren davongekommen.

Genau das hatten andere auch schon versucht. Während meines Aufenthalts in K-Town wollten zwei Saudis ihn töten, die früher einmal für bin Laden gearbeitet hatten und im Streit auseinandergegangen waren. Sie hatten Informationen, nach denen UBL sich in einer Moschee in Omdurman befinden sollte, und sie stürmten das Gebäude und feuerten mit AK-47 wild um sich. Ungefähr fünfzehn Menschen kamen bei dem Anschlag ums Leben. Die beiden Möchte-gern-Attentäter rasten zurück über die Weiße-Nil-Brücke und den ganzen Weg bis zu bin Ladens Wohnhaus im Osten von K-Town. Die inkompetente sudanesische Polizei schreckte sie dabei kein bißchen. Auf einer Strecke von immerhin fünfundzwanzig Kilometern brachte die Polizei sie nicht einmal dazu, vom Gas zu gehen und innerhalb der Stadt das Tempo zu verringern. Im Gegenteil, sie töteten zwei sudanesische Polizisten aus dem fahrenden Wagen heraus, als sie an dem Polizeiposten vorbeikamen, der sich die Straße hinunter bei unserem Haus befand. Gut zwanzig Minuten später hörten wir hektisches Gewehrfeuer aus der Richtung von bin Ladens Anwesen. In den nächsten Tagen fanden wir heraus, daß die großen afghanischen Leibwächter die beiden Saudis niedergemacht hatten. Wo immer bin Laden auch gesteckt hatte, er war dem Anschlag unbeschadet entkommen.

Wie diese Geschichte zeigt, war bin Ladens Haus sehr gut gesichert. Aber auf seinen Fahrten durch die Stadt und auf Reisen war er immer allein. Er mußte sich wie ein Cowboy vorkommen, wenn er in diesem großkotzigen Mercedes durch die Straßen preschte, als sei er der sorgloseste Mensch auf der Welt. Er war verdammt der King hier im Sudan. Jeden Tag beobachtete ich ihn und lernte seinen Alltag kennen. Ich war überzeugt, daß man ihn, wenn er so unbekümmert durch die Gegend kutschierte, problemlos umlegen könnte.

Mein Vorschlag war, bin Laden bei einem seiner regelmäßigen Trips zu einem Gästehaus außerhalb der Stadt zu töten. In dem Operationsvorschlag hatte ich eine einzige Ablenkungstaktik vorgeschlagen. Ein Fahrzeug sollte bin Ladens Wagen folgen, während ein anderes sich ihm aus der Gegenrichtung näherte. Dieses Fahrzeug sollte überraschend auf die gegenüberliegende Fahrbahn ziehen und einen Zusammenstoß mit bin Ladens Wagen provozieren, der ihn zum Anhalten zwang. Das war das Ablenkungsmanöver. Wenn bin Laden gestoppt war, sollte der Fahrer des Verfolgerfahrzeugs aussteigen und ihn direkt auf der Straße mit einer schallgedämpften MP-5 erledigen, einer Automatikwaffe, die absolut kein Geräusch machte. So leicht wäre es gewesen.

Es war kein besonders ausgetüftelter Plan – nur zwei Fahrzeuge, zwei Männer und eine Waffe. Wir hätten dafür keine moderne Kriegs- und Waffentechnik gebraucht, vor allem nicht, wenn man bedachte, wo wir uns aufhielten. Bis heute ist der Sudan ein Land für Schlägertypen und Gesetzlose, hier gelten wenige Re-

BILLY WAUGH

geln, und es gibt nicht allzu viele Leute, die überhaupt etwas auf Regeln geben. Die PSO war nichts weiter als eine Gruppe von wichtigtuerischen sudanesischen Sicherheitskräften, die uns zwar im Auge behalten sollten, aber sie waren so unfähig, daß wir bei einer Eliminierung von bin Laden kaum Probleme bekommen hätten. Es wäre fast schon zu einfach gewesen, wie leicht wir hätten aus der Sache herauskommen können.

Leider war es zu dieser Zeit innerhalb der CIA tabu, einen Tötungsbefehl anzuordnen. Sogenannte „Lethal Findings" (tödliche Erkenntnisse), wie Tötungsaufträge im offiziellen Sprachgebrauch der CIA heißen, wurden durch eine Anordnung aus dem Jahr 1976 unterbunden, die noch von Präsident Gerald Ford unterzeichnet worden war. Dieser Erlaß wurde in der Folge des 11. Septembers aufgehoben, aber in den frühen Neunzigern waren wir noch gezwungen, uns an dieses scheinheilige Gesetz zu halten und den Gutmenschen bei der CIA nicht auf die Füße zu treten. Hätten wir damals schon bin Ladens Pläne vorhersehen können, hätten wir das Ausmaß seines irren Hasses auf Amerika auch nur erahnt, dann hätten wir dem Schweinehund sein verdientes Ende bereitet. Für den Preis einer Patrone, die gerade mal zehn Cent kostet, hätte die ganze Tragödie verhindert werden können. Eine Patrone für zehn Cent, und wir hätten seinen Leichnam auf die staubigen Straßen von K-Town geworfen. Dort gehört dieser Mann hin, und dort wäre er verrottet wie ein Hund.

Ich hätte ihn selbst erledigen können. Jeden Tag machte ich Aufnahmen von diesem Kerl, und mindestens einmal am Tag kam mir der Gedanke, daß ich auch statt des Objektivs der Kamera mein Gewehr auf ihn richten könnte. Ich war nahe genug an ihm dran und hatte so eine gute Schußlinie, daß ich ihn problemlos getroffen hätte. Die furchtbaren Folgen seines Terrors hätten uns so leicht erspart werden können. Es ist sicher nicht richtig, das zu denken, aber wenn mir wirklich voll und ganz bewußt gewesen wäre, welche Zerstörungswut mit diesem Mann auf die Welt losgelassen wurde, dann hätte ich ihn im Alleingang erledigt. Ich hätte ihn erschossen, und meine Vorgesetzten hätten mich dann gefragt: „Verdammt, Billy, er ist abgeknallt worden, als du ihn beschattet hast. Was zum Teufel ist denn da passiert?"

„Keine Ahnung, Sir", hätte ich geantwortet. „Der Kerl ist aus blauem Himmel erschossen worden. So was passiert schon mal in dieser Stadt."

Aber was war der Preis für unsere sentimentale, sogenannte Menschenfreundlichkeit? Tausende von Menschen könnten noch am Leben sein, wären wir weniger „menschlich" gewesen. Und zwei US-Botschaften in Ostafrika, der Kobar Tower, die *USS Cole* und das World Trade Center wären heute noch in vollem Betrieb.

Ich wünsche mir nichts mehr, als daß wir – ich eingeschlossen – schon früher erkannt hätten, welche abgrundtiefe Bösartigkeit in diesem Mann steckte. Aber wie hätten wir ahnen sollen, daß der Staub aus den Straßen von Khartoum uns eines Tages im Staub der einstürzenden Türme des World Trade Centers einholen würde?

Staub zu Staub.

Verdammte Scheiße.

Im Dezember 1993 saß ich in der CIA-Meldestelle im Norden von Virginia in einer Einsatzbesprechung, bei der es um die Besonderheiten meines nächsten Auftrags ging. Der CIA-Mann ging mit mir alles durch, was ich wissen mußte für die anstehende Reise zu meinem Lieblingseinsatzort: Khartoum.

Es stellte sich heraus, daß mein neuer Auftrag ziemlich ähnlich wie mein letzter war. Wieder brach ich nach K-Town auf, dem berüchtigten Zentrum der Welt der Schwerverbrecher und Terroristen.

Ich lebte mich immer wieder sehr schnell in K-Town ein, die Stadt war mein zweites Zuhause geworden. Bei der Einsatzbesprechung merkte ich gleich, daß ich für diesen Auftrag kaum neues Gebiet auskundschaften mußte. Ich war erst vor knapp zwei Monaten, im Oktober 1993, von einem meiner vielen Aufträge im Sudan in die Vereinigten Staaten zurückgekehrt. Im Zeitraum zwischen 1991 und 1993 hatte ich dort insgesamt mehr als ein Jahr verbracht, immer sechs bis acht Wochen am Stück.

Mir gefiel nicht, was ich um mich herum im Sudan sah. Dem Land fehlte es an allem, und die Menschen starben auf offener Straße. Aber ich war nicht da, um politische oder moralische Urteile zu fällen. Ich war dort, um zu arbeiten, und K-Town bot immer noch reiche Jagdgründe für einen Terroristenjäger. Auf eine perverse Art war mir die Stadt ans Herz gewachsen, und ich liebte die ungeahnten Möglichkeiten, die auf den staubigen Straßen oder im Innern der baufälligen Gebäude auf mich warteten. Ich kannte die Stadt und die umliegende Wüste wie meine Westentasche. Über diese Landschaft und ihre Eigenarten wußte ich mehr als die Menschen, die hier aufgewachsen waren. Und ich kannte mich viel besser aus als die Leute, die dafür bezahlt wurden, daß sie mich an meinem Job hinderten.

An den dummen Versteckspielen, die wir mit der fast durchgängig unfähigen PSO trieben, hatte sich seit der Zeit, als ich UBL observierte, nichts geändert. Die sudanesischen Sicherheitskräfte tappten immer noch hinter uns her und versuchten, mit uns Schritt zu halten. Und es setzte sie immer noch in Erstaunen, wenn wir ihnen in ihrer eigenen Stadt unter den Fingern davonwitschten. Alles war *business as usual.*

Ich saß in Virginia und überflog die telegrafischen Übermittlungen, auf denen auch die Namen der Mitglieder in unserem Team aus unabhängigen Kontraktoren standen, die zur Zeit in K-Town im Einsatz waren. Ich war der Leiter eines Vier-Mann-Teams, und ich war froh, als ich vertraute Namen auf der Liste sah. Ich kannte die Männer und hatte mit allen schon früher einmal zusammengearbeitet. Es war ein gutes Team, und ich freute mich darauf, zu ihnen zu stoßen. Einen ehemaligen Polizisten aus dem Mittleren Westen, der Don hieß, hatte ich besonders ins Herz geschlossen. Er war absolute Spitze, wenn es darum ging, Personen oder Fahrzeuge, die uns interessierten, ausfindig zu machen.

Jeder dieser Männer war vertraut mit den besonderen Anforderungen dieses speziellen Auftrags. Ich war überzeugt, daß jeder von uns bei einem Einsatz in K-Town die PSO-Beschatter innerhalb von zwanzig Minuten durch eine Fahrt Richtung Wüste abhängen konnte.

Wir wurden nie in Ruhe gelassen im Sudan. Die Regierung, und deshalb auch die PSO, wollte immer ganz genau wissen, wo wir uns gerade aufhielten. Der Chef der PSO war Präsident al-Bashir, und die Sicherheitskräfte waren genauestens darüber informiert, welche Amerikaner von der US-Botschaft in K-Town wirklich für das Außenministerium arbeiteten, und welche – so wie ich und die anderen ICs – unter dem Cover des Außenministeriums für die CIA arbeiteten.

Die Regierung des Sudan hatte sogar eine englischsprachige Liste von CIA-Mitarbeitern veröffentlicht. Mein Deckname tauchte auf der Liste auf, aber besonders beunruhigt war ich deswegen nicht. Auch wenn sie über mich Bescheid wußten und wußten, was ich eigentlich im Sudan machte, wog das nicht meine Fähigkeit auf, Verfolger und Spitzel auszumachen, die bei der

Regierung auf der Gehaltsliste standen. Bei meinen vielen Aufenthalten in K-Town war ich selten von der Gegenseite überrascht worden.

Trotzdem verbrachte ich einen Tag an einem Ort außerhalb des CIA-Hauptquartiers und las mir die letzten Funksprüche aus dem Standort in Khartoum durch. Ich informierte mich über die aktuellen Einsätze und bereitete mich darauf vor, was mich dort bei meiner Ankunft erwartete. Ich überflog die übliche Liste international gesuchter Terroristen, die von der islamischen Regierung unter der Führung von al-Bashir und seinem mächtigen Vizepräsidenten Hassan al-Turabi im Sudan Asyl erhalten hatten. Auch hier entdeckte ich keine Überraschungen.

Dann buchte ich den Flug und informierte meine IC-Chefs in Nordvirginia über meine Reiseroute. Ich flog um Punkt 17 Uhr am 13. Dezember 1993 vom Internationalen Flughafen in Dulles und schlief fast den ganzen Flug über den Atlantik. In Frankfurt stieg ich in einen Direktflug nach Khartoum. Kurz vor der Landung flog die große Lufthansa-Maschine über den Weißen Nil, und ich blickte hinunter auf die Stadt in den vertrauten braunen Dunst, der über Khartoum und der umliegenden Wüste hing.

Der Dunstschleier wirkte fast wie in der Luft verteilter Schlick und schien immer über dieser Stadt am tosenden Zusammenfluß des Weißen und des Blauen Nils zu liegen. Das trockene Klima und die häufigen Windstürme (die von den Einheimischen *haboobs* genannt wurden), waren der Grund für diesen ewigen Dunst. Bei unseren Leuten hatte K-Town deshalb den Spitznamen „die braune Stadt".

Wir landeten in K-Town, und ich ging durch den Zoll. Ich machte von meinem schwarzen Diplomatenpaß Gebrauch, weil ich nicht wollte, daß meine Taschen und die Ausrüstung durchsucht wurden. Es fanden sich nur sehr wenige Männer unter den sudanesischen Zollinspektoren. Die männlichen Grenzbeamten hockten in ihren Büros und tranken Kaffee, während sie ihre Kolleginnen die Gepäckstücke durchsuchen ließen. Einige sehr hochgewachsene schwarze Zöllnerinnen bauten sich vor meinen bescheidenen ein Meter dreiundsiebzig auf. Sie starrten mich mit offenem Mund an und waren offensichtlich nicht besonders beeindruckt von meinem Status als „ausländischer Diplomat".

Schließlich kennzeichneten sie mein Gepäck mit einem großen weißen Kreidekreuz, und ich ging mit erhobenem Kopf und nach vorn gerichtetem Blick durch den Diplomatenausgang der Zollsektion. Ich hatte dieses Theater schon öfter erlebt, und weil ich das Ganze schon kannte, blieb ich ruhig und machte mir keine Sorgen. Es gab einen guten Grund, warum die CIA nur männliche ICs für die Einsätze in Khartoum auswählte und warum die meisten früher bei den Special Forces gewesen waren: Als Amerikaner im Sudan war man immer in feindlichem Territorium.

Ich wurde von zwei Kollegen abgeholt, die ebenfalls als unabhängige Kontraktoren arbeiteten, und zusammen gingen wir zum Flughafenparkplatz. Wir stiegen in den 1980 Toyota Land Cruiser und fuhren zu unserer Diplomatenvilla im Stadtteil Riyadh.

In K-Town begann die Sperrstunde um 23.30 Uhr, und als ich durch den Zoll war, mein Gepäck abgeholt und meine Freunde gefunden hatte, war es 24.00 Uhr – Mitternacht. Es überraschte niemanden im Wagen, als wir an der Ecke der Airport und der Riyadh Road von ein paar *jundis* angehalten wurden. *Jundis* sind sudanesische Soldaten auf der niedrigsten Rangstufe. Sie informierten uns, daß wir nach der Sperrstunde unterwegs waren, was wir natürlich genau wußten.

Zu diesem Zeitpunkt war mein Arabisch schon so gut, daß ich eine rudimentäre Unterhaltung mit den Männern führen konnte. Ich fragte, wie es denn so liefe.

„Okay", sagte einer, dann schob er hastig nach: „Gib mir Zigaretten."

Genau für solche Gelegenheiten bewahrten wir immer ein paar Extraschachteln Zigaretten im Auto auf. Wir hatten genug dabei, daß wir jedem der Männer, die den Überwachungsposten für die Sperrstunden besetzt hielten, eine Schachtel schenken konnten, und alle waren glücklich. Sie grinsten und winkten uns durch.

Der Rest der kurzen Strecke verlief ohne weitere Unterbrechungen. Der Blick aus dem Land Cruiser paßte zu der monotonen Farbgebung der Braunen Stadt: Ein braunes Haus nach dem anderen zog vor den Fenstern vorbei. Ich würde schätzen, fünfundneunzig Prozent der Gebäude in K-Town sind so braun sind wie der Dunst, der über ihnen hängt. Das hat einen einfachen

BILLY WAUGH

Grund: Fünfundneunzig Prozent der Gebäude sind aus braunem Nilschlamm gebaut, mit einem Minimum an Zement, damit alles zusammenhält.

Wir näherten uns der Villa, und mir fiel ein sehr großer sudanesischer Wachmann auf. Er war so tiefschwarz wie ein Mensch nur sein konnte. Er lächelte, als er mich sah, und ich erkannte ihn sofort. Mit dem Mann hatte ich früher schon einmal zusammengearbeitet. Hamid war knapp zwei Meter groß und wog dabei nicht viel mehr als achtzig Kilo. Ich erinnerte mich, daß er ein christlicher Stammesangehöriger der Dinka war, der sehr gegen die Araber eingestellt war. Und deshalb lehnte er auch die islamische Regierung, die den Sudan führte, ab.

Ich rief ihm von der Beifahrerseite zu: *„Keifak, Hamid?"*
(Wie geht es dir, Hamid?)
Er antwortete: *„Quaiss jiddan, schokran Siad Beely."*
(Sehr gut, danke der Nachfrage, Mr. Billy.)

Ich erwähne Hamid, weil er ein Sudanese war, zu dem ich im Lauf der Zeit Vertrauen faßte. In einem Beruf wie dem meinen war Vertrauen ein sehr kostbares Gut. Niemand konnte uns hundertprozentig garantieren, daß der Mann, der unsere Villa bewachte, nicht mit dem Feind verbündet war. Hamid hat mir einmal erzählt, daß er in regelmäßigen Abständen von der PSO verhört wurde und er immer wieder gefragt wurde, ob er uns nicht für die Regierung ausspitzeln wollte. Hamid verweigerte bei solchen Verhören jede Kooperation. Zwischen ihm und mir entwickelte sich eine sehr vertrauensvolle Beziehung. Hamid gehört zu den Freunden aus meiner Zeit in der Fremde, an die ich mich gerne zurückerinnere.

Mein Zimmer lag im unteren Stockwerk der Villa. Das Gebäude war sehr weitläufig und für unsere Zwecke sehr gut geeignet. Die anderen ICs und ich saßen in dieser Nacht zum 14. Dezember noch bis zwei Uhr morgens zusammen und unterhielten uns über die Situation in Khartoum. Ich erkundigte mich nach allen Agenten, die in K-Town im Einsatz waren, weil ich mit den meisten gut befreundet war. Und ich verteilte Süßigkeiten und ein paar Delikatessen, die ich aus den Vereinigten Staaten mitgebracht hatte. In Khartoum gab es nichts, das sich auch nur im entferntesten Delikatesse bezeichnen ließ.

Ungefähr um 5.30 Uhr, als das erste Tageslicht ins Zimmer schien, wachte ich nach ein paar Stunden Schlaf auf und drehte sofort meine morgendliche Jogging-Runde. Das Wetter in Khartoum war ausgezeichnet, obwohl es ja schon Dezember war. Ich nahm meine Eisenstange für etwaige Hundeangriffe, dann trat ich aus der Villa und setzte mich in nördlicher Richtung in Bewegung. Die Hunde in K-Town bellten und kläfften die ganze Nacht und nervten generell ohne Ende. Sie waren allerdings nicht dumm, das muß ich ihnen lassen. Die Nachricht von meinem Eisenrohr mußte sich ziemlich schnell im Kommunikationsnetz der Wüstenhunde verbreitet haben, denn als ich vorbeijoggte, hielten sie einen gehörigen Abstand von mir und gaben sich mit einem Kläffen aus sicherer Distanz zufrieden.

Um 7 Uhr war ich zurück in der Villa und hatte mir den Staub der Stadt auch schon mit einer kurzen kalten Dusche abgewaschen. Danach fuhr ich mit meinen Mitarbeitern zur US-Botschaft. Ich bemerkte, wie ein weißer Toyota Pickup – das bevorzugte Fahrzeug unserer freundlichen PSO aus der Nachbarschaft – hinter unserem Land Cruiser aus einer Parklücke ausscherte. Wir bogen auf der Airport Road Richtung Norden und fuhren zum Botschaftskomplex in der Latif Street. Der weiße Toyota folgte uns und blieb immer ungefähr hundert Meter hinter uns, als wir unter der Eisenbahnbrücke nach Khartoum City hineinfuhren.

Wir bogen in eine kleine Gasse gegenüber der Botschaft ein und stellten den Land Cruiser dort ab. Ich sah das Fahrzeug der PSO mit den drei uniformierten Sicherheitskräften und winkte ihnen zu, damit sie kapierten, daß wir ihr Spiel durchschauten. Die Männer warfen uns nur finstere Blicke zu und gaben sich Mühe, bedrohlich zu wirken, obwohl sie *jundis* waren und in der Rangordnung der PSO ganz unten standen.

Zwei Männer saßen in der Fahrerkabine, während der dritte auf der Ladefläche des Pickups stand und sich mit den Händen am Dach der Kabine festhielt. Er hatte seine AK-47 über die rechte Schulter geworfen und sein haßerfüllter Blick war starr auf mich gerichtet.

Nichts hatte sich in K-Town verändert. Ich fühlte mich wohl hier und freute mich direkt auf unseren Einsatz. Als wir durch das

Vordertor der Botschaft traten, dachte ich noch bei mir, daß das ein ganz normaler Einsatz in der Braunen Stadt werden würde.

Ziemlich bald wurde mir klar, wie sehr ich mich getäuscht hatte.

Ich betrat das Botschaftsgelände und zeigte mein Abzeichen, das noch von meinem letzten Einsatz auf der CIA-Station gelegen hatte, wo es meine Kollegen für mich abgeholt hatten. Die drei Wachposten im Freien sahen aus, als wären sie auch Dinka: sehr große Schwarze mit einem strahlenden Lächeln im Gesicht, als hätte man tausend Glühbirnen auf einmal angeknipst. Sie empfingen uns sehr herzlich, und sie wußten alle, daß ich *Siad Beeley* war. Dann wollte noch ein Wachmann von der Marine mein Abzeichen sehen. Auch er kannte mich noch von einem früheren Einsatz, begrüßte mich mit „Mr. Billy" und führte mich zügig ins Innere.

Es gab einen Grund, warum ich von allen mit „Mr. Billy" angeredet wurde. Wir benutzten nur Vornamen, damit nicht irgend jemandem aus Versehen ein Klarname herausrutschte. Decknamen bestanden grundsätzlich aus dem echten Vornamen und einem falschen Nachnamen, und selbst altgediente Offiziere verwechselten manchmal die Nachnamen.

Mit dem Aufzug fuhren wir hoch in den dritten Stock, wo die CIA-Station und andere Büros untergebracht waren. Die anderen ICs aus meinem Team kannten die Kombination des Türschlosses, und wir traten ein. Für mich war das wie ein Besuch in meiner alten Heimat. Die Stationsvorsteherin war eine hochintelligente Frau, die seit mehr als zwanzig Jahren für den Dienst arbeitete. Ich hatte noch nie jemanden getroffen, der so kompetent und organisiert wie sie war, die Frau war ein Phänomen. Oft übernahm sie die Leitung der ganzen Station, wenn der Standortleiter, Cofer Black, nicht da war. Zu dieser Zeit gab es in Khartoum keinen stellvertretenden Leiter, und Black mußte deshalb viel selbst herumreisen.

Cofer Black war ein massiger, pragmatischer Typ, der seit mehr als zwanzig Jahren im Directorate of Operations (DO) diente. Er war ein Mann, der Fehlschläge gut wegstecken konnte und sich immer wieder aufrappelte. Er war einer der Besten, wenn es darum ging, eine CIA-Station in Übersee am Laufen zu halten.

Kaum waren wir in die CIA-Station hereingekommen, berief Cofer Black ein sogenanntes „Stand-up"-Meeting, bei dem das ganze Personal und die unabhängigen Kontraktoren zusammenkamen. Wir kamen einer nach dem anderen in sein Büro, und er stellte mir die Gruppe von regulären Agenten vor. Weil ich schon so oft in K-Town gewesen war, kannte ich natürlich die meisten von ihnen von früheren Einsätzen.

Nachdem wir die Formalitäten und Vorstellungsrunden hinter uns gebracht hatten, informierte der Boß uns Kontraktoren über die anstehende Mission: In dieser Stadt von einer Million Seelen sollten wir einen einzelnen Menschen finden und festsetzen, und zwar Ilich Ramirez Sanchez, den berüchtigsten Terroristen der Welt, der überall nur unter dem Decknamen Carlos der Schakal bekannt war.

Schon in Washington D.C. hatte man uns darauf vorbereitet, daß eventuell der vierundvierzigjährige Carlos das Hauptziel dieser speziellen Mission sein würde. Jetzt saß ich da und ließ Blacks Worte auf mich wirken. Adrenalin pulste mir durch die Adern, und wie in einer Kampfsituation war ich sofort in höchster Alarmbereitschaft.

Mann, dachte ich. *Ich fahr wirklich auf diesen Job ab.*

Bin Laden zu fotografieren und zu beobachten war faszinierend. Doch wie wichtig meine Arbeit wirklich gewesen war, wurde mir erst viel später klar. Zu diesem Zeitpunkt war UBL noch ein ganz kleiner Fisch. Bei diesem Einsatz jetzt war das anders. Diese Jagd konnte entscheidend für meine Karriere sein, und weil so viel auf dem Spiel stand, hatte absolute Geheimhaltung oberste Priorität.

Hier ging es um Carlos.

Er war der größte Fisch, der Haifisch im Ozean.

Diesmal waren wir hinter einer echten Legende her.

Die neuesten Informationen erfuhren wir vom Leiter des alten IC-Teams. Alle einschließlich Cofer Black waren bei der Besprechung anwesend. Ich hörte aufmerksam zu, als er uns erklärte, wie seine Männer auf der Suche nach Carlos die Stadt in einzelne Abschnitte aufgeteilt hatten. Dabei zeigte er immer wieder auf seine Karte und das Bildmaterial.

In Funkübermittlungen war Carlos' Codename „Charlie". Er hatte einen anderen Codenamen für Telegramme, den ich hier nicht erwähne.

Die Geschichte von Carlos dem Schakal ist ziemlich beeindruckend. Ich kannte natürlich seine Akte und wußte, was für Legenden sich um seine Person rankten, aber jetzt wollte ich alles über ihn wissen, was es zu wissen gab, und zwar möglichst schnell.

Trotz oder eher wegen des notorischen Bekanntheitsgrads von Carlos war diese Mission nicht leicht zu bewerkstelligen. Der Mann war seit über zehn Jahre nicht mehr fotografiert worden, weshalb jede uns zugängliche Aufnahme nur zweifelhaften Wert besaß, wenn wir den Schuft ausfindig machen und erkennen wollten.

Als Carlos der Schakal in den frühen 1970ern zu einer neuen Größe in der Welt des Terrorismus wurde, kehrte ich gerade den Special Forces den Rücken. Damals nahm ich den Mann nur flüchtig wahr. Wann immer von Carlos die Rede war, stand der Ausdruck „gefährlicher Terrorist" vor seinem harmlos klingenden Namen. Zu dieser Zeit war die Bezeichnung „Terrorist" vollkommen neu, und niemand konnte ahnen, daß das Wort sich innerhalb weniger kurzer Jahre über die ganze Welt verbreiten würde. Und auch mir wäre nie der Gedanke gekommen, daß Carlos jemals eine so wichtige Figur in meinem Leben werden würde.

Doch dann wurde Carlos bekannter, und seine Taten brachten ihn weltweit in die Schlagzeilen. Wie alle anderen politikinteressierten Amerikaner beschäftigte auch ich mich immer mehr mit dem Halunken. Ich verfolgte, wie er sich zu einem profilierten Kriminellen entwickelte und dabei um seine Person ein richtiggehender Mythos entstand, der sich auf Carlos' seltsame Spleens konzentrierte. Als ehemaliger Special-Operations-Mann faszinierte mich vor allem die geradezu unverschämte Tollkühnheit, mit der er seine Operationen durchzog. Und es war fast schon unheimlich, wie er es schaffte, daß er nie geschnappt wurde.

Meine Faszination hatte nichts mit Respekt zu tun. Ich wußte natürlich genau, daß Carlos an vielen spektakulären Terroranschlägen beteiligt war, die oft auch noch spektakulär erfolgreich waren, doch in professioneller Hinsicht dachte ich bis in die frühen 1990er kaum über Carlos nach. Ich war mit der Jagd nach anderen Schwerverbrechern beschäftigt und ständig in der ganzen Welt unterwegs.

Carlos war in Venezuela geboren, ein Marxist, der sich schon mit jungen Jahren der Sache der Palästinenser verschrieb und sich der gewalttätigen Volksfront für die Befreiung Palästinas anschloß. Seinen ersten Terrorakt verübte er am 30. Dezember 1973. Er drang in das Haus des prominenten Londoner Geschäftsmannes Edward Seiff ein. Seiff engagierte sich für jüdische Wohlfahrtsorganisationen und war Vorstand der britischen Zionist Federation. Carlos schoß ihm mit einem Revolver durch die obere Lippenpartie und entkam. Der Mordanschlag an sich ging daneben, und Seiff überlebte. Aber die Legende Carlos war geboren.

Ich las alles über ihn, was ich finden konnte, auch das Buch *Die Verschwörung der Lügner* von David Yallop. Zwei Dinge wurde mir bald klar: Carlos war verwegen, ein waghalsiger Draufgänger. Und er hatte wahnsinniges Glück.

Angeblich spielte Carlos eine Rolle bei der Entführung und Ermordung der israelische Sportler während der Olympiade in München im Sommer 1972, aber dieses Gerücht wurde nie bestätigt. Erwiesen ist, daß sein Terrorregime in den frühen siebziger Jahren begann und ihn mit rasanter Geschwindigkeit ins Lampenlicht der Weltöffentlichkeit katapultierte. Im Dezember 1975 landete er seinen bedeutendsten Coup in Wien. Gemeinsam mit einer Gruppe von palästinensischen und deutschen Terroristen stürmte Carlos ein Treffen der Organisation der Erdöl exportierenden Länder (OPEC) und brachte elf Ölminister aus Ländern des Mittleren Osten in seine Gewalt. Drei Geiseln wurden bei der Erstürmung der OPEC-Büros erschossen. Die Terroristen forderten ein Flugzeug, mit dem sie nach Algerien flogen. Nach der Zahlung von 20 Millionen Dollar Lösegeld ließen sie die Geiseln frei. Carlos und die Entführer ergaben sich den Algeriern, doch die ihnen freundlich gesonnene Regierung setzte sie nach wenigen Tagen wieder auf freien Fuß.

Die OPEC-Entführung war so tolldreist geplant, daß sie nach allen militärischen Voraussagen mit dem Tod der Entführer hätte enden müssen. Aber irrwitzigerweise kam Carlos damit durch. Angeblich behielt er zehn Millionen für sich, die anderen zehn Millionen übergab er der Volksfront für die Befreiung Palästinas. Ein Jahr später kam er wieder in die Schlagzeilen, wegen seiner Beteiligung an der PLO-Entführung einer französischen Linienmaschine, die auf dem Weg nach Entebbe, Uganda, war. Die Entführung endete mit der historischen Erstürmung des Flugzeugs durch die Israelis.

Unter Carlos' Führung versuchte 1982 eine terroristische Zelle, ein Atomkraftwerk in Frankreich in die Luft zu jagen. Sie benutzten raketengetriebene Bomben, die aber die Betonhülle des Reaktorkerns nicht durchdringen konnten. Der Anschlag mißlang. Noch im selben Jahr nahmen die Franzosen zwei von Carlos' Komplizen fest, Magdalena Kopp und Bruno Breguet. Wenig später erhielten die französischen Behörden einen freundlichen Brief, in dem Carlos deutlich ausführte, mit welchen Folgen zu rechnen seien, wenn die beiden nicht freigelassen wurden.

Die Franzosen weigerten sich natürlich, und Carlos machte sich an die Arbeit. Als erstes ließ er in einer französischen Einrichtung in Beirut eine Bombe hochgehen. Zwei Wochen später machte er einen Anschlag auf einen Passagierzug auf der Strecke von Toulouse nach Paris. Bei dem Anschlag wurden fünf Menschen getötet. Ein paar Wochen danach ermordeten seine Männer einen Angestellten der französischen Botschaft im Libanon, zusammen mit seiner schwangeren Frau. Dann ging in der französischen Botschaft in Österreich eine Bombe hoch, wenig später in einem Restaurant in Paris. Beide Anschläge gingen auf das Konto von Carlos.

Der Mann meinte es ernst mit seinen Drohungen. Nachdem Carlos' Rachefeldzug zwölf Menschen das Leben gekostet hatte und 125 zum Teil schwer verletzt worden waren, ließ die französische Regierung Kopp und Breguet laufen. Kopp reiste zu Carlos in sein Hauptquartier in Damaskus in Syrien, und 1985 heirateten die beiden.

Mit seinem unglaublichen Glück brachte es Carlos auf insgesamt zwanzig Jahre, in denen er ununterbrochen mit geheimen terroristischen Operationen beschäftigt war und immer wieder offene Gewaltakte ausübte. Er selbst beschrieb sich als „Soldat", der „in einem Zelt" lebte. In Wirklichkeit rauchte er die teuersten Zigarren, und seine Bar war mit dem Besten ausgestattet, das die Welt zu bieten hatte. Sein internationaler Ruf wuchs fast so schnell wie er die Freundinnen wechselte. Bei der OPEC-Entführung war Carlos sechsundzwanzig Jahre alt gewesen. Inzwischen war sein Namen jedem, der Zeitung lesen konnte, ein Begriff.

Die CIA war seit fünfzehn Jahren hinter Carlos her. Er hielt sich an einem Ort im Bekaa-Tal im Libanon versteckt, dann ging er nach Syrien und schließlich in den Jemen. Nach Geheimdienstberichten hatte er auch Zeit in Tunesien verbracht. Er lebte in Ländern, die über kein funktionierendes Rechtssystem verfügten und den internationalen Terrorismus ignorierten oder in manchen Fällen sogar unterstützten. Trotzdem verscherzte es sich Carlos sogar mit einigen von diesen Ländern, die jedem bei sich Unterschlupf gewährten, der darum bat. Daß er sich immer wieder den guten Willen von Menschen verspielte, war anscheinend ein grundsätzlicher Charakterzug von ihm.

Bevor er Aufnahme im Sudan fand, hatte Carlos in Jordanien gelebt und davor in Syrien. Die Schlinge um Carlos' Hals zog sich unweigerlich enger. Syrien zwang für gewöhnlich niemanden, das Land zu verlassen, egal, wie unangenehm er ihnen wurde. Doch selbst die Syrer hatten irgendwann genug von Carlos und jagten ihn zum Teufel. Auch die Vereinigten Staaten übten Druck auf die syrische Regierung aus. Sie hörten bei Telefonanrufen mit und gaben den Syrern deutlich zu verstehen, daß sie wußten, daß Carlos sich in ihrem Land aufhielt und daß sie ihn sich mit Gewalt holen würden, wenn die syrische Regierung nicht bald selbst etwas gegen ihn unternahm. Irgendwann wurde das den Syrern zuviel und sie warfen Carlos aus dem Land.

Schon in Jordanien hatte Carlos 1993 eine junge jordanische Araberin geheiratet und zu seiner Zweitfrau gemacht. Er hatte sich selbst zum Muslim erklärt und konnte so vier Frauen heiraten und nebenher etliche Geliebte haben. Sein Aufenthalt in Jordanien war verdammt kurz, schon im August 1993 forderten ihn die Behörden auf zu gehen.

In Khartoum hielt er sich auf Wunsch von Präsident al-Bashir auf, doch Vizepräsident al-Turabi hieß ihn offiziell willkommen und nahm ihn unter seine Fittiche. Al-Turabi, der ja schon so stolz darauf war, daß er Usama bin Laden ins Land geholt hatte, war persönlich dafür verantwortlich, daß Carlos Asyl im Sudan bekam. Das alles erfuhr ich aus den vorliegenden Berichten über unsere neue Lieblingszielperson.

In mir machte sich nach und nach der Verdacht breit, daß der Mensch Carlos lange nicht so beeindruckend war wie seine Legende. Er führte sich auf wie ein Arschloch, und sein Geschmack, was Kleidung betraf, paßte genau zu dieser Rolle. Selbst wenn einiges wahrscheinlich übertrieben war, deuteten die Berichte doch darauf hin, daß der Schakal ein oberflächlicher Söldner war, der ganz im Widerspruch zu seinen marxistischen Überzeugungen vor allem hinter Geld her war. Ich bin überzeugt, daß bei Carlos die Ideologie immer mehr in den Hintergrund rückte und er sich viel lieber vollaufen ließ und irgendwelche Häschen flachlegen und den Weibern imponieren wollte.

Was Carlos betraf, hatte ich meine Hausaufgaben gemacht und kam im Dezember 1993 nicht völlig unbedarft in K-Town an. Ich wußte schon eine ganze Menge über die Fähigkeiten und die Gewohnheiten des Mannes, als uns Cofer Black im CIA-Büro das Ziel unserer Mission erklärte: Wir würden dem Terror von Carlos dem Schakal ein für alle Mal ein Ende bereiten.

Und ich war bereit, die CIA dabei mit allen meinen Mitteln zu unterstützen.

Aufgrund meiner Recherche war ich mir sicher, daß Carlos' Lebensstil ihm irgendwann zum Verhängnis werden würde. Wegen seiner Frauengeschichten und alkoholischen Ausschweifungen hatte er es sich schon mit vielen arabischen Nationen verscherzt. Mit gutem Grund bezweifelten sie, daß er ein gläubiger Muslim war, und daß die Sache der Palästinenser ihm wirklich am Herzen lag. Seine fehlende Selbstdisziplin, davon war ich überzeugt, würde ihn zu einem Fehltritt verleiten, und dann konnten wir ihn uns schnappen und für immer hinter Gitter bringen. Wann es soweit war, konnte ich natürlich nicht sagen. Aber wenn der Dienst uns mit den nötigen Ressourcen ausstattete, dann konnten wir dafür sorgen, daß es so bald wie möglich passierte und mit einem bißchen Glück Carlos demnächst einfahren würde.

Carlos war vor allem deshalb so schwer zu fassen, weil die Regierungen von einigen arabischen und kommunistischen Staaten ihm Zuflucht gewährten. Er zog von einem Land zum nächsten, von Jemen nach Libanon, von dort in die DDR, wobei er sich immer ein politisches Mäntelchen umhängte. Und wenn eine Regierung beschließt, daß sie die Ein- oder Ausreise einer bestimmten Person genehmigt, dann kann man hundertprozentig davon ausgehen, daß sie auch Mittel und Wege findet, um diese Person versteckt zu halten, vor allem, wenn es sich um jemanden handelt, der weltweit gesucht wird. Meiner Ansicht nach war das Problem ganz einfach: Die sudanesische Regierung ließ Carlos dem Schakal zu viel Bewegungsfreiheit. In anderen Staaten konnte er nicht so freizügig im Land herumreisen, und die meisten hatten ihn nur unter der Bedingung aufgenommen, daß er keine Terrorakte mehr durchführte.

Nach den vielen Besprechungen an meinem ersten vollen Tag zurück in K-Town, nahm mich Cofer Black zur Seite. „Billy, das ist der Mann", sagte er. „Du mußt diesen Kerl kriegen." Er klang sehr ernst, und mir wurde in diesem Moment klar, daß die CIA Carlos zur obersten Priorität gemacht hatte. Wir würden alle Unterstützung kriegen, die wir brauchten, und dann würden wir den Schakal festnageln. Und ich wollte der Mann sein, der dieses Arschloch schnappte.

Carlos lebte von Gerüchten. Er unterhielt ein ganzes Netzwerk von Leuten, deren Aufgabe es war, Gerüchte über seinen angeblichen Aufenthaltsort in der Welt zu verbreiten. Darauf beruhte ein großer Teil des Mythos von Carlos – er schien überall zu sein. Es kursierten so viele verschiedene Gerüchte darüber, wo er jetzt gerade steckte, daß niemand mehr wußte, was und wem man eigentlich glauben konnte. Carlos verstand es meisterhaft, dieses Prinzip der Informationsstreuung zu seinem Vorteil einzusetzen.

Carlos stilisierte sich als eine Art Robin Hood, als ein Mann des Volkes, der den geldgierigen Kapitalisten in die Tasche griff, um den unterdrückten Massen zu helfen. Seine einzigen wirklichen Anhänger waren aber nur die Leute, die bei ihm angestellt waren. Der Mythos, der den Kerl umgab, war einfach unglaublich. Das nahm so absurde Formen an, daß immer, wenn etwas auf der Welt passierte, gleich Carlos verdächtigt wurde. Irgendwo wurde eine Bank überfallen, und ganz sicher ließ irgendjemand verlauten: „Es muß Carlos gewesen sein."

Carlos genoß seine Berühmtheit in vollen Züge, er lebte dafür. Im Grunde ging es ihm bei allem nur darum.

Offensichtlich hatten die Millionen von der OPEC-Entführung ihn ein bißchen verweichlicht. Außerdem hing seine Sicherheit davon ab, daß er keine terroristischen Anschläge mehr durchführte. Während des ersten Golfkriegs waren kurzfristig Gerüchte aufgetaucht, Saddam Hussein hätte Carlos aus dem Ruhestand geholt und ihn für seine Sache angeworben. Doch nichts davon ließ sich beweisen. Als ich mit dem Fall beauftragt wurde, deutete alles darauf hin, daß der gefürchtete Carlos aus dem Killergeschäft ausgestiegen war und sich nur noch den schönen Seiten des Leben widmete.

Wir zogen los, um der Party ein Ende zu bereiten.

Die ersten beiden Tage in K-Town sprachen wir den Operationsplan in allen Einzelheiten mit dem ausscheidenden IC-Teamführer durch. Die Anweisung von Cofer Black waren ganz einfach: Geht raus in die Straßen und findet Carlos den Schakal. Es war kein Problem, diesen Auftrag zu befolgen, das Problem war es, den Auftrag auch wirklich zu erfüllen.

Während der Tage um den Jahreswechsel 1994/95 durchsuchten die anderen ICs und ich so unauffällig wie möglich Khartoum nach einer Spur des Schakals. Ich möchte daran erinnern, daß die CIA kein aktuelles Foto von Carlos besaß. Wir suchten also in einer Millionenstadt nach einem Mann, von dem wir nicht einmal ein aussagekräftiges Foto hatten, was der Suche nach der sprichwörtlichen Nadel im Heuhaufen gleichkam.

Im geheimen und ohne jeden Erfolg suchten wir mehr als zwei Wochen lang nach Carlos. Inzwischen war klar, daß uns nur ein glücklicher Zufall helfen konnte, wenn wir dem Schakal irgendwie auf die Spur kommen wollten. In der zweiten Januarwoche ergab sich so ein Glücksfall, und zwar aus einer ganz unerwarteten Richtung, nämlich von Carlos selbst.

Carlos hatte offenbar von einem Ort, der nicht zurückzuverfolgen war, eine Telefonnummer im Ausland gewählt und einen ihm ergebenen Leibwächter angerufen. Diesen Mann werde ich Tarek nennen.

Carlos erklärte Tarek in dem Anruf, daß er Schwierigkeiten mit der Khartoumer Polizei hätte. Offenbar hatte der berühmte Schakal während einer Sauftour einem Khartoumer Ladeninhaber mit seiner allgegenwärtigen Pistole vor dem Gesicht herumgefuchtelt. Die Polizei wurde gerufen, und die einheimischen Polizisten hatten Carlos kurzerhand in die Ausnüchterungszelle geworfen.

In dem Telefonat gab Carlos Tarek Bescheid, daß seine Entlassung aus dem Gefängnis schon von Hassan al-Turabi in die Wege geleitet sei. Er befahl Tarek, sofort nach Khartoum zu kommen, er brauche ihn als seinen persönlichen Leibwächter.

Tarek sagte zu, daß er kommen würde. Wir bekamen inzwischen von einem CIA-Standort im Ausland die Information, daß Tarek ein bekannter Schlägertyp war, der in Carlos' frühen Tagen oft von den höheren Rängen der palästinensischen Terrorgruppen als Leibwächter angestellt worden war.

Das CIA-Büro, das ich nicht weiter identifizieren will, schickte uns alles, was sie über die Beziehung zwischen Carlos und Tarek hatten. Dabei gingen sie durch ihre Akten und gruben weitere Informationen aus, die wichtig für uns werden sollten: Einzelheiten über die neue jordanische Braut des Schakals, Lana Abdel Salam Jarrar. Bei den übermittelten Unterlagen war auch ein Foto der Frau, die ich Lana ASJ nennen werde.

Die Frau war ungefähr dreiundzwanzig Jahre alt und sehr schön. Aufgrund der Erkenntnisse der Kollegen der CIA vermuteten wir, daß sie ihren Mann in den Sudan begleitet hatte. Ich schaute mir ihr Foto sehr genau an, und auch die anderen CIA-Männer in Khartoum sowie jeder unabhängige Kontraktor prägten sich die Gesichtszüge der jungen Frau ein. Die Wahrscheinlichkeit war hoch, daß sie bei unserer Suche noch eine große Rolle spielen würde.

Nun hatten wir also verläßliche und hilfreiche Informationen über Lana ASJ, aber bei den Unterlagen befand sich noch eine richtige Trumpfkarte: ein neueres Foto von Tarek, dem Leibwächter.

Für uns war das eine Goldmine, genau das, was wir gebraucht hatten. Tarek war von einem Land im Mittleren Osten aus unterwegs in den Sudan, um sich mit Carlos zu treffen, und jetzt wußten wir, wie der Mann aussah. Für eine Geheimdienstoperation wie die unsrige war das ein entscheidender Durchbruch. Über ein sicheres Faxgerät wurde das Foto von Tarek sofort an den Standort in Khartoum übermittelt.

In der CIA-Station beschäftigten wir uns lange mit dem Foto. Tarek schien ein Weißer zu sein, er war circa vierzig Jahre alt und hatte gewelltes hellblondes Haar. Er hatte den Körperbau eines fähigen Bodyguards und schien in ausgezeichneter körperlicher Verfassung zu sein. Tarek verfügte nach Informationen des hilfsbereiten CIA-Standorts über einen iranischen Diplomatenpaß, obwohl sein Aussehen nicht vermuten ließ, daß er Araber war.

Die Umsiedlung in den Sudan hatte Carlos nicht nur einen sicheren Zufluchtsort beschert, sondern auch Immunität vor Strafverfolgung. Das sudanesische Gesetz schützte ihn und seine Partner. Das wurde für uns zum Problem, als Tarek auf dem Internationalen Flughafen in Khartoum ankam. Er wurde als hoher Gast von Vizepräsident al-Turabi behandelt und verließ die Maschine nicht auf dem üblichen Weg, wie die anderen Passagiere. Die CIA-Agenten konnten Tarek deshalb nicht abfangen und ihn weiter in die Stadt verfolgen.

Wahrscheinlich war Tarek aus dem Flugzeug ausgestiegen und gleich auf dem Rollfeld von einem dort wartenden Wagen abgeholt worden. Wir wußten genau, daß er in der Maschine gewesen war. Und wir hatten genug Leute auf dem Flughafen positioniert. Aber wir kamen nicht ran an ihn. Tarek verließ den Flughafen ohne Beschatter.

Das war keine Katastrophe, es bedeutete nur, daß wir uns ein bißchen mehr anstrengen mußten. Am 20. Januar 1994 arbeitete ich mit einem IC namens Greg zusammen. Wir klapperten alle Orte ab, an denen sich ein Weißer, der gerade in Khartoum angekommen war, aufhalten würde. Aus Erfahrung wußten wir, daß Weiße sich so gut wie nie in die Basargegend verirrten. 1991 hatte ich mehrere Wochen im Meridien gewohnt, und wir schauten da vorbei. Wir fanden Tarek dort nicht, aber wir beschlossen, die Gelegenheit zu nutzen und uns ein gutes Essen im Hotelrestaurant zu gönnen. Greg und ich hatten noch keine Ahnung, wo in der Stadt sich unsere Beute aufhielt, aber wir wußten eins mit absoluter Sicherheit: Der über zwei Meter große Dinka, der im Meridien kochte, machte die besten Lasagne der Welt.

Satt und zufrieden verließen Greg und ich das Restaurant und betraten die Empfangshalle. Uns beiden fielen fast die Augen aus dem Kopf, denn dort saß Tarek an einem niederen Tisch und war offenbar völlig in ein Kreuzworträtsel vertieft. Der Mann war außergewöhnlich groß und massig gebaut, und die Muskeln sprengten fast sein T-Shirt. Gott, der Kerl hatte vielleicht Muskeln. Wie viele Stunden pro Tag mußte ein Mensch wohl im Fitneß-Studio zubringen, um so wie dieser Typ auszusehen? Na gut, Carlos wollte jemanden, der ihn in brenzligen Situationen beschützte, und der Kerl war offensichtlich der Richtige für den Job.

Greg und ich waren kluge, erfahrene Agenten, deshalb gingen wir ruhig an Tarek vorbei und schenkten ihm soviel Aufmerksamkeit, als sei er irgendein Sudanese, der in der Hotellobby herumsaß. Wir wußten aber beide, daß der andere Tarek auch entdeckt hatte. Aber wir wollten unbedingt vermeiden, daß Tarek oder sonst jemand auf uns aufmerksam wurde, denn sonst war unsere Deckung futsch. Und wir konnte die Hotelangestellten auch nicht fragen, ob Tarek im Meridien abgestiegen war. Das wäre sehr unklug gewesen. Hotelangestellten vor allem in Hotels wie dem Meridien arbeiteten alle für die PSO.

Das bringt uns zu einem wichtigen Punkt: Ein erfolgreicher Spion muß wissen, wann er den Blick nicht schweifen lassen darf und so tun muß, als interessiere ihn nichts von dem, was um ihn herum vorging. Mit leicht gesenktem Kopf und gebeugtem Rücken wirkt man alt und harmlos, und genau so kommt man an die wichtigsten Informationen. Ich bin sowieso schon alt, deshalb brauche ich nicht mehr zu schauspielern. Aber auch in jüngeren Jahren habe ich viel dadurch erreicht, daß ich so tat, als kümmerte ich mich nur um meine Angelegenheiten. Genau so verhielten Greg und ich uns jetzt instinktiv, als wir Tarek identifizierten. Als wäre nichts geschehen, gingen wir weiter zum Ausgang des Meridien.

Grundkurs Personenüberwachung: Wenn man einen Gegner entdeckt hat, schaut man ihn oder sie nicht mehr an. Blickkontakt mit dem Gegner verrät ihm mit fast hundertprozentiger Sicherheit, daß er entdeckt wurde. Von Vorteil ist, wenn man immer etwas dabei hat, um beschäftigt zu wirken. In einer Hotellobby zum Beispiel kann man eine Zeitung lesen. Wenn die Zielperson auftaucht, vertieft man sich dann in die Zeitungslektüre, als gäbe es nichts Interessanteres als die aktuellen Baseballergebnisse. Nur Amateure werfen schnelle Blicke in Richtung des Gegners, um sich zu versichern, daß er noch da ist. Bei einer professionellen Überwachung arbeitet man immer im Team. Mit einem vorher ausgemachten Zeichen deutet man dem Partner und den anderen Team-Mitgliedern an, daß man die Zielperson entdeckt hat. Das Zeichen braucht nicht kompliziert zu sein. Oft ist es eine simple Bewegung, man setzt sich hin, zum Beispiel. Dann zeigt man mit der Spitze des Schuhs auf die Zielperson, und der Partner kann von der Schuhspitze eine gerade Linie bis zur Zielperson ziehen. Auch der Partner nähert sich der Zielperson auf keinen Fall, sondern bezieht eine Position, von der aus er beobachten kann, wann die Zielperson den Raum verläßt. Normalerweise hat man draußen ein Fahrzeug mit legalen Nummernschildern stehen. Mehr braucht man nicht, um die Zielperson nicht aus den Augen zu verlieren und die Beschattung aufzunehmen.

Greg und ich traten aus der Hotellobby und gingen direkt zu dem Toyota Land Cruiser, den mir die CIA gestellt hatte. Dort warteten wir, bis Tarek das Meridien verließ. Es dauerte nicht lange, da kam er heraus und ging zu einem weißen Toyota Cressida. Das Autokennzeichen mit der Nummer 1049 war in Khartoum ausgestellt und eine ganz normale Plakette, die nicht auf ein Militär- oder Regierungsfahrzeug hindeutete.

Tarek fuhr los in Richtung der Blauen-Nil-Brücke. Ich hatte noch nicht mal den Motor gestartet, da machte er eine rasante Kehrtwendung und preschte in die entgegengesetzte Richtung davon. Tarek hatte seit Jahren mit Geheimdiensten zu tun, und offenbar hatte er ein paar Tricks auf Lager, mit denen er etwaige Verfolger aus dem Konzept brachte. Deshalb war es Greg und mir so wichtig, daß wir auf keinen Fall seine Aufmerksamkeit auf uns zogen. Wir folgten Tareks Wagen in einiger Entfernung. Es war neun Uhr abends, und das chaotische Verkehrssystem von Khartoum machte uns die Sache nicht gerade einfach. Schon nach wenigen Minuten hatte Tarek uns abgehängt.

Natürlich waren wir enttäuscht, daß Tarek uns an diesem Abend entwischt war. Aber das änderte nichts an der Tatsache, daß wir ihn gefunden hatten und wußten, was für einen Wagen er fuhr. Wir erstatteten Black, dem Standortleiter, Bericht. Unsere Arbeit an diesem 14. Januar war erfolgreich gewesen. Wir hatten das Kennzeichen und die Beschreibung eines Wagens, der von Carlos' persönlichen Leibwächter gefahren wurde.

Die Maschen unseres Netzes wurden immer enger, die Suche konzentrierte sich immer mehr auf einen bestimmten Punkt. Jetzt mußten wir nur noch diesen weißen Cressida in den Straßen von K-Town finden.

Die Jagd auf Tarek war vorbei.

Jetzt wurde zur Jagd auf den Schakal geblasen.

Wir grasten die Stadt Tag für Tag nach dem 1990er Toyota Cressida ab, wir suchten uns sechzehn Stunden täglich die Augen aus dem Kopf. Wir vier ICs hatten Khartoum in zwei Sektoren unterteilt, um die Suche systematischer zu gestalten. Einer ging hinüber ins eigentliche Khartoum, während der andere in Riyadh blieb und hier alles nach dem weißen Cressida absuchte.

Don, der ehemalige Polizist, war bei dieser ausgedehnten Fahndungsaktion nach dem Wagen unersetzlich. Seine Spezialität waren Nummernschilder und Fahrzeuge. Selbst aus großer Entfernung konnte er Autoschilder lesen und genaue Fahrzeugtypen erkennen. Und sein phänomenales Gedächtnis machte ihn zum Meister auf dem Gebiet der Autofahndung.

Offensichtlich war es bei dieser Suche dringend geboten, daß wir immer in Kontakt miteinander standen. Die Station verfügte über ein Kommunikationssystem mit einem Kurzwellensender, und jeder von uns hatte ein tragbares Funkgerät dabei. Es war absolut notwendig, daß wir immer wußten, wo unsere Kameraden sich gerade in der Stadt befanden. Die Übertragungen waren verschlüsselt, so daß niemand unsere Funksprüche abhören konnte. Wer den Encryption-Code zur Verschlüsselung des Satellitensignals nicht kannte, hörte nur ein Rauschen, das wie Windgeheule in einer Höhle klang. Es war kein Wort zu verstehen.

Carlos hatten den Ruf eines Playboys, und deshalb konzentrierten wir uns auf Orte, wo er dieser Neigung nachgehen konnte: das Meridien, das Hilton, der Griechische und der Deutsche Club und der Diplomatic Club. In diesen Clubs wurde Schnaps ausgeschenkt, obwohl im Sudan islamisches Recht herrschte und Alkoholgenuß streng verboten war. Der Diplomatic Club, kurz „Dip Club" genannt, lag am Ufer des Blauen Nils. Jeden ersten Donnerstag im Monat fand dort ein Riesentanzspektakel statt, eine Art Mega-Disco am Vorabend des Freitags, der den Muslimen heilig ist. Auf dem Event im Dip Club trafen sich bekanntermaßen Irakis, Ägypter und ein paar libysche Diplomaten, die gerne tanzten und auf harte Alkoholika standen.

Der Club war einer der offensichtlicheren Orte, an denen wir nach Carlos und seinem Kumpel Tarek Ausschau hielten. Am ersten Donnerstag im Februar kundschafteten Don und Greg den Parkplatz des Dip Clubs aus. Noch vorm Gelände kontaktierte uns Don über das Funkgerät und gab durch, daß sie den 1990er Toyota Cressida entdeckt hatten.

Die beiden folgten dem Wagen, als er den Parkplatz verließ und Richtung Norden ins fünfzehn Kilometer entfernte Khartoum fuhr. Die Hauptstraße südlich der Stadt war immer mit allen möglichen Fahrzeugen verstopft. Donnerstagabends war es am schlimmsten. Wegen der Partys im Dip Club war die Straße voller Karren, Fuhrwerken, Esel – was auch immer. Die auffallendsten Verkehrshindernisse waren die großen schwarzen Dinkas, die auf der Straße entlangspazierten. Für die Discos warfen sie sich immer mächtig in Schale und legten ihre beste dunkle Kleidung an. Es gibt an dieser Straße keine Straßenbeleuchtung, und deshalb mußte man sich nachts mit der größten Vorsicht durch den schmalen, finsteren Korridor zwischen den Menschen- und Fahrzeugmassen hindurchschlängeln. Ich beschreibe das so ausführlich, weil es erklärt, wie es dazu kommen konnte, daß Don und Greg den Cressida, kurz nachdem er den Parkplatz des Dip Club verlassen hatte, aus den Augen verloren und warum sie ihn auch später in der Nacht nicht wiederfinden konnten.

Kaum hatte wir die verschlüsselte Nachricht erhalten, daß die beiden das Fahrzeug entdeckt hatten, legte ich mich an der Kreuzung der Airport Road und der Abzweigung, die nach Riyadh führte, auf die Lauer und überwachte den Verkehr. Ich wartete darauf, daß der Cressida vorbeifuhr und ich mich an seine Fersen heften konnte, sobald er an meiner versteckten Überwachungsposition vorbei war.

Das Fahrzeug kam aber nicht vorbei. Alles, was ich über Carlos und die Umgebung von Khartoum wußte, ließ zwei mögliche Schlußfolgerungen zu:

Erstens war der Cressida wahrscheinlich quer durch die Wüste gefahren und hatte so die Hauptverkehrsadern vermieden.

Solche Abkürzungen durch die Wüste, wo es keine befestigten Straßen gab, waren nichts Besonderes. Ich hatte es selbst schon oft gemacht.

Zweitens wohnten Carlos und seine Gefährten aller Wahrscheinlichkeit nach in einem Viertel von Khartoum, das New Addition hieß. Viele VIPs wohnten dort, und es wäre logisch, daß sich eine Berühmtheit wie Carlos dort ein Haus gesucht hatte.

New Addition bestand aus fünfundsechzig numerierten Straßenzügen. Die Straßen waren nur mit ungeraden Zahlen bezeichnet, so daß auf die Fünfunddreißigste die Siebenunddreißigste Straße folgte, und so weiter. Alle Häuser und Apartments in K-Town waren im traditionell arabischen Stil von einer Lehmmauer umgeben, die manchmal bis zu drei Meter hoch sein konnte. Für uns hieß das, der Cressida parkte mit hoher Wahrscheinlichkeit in der Nacht der 3. Februars 1994 hinter der Mauer und dem verschlossenen Tor eines Hauses in New Addition. Carlos stand ganz oben auf den internationalen Fahndungslisten, und es gab außer Tareks durchtrainiertem Waschbrettbauch noch andere gute Gründe, warum er den getreuen Leibwächter an seine Seite beordert hatte. Es wurde von Tarek erwartet, daß er seinen Auftraggeber vor neugierigen Spitzeln wie uns schützte.

Wir konnten nicht die ganze Nacht New Addition mit dem Auto umkreisen, in der Hoffnung, daß wir den Cressida erwischten, wenn er wieder aus irgendeiner Straße herauskam. Die Häuser und Apartments des Viertels haben alle mehr als nur ein Stockwerk, und viele der Bewohner schliefen wegen der Hitze an der frischen Luft auf den Dächern. Es war viel zu auffällig, wenn wir hier lange durch die nächtlichen Straßen kurvten. Deshalb brachen wir unsere Suche nach dem Cressida für diese Nacht ab.

Meine Arbeit für die CIA forderte mir ein gehöriges Maß an Geduld ab, und darauf hatte mich meine Zeit als Soldat so nicht vorbereitet. Der Fortschritt einer geheimdienstlichen Operation wurde ganz anders bemessen, der Erfolg setzte sich aus vielen kleinen Einzelschritten zusammen. Nach diesen Kriterien waren wir bei der Suche nach dem Schakal einen großes Sprung vorwärts gekommen. Wir hatten zwei wichtige Entdeckungen gemacht. Wir kannten seinen Leibwächter und wir wußten, was für ein Auto er fuhr.

Wir kreisten ihn ein. Zentimeter um Zentimeter näherten wir uns dem unspektakulären Ende von Carlos dem Schakal, das er sich mehr als reichlich verdient hatte.

Der Spionage-Alltag ist nicht immer besonders aufregend. Natürlich gibt es Situationen von ungeheuerlicher Spannung und Gefahr, in denen einem das Adrenalin durch die Adern schießt. Aber generell ist der Geheimdienst ein Feld, in dem vor allem überlegt und abgewogen wird. Erfolg hängt davon ab, daß man nicht auffliegt, sondern den Gegner mit List und Ausdauer zur Strecke bringt. Oft folgt auf eine brenzlige Situation tagelang nur Beobachten und Warten. Diese Tage – ich nannte sie Flaute – waren natürlich genauso wichtig für die Mission wie die aufregenden Höhepunkte. Während der sechs Tage, die auf die Entdeckung des Cressida auf dem Parkplatz des Dip Clubs folgten, mußte ich mir diese Binsenwahrheit immer wieder vor Augen führen.

Zwischen dem 3. und dem 8. Februar konzentrierten wir unsere Suche auf das Gebiet New Addition und Umgebung, und besonders die Gegend südlich der Kreuzung, wo die Airport Road auf die südliche Hauptstraße aus Khartoum traf. Wir nahmen an, daß Tarek diese Strecke eingeschlagen hatte, nachdem er den Club verlassen und seine Beschatter abgehängt hatte. Wir durchsuchten die Gegend sechzehn Stunden am Tag, wobei wir immer darauf bedacht waren, daß wir nicht auffielen. Wir suchten und suchten, aber wir fanden nicht die geringste Spur.

Manchmal konnte ich die Langeweile fast nicht mehr aushalten. Es gab immer wieder kurze Momente, in denen wir meinten, wir hätten etwas, das sich dann aber sofort wieder im Sande verlief. Mir kam die Flaute immer mehr wie reine Zeitverschwendung vor, und ich wurde frustriert und wollte den Auftrag nur noch zu Ende bringen. Wir waren dem berüchtigtsten Verbrecher der Welt auf der Spur, und es war nur menschlich, daß ich schnell zuschlagen wollte. Ich wollte ihn endlich finden, ihn schnappen und das Ganze endlich hinter mir haben. Aber jede Mission hat ihr eigenes Tempo, mit einem ganz speziellen Rhythmus von Spannung und Eintönigkeit. Und was Carlos betraf, waren es nicht wir, die die Situation kontrollierten.

Vergrößerung der Karte von New Addition mit dem Internationalen Flughafen, Sektionen von Riyadh im Süden von Khartoum, Sudan

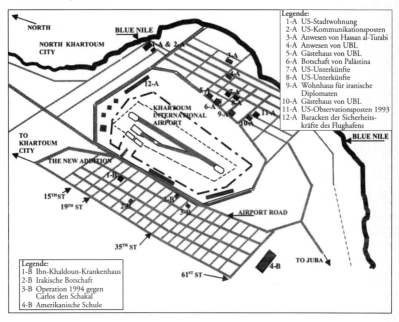

Am Nachmittag des 8. Februars, ungefähr um 14 Uhr, befand ich mich mit Greg im Fotolabor im sechsten Stock der US-Botschaft und erklärte ihm ein paar Feinheiten, was das Entwickeln von Fotos betraf. Wir hatten gerade die Chemikalien für Schwarz-weiß-Entwicklung gemischt. Wie alles in Khartoum hatte auch das Entwickeln von Filmen seine ganz speziellen Tükken. Das Wasser kam in K-Town mit einer Temperatur von über 32 Grad aus den Leitungen, und wir mußten die Chemikalien mit Eiswürfeln auf die gewünschte Temperatur von 20 bis 21 Grad kühlen.

Ich erklärte das gerade Greg, als ich plötzlich meinen Funknamen hörte. Für „Batman" kam über die verschlüsselte Frequenz ein Funkspruch von Don.

„Batman, ich hab den weißen Cressida entdeckt. Er parkt beim Ibn-Khaldoun-Krankenhaus auf der Neunzehnten Straße in New Addition."

Mich durchlief ein Schauer, die Härchen auf meinem Arm richteten sich auf. Jetzt mußte ich klar und schnell denken. Die sinnlose Monotonie der letzten fünf Tage hatte ich in dem Moment vergessen, als ich die Erregung in der Stimme meines Freundes spürte.

„Roger", gab ich an Don durch. Ich holte tief Luft, dann fuhr ich fort: „Such dir eine Position, von der aus du den Wagen beobachten kannst. Mach ein Foto von den Insassen, wenn das Fahrzeug wieder wegfährt, und häng dich dann an den Cressida. Und bleib an ihm dran, bis er sein Ziel erreicht."

Ich wandte mich an Greg. „Er hat ihn vielleicht. Los!"

Wir eilten zum Aufzug der Botschaft und warteten ungeduldig, bis das Ding endlich die sechs Stockwerke ins Erdgeschoß hinuntergefahren war. Draußen warf ich einen kurzen Blick in den Toyota Pickup der PSO, der vor der Botschaft parkte.

Die beiden Sicherheitsmänner saßen schlafend in den Sitzen. Es war einfach perfekt. Ich hätte laut lachen können, wenn wir Zeit dafür hätten.

Wir stiegen in meinen Land Cruiser und fuhren nach Süden. Ich hielt mich an die vorgeschriebene Geschwindigkeit und vermied beim Fahren alles, was die Aufmerksamkeit auf uns lenken könnte. Wir überprüften mehrmals, ob uns auch niemand folgte und schlugen dann die Richtung zum Krankenhaus ein.

Ich schleppte immer eine aufnahmebereite Nikon F-80 35-mm-Kamera mit einem zusätzlichen 300-mm-Objektiv mit mir herum. Die Ausrüstung befand sich in meinem Fahrzeug in einem kleinen abschließbaren Kasten, den ich auf den Boden unter dem Rücksitz festgeschweißt hatte. Ich bat Greg, die Kamera aus dem Kasten zu holen und das Objektiv aufzuschrauben.

Wir waren in ungefähr fünf Minuten am Ibn-Khaldoun-Krankenhaus. Don parkte gegenüber dem westlichen Flügel des Krankenhauses, der etwa einen Block vom Haupteingang entfernt war. Als ich von der Airport Road in die Neunzehnte Straße einbog, sah ich den leeren Cressida sofort. Er parkte etwa einen Block westlich vom Krankenhaus falsch herum am Straßenrand, seine Schnauze war auf mich und die Airport Road gerichtet. Ich suchte mir eine gute Position und parkte im selben Block wie der Cressida, in einer Entfernung von etwa zwanzig Metern. Ich stellte den Land Cruiser so ab, daß der Cressida gut und ohne Sichtbehinderung im Sucher der Canon 35 mm zu sehen war.

Die Funkverbindung zwischen mir und Greg und Don war einwandfrei, der Ton kam kristallklar. Wir standen perfekt – wir auf der einen Seite, Don auf der anderen Seite des Cressida, der Eingang des Krankenhauses zwischen uns – und warteten.

Vor weniger als zehn Minuten hatten Greg und ich noch im Labor der Botschaft über Entwickler und Fixierflüssigkeit geplaudert. Genau das zeichnete unsere Arbeit aus: Nach den endlos monotonen Stunden und Tagen der vergeblichen Sucherei gerieten wir von einer Sekunde zur nächsten mitten in eine extrem angespannte und gefährliche Situation. Darauf konnte man sich nicht vorbereiten, aber man mußte immer damit rechnen. Unsere Fähigkeiten maßen sich danach, wie schnell wir uns auf eine veränderte Situation einstellen und agieren konnten. Jedes Zögern konnte bedeuten, daß eine wichtige Gelegenheit verpaßt wurde. Wir wußten nicht, was uns hier vor dem Krankenhaus erwartete. Vielleicht war Tarek alleine da. Oder Tarek begleitete Carlos. Oder Carlos war aus irgendeinem Grund alleine gefahren. Und wir hielten auch nach Lana ASJ Ausschau, der jordanischen Braut des Schakals.

Als ich mir die Neunzehnte Straße in New Addition in Khartoum an diesem Nachmittag im Februar 1994 so anschaute, nahm in meinem Kopf sofort ein Plan Gestalt an.

Auf der von unserer Position aus gegenüberliegenden Straßenseite war ganz in der Nähe des Cressida ein Zigarettenstand aufgebaut. Der Dinka-Verkäufer saß am Straßenrand und wartete auf Kundschaft.

Ich sagte zu Greg: „Siehst du den Kerl, der dort drüben Zigaretten verkauft? Wir machen jetzt folgendes: Du gehst rüber zu dem Stand und schaust ihn dir an. Kauf ein paar Zigaretten und bleib dort stehen, bis jemand auf den Cressida zugeht. Dann fängst du mit dem Dinka einen höllischen Streit an. Laß die Sache eskalieren, damit alle Leute in der Straße es mitkriegen."

Das war unser Ablenkungsmanöver. Greg verstand den Zweck des Ganzen sofort. „Roger", sagte er mit einem entschlossenen Nicken.

Greg ging über die Straße und schaute sich das Angebot in dem kleinen Stand des Dinkas an. Ich stieg ebenfalls aus dem

Land Cruiser und trat vor das Fahrzeug. Wie immer war es sehr heiß, fast 34 Grad im Schatten. Ich öffnete die Motorhaube und beugte mich über den Motor, als würde etwas mit dem Auto nicht stimmen. In K-Town konnten zwei Amerikaner nicht einfach am Straßenrand parken und erwarten, daß ihre Anwesenheit nicht sofort bemerkt wurde. Eine angebliche Panne gab vielleicht noch eine Zeitlang eine einigermaßen plausible Begründung für unsere Anwesenheit hier ab.

Ich ließ die Kühlerhaube offen und setzte mich auf den Beifahrersitz des Land Cruisers. Dann steckte ich das 300-mm-Objektiv seitlich unter der verstellbaren Kopflehne der Fahrersitzes hindurch. So konnte ich die Rückenlehne als stabile Auflage für das Objektiv und die Kamera benutzen. Dann stellte ich das Objektiv so ein, daß es genau auf den Ausgang des Ibn-Khaldoun-Krankenhauses gerichtet war.

Als ich noch am Objektiv herumdrehte, kam mir eine Frau, die ich sofort als Lana ASJ identifizierte, vor die Linse. Ich war vollkommen vertieft in meine Arbeit, sonst hätte ich es wahrscheinlich für ein Wunder gehalten, wie sie sich aus dem Nichts vor meinen Augen materialisierte.

Sie war allein, und ich machte schnell vier oder fünf Schnappschüsse von ihr. Sie ging auf den Cressida zu, und über dem Klikken der Blende hörte ich, wie Greg lautstark mit dem Dinka-Verkäufer herumstritt.

„Verdammt, du willst mich wohl übers Ohr ziehen, du Abzokker!" brüllte Greg. „Was glaubst du eigentlich, wen du hier vor dir hast? Ich prügel dich grün und blau!"

Ich blickte kurz hinüber zu dem Aufruhr. Greg machte seinen Job wirklich gut. Der Dinka erhob sich aus der sitzenden Position und baute sich in einer enormen Größe vor Greg auf. Verdammt, der Kerl war sicher über zwei Meter groß. Aber Greg ließ sich nicht beirren, sondern machte einfach weiter mit seine Tirade. Als ich zurück zum Krankenhaus blickte, trat gerade ein großer Weißer zusammen mit einem kleinen Schwarzen aus dem Eingang. Ich schaute mir diesen massigen Weißen an, und mein erster Gedanke war: *Verdammt, das ist er, das ist Carlos der Schakal.* Der Mann war fünfzehn Jahre älter und um die zwanzig Kilo schwerer als der Carlos, den wir von den alten Aufnahmen kannten, aber mein Herz raste und wieder stellten sich die Härchen an meinen Unterarmen auf. Es mußte Carlos sein.

Ich folgte ihm mit dem Sucher der Kamera und machte Aufnahme um Aufnahme, während die beiden Männer zum Cressida gingen. Greg ließ nicht von seiner verbalen Attacke auf den armen Dinka ab, und der Mann, den ich für Carlos hielt, und sein schwarzer Begleiter blieben stehen und starrten zum Zigarettenstand. *Perfekt.* Der große Mann befand sich mitten im Zentrum meines Suchers, und ich drückte noch ein paar Mal auf den Auslöser.

Greg unterbrach seinen gespielten Wutausbruch und wandte mir so das Gesicht zu, daß die Gruppe am Cressida ihn nicht sehen konnte. Er bewegte aufgeregt die Lippen, und ich kapierte sofort, was er sagte. „Billy, siehst du den Mann?" flüsterte er.

Ich antwortete ganz ruhig: „Ich habe ihn."

Ich hatte ihn wirklich, zumindest auf Film. Ich klickte schnell die gesamten sechsunddreißig Bilder voll. Wenn ich mich nicht täuschte, dann war mir gerade mit der Kamera so etwas wie ein perfektes Match gelungen. Eine einfache Ablenkungsstrategie, ein leerer Film und der berühmteste Terrorist der Welt. Konnte es noch besser werden?

Ich prägte mir das Aussehen des dicken Mannes gut ein: Er war ungefähr einsachtzig groß, wog etwa zwischen 95 und 100 Kilo, er hatte eine sehr gepflegte Frisur, die Haarfarbe ging einen Stich ins Rötliche. Über seiner Schulter trug er eine braune Tasche. Ganz bestimmt war das keine Fototasche, sondern viel eher eine Waffentragetasche. Ich bemerkte auch ein Fußholster etwas oberhalb des rechten Knöchels. Er trug eine Safari-Jacke – eine ärmellose Weste mit vielen unterschiedlich großen Taschen.

Der Mann, von dem ich vermutete, aber noch nicht ganz sicher wußte, daß er der Schakal war, drehte sich noch einmal um, als er vor der Beifahrertür des Cressida stand. Ein paar Augenblicke lang beobachtete er, wie Greg mit seinen Beschuldigungen gegen den Dinka zum Ende kam. Der vollkommen irritierte Zigarettenverkäufer war mittlerweile auch ziemlich aufgebracht. Er hatte keine Ahnung, warum mein Freund ihn grundlos anmachte, aber er hatte genug davon.

Lana ASJ stieg auf der Fahrerseite ein und schloß die Tür hinter sich. Der Mann, der vielleicht Carlos war, setzte sich auf den

Beifahrersitz. Der schwarze Begleiter legte einen großen Umschlag, der aussah, als könne er Röntgenbilder enthalten, auf den Rücksitz hinter Carlos und ging zum Krankenhaus zurück. (Wir erfuhren später, daß Carlos an Warzen im Genitalbereich litt, und einige Berichte deuteten an, daß er sich im Krankenhaus Tests unterzog, um die Ursache für seine verminderte Fruchtbarkeit zu ermitteln). Sie fuhren los, ohne daß sie etwas von unserer Anwesenheit mitgekriegt hatten. Ich funkte heimlich Don an, der immer noch eine Straße weiter parkte.

„Häng dich an den Cressida dran, bis du weißt, wohin sie fahren", sagte ich.

„Roger", kam die Antwort wie aus der Pistole geschossen. Der Cressida fuhr los bis zur Airport Road, wo er nach rechts Richtung Süden abbog. Lana ASJ fuhr. Tarek war nirgends zu sehen, nur der große Mann auf dem Beifahrersitz und die hübsche junge Fahrerin.

Als Greg mitkriegte, daß der Cressida wegfuhr, griff er in seine Tasche und holte sudanesische Pfundnoten im Wert von zwanzig US-Dollar heraus. Er reichte das Geld dem total verblüfften Dinka, schätzte mit einem Blick die Reaktion des Mannes ab, dann trabte er über die Straße und setzte sich zu mir in den Land Cruiser. Der arme Dinka schaute auf das Geld und schüttelte den Kopf. Nach und nach schien ihm klar zu werden, welche Summe er in Händen hielt, und der verblüffte Ausdruck in seinem Gesicht verwandelte sich in ein freudiges Strahlen. Er dachte sicher, *kann mir doch scheißegal sein*. Mit ein paar Minuten blöder Anmache konnte er leben, wenn er dafür so entlohnt wurde.

Ich schloß die Kühlerhaube des Land Cruisers, startete und fuhr auf der Neunzehnten Straße Richtung Westen. Don kam uns entgegen und fuhr weiter zur Airport Road, dem Cressida nach. Wir ließen uns nicht anmerken, daß wir irgendetwas mit ihm zu schaffen hatten.

Ich war außer mir vor Begeisterung und konnte es kaum erwarten, die Bilder zu entwickeln. Der große Weiße mußte Carlos der Schakal sein, da war ich mir fast sicher. Ich schickte ein paar Stoßgebete in den Himmel, daß der Film in Ordnung war, die Fotos gut herauskamen und die Kamera einwandfrei funktioniert hatte.

Vor Freude brüllte ich Greg fast an. „Mann, mein Freund, wenn mich nicht alles täuscht, dann haben wir gerade Carlos den Schakal direkt vor der Kamera gehabt."

Greg war genauso ekstatisch wie ich. Wir beglückwünschten uns gegenseitig zu unserer, wie es uns schien, überaus erfolgreichen Aktion. Greg hatte die improvisierte, aber vollkommen ausreichende Ablenkungstaktik mit absoluter Perfektion durchgeführt. Es brauchte Mumm, den nichtsahnenden und vollkommen arglosen Dinka so in der Öffentlichkeit herunterzuputzen. Aber Greg hatte die Sache mit Bravour durchgezogen und so lange und so überzeugend den wütenden Amerikaner gespielt, daß sogar unser Hauptziel Carlos darauf aufmerksam geworden war.

Ich versuchte Cofer Black zu erreichen, der bei einem Treffen mit Botschafter Donald Petterson gewesen war, als wir nach Dons Nachricht die Botschaft um 14 Uhr verlassen hatten. Ich warf einen Blick auf meine Armbanduhr, es war 15.50 Uhr. Die ganze Aktion hatte weniger als zwei Stunden gedauert. Der Standortleiter rief mich nicht zurück, aber die Stationsleiterin gab mir Bescheid, daß Black nach Hause gegangen sei. Ich versuchte noch einmal, ihn zu erreichen, diesmal mit dem tragbaren UKW-Sender. Auch hier bekam ich keine Antwort. Ein Telefonanruf kam nicht in Frage. Das sudanesische Telefonnetz wurde von der Regierung betrieben und deshalb mit Sicherheit abgehört, außerdem war die Verbindung immer sehr schlecht.

Weil wir unseren Boß nicht erreichen konnten, fuhren wir sofort zur Amerikanischen Botschaft zurück. Wir stiegen aus dem Land Cruiser und kamen wieder an dem Toyota Pickup der PSO vorbei. Die beiden PSO *jundis* saßen noch immer in dergleichen Position wie vor zwei Stunden. Sie waren inzwischen aufgewacht und blinzelten verschlafen durch die Windschutzscheibe. Mit einem Grinsen im Gesicht salutierte ich ihnen.

Die Kamera, in der der wertvolle Film steckte, lag in einer Sporttasche, die ich fast immer bei mir trug. Greg und ich schauten kurz in der CIA-Station vorbei. Ich sagte der Stationsleiterin, daß wir wenigstens eine Stunde oben im sechsten Stock im Fotolabor beschäftigt wären. Mehr verriet ich nicht.

Im Labor überprüfte ich die Chemikalien, damit die Temperatur auf jeden Fall stimmte. Ich konnte spüren, wie mein Herz schneller schlug als normal, viel schneller. Das hier war die wichtigste Rolle Film meiner Karriere. *Ruinier den Film nicht, Billy boy.* Ich füllte Eiswürfel in die Mischungen und beobachtete, wie die Temperatur auf die gewünschte Gradzahl sank. Das Thermometer pendelte sich zwischen perfekten 20 und 21 Grad Celsius ein.

In vollkommener Dunkelheit nahm ich den Film aus der Kamera. Ich riskierte nichts bei dieser Filmentwicklung und ließ alle Tricks bleiben, die ich sonst anwandte. Streng hielt ich die vorgeschriebenen Entwicklungszeiten ein und behandelte den Streifen wie ein zerbrechliches Neugeborenes. Auf die Sekunde genau nahm ich ihn zum richtigen Zeitpunkt aus den lichtgeschützten Behältern.

Im Lauf der Jahre war ich zu einem leidenschaftlichen Filmentwickler geworden. Ich hatte mich lange und geduldig mit der Technik beschäftigt und war inzwischen, um ganz ehrlich zu sein, wirklich verdammt gut darin. Wenn der Film schon im Entwickler war und aus dem Fixierer kommt, dann braucht es nur das dunkelrote Licht der Glühbirne in der Dunkelkammer, und jeder, der viel selbst entwickelt, kann sagen, ob die Bilder wirklich gut geworden sind. Wenn der Film richtig behandelt wurde, dann stechen einem die Figuren und Formen direkt aus der Lösung heraus ins Auge. Der Moment, wenn man die Filmstreifen mit der Zange aus der Lösung holt und gegen das Licht hält – das ist beim Filmentwickeln der Moment der Wahrheit.

Als ich an diesem Tag die Negative aus der Lösung hob und sie ins Licht hielt, konnte ich vor Anspannung kurz nicht mehr atmen. Ich war allein in der Dunkelkammer und fragte mich, ob es mir wohl gelungen war, ein Bild zu schießen, das zur Festnahme des weltweit am meisten gesuchten Star-Terroristen führen würde. Es war ein bedeutender Moment für mich, für mein Land, vielleicht sogar für die ganze verdammte Welt.

Ich holte den Film aus dem Entwickler und hielt den Streifen vor das rote Licht. Überall in meinem Körper kribbelte es, und mir standen die Nackenhaare auf. „Mann, verdammt, ja!" sagte ich laut zu mir selbst. Da war er: Carlos der Schakal im Negativ. Gestochen scharf sprang er aus diesem Filmstreifen, als stände er direkt neben mir.

Auf diesem Film war mehr als einfach nur Beweisstück für eine positive Identifikation. Dieser Film enthielt dreißig großartige Aufnahmen von einem der gefährlichsten und am schwersten zu fassenden Männer der Welt.

Carlos der Schakal war seit einem Jahrzehnt nicht mehr vor eine Kamera getreten, und hier stand ich in der Dunkelkammer mit einem blöden Grinsen im Gesicht und war mir sicher, daß der Schakal keinen einzigen Terrorakt mehr begehen würde.

Das war das Ende von Carlos. Die Filmstreifen in meinen Händen, aus denen er mich anstarrte, besiegelten sein Schicksal.

Ich war total aus dem Häuschen. Die bange Nervosität, die beim Entwickeln des Films von mir Besitz ergriffen hatte, war wie weggeblasen. Statt dessen war mir fast schwindlig von dem überwältigenden Gefühl, daß wir unseren Job verdammt gut gemacht hatten. Ich wusch den Film, dann schnitt ich ihn zurecht, um Vergrößerungen zu machen. Auf diesem Film würden ganz sicher keine Fingerabdrücke von einem schlampigen Entwickler zu sehen sein.

Don meldete sich mit einem Zwischenbericht über seine Verfolgung des Cressida. Er war den beiden vom Krankenhaus aus nachgefahren, bis sie in einen bewachten Apartmentkomplex an der Fünfunddreißigsten Straße eingebogen waren, der direkt an die Airport Road grenzte.

Der Mann, von dem wir vermuteten, daß er Carlos war, stieg aus dem Wagen.

Seine hübsche Braut stieg ebenfalls aus.

Das Paar betrat das Gelände durch das Vordertor, stieg eine Treppe hoch und verschwand in einem der Apartments.

Damit hatten wir auch noch einen möglichen Wohnsitz zu unserer noch unbestätigten Identifikation. Allmählich wurde aus diesem 8. Februar, der so langweilig begonnen hatte, ein Tag, der in die Annalen der Terrorismusbekämpfung eingehen würde.

Im Fotolabor versuchte ich immer noch, den Standortchef ans Funkgerät zu kriegen, aber ich kam nicht zu ihm durch. Ich rief Greg ins Labor, damit er sich die Ergebnisse unsere Operation ansehen konnte. Ein Vollzeit-Mitarbeiter der CIA, einer unserer Liaison-Männer in Khartoum, überwachte den Funkverkehr. Er funkte mich auf dem tragbaren Empfänger auf einer verschlüsselten Frequenz an. „He, Batman, was habt ihr?"

„Ich habe vielleicht was ganz Großes", antwortete ich.

Als er das hörte, kam der Liaison-Mann hoch ins Fotolabor. Don hatte die Überwachung des Cressida erfolgreich abgeschlossen, und er erschien ungefähr zur selben Zeit im Labor. Er hatte gerade erst gelernt, wie man Filme entwickelt, und war geradezu schockiert, daß ich die wertvollen Aufnahmen schon fertig hatte. Er konnte sich nicht vorstellen, daß ich bei der Entwicklung des Films in so kurzer Zeit mit der nötigen Sorgfalt vorgegangen war. Ich nehme an, er war heilfroh, daß er nicht für diese Fotos verantwortlich war.

Schließlich hatte ich alle fünfunddreißig brauchbaren Vergrößerungen gewässert und getrocknet. Ein Bild war etwas verschwommen, doch bei allen anderen war selbst ich überrascht von der Schärfe und der sehr guten Qualität jeder Aufnahme. Die Fotos der schönen Lana ASJ waren erstklassig. Ich hatte sie aus einer Entfernung von dreißig Metern mit dem 300-mm-Objektive aufgenommen, und ihre Gesichtszüge waren perfekt zu erkennen. Besser konnten Fotos unter diesen Bedingungen nicht gelingen. Von dem schwarzen Begleiter und Carlos – oder dem Mann, den wir für Carlos hielten – hatte ich fünfundzwanzig Bilder geschossen, und sie waren alle von einer ähnlich herausragenden Qualität wie die Bilder von Lana.

Ich versuchte immer noch, den Standortleiter zu erreichen. Zwei Stunden nachdem wir die Aufnahmen gemacht hatten, ungefähr um 16.30 Uhr, funkte ich ihn noch einmal an und erhielt wieder keinen Rückruf. Wo steckte er? Uns blieb nichts anderes übrig, als zur Wohnung von Cofer Black in Khartoum zu gehen. Greg und ich machten uns auf den Weg. Die Entwicklungen waren inzwischen so brisant, daß Gespräche darüber nur noch persönlich stattfinden durften. Black mußte jetzt informiert werden. Die *Welt* mußte jetzt erfahren, was passiert war.

Die Strecke von der Botschaft zu Blacks Wohnung dauerte fünfundzwanzig Minuten. Wir fuhren Richtung Blauer Nil am Haus von Hassan al-Turabi vorbei, passierten die Chinesische Botschaft und kamen in die östlichen Bezirke des Stadtteils Riyadh.

BILLY WAUGH

Der Wachposten vor dem Quartier des CIA-Standortleiters sagte uns, daß Black zu Hause war, und wir klingelten. Ein Besuch von ein paar unabhängigen Kontraktoren nach Dienstschluß war äußerst ungewöhnlich, und wir mußten ein paar Mal klingeln, bis Cofer Black in Jogginghosen, einem T-Shirt und Laufschuhen die Tür öffnete. Wir hatten ihn von seiner Nordic-Track-Maschine heruntergeholt, auf der er sich nach einem langen Tag in Khartoum abreagierte.

Cofer Black sah mich an und sagte: „Was zum Teufel ist los, Billy?" Offensichtlich wußte er nichts von allem, was in den letzten vier Stunden passiert war.

„Nun, Sir, ich habe hier ein paar Fotos, die ich Ihnen gerne zeigen möchte."

Er wische sich den Schweiß von den Händen und blickte halbirritiert, halbspöttisch von einem zum anderen.

Ich reichte ihm den gelben Briefumschlag. Er schaute sich die erste der fünfunddreißig Aufnahmen an, die Nahaufnahme von Lana ASJ. „Jesus, Billy, das ist die gottverdammte Braut von Carlos", sagte er. „Wo zum Teufel hast du die her?"

„Schauen Sie sich erst mal die anderen an, Sir."

Er zog einige der Fotos aus dem Stapel, auf denen der Weiße zu sehen war, den wir für Carlos hielten. Black stand mit einem ziemlich belämmerten Gesichtsausdruck da, dann kippte ihm die Kinnlade herunter. Nach ein paar Augenblicken fing er sich wieder, doch er sagte nichts. Langsam ging er alle Aufnahmen durch, dann legte er sie auf den Eßtisch.

Schließlich fragte er ruhig: „Wer hat die aufgenommen?"

Greg antwortete. „Billy hat sie gemacht, Cofer. Vor zwei Stunden vor dem Ibn-Khaldoun-Krankenhaus."

„Himmel Herrgott", sagte Cofer, und langsam verschwand der ungläubige Ton aus seiner Stimme. „Ich glaube, das ist Carlos der Schakal. Aber wir brauchen eine sichere Identifikation." Er dachte einen Moment lang nach, dann wandte er sich an mich: „Billy, welchen IC können wir damit zurück in die Staaten schicken? Der Mann muß noch heute abend mit diesen Fotos fliegen."

Ich nannte ihm den Namen eines Kontraktors, dessen Vertrag am kommenden Freitag, also in drei Tagen, auslief. Black nickte. „Gut. Du kümmerst dich darum."

Zusammen mit Black wählten wir nach seiner Anweisung drei Bilder des mutmaßlichen Carlos und eines von Lana ASJ aus. Die anderen wurden in „sicheren Händen" in einer Diplomatentasche nach Washington geschickt.

„Der Kontraktor, der die Fotos überbringt, soll sich gegenüber den Agenten, die ihn in Washington abholen, ausweisen", sagte Black. „Der Duty Officer des Dienstes wird die Fotos direkt am Flughafen in Empfang nehmen, damit wir möglichst schnell erfahren, ob der Mann wirklich Carlos ist."

Wir rasten zur CIA-Station. Die Fotos wurden professionell verpackt, und wir erhielten das erforderliche Schreiben für Reisen mit einer Diplomatentasche. Das erledigte ein Mitarbeiter des Außenministeriums. Unseren scheidenden Kollegen brachten wir mitsamt seiner wertvollen Fracht auf den Internationalen Flughafen von Khartoum und setzten ihn in einen Lufthansa-Direktflug, der am 9. Februar um 02.00 Uhr nach Frankfurt startete. Von da flog er sofort weiter nach Washington, D.C.

Alles klappte irgendwie, und unsere Fotos wurden außer Landes gebracht. Jetzt konnten wir nur warten und hoffen, daß es sich auch wirklich um unseren Freund Carlos handelte.

Um 10.00 Uhr am Morgen nach der furiosen und (so hofften wir) erfolgreichen Operation gegen Carlos und seine reizende Braut versammelten wir uns im Büro des Standortleiters, um unsere weiteren Schritte zu diskutieren. Alle Mitarbeiter aus Khartoum waren anwesend, und ich berichtete dem Leiter, allen CIA-Agenten und den ICs genau, wie der Fototermin mit dem mutmaßlichen Carlos abgelaufen war.

Unseren Boß Cofer Black informierten wir über die genaue zeitliche Abfolge, über alle getroffenen Entscheidungen und im Detail über alles, was wir zwischen dem Auftauchen Carlos' vor dem Ibn-Khaldoun-Krankenhaus bis zu der heimlichen Aufnahme der Bilder unternommen hatten. Kaum hatte er von den neuesten Entwicklungen erfahren, hatte Botschafter Petterson den CIA-Standortleiter sofort zu sich gebeten. Black wollte sichergehen, daß wir uns über jede Kleinigkeit einig waren, bevor er sich mit dem Botschafter traf.

Wir kauten jede Phase der gesamten Operation in allen Einzelheiten durch, ähnlich wie in den Nachbesprechungen nach Kampfeinsätzen während des Krieges. Der scharfe Blick und die Aufmerksamkeit, mit der Don den parkenden Cressida in der Neunzehnten Straße entdeckt hatte, wurden herausgestrichen. Greg und ich wurden für die spontane und effektive Ablenkungstaktik gelobt und für die großartigen Aufnahmen, die daraus resultierten.

Mir war klar, daß Cofer Black der Meinung war, ich würde manchmal zu vorschnell handeln und mich weder um einzuholende Genehmigungen noch um die Folgen meiner Handlungen kümmern. Bei dieser Sitzung ließ er kein einziges Wort fallen, das in diese Richtung ging. Ich wußte, er hätte es lieber gesehen, wenn ich ihn kontaktiert hätte, bevor ich heimlich Fotos von einem Mann schoß, von dem wir glaubten, daß er der führende Terrorist weltweit war. Aber bei der Operation hatte Zeit eine entscheidende Rolle gespielt, und wir hatten nicht wissen können, ob sich eine ähnliche Gelegenheit jemals wieder bieten würde. Deshalb rügte mich Black nicht, obwohl ich die Sache ohne seine direkte Zustimmung durchgezogen hatte.

Als Vorbereitung auf die nächste Runde gegen den Schakal sammelten wir alles, was wir über den Mann und seine Ehefrau wußten. Es war nicht gerade viel, aber wir konnten mit Sicherheit folgendes festhalten:
– Wir wußten, wo die beiden im New-Addition-Viertel von K-Town wohnten.
– Wir kannten das Fahrzeug, mit dem sie herumfuhren.
– Wir kannten die Identität und wußten, wie Carlos' Leibwächter Tarek aussah; wir vermuteten, daß er im selben Apartment wie Carlos und seine Frau wohnte.
– Wir waren ziemlich sicher, daß weder Carlos noch seine Freunde etwas von unserer spontanen Foto-Session mitbekommen hatten.

Die unbekannten Faktoren machten eine viel längere Liste aus. Wir wußten nichts über
– Carlos' Pläne,
– Carlos' Kommunikationssystem,
– seine derzeitige Beziehung zur sudanesischen Regierung,

– seine zukünftigen Terroranschläge, falls er überhaupt noch welche plante; wir hatten nicht die geringste Ahnung, ob er der Kopf eines Netzwerks war, mit dem er Terrorpläne schmiedete, oder ob er sich ganz aus dem Terrorismus-Geschäft zurückgezogen hatte,
– den Kreis seiner engeren Verbündeten im Sudan, falls solche Verbindungen existierten.

Als wir am Ende der Besprechung angelangt waren, erhob Cofer Black noch einmal die Stimme und warnte uns in sehr ernstem Ton. Er wollte nicht, daß der Schakal von irgend jemand auf eigene Faust überwacht wurde. Beschattung und Überwachung erfolgten nur auf seine explizite Anordnung. Wenn wir den Cressida oder eine der gesuchten Personen (Lana ASJ, Tarek oder Carlos selbst) entdeckten, dann sollten wir ihn sofort darüber informieren, den schriftlichen Bericht reichte er dann an die Leute vom Hauptquartier in den Vereinigten Staaten weiter. Sobald eine positive Identifikation von Carlos anhand meiner Aufnahmen etabliert werden konnte, würden sich die CIA-Chefs natürlich intensiv für unsere Operation interessieren.

Ich hatte meine eigene Meinung darüber, wie wir über das Schicksal des Schakals entscheiden sollten. Niemand war überrascht, als ich meinte, ob es nicht doch besser wäre, den Fettarsch überwachen zu lassen. Ich schlug sogar vor, Carlos sofort umzulegen und so der Regierung eine Menge Geld zu sparen. Ihn zu erschießen wäre ein leichtes gewesen, und man hätte es so drehen können, daß der Verdacht nicht auf die CIA, sondern auf eins der Länder fiel, die mit dem ehemaligen Playboy noch größere Hühnchen zu rupfen hatten als wir.

Diesen Vorschlag machte ich erst, als ich allein mit Black im Büro war. Er schmetterte die Idee sofort ab. In unmißverständlichen Worten erklärte er mir, daß er persönlich alle Entscheidungen über zukünftige Vorgehensweisen treffen würde, und zwar erst, wenn eindeutig feststand, ob der Mann wirklich auch Carlos war. Ich war trotzdem froh, daß ich meine Meinung geäußert hatte, und wenn ich damit nur meinem Ruf gerecht wurde, daß ich immer sagte, was ich dachte.

Cofer Black mußte zu dem Treffen mit dem Botschafter, und er bat mich, solange in seinem Büro zu warten. Nachdem er Petterson alles berichtet hatte, kam Black zurück und führte mich und Greg ins Büro des Botschafters im zweiten Stock der Amerikanischen Botschaft. Botschafter Petterson bedachte uns mit den üblichen Platitüden und gratulierte uns zum Erfolg der Aktion, an dem wir maßgeblich beteiligt waren.

Währenddessen warteten wir alle nervös auf Nachricht aus dem CIA-Hauptquartier, ob die Person auf unseren Fotos wirklich der Schakal war. Wir kontaktierten den Kontraktor, der die Fotos überbracht hatte, und erfuhren, daß er am 9. Februar um 14.00 Uhr in Dulles gelandet war. Er war von dort ins Hauptquartier der CIA gebracht worden, wo die führenden Köpfe von zwei Abteilungen die Fotos unter die Lupe genommen hatten.

Dann wurde dem IC völlig überraschend mitgeteilt, daß er die Fotos in der Diplomatentasche so schnell wie möglich nach Jordanien bringen sollte. Offenbar konnten nur die Jordanier den Schakal eindeutig identifizieren.

Der IC, der in einem erstaunlichen Tempo Vielflieger-Bonusmeilen sammelte, flog zurück nach Frankfurt, dann von dort nach Amman, Jordanien, die Fotos in der Diplomatentasche immer im Handgepäck. Der jordanische Geheimdienst identifizierte den Mann auf den Fotos ganz eindeutig und ohne jede Frage und Zweifel als Ilich Ramirez Sanchez alias Carlos den Schakal. Der IC wurde mit den Fotos zurück in die USA beordert, mit dem ausdrücklichen Zweck, sie dem Leiter der Nahost-Abteilung zu übergeben.

In K-Town konnten wir uns nicht mehr halten vor Begeisterung. Alle schüttelten sich gegenseitig die Hände. Viele Länder waren schon an Carlos dem Schakal gescheitert, aber wir waren kurz davor, ihn endlich festzusetzen.

Obwohl Black meinen Vorschlag abgelehnt hatte, ließ ich mich nicht entmutigen und forderte Luftaufnahmen von der gesamten Stadt an. Ich entwickelte einen Plan, falls die Meinungen sich änderten und wir doch den Befehl erhielten, Carlos mit Gewalt ins Jenseits zu befördern. Zu dieser Zeit war allerdings die Clinton-Regierung im Amt, und ich hatte wenig Hoffnung, daß so ein Plan von ganz oben genehmigt wurde.

Wir kümmerten uns wieder um unsere anderen Pflichten in Khartoum. Der Standortleiter erhielt Beifall und Glückwünsche für das Aufspüren des Schakals aus der ganzen Welt. Währenddessen machte das Objekt unserer Zuneigung immer noch die Straßen von K-Town unsicher. Carlos torkelte halbbetrunken durchs Leben, ohne einen Schimmer von unseren aktuellen Ermittlungserfolgen.

Am 19. Februar 1994 wurde ich zurück in die Vereinigten Staaten geschickt, wo mich ein paar ganz hohe Tiere in der CIA zu meinem Erfolg beglückwünschten. In den nächsten zwei Monaten reiste ich viermal zwischen Washington D.C. und Afrika hin und her.

Was Carlos betraf, hörte ich nichts Neues. Aber es war nur noch eine Frage der Zeit, bis der meistgefeierte Terrorist der Welt seinen Abgang machte. Wir wußten, wie er aussah und wo er wohnte. Das waren die Resultate eines beispiellosen Nachmittags, in dem mehr als fünfzehn Jahre internationaler Fahndung ihren Höhepunkt fanden.

Die Jagd nach dem Schakal war vorbei.

Jetzt konnte das Kesseltreiben beginnen.

11

Die Tage nach unserem Fototermin mit Carlos verbrachte ich mit langen Aufenthalten auf irgendwelchen Flughäfen und schier endlosen Flügen rund um die Welt. Ich hatte jede Menge Zeit, darüber nachzudenken, wie ich eigentlich in diese bemerkenswerte Operation gegen den meistgesuchten Mann der Welt hineingeraten war.

Khartoum war nicht mein erster Auftrag, bei dem ich mit Carlos in Berührung kam. Im Sommer 1992 hatte mich die CIA nach Bregenz in Österreich geschickt, wo ich an einem Einsatz mitwirkte, bei dem es um einen angeblichen Lieutenant des Schakals ging, der in den Berichten immer wieder auftauchte. Seinen Namen und Codenamen erwähne ich nicht, statt dessen will ich ihn der Einfachheit halber Target nennen. Dieser Mann pries sich selbst als bewährter Vertrauter des Schakals an.

Targets Geschichte ist ein gutes Beispiel dafür, wie die Legenden, die sich um Carlos rankten, immer absonderlicher wurden und dabei Dimensionen annahmen, die nicht mehr rational zu erklären waren.

In Vorbereitung für meine Reise nach Bregenz erfolgte eine mehrtägige Einsatzbesprechung. Im Anschluß flog ich nach Zürich und fuhr von dort mit dem Auto weiter nach Bregenz. Im Sommer ist die Schweizer Landschaft wirklich atemberaubend. Bregenz liegt unmittelbar an der Schweizer Grenze, am östlichen Ende des Bodensees. Die Rheintalautobahn verbindet die Stadt mit Deutschland und der Schweiz, und man ist sofort in Liechtenstein. Das sogenannte Vierländereck gibt eine Bilderbuch-Szenerie ab, die direkt aus *The Sound of Music* stammen könnte. Was die Arbeitsbedingungen betrifft, konnte man Khartoum dagegen glatt vergessen. Allerdings trieben in dieser schönen Landschaft rund um den Bodensee nicht annähernd so viele Bösewichte ihr Unwesen, und jemand wie ich, der immer hinter kriminellen Schwachköpfen herjagen muß, würde hier wohl kaum genug Aufträge kriegen.

Gemeinsam mit den anderen ICs brachte ich den Auftrag schließlich zu Ende. Über die Details dieser Operation kann ich nichts weiter sagen, ein paar schillernde Schlaglichter möchte ich aber trotzdem erwähnen, weil sie zeigen, wie Carlos zu dem Mythos stilisiert wurde, als der er in die Geschichte eingegangen ist.

Nach Beendigung des Auftrags saß ich allein beim Wiener Schnitzel in einem Bregenzer Restaurant, als Target geradewegs zur Tür hereinmarschierte. Wir wußten, daß er eine Freundin in der Stadt hatte, aber er tauchte allein auf. Er hatte sich auffällig in Schale geworfen, und mir war sofort klar, daß ich einen aufgemotzten Schnösel vor mir hatte.

Ich tat, als hätte ich ihn nicht bemerkt und aß gemütlich weiter. An der Bar fing Target auf deutsch eine Unterhaltung mit zwei Frauen an. Als ich so seine aalglatten Annäherungsversuche beobachtete, dachte ich mir: *Dieser Typ ist echt ein aufgeblasener Angeber, aber bei den Frauen hat er den Dreh raus.* Ich beendete mein kleines Festmahl und verließ wortlos das Lokal. Mit dem Mann, der sich selbst als den getreuen Lieutenant von Carlos dem Schakal bezeichnete, wechselte ich keinen Blick.

Dieser Kerl war so unglaubwürdig wie der gesamte Mythos um Carlos. Target stand auf der Gehaltsliste der CIA und fütterte uns mit falschen Informationen über Carlos' Aufenthaltsort. Er behauptete, er sei der Mann an der Spitze von Carlos' Terrororganisation und die rechte Hand des Schakals, aber das war der größte Schwachsinn. Als wir uns in Bregenz an seine Fersen hefteten, wußten wir noch nicht, daß er uns an der Nase herumführte. Aber nach einer Weile wurde uns klar, was Target für ein Spiel trieb. Zum Teil ergab sich das aus scheinbar bedeutungslosen Beobachtungen wie meiner im Restaurant: Manchmal sind es die Zufallsbegegnungen, die einem die klarsten Einblicke in den Charakter eines Menschen verschaffen.

Noch 1994, nachdem ich Carlos in Khartoum schon fotografiert hatte und wir genau über seinen Wohnsitz Bescheid wußten, versuchte Target, uns einen Bären aufzubinden. Über seinen Kontaktmann ließ er ausrichten, daß sich Carlos im Libanon aufhielte und dort üble Dinge vorbereite. Solche frechen

Lügen und die Art bezahlter Lügner wie Target waren typisch für Carlos' Vorgehensweise. Es muß ihm aber auch klar gewesen sein, daß seine dauernde Verschleierungstaktik nicht für immer funktionieren konnte.

Auf unseren Fototermin vor dem Ibn-Khaldoun-Krankenhaus folgte, bildlich gesprochen, ein Waffenstillstand an der Carlos-Front. Es kam kein Befehl zur Festnahme, im Gegenteil, für die folgenden zwei Monate gab die CIA „Fernhalten" als Richtlinie in Bezug auf Carlos aus. Er durfte auf keinen Fall mitkriegen, daß wir ihn eingekreist hatten, und der Standortleiter befürchtete, daß zu viel Aktivität in der Nähe von Carlos' Apartment alles auffliegen ließe.

Ich pendelte zwischen Washington D.C., Afrika und den ICs, die in Khartoum nach wie vor ein Auge auf Carlos hielten. Mit der „Fernhalten"-Richtlinie war ich überhaupt nicht einverstanden – ich hätte für eine Observation rund um die Uhr plädiert –, aber ich zügelte meinen Ärger und verließ mich darauf, daß Cofer Black und seine Leute schon einen Plan in der Hinterhand hatten.

Es gab für uns kaum mehr Zweifel, daß Carlos seine Terroristenkarriere mittlerweile praktisch an den Nagel gehängt hatte. Seine Legende war aber immer noch lebendig und wirkungsvoll. Dreizehn Tage nach dem Fototermin vor dem Ibn-Khaldoun-Krankenhaus, am 21. Februar 1994, wurde ich nach Ägypten geschickt. Es gab Informationen, daß Carlos nach Zypern übersiedeln wollte und dabei über den internationalen Flughafen von Kairo fliegen würde.

Als Anführer eines Vier-Mann-Teams bezog ich Position am Afrika-Terminal des Flughafens. Mehrere Flüge aus dem Sudan landeten, aber ich entdeckte niemanden, der Ähnlichkeit mit unserem berühmten Freund hatte. Der Einsatz dauerte sechs quälende Tage lang. Gesamtresultat: nichts und niemand, nur zum tausendsten Mal bei der Jagd nach dem Schakal eine Spur, die ins Nichts führte.

Einen Monat später wurde ich nach Khartoum zurückgeschickt. Kaum angekommen, schlug ich Cofer Black vor, einen dauerhaften Observationsposten zu suchen, von dem aus unser

Team Carlos' Apartment beobachten und all seine Aktivitäten verfolgen konnte. Auch Black fand, daß es an der Zeit sei, bei der Jagd auf Carlos einen Zahn zuzulegen und dieses Arschloch ein für alle Mal aus dem Verkehr zu ziehen.

Die Suche nach einem passenden Beobachtungsposten gestaltete sich schwieriger als erwartet und zog sich über März und April hin. Hätten Carlos, seine Frau und sein Leibwächter K-Town heimlich verlassen wollen, oder hätte die sudanesische Regierung beschlossen, ihn im Interesse aller heimlich aus dem Land zu verfrachten, wären wir wohl kaum rechtzeitig an die entsprechenden Informationen gekommen.

Die ständigen Verzögerungen gingen noch bis Mai weiter. Carlos war noch in K-Town. Das bestätigten uns die ICs und andere Agenten, die ihn in einschlägigen Bars und im Rotlichtmilieu observierten. Wir wußten, daß er im Mai an einer der berüchtigten Discos im Dip-Club teilgenommen hatte. Manchmal sahen die ICs oder andere Leute der CIA ihn in seinem Toyota Cressida herumfahren. Die Informationen, wann und wo Carlos in der Stadt gesichtet worden war, wurden über tragbare UKW-Sender gemeldet, aber viel weiter ging die Überwachung nicht.

Bei der Suche nach einem geeigneten Beobachtungsposten kamen wir genausowenig voran. Am 20. Mai sah ich mir dann zusammen mit dem ausscheidenden IC-Teamchef ein altes Miethaus in der Siebenunddreißigsten Straße in New Addition an. Von der Nordseite des Gebäudes aus hatte man einen direkten Blick auf Carlos' Apartment, das nur 120 Meter entfernt lag, an der Ecke der Siebunddreißigsten und der Airport Road. Die unteren Stockwerke des alten Miethauses waren bewohnt, aber wir hatten Informationen erhalten, daß das verfallende Dachgeschoß leerstand.

Der Teamchef, dessen Platz ich einnehmen würde, ging bei der Suche nach einem Observationsposten sehr offensiv vor. Wir waren beide scharf darauf, Carlos unbedingt wieder ganz oben auf die Agenda zu setzen. Die amerikanische Regierung würde so schnell nichts gegen ihn unternehmen, das war klar. Aber von einem gut gelegenen Beobachtungsposten aus konnten wir alle Aktivitäten im Umkreis von Carlos' Apartment observieren und die Identität all seiner Besuchern feststellen. Zusammen mit neuen Fotos würden diese Informationen Carlos hoffentlich wieder zum Topthema machen.

Der Hausverwalter wohnte in einem der unteren Stockwerke des Hauses. Mein Partner und ich erklärten ihm, daß wir Interesse an der Wohnung auf der Nordseite des Dachgeschosses hätten. Der Mann sah uns daraufhin schief an, aber wir hatten unsere Tarngeschichte schon parat.

„Wir führen eine Untersuchung für die amerikanische Regierung durch", erklärte ich. „Wir brauchen Platz für unsere Geräte."

Ich begriff gleich, daß wir einen geldgierigen Typen vor uns hatten, der die Dollar schon rollen sah. Der kleinen Ratte war es ganz egal, ob wir vom Mars kamen und unter dem Dach außerirdische Experimente durchführten. Er witterte Bargeld und schnappte nach der unerwarteten Gelegenheit, noch eine Wohnung in der Bruchbude zu vermieten. Er zeigte uns das Dachgeschoß, das einer Schutthalde glich. Aus der Decke waren ganze Stücke heruntergefallen, in den Wänden waren Löcher, die Fußböden verdreckt. Eine Toilette oder fließendes Wasser gab es nicht. Aber man hatte einen hervorragenden Blick auf den Apartmentkomplex, in dem Carlos und seine Leute wohnten.

Von dort konnte ich sogar den weißen Cressida erkennen, der hinter dem verschlossenen Tor geparkt war. Ich genoß die Aussicht auf diesen Zugang. Dort mußte jeder hinein, der Carlos besuchte, und das Gebäude war auch nur durch dieses Tor wieder zu verlassen. Wir hatten den perfekten Observationsposten gefunden.

Als erstes mußten wir nun die Miete für die Wohnung aushandeln. Der geldgierige Hausverwalter wollte siebenhundert Dollar im Monat für dieses Loch. Er sah natürlich seine Chance, den *Ameerikee* eins reinzuwürgen, und verlangte zusätzlich drei Monatsmieten als Kaution im voraus. Aber wir wollten die Wohnung unbedingt, deshalb sagten wir ihm, daß wir sie wahrscheinlich nehmen würden. Dann erstatteten wir dem Standortleiter Bericht. Als ich die Lage des Gebäudes beschrieb und dabei erwähnte, daß ich vom Fenster der Wohnung aus den weißen Cressida sehen konnte, nickte Cofer Black: Wir hatten den richtigen Ort gefunden.

Als nächstes mußten wir schnellsten zweitausendeinhundert Dollar in bar auftreiben. Jeder von uns – Cofer Black, der bisherige Teamchef und ich – legte siebenhundert Dollar auf den Tisch, damit wir den Handel gleich abschließen konnten. Die CIA würde die Anmietung sicher genehmigen, aber das war mit einem bürokratischen Aufwand verbunden, der mindestens achtundvierzig Stunden in Anspruch nehmen würde. So lange konnten wir nicht warten, sonst schnappte uns womöglich noch jemand diese erstklassige Immobilie (jedenfalls für unsere Zwecke) vor der Nase weg.

Überblickskarte von Khartoum, Sudan

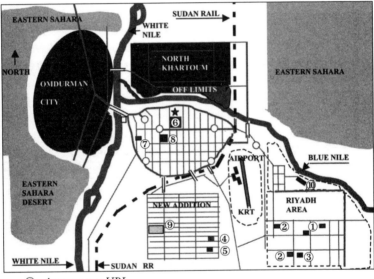

① *Anwesen von UBL*
② *Gästehäuser von UBL*
③ *Observationsposten UBL*
④ *Apartment von Carlos*
⑤ *Observationsposten gegenüber dem Apartment von Carlos*
⑥ *Bank National Capital of Sudan*
⑦ *Botschaft des Iran*
⑧ *Amerikanische Botschaft*
⑨ *Friedhof von Khartoum*
⑩ *Unterkünfte von US-Militär, Apartments*
   Nicht maßstabsgetreu

Zurück im Mietshaus, übergaben wir die zweitausendeinhundert Dollar dem kleinen Halsabschneider, dessen Augen nur so funkelten, als er das Geld einsteckte. Wir verschwendeten keine Zeit mehr. Dennis und ich zogen sofort ein in das Drecksloch - und das ist noch eine Untertreibung. Doch so schlimm die Wohnverhältnisse auch waren (die allerschlimmsten), für unsere Überwachung war die Bruchbude ideal. Für die nächsten drei Monate wurde das Dachgeschoß unser Zuhause.

Am 28. Mai 1994 zogen wir ein und merkten sofort, daß wir die richtige Wahl getroffen hatten. Schon am ersten Nachmittag in unserer neuen „Wohnung" sah ich Carlos selbst sein Apartment verlassen. Tarek saß am Steuer des Cressida.

★

Die Wohnverhältnisse waren mehr als unerträglich. Natürlich gab es in dem Gebäude keinen Fahrstuhl, und die ungewöhnliche Bauweise zwang uns, beim Einzug besonders vorsichtig zu sein. Die gesamte Überwachungs- und Kommunikationsanlage mußten wir über eine Außentreppe hochschleppen. Niemand durfte irgendetwas davon mitkriegen, sonst wußten sofort unsere Freunde von der PSO Bescheid. Allein die Tatsache, daß zwei weiße Männer in eine derart heruntergekommene Wohnung zogen, mußte bei der PSO Verdacht wecken.

In dem Gebäude war so etwas wie Privatsphäre nicht möglich, man kriegte fast alles von seinen Nachbarn mit. Deshalb schickte Cofer Black nur uns zwei zu diesem Einsatz. Niemand sonst durfte vorbeikommen, damit die ganze Operation nicht aufflog. Trotz des sudanesischen Kameraverbots wollten wir unseren Posten mit der weltweit besten Ausrüstung zur Beschattung von Carlos dem Schakal ausstatten. Nur mußten wir eben alles heimlich sechs Stockwerke nach oben schaffen. Die Außentreppe ließ uns keine Wahl, als alles nachts abzuwickeln.

Am 26. Mai, zwei Tage bevor wir einzogen, kam in einer Diplomatentasche ein Video-Objektiv aus den USA bei unserer Station in Khartoum an. Es war das größte Objektiv, das ich je gesehen hatte, mit einem Gewicht von dreiundsechzig Kilo und einem Durchmesser von etwa sechzig Zentimetern. Dennis und ich lernten, wie man mit so einem Monstrum umgeht, das über Brennweiten von 4000, 3200 und 1700 Millimeter verfügte. Die 4000-mm-Brennweite konnte noch über eine Entfernung von einem Kilometer identifikationstaugliche Bilder von Personen, Autokennzeichen und allen möglichen anderen Objekten liefern. Ein 1000-mm-Objektiv von Nikon und ein 800-mm-Objektiv kamen mit derselben Lieferung an: eine erstklassige Ausrüstung, an der nicht gespart worden war. Allerdings hatte sie einen gravierenden Nachteil: Alles in allem wog sie 115 Kilo. Wenn man das schwere Stativ noch dazurechnete, kamen wir insgesamt auf über 140 Kilo. All das mußten wir unbemerkt in der Nacht des 28. Mai die Feuertreppen hochschaffen.

Dennis und ich legten bei Einbruch der Nacht los, als es im Viertel ruhiger wurde. Das 4000-mm-Objektiv trugen wir praktisch Stufe für Stufe nach oben, so vorsichtig und leise wie möglich. Das war harte Arbeit. Nicht mal laut keuchen durften wir, um bloß keine Aufmerksamkeit zu erregen.

Schritt für Schritt und Treppenstufe um Treppenstufe schafften wir schließlich alles noch vor Tagesanbruch hoch in unseren Posten. Dann machten wir noch den Fußboden sauber und entfernten all den Müll und die Scheiße - das ist übrigens ganz wörtlich zu verstehen. Wir stellten zwei Armee-Klappbetten auf, hingen schwarze Gardinen vor die Fenster und am nächsten Morgen, dem 29. Mai 1994, konnten wir unseren Carlos-Observationsposten eröffnen.

Zufällig befand sich zwischen dem verfallenden Mietshaus und Carlos' Wohnung ein Gebäude, in dem die höherrangigen Offiziere der Polizei von K-Town mit ihren Familien wohnten. Es stand auch an der Fünfunddreißigsten Straße gegenüber von unserem Observationsposten, aber so weit westlich, daß es uns nicht die Sicht versperrte. Das Gebäude hatte etwa dieselbe Höhe wie unseres, und wir befürchteten, daß von dort aus jemand uns observieren könnte. In unserem Geschäft muß man einfach jede Möglichkeit in Betracht ziehen.

Wie bei jeder Überwachung bereitete ich ein Logbuch vor, in dem alle Ereignisse aufgezeichnet wurden. Während der ersten Tage verfügten wir über folgende Ausstattung:

– zwei tragbare Motorola-Sender mit verschlüsselten Kanälen,
– eine Nikon F80 35-mm-Kamera mit 300-mm-Objektiv,
– eine Canon EOS 35-mm-Kamera,
– ein Stativ für Kamera und Objektiv,
– Ferngläser und ein Zielfernrohr mit einer Reichweite bis 1000 Metern,
– Notizblöcke für Skizzen und Zeichengerät,
– einen tragbaren 2-Kilowatt-Generator,
– zwei Klappbetten mit Decken,
– Verpflegung für zwei Tage,
– einen Bunsenbrenner, um Reis und Wasser zu kochen.

Während der ersten Tage weihte ich das Logbuch ein, das in der Amerikanischen Botschaft verwahrt wurde. Die Einträge sahen wie folgt aus:

Beispiel eines Eintrags im Logbuch

	Tag/ Zeitgruppe	Uhrzeit	Ereignis	Foto	Info
1	01.06.94	6.00 Uhr	schwarzer Zivilist betritt das Grundstück	nein	unvollst.
2	–	9.00 Uhr	Carlos in Wagen (sitzt nur)	ja (4)	komplett
3	–	9.10 Uhr	Carlos in Gebäude	nein	komplett
4	–	11.00 Uhr	Lana ASJ/Carlos in Wagen	ja (6)	komplett
5	–	11.01 Uhr	Carlos öffnet Tor/Lana fährt	ja (2)	unvollst.
6	–	11.03 Uhr	Lana am Steuer, beide fahren Richtung Westen 35. Straße	ja (2)	komplett

	Tag/Zeitgruppe	Uhrzeit	Ereignis	Foto	Info
7	–	13.30 Uhr	Wagen zurück, Lana fährt, Carlos öffnet Tor und den Parkplatz	ja (3)	komplett
8	–	14.00 Uhr	weiterer Bewohner auf Balkon	ja (2)	unvollst.

Weil unsere Fotos Carlos' Anwesenheit in Khartoum definitiv beweisen konnten, bereitete ich außerdem ein Foto-Logbuch vor, mit dessen Hilfe wir jedes einzelne Bild sowie den Aufnahmezeitpunkt dokumentierten. Das sah dann folgendermaßen aus:

	Tag/Zeitgruppe	Uhrzeit	Filmrolle Nr.	Ereignis	Aufnahme
1	01.06.94	9.00 Uhr	3.	Carlos sitzt im Cressida	1–4
2	01.06.94	11.00 Uhr	3.	Carlos/Lana im Wagen	5–10
3	01.06.94	11.02 Uhr	3.	Carlos öffnet Tor	11–12
4	01.06.94	11.03 Uhr	3.	Carlos/Lana fahren weg, Lana am Steuer	13–14
5	01.06.94	13.30 Uhr	3.	Carlos/Lana zurück, Lana am Steuer	15–17
6	01.06.94	14.00 Uhr	3.	unidentifizierter Bewohner auf Balkon	18–19

Für mich gehörte diese sorgfältige Aufstellung aller Fotos zu einem professionellen Vorgehen. Damit konnten wir Carlos und seine Verbündeten identifizieren, ebenso alle anderen, die mit ihnen Kontakt aufnahmen.

Meine Vorgesetzten in der CIA waren nicht immer begeistert über solche Logbücher. Sie wollten nicht, daß ihre Agenten derartig brisante Informationen bei sich trugen. Dennis und ich ließen uns eine Lösung für dieses Problem einfallen. Wir machten uns Aufzeichnungen in Notizbüchern, die wir dann in der Amerikanischen Botschaft in ein Logbuch übertrugen. Das hieß natürlich auch, daß wir uns vieles genau einprägen mußten. Aber es überrascht sicher niemanden, daß wir uns bei einer so wichtigen Operation sowieso jede Kleinigkeit und jedes Detail merkten.

Dennis und ich einigten uns auf einen Zeitplan für die Observierung: Abwechselnd verbrachte immer einer von uns vierundzwanzig Stunden auf dem Observationsposten und beobachtete Carlos, dann löste ihn der andere ab und machte seine 24-Stunden-Schicht. In den ersten acht Stunden der observationsfreien Zeit entwickelten wir die Fotos im Labor auf der sechsten Etage der Amerikanischen Botschaft. Und mit jedem neuen Film wurden wir besser, wir lernten aus den Fehlern bei den vorangegangenen Aufnahmen.

Von Anfang an erwies sich der Observationsposten als voller Erfolg. In den ersten Wochen belichteten wir zusammen nicht weniger als fünfundzwanzig 35-mm-Filme. Wir verwendeten ISO-200-Material, das im Labor am einfachsten zu entwickeln war. Wann immer Carlos oder einer seiner Begleiter einen Schritt aus der Wohnung taten, nahmen Dennis oder ich sie dabei auf. Wir blieben auf unserem Posten unbeobachtet und ungestört. Wir waren Phantome, die aus dem stinkenden Elend dieses Lochs in K-Town durch dünne schwarze Gardinen hindurch ihre Bilder schossen. Die Arbeit gab uns ein Gefühl stiller Macht.

Wenn ich das Objektiv auf Carlos richtete, wie er gerade durch das Tor kam, dachte ich oft: *Der Säufer hat wirklich schon bessere Tage gesehen, aber gefährlich ist er immer noch.* Carlos trank fast jeden Tag, in Etablissements wie dem Griechischen Club und anderen Bars, wo er sicher sein konnte, daß niemand ihn erkannte. Aber ich wußte, wie gefährlich er immer noch war. Er hatte immer eine Waffe in einer verborgenen Schultertasche und eine Pistole in einem Fußholster bei sich. Mit diesem Mann war nicht zu spaßen. Trotzdem war es manchmal schwierig, in dem haltlosen Trunkenbold die Legende vom Schakal wiederzuerkennen.

Zu Beginn unseres Einsatzes machten wir uns natürlich auch Gedanken über Carlos' Leibwächter. Aber sie stellten kein Problem dar. Zuerst kam Tarek, der im Lauf der Zeit durch eine ganze Reihe ähnlicher Kerle – breitschultrige Gewichtheber-Typen, die mindestens einsneunzig groß waren – ersetzt wurde. Sie waren Araber und hatten deshalb eine ganz typische Ausbildung, was uns die Arbeit erheblich erleichterte. Ich hatte insgesamt zwanzig Jahre in arabischen Staaten verbracht, deshalb wußte ich, daß sich die individuelle Wahrnehmung und die Interessen von arabischen Leibwächtern stark von amerikanischen unterscheiden. Arabische Bodyguards neigen dazu, vor der Person, die sie schützen, herzustürmen, so wie das manchmal auch die Leute vom Geheimdienst machen, die den amerikanischen Präsidenten bewachen. Araber konzentrieren sich vor allem um das Blickfeld rund um ihre Position. Professionelle Leibwächter beobachten ihre Umgebung immer sehr genau, bevor sie ihre Position verlassen. Noch bevor sie die Straße betreten, verschaffen sie sich aus einem Gebäude heraus einen Überblick und berücksichtigen dabei jeden möglichen Standort, den jemand zur Observation oder für einen Überfall benutzen könnte. Gut ausgebildete Leibwächter wissen auch, daß man dafür normalerweise hoch gelegene Positionen wählt. Aber aus irgendwelchen Gründen sehen Araber nur sehr selten nach oben. Diese Eigenart konnte ich an einer ganzen Reihe von arabischen Leibwächtern beobachten: ein schwerer Fehler ihrerseits.

Carlos' Leute folgten einer festen Routine. Einer der Leibwächter verließ die Wohnung, öffnete das Fußgänger-Tor und bog nach Osten in Richtung Airport Road ab. Von dort umrundete er dann die Westseite des Apartmentkomplexes. Ich vermute, daß sie sich nach potentiellen Angreifern aus dem Hinterhalt umsahen. Wenn der Leibwächter sicher war, daß keine Gefahr drohte, kehrte er ins Gebäude zurück. Kurz darauf erschien dann der Schakal, manchmal in Begleitung von Lana ASJ.

Oft verließen Carlos und Lana das Gebäude allerdings auch ganz allein und fuhren ohne Leibwächter weg. Meistens saß Lana am Steuer. Ich beobachtete das und war mehr denn je davon überzeugt, daß wir Carlos mit Leichtigkeit beiseiteschaffen und die Schuld anderen in die Schuhe schieben könnten.

Carlos' Leben schien sich nur ums Saufen und Feiern zu drehen. Trotz seiner betrunkenen Auseinandersetzung mit dem Ladeninhaber – die aufgrund seines Anrufs bei Tarek dazu führte, daß wir ihn entdeckt hatten – feierte er weiterhin Partys bis spät in die Nacht. Er verließ sein Apartment für gewöhnlich am frühen Abend und wurde von Lana ASJ oder einem Bodyguard gefahren. Es war ein ziemlich riskanter Lebensstil für jemanden, der seine Identität geheimhalten will.

Carlos' Tagesablauf folgte einem bestimmten Muster. Nicht in allen Einzelheiten, aber der Ablauf war im Prinzip immer derselbe. Um etwa zehn Uhr morgens stand er auf, dann ging er meist in den Innenhof, wo der Cressida stand, und sah für kurze Zeit zum Tor hinaus. Gegen elf Uhr zogen er und Lana dann los, manchmal begleitet von dem Leibwächter, der gerade Dienst hatte. Nur ein einziges Mal habe ich Carlos selbst fahren sehen. Er ging aus, um etwas zu trinken, war gegen 16 Uhr zurück, verließ das Haus dann wieder um etwa 20 Uhr und kam dann zwischen Mitternacht und zwei Uhr endgültig zurück.

Unsere Eß- und Schlafgewohnheiten auf dem Observationsposten waren eigentlich unzumutbar. Bis zu einem gewissen Grad paßte ich mich an Carlos' Tagesablauf an. Lange bevor er aufstand, war ich schon wach und wartete darauf, daß er im Innenhof auftauchte. Meist ging ich eine Stunde, nachdem er von seinen nächtlichen Eskapaden zurückgekehrt war, ins Bett. Was unser Essen anging, war Reis unser Grundnahrungsmittel, den wir auf dem Bunsenbrenner kochten. Außerdem aß ich Militärrationen jeder Güteklasse.

Irgendwelche Annehmlichkeiten hatte die Dachgeschoßwohnung nicht zu bieten. In unserem Stockwerk gab es eine Abstellkammer, die als Toilette genutzt wurde. Da drin war ein Loch im Boden über einem Rohr, das direkt nach unten führte, und das wir „Abwurfstelle" nannten. Wohin das Loch führte, wußte ich nicht und wollte es auch lieber nicht wissen. Wenn der Fall der

Fälle eintrat, konnte man sich nur hinhocken, kräftig drücken und hoffen, daß man möglichst genau ins Ziel traf. Einen Vorteil hatte das Rohr, man konnte immerhin einigermaßen treffsicher hineinpinkeln.

In der verdammten Abstellkammer stank es so erbärmlich, daß man kaum atmen konnte, und die Landezone sechs Stockwerke tiefer war sicher noch reizender. Ich gewöhnte mir Enthaltsamkeit an. Lieber wartete ich, bis meine vierundzwanzig Stunden vorbei waren und ich die Toiletten in der amerikanischen Botschaft benutzen konnte, die für Menschen, die wie ich in den USA aufgewachsen sind, einfach besser geeignet waren.

Während der dritten Woche unserer Observation holten wir das überdimensionierte 4000-mm-Objektiv, das per Diplomatenpost in einem spindartigen Behälter angekommen war. Die Ausmaße des Monsters waren geradezu grotesk, und dazu gehörte noch ein besonders standfestes Stativ, das allein schon etwa vierzig Kilo wog. In der Nacht des 17. Juni schleppten Dennis und ich das ganze Teil über die Feuertreppe des maroden Miethauses hoch und schafften es irgendwie, das Ding oben in unserem Posten vor dem Morgengrauen zu installieren.

Oft stellte ich mir vor, jemand von außerhalb würde einen Blick in diese elende Wohnung werfen und die irrsinnig teure Fotoausrüstung zu Gesicht bekommen. Er konnte nur denken, daß er in einer anderen Realität gelandet war. Selbst wenn ich mich manchmal umblickte, kam mir alles vollkommen unwirklich vor.

Das neue Objektiv hatte es wirklich in sich. Es ließ sich auf Brennweiten von 1700 bis 4000 Millimeter einstellen und konnte, obwohl es eigentlich für eine Videokamera gebaut war, auch für Fotos benutzt und auf einer 35-mm-Kamera angebracht werden.

Unser Posten befand sich in der Nähe des internationalen Flughafens von Khartoum. Nachdem ich das Objektiv eingerichtet hatte, probierte ich aus, ob ich damit auch den Flughafen observieren konnte. Ich blickte durch den Sucher und konnte kaum glauben, welche Reichweite das Ding hatte. Die schwarzen Gardinen waren überhaupt nicht zu sehen, und ich konnte noch in einer Entfernung von bis zu zwei Kilometern alles gut erkennen. Alle Bewegungen auf dem Flughafengelände waren gestochen scharf, so daß ich später sämtliche Sicherheitspositionen auf dem Flugplatz fotografierte und sogar genau erkennen konnte, was bei der Ankunft einer iranischen Frachtmaschine alles entladen wurde.

Wir hatten nun die perfekte Ausgangsposition, um jede Bewegung von Carlos und seinen Leuten aufzuzeichnen. Die Nikon mit ihrem 800-mm-Objektiv war auf einem stabilen Stativ befestigt. Wir hatten das Riesenobjektiv auf ein noch robusteres Stativ montiert und benutzten dazu noch eine Canon EOS mit einem katadioptrischen 1000-mm-Objektiv. Außerdem hatten wir zwei Ferngläser, Feldstecher und all das nützliche Zeug, das man für einen solchen Einsatz eben braucht.

Mein Partner und ich lebten in einem Zustand ständiger Hochspannung. Unser Zielobjekt war verdammt noch mal der berüchtigste Terrorist der Welt. Und niemand, aber auch wirklich niemand, wußte, was wir in diesem Dachgeschoß trieben. Trotzdem legten wir uns für den Fall einer Razzia einen Fluchtplan zurecht. Wir wußten, wie schlampig das sudanesische Militär vorging, deshalb rechneten wir damit, daß die Polizei sich durch jede Menge Lärm bemerkbar machen würde. Heimlichkeit war wirklich nicht ihr Markenzeichen. Ich schlief sowieso nicht viel, und schon gar nicht während dieses Einsatzes. Wenn irgendwelche *jundis* vor dem Haus erschienen, würde ich das sofort mitkriegen.

So wenig wir die *jundis* respektierten, überheblich wollten wir auch nicht werden. Schließlich wußten wir, was uns blühte, wenn sie uns auf unserem Observationsposten erwischten: Wahrscheinlich wären wir auf der Stelle erschossen worden. Am schnellsten und sichersten konnten wir entkommen, indem wir uns an der Rückseite des Gebäudes abseilten. Vom Dachgeschoß gelangte man direkt auf die Neununddreißigste Straße. Dennis und ich machten ein Seil mit Haltegurten fertig, das wir an stabilen Rohren auf dem Dach befestigten. Dort gab es sonst nur noch eine herunterklappbare Treppe, die aber so verrostet war, daß man sie nur mit einem wahren Kraftakt ausziehen konnte. Daß darüber jemand auf das Dach kam, war mit fast hundertprozentiger Sicherheit auszuschließen. Für den Notfall deponierten wir außerdem zwei Paar Kletterhandschuhe unter einem Luftabzug. Nach unseren Berechnungen blieb uns genug Zeit von dem Moment, wenn wir die PSO auf der Treppe hörten, um aufs Dach zu klettern und uns abzuseilen. Natürlich mußten wir dann unsere teure - und sperrige - Ausrüstung zurücklassen.

Diesen Plan trugen wir dem Standortleiter vor, und er genehmigte ihn für den schlimmsten Notfall. Mich beruhigte es jedenfalls etwas, daß wir das Problem angesprochen hatten und uns über eine Lösung geeinigt hatten.

Wir befanden uns in ständigem Kontakt mit Cofer Black. Bei einem Gespräch in seinem Büro sagte er einmal: „Billy, ich will ein Foto von Carlos' Gesicht, so nah wie du ihn nur vor die Linse kriegen kannst."

„So nah wie ich ihn ranholen kann, Chef?"

„Genau, Billy. Nah, und damit meine ich *nah*."

Zurück auf dem Posten, stellte ich das Riesenobjektiv auf eine Brennweite von 3200 Millimeter ein. Mit 4000 wäre ich so dicht dran gewesen, daß ich kein klares Bild mehr bekommen hätte. Ich montierte das Objektiv auf die Kamera, richtete es direkt auf Carlos' Apartment und wartete, daß er herauskam.

Es dauerte etwa drei Stunden, dann erschien Carlos endlich. Er verließ das Apartment und ging auf seinen Wagen zu. Ich sprang auf und stellte das Riesenobjektiv für ein Porträtfoto scharf. Als Carlos das Tor öffnete, konnte ich sogar etwas in seinem Mund erkennen. Er blickte nach links und rechts, während ich mit dem Schnellauslöser einige Bilder schoß. Dann stellte ich auf 4000-mm-Brennweite um und machte noch weitere Fotos.

Ich wußte, daß die Bilder sehr gut werden würden. Die Kamera war fest verankert, und ich benutzte den automatischen Auslöser. Etwa zehn Fotos schoß ich, dann drehte Carlos sich um und verschwand wieder im Haus. Ich war ziemlich zufrieden mit mir, denn ich hatte Carlos' Visage klar und scharf auf Film gebannt. Und bei diesen Nahaufnahmen konnte selbst unser Standortleiter nicht meckern.

Nach meiner 24-Stunden-Schicht konnte ich es kaum erwarten, die fertigen Bilder zu sehen. Vor meinen Augen füllte sich das Fotopapier im Entwicklerbad mit gestochen scharfen Aufnahmen. Als ich die Abzüge trocknete, konnte ich endlich auch erkennen, was Carlos im Mund gehabt hatte: einen Zahnstocher. Die Bilder, die ich mit 3200-mm-Brennweite geschossen hatte, zeigten klar und deutlich sein aufgedunsenes Gesicht.

Als ich dann die Fotos der Viertausender-Brennweite entwickelte, mußte ich in der Dunkelkammer laut lachen. Dieses Wahnsinnsobjektiv hatte Carlos' Gesicht so dicht herangeholt, daß auf dem Bild nichts zu sehen war außer seinen Zähnen, zwischen denen ganz charmant der Zahnstocher steckte. Carlos der Schakal, gestochen scharf im Format 13 x 18, mit einem Zahnstocher im Mund. Cofer Black würde die Krise kriegen, wenn er das sah.

Ich nahm die frisch entwickelten Abzüge mit ins Büro und klopfte an seine Tür.

„Komm rein, Billy. Was gibt's?"

Wortlos reichte ich ihm den Umschlag mit den Fotos. Das Bild von Carlos' Zähnen samt Zahnstocher lag ganz oben. Cofer Black zog es heraus, spitzte die Lippen und runzelte die Stirn. Er drehte das Foto hin und her. „Billy, was zum Teufel soll das sein?"

„Tja, Chef, Sie wollten eine Nahaufnahme von Carlos. Näher als auf diesem verdammten Bild kommen wir an ihn nicht ran."

Jetzt wurde ihm langsam klar, was er da vor sich hatte. Er sah erst das Foto an, dann mich, und dann konnten wir uns vor Lachen über die Absurdität dieser Bilder kaum mehr halten.

Cofer Black war sehr zufrieden mit meiner Ausbeute. Er ging alle Fotos durch: Carlos' Kopf war auf jedem genau in der Mitte, und alle Aufnahmen waren deutlich und klar wie das Licht an einem Frühlingsmorgen. „Die sind klasse", sagte er.

In den nächsten Tagen kursierte das Bild auf Cofers Betreiben hin im gesamten CIA-Büro. Jeder kriegte es zu sehen, und schließlich landete es auf jedem Schreibtisch in der Botschaft. Wir redeten nur noch vom 'Zahnfoto'. In K-Town gab es sonst nicht viel zu Lachen, aber an diesem Witz hatten alle ihren Spaß'.

Unabhängige Kontraktoren konnten nicht auf unbegrenzte Zeit im Sudan bleiben, ich mußte alle sechs bis acht Wochen ein- und ausreisen. In der letzten Juniwoche meldete sich ein älterer, ehemaliger Special-Forces-Mann namens Santos T. in K-Town, der mich ablöste. Ein ehemaliger SF-Mann ersetzte einen anderen: Mit Estavan, wie Santos T. genannt wurde, waren nun drei von uns an dem Observationseinsatz beteiligt.

Einen knappen Monat verbrachte ich in den USA und ging vor Ungeduld fast auf dem Zahnfleisch. Die ganze Zeit über verfolgte ich den Verlauf der Operation aus der Ferne und zählte die Tage bis zu meiner Rückkehr in das heruntergekommene Gebäude auf der Siebenunddreißigsten Straße.

Zurück in K-Town löste ich Dennis ab. Mit Estavan und mir besetzten nun zwei alte SF-Hasen den Posten. Außerdem kam noch ein CIA-Mitarbeiter nach Khartoum, der rund um die Uhr unsere Fotos entwickelte, was uns eine Menge zusätzlicher Arbeit abnahm.

Carlos der Schakal war natürlich unsere wichtigste Zielperson bei diesem Einsatz, aber Cofer Black und ich interessierten uns für alle Personen, die in dem Apartmentkomplex ein- und ausgingen. Eine Zeitlang statteten etliche gut gekleidete Herren Carlos einen Besuch ab. Eine ganze Reihe von ihnen waren Iraker. Ihre markanten Gesichtszüge konnten wir Dank der extrem hohen Qualität der Fotos leicht identifizieren.

Ich wurde neugierig, vor allem natürlich deshalb, weil wir hofften, daß uns jemand wie Abu Nibal – Nummer Zwei auf der Liste der meistgesuchten Terroristen – ins Netz gehen würde. Nach Geheimdienstberichten kam er öfter nach Khartoum. Wenn wir bei dieser Operation gleich zwei Verbrecher erwischen und damit unser Vergnügen verdoppeln konnten, warum nicht?

Ich legte eine Fotowand an, auf die ich Fotos von allen Besuchers des Gebäudes heftete. Um das Foto von Carlos in der Mitte gruppierte ich die anderen Bilder. Außerdem notierte ich jede Einzelheit der Besuche, für den Fall, daß sich ein Muster erkennen ließ – Datum, Uhrzeit, ob der Gast allein oder mit einer Gruppe kam. Cofer Black unterrichtete Botschafter Donald Petterson über dieses Verfahren. Der Botschafter mußte auf dem laufenden gehalten werden, brauchte aber nicht über jedes Detail Bescheid zu wissen.

Anfang Juli fiel mir auf, daß sich ein älterer Einheimischer regelmäßig an der Ecke der Fünfunddreißigsten Straße und der Airport Road niederließ, also direkt neben Carlos' Apartment. Jeden Morgen betrat er das Gebäude, blieb mal länger, mal kürzer drinnen und verbrachte dann fast den ganzen Tag an der Straßenecke. Ich vermutete, daß er als Aufpasser für Carlos oder die PSO arbeitete – oder er strich von beiden Geld ein.

Etwa zur selben Zeit tat sich noch etwas vor Carlos' Wohnsitz, das uns noch mehr verblüffte. Vor dem Grundstück wurde ein Wüstenzelt aufgeschlagen, in dem sich arabische Soldaten – oder *jundis* – aufhielten. Offensichtlich waren diese Typen zur Bewachung von Carlos' Apartment angeheuert worden. Natürlich fotografierten wir sie und gaben alle Informationen ans Hauptquartier weiter.

Meine Fotowand nahm immer größere Dimensionen an. Auf der weißen Tafel war Carlos von seinen Besuchern umgeben. Alle, die zu Fuß dort hinkamen, alle, die in seinem Cressida hin- oder weggebracht wurden, fanden Platz in meiner persönlichen Verbrechergalerie. Außerdem fertigte ich Skizzen an von dem, was ich durch das Fenster unseres Observationspostens beobachtete. Mit der Zeit wurde ich ziemlich gut darin, vor allem, was Maßstabstreue und Perspektive betraf. Ohne falsche Bescheidenheit kann ich sagen, daß meine Skizzen ausgezeichnet waren. Im Gegensatz zu der schweren Fotowand waren diese Zeichnungen leicht zu transportieren und erwiesen sich bei Einsatzbesprechungen des Standortleiter mit dem Botschafter und anderen VIPs als sehr nützlich.

Ich hoffte, daß unsere Arbeit nun langsam ihrem Abschluß entgegensteuerte. Im Juli gab es erste Anzeichen, daß die Dinge in Bewegung kamen. Der Chef des Pariser Geheimdienstbüros, ein Mann namens Dick Holm, stattete Khartoum einen Besuch ab. Cofer Black stellte mich ihm als den Mann vor, der die ersten Fotos von Carlos gemacht hatte und der jetzt die Observation von Carlos leitete.

An Holm fielen sofort die schweren Brandnarben in seinem Gesicht und auf seinen Armen auf. Später erzählte Black mir, daß sein Freund sich diese Verbrennungen während eines Einsatzes im Kongo zugezogen hatte, wo beide zusammengearbeitet hatten.

Gemeinsam erläuterten mir die beiden Standortleiter die politische Seite der Carlos-Mission. Da die Vereinigten Staaten über keinen Haftbefehl verfügten, der sie direkt zur Festnahme des

Das Ende der Jagd auf „Carlos den Schakal" – in Khartoum, Sudan, 8.2.1994

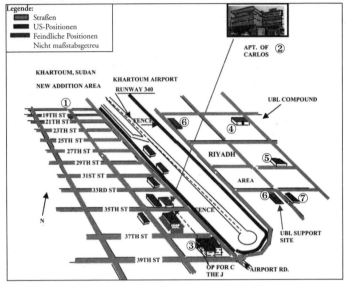

① Ibn-Khaldoun-Krankenhaus
② Carlos' Apartment
③ Position des mit US-Agenten besetzten Fahrzeugs
④ Anwesen von UBL, 1992/93
⑤ US-Unterkunft in Khartoum
⑥ Gästehaus, in dem UBL täglich das Mittagsgebet spricht.
⑦ Position, aus denen Fotos von UBL aufgenommen wurden.

Zusammenfassung: C der Schakal war Objekt einer intensiven Fahndung in Khartoum, Sudan, von Dezember 1993 bis Februar 1994.

08.02.1994 – Das Fahrzeug, in dem bisher nur Carlos' Leibwächter gefahren war, wurde am 8. Februar 1994 beim Ibn-Kaldoun-Krankenhaus auf der 19. Straße in New Addition in Khartoum gesichtet.

Der Verfasser fuhr mit einem Begleiter sofort auf eine Position, von der aus fotografiert werden konnte, wer sich dem Wagen näherte. Ein großer Weißer (der 48 Stunden später identifiziert wurde) verließ am 8. Februar 1994 um 15 Uhr das Krankenhaus, in Begleitung einer arabischen Frau, die der Verfasser als Cs Ehefrau erkannte. Als die Aufmerksamkeit des Mannes abgelenkt war, wurden 31 Fotos gemacht und später in der Amerikanischen Botschaft in Khartoum entwickelt.

Die Fotos des Verfassers wurden in Jordanien (drei Tage später) überprüft: Sie zeigten Ilich Ramirez Sanchez, „Carlos der Schakal". Die Jagd war zu Ende, die Überwachung begann.

30. Mai bis August 1994 – Observationsposten in einem umgebauten Krankenhaus von Mai bis August 94 eingerichtet. Es wurden Aufnahmen von Carlos sowie all seinen Besuchern gemacht.

Schakals berechtigte, konnten wir ihn nicht auf eigene Faust in Gewahrsam nehmen. Wir würden die Observation fortsetzen, aber der Plan lief darauf hinaus, daß die Sudanesen (so hofften wir zumindest) Carlos an die französische Direction de la Surveillance du Territorie (DST, die Leitung der Geländeüberwachung) in Khartoum auslieferten. Die DST, das französische Pendant zum FBI, würde ihn dann nach Paris verfrachten.

Philippe Rondot, der Leiter der DST, kam Ende Juli für ein Treffen mit Cofer Black nach Khartoum. Rondot hatte mit Carlos noch einige Rechnungen offen: In Paris hatte Carlos zwei unbewaffnete DST-Offiziere ermordet, als sie vor seiner dortigen Wohnung aufgetaucht waren. Rondots Geschichte mit Carlos reichte bis in die 1970er Jahre zurück. Damals hatte er den Schakal um die halbe Welt verfolgt, von Algier nach Kolumbien, Zypern und Griechenland. Wir taten nun alles, um die Franzosen für Carlos' Festnahme zu interessieren. Wir hatten Carlos identifiziert und hätten ihn uns sofort schnappen können, aber die Franzosen hatten die besseren Rechtsmittel in der Hand. Es war einfach die schnellste Methode, um diesen Fettarsch von einem Star-Terroristen ein für alle Mal aus dem Verkehr zu ziehen.

Rondot war im Hilton untergebracht, und ich hatte den Auftrag, ihn auf dem Weg von seinem Zimmer zum Treffen mit Cofer Black im Hotel zu beschatten. Ich war bei dem Treffen für die Sicherheit verantwortlich und paßte auf, daß Rondot von niemandem verfolgt wurde. Nach etwa zehn Minuten merkte ich, daß er sich in den weit verzweigten Hotelgängen verlaufen hatte. Gerade wollte er auf einem der unteren Stockwerke wieder in die falsche Richtung abbiegen, da griff ich ihn von hinten am Gürtel – und zwar so, daß er sich nicht zu mir umdrehen konnte.

Ich sagte: *„Suivez moi."*

Rondot war mit seinen gut ein Meter achtzig deutlich größer als ich mit nur einsdreiundsiebzig, aber diese unerwartete Begegnung jagte dem Franzosen einen Mordsschrecken ein. Immerhin kam er schließlich dort an, wo er hin sollte.

Zu diesem Zeitpunkt wollten wir Carlos den Franzosen noch nicht unbedingt aushändigen. Erstmal ging es nur darum, uns miteinander bekanntzumachen und sie über unsere Aktivitäten und Beweismaterialien zu informieren. Wir waren bereit, Rondot mitzuteilen, daß wir Carlos' Wohnsitz kannten, wollten aber den genauen Ort noch nicht preisgeben. Schließlich war es unserer Arbeit zu verdanken, daß wir wußten, wo Carlos sich befand, und immer noch unser kleines Geheimnis.

Nach unserem Plan sollten die Franzosen die sudanesische Regierung soweit bringen, daß sie Carlos auslieferten. Ich war nicht in alle Einzelheiten eingeweiht, wußte aber, daß Rondot einige unserer Fotos zu sehen bekam. Er sollte sie dann seinerseits Hassan al-Turabi vorlegen, als Beweis, daß Carlos sich seit Monaten in K-Town versteckt hielt. Frankreich war bereit, dem Sudan alle Unterstützung zu entziehen und die ganze Welt wissen zu lassen, daß das Land dem berüchtigten Schakal Zuflucht gewährte.

Rondot kam und reiste wieder ab. Falls wirklich Verhandlungen mit der sudanesischen Regierung stattfanden, wurden ich und die anderen ICs nicht über das Ergebnis informiert. Anfang August reiste ich für eine Woche in die USA. Als ich am 12. August 1994 wieder auf unserem stinkenden Observationsposten saß, beobachtete ich, wie Carlos mit Lana ASJ am Steuer in seinem Cressida wegfuhr.

Ich erstattete Bericht über unser Kommunikationsnetz und lehnte mich zurück. Die beiden würden später am Tag zurückkommen, da war ich mir ganz sicher. Den ganzen Nachmittag bis in die Abendstunden wartete ich, aber sie tauchten nicht wieder auf. Auch darüber erstattete ich über auf einer verschlüsselten Frequenz Bericht an den Standortleiter.

Cofer antwortete: „Ruf mich an, wenn sie zurück sind, Batman."

„Roger."

Die ganze Nacht blieb ich wach, aber nichts passierte. Kein Carlos. Keine Lana ASJ. Man kann sich sicher vorstellen, was mir durch den Kopf ging - *Gottverdammt, wir haben die beiden entwischen lassen.* Carlos mußte irgendwie Wind davon bekommen haben, daß sich die Schlinge um seinen Hals langsam zuzog. Ein Umstand machte alles noch schlimmer: Seit der Einrichtung unseres Postens waren Carlos und seine Braut nicht ein einziges Mal die ganze Nacht über weggeblieben.

Der Morgen des 13. Augusts verging ... nichts tat sich. Kein Carlos.

Zu diesem Zeitpunkt hätte ich eine Menge Geld darauf verwettet, daß sie aus dem Sudan geflüchtet waren.

Ich war absolut fertig.

Die ganze Arbeit war für die Katz.

Genau um 12 Uhr mittags, am 13. August 1994, als ich noch frustriert auf dem Posten saß und auf Carlos' Rückkehr wartete, meldete sich der Standortleiter über verschlüsselten Funk bei mir und bestellte mich in sein Büro in der Botschaft.

„Cofer, wenn ich gehe, dann ist hier niemand mehr auf dem Posten", sagte ich.

Er antwortete: „Schließ ab, Billy, und komm in mein Büro."

Botschafter Donald Petterson stand bei den Marines, die vor der Botschaft Wache schoben.

„Hallo, Billy!" sagte er mit breitem Lächeln. „Gute Arbeit."

Die Bemerkung kam völlig aus dem Nichts. Ich hatte keine Ahnung, wovon er redete.

In der Station öffnete ich das digitale Schloß und trat ein. Im nächsten Moment reichten mir Cofer und die wunderbare Stationsvorsteherin schon ein Glas Champagner.

Cofer brüllte: „Prost, Billy, du Scheißkerl! Carlos ist im Gefängnis in Frankreich."

Von einem Moment zum anderen war alle Wut und Frustration vergessen. Ich war geradezu euphorisch vor Freude und hatte nur einen Gedanken: *Verdammt, jetzt haben's wir wirklich doch noch geschafft!*

Wir feierten noch ein bißchen – allerdings eher verhalten, wenn man den Anlaß bedenkt. Wie immer wartete noch jede Menge Arbeit auf uns. Dann trafen wir uns zur Nachbesprechung, und ich fragte Cofer, wann er den Observationsposten dichtmachen wollte. Er sagte: „Laß uns noch eine Woche warten, damit niemand euren Auszug in Verbindung mit Carlos' Abreise bringt."

Ich ging runter ins Café der Botschaft, wo auf AFN gerade ausgestrahlt wurde, wie Carlos nach Paris abtransportiert wurde. Die französische Maschine landete mit Carlos an Bord auf einem Militärflughafen.

Auf CNN sagte der Nachrichtensprecher: „Französische Geheimdienstmitarbeiter haben Carlos im sudanesischen Khartoum aufgespürt. Im Zuge einer Verhaftungsaktion ist es ihnen gelungen, den gefährlichsten Terroristen der Welt lebendig zu fassen."

„Schwachsinn!" sagte ich laut zum Fernseher.

Aber wenigstens war das Arschloch nun endlich nicht mehr im Geschäft.

In dieser Nacht besetzte Estavan unseren Observationsposten, der schließlich noch eine Woche lang weiter in Betrieb bleiben sollte. Um drei Uhr morgens ging ich wie üblich joggen. Um diese Uhrzeit war der Posten, von dem aus die *jundis* die Ausgangssperre überwachten, nicht mehr besetzt. Ich konnte mich frei in der Stadt bewegen. Ich lief in der Gegend um die Riyadh Road in Richtung Airport Road, da bemerkte ich Aktivität vor Carlos' Apartment.

Mehrere Kombiwagen und ein großer LKW parkten dort mit laufendem Motor und aufgeblendeten Scheinwerfern. Etwa zwanzig *jundis* sperrten den Gebäudekomplex weiträumig ab.

Mir fiel ein großer, sehr dunkelhäutiger Mann auf, der eine *jalabeea* – einen Turban und weiße Tücher – auf dem Kopf trug. Es kam mir so vor, als hätte der Mann Ähnlichkeit mit dem sudanesischen Vizepräsidenten Hassan al-Turabi, also blieb ich stehen und ging in Deckung. Mit dem Funkgerät, das ich immer bei mir trug, kontaktierte ich Estavan auf unserem Posten.

„Siehst du, was hier unten abgeht?" flüsterte ich.

„Nein," antwortete er etwas verschlafen.

Ich trug ihm auf, er solle ein paar Fotos mit dem Nachtobjektiv machen. Estavan führte das mit großer Umsicht aus. Der hochempfindliche Film zeigte später, daß der große Schwarze tatsächlich Hassan al-Turabi gewesen war, der den Abtransport von Carlos' Besitz überwachte.

Ich hielt mich hinter einer Reihe von Büschen nicht mehr als fünfzig Meter vom Apartment entfernt versteckt. Von hier aus sah ich, wie Lana ASJ das Gebäude verließ. Sie hatte Hosen an und trug einen Koffer und weinte. Sie wurde zu einem Polizeiauto geführt und weggefahren. So wie es aussah, waren die Möbel und alle anderen Sachen der beiden auf den LKW und die übrigen

Wagen verladen worden. Noch vor Tagesanbruch war der Spuk verschwunden und die Straße leer wie immer.

Um acht Uhr morgens erstattete ich dem Standortleiter Bericht. Daraufhin fragte mich Cofer Black: „Billy, was zum Teufel hast du nachts um drei Uhr da draußen verloren?"

„Ich halt mich eben fit, Chef."

Da meine frühmorgendliche Arbeit gute, greifbare Resultate gebracht hatte, sagte er nichts weiter dazu. Die Fotos wurden erstklassig und lieferten uns einen weiteren Beweis, daß Hassan al-Turabi tief in Carlos' Aktivitäten verstrickt war.

Eine Woche nach der Festnahme von Carlos räumten Estavan und ich die gesamte Ausrüstung aus unserem Observationsposten. Wir schafften alles heimlich und Stück für Stück die Außentreppe hinunter, damit niemand in der Nachbarschaft auf unseren Auszug aufmerksam wurde. Die Objektive, die Kameras, den Bunsenbrenner, meine Fotowand: Alles schaffen wir aus diesem Dreckloch weg und sechs Treppen nach unten.

Ein paar Tage zuvor, am dritten Tag nach der Verhaftung, gab es noch einmal einen Riesenauftrieb vor Carlos' früherem Wohnsitz. Ich konnte Fahrzeuge und Ausrüstung eines französischen Fernsehsenders erkennen. Wie eine Heuschreckenplage schwärmten Produzenten, Reporter und Techniker im Gebäude und auf dem Grundstück herum und waren hektisch damit beschäftigt, über diesen großartigen französischen Geheimdienstcoup zu berichten.

⑫

Jemand in meiner Position wird ständig gefragt, wo er am 11. September 2001 war, und ich habe inzwischen fast Routine darin, meine Sicht der Ereignisse zu schildern und zu beschreiben, was ich in dem Moment empfand, als das World Trade Center explodierte und einstürzte.

Angesichts meiner Erfahrungen in der Terrorismusbekämpfung erwartet dann auch jeder, daß ich eine Erklärung für das Versagen der Nachrichtendienste habe und gleich noch die Wunderwaffe nennen kann, die diese Anschläge verhindert hätte. Nun, das kann ich nicht. Wir wußten um die Gefahr, die von bin Laden ausging. Daß ich ihn bereits 1991 und 1992 einige Zeitlang beobachtet hatte, zeigt, daß wir die Gefahr früh erkannt hatten. Ich war vielleicht weniger überrascht davon, wie bereitwillig diese Terroristen so viel Leid und Schmerz verursachten. Ich wußte nur zu gut, zu welchen Grausamkeiten extremer, religiös motivierter Haß führen konnte. Doch insgesamt unterschied sich meine spontane Reaktion nicht von der der normalen Bevölkerung: Ich war total geschockt und empfand nur Abscheu für diese Tat. Etwas, das ich so nie für möglich gehalten hatte, war grausame Wirklichkeit geworden.

Als die Anschläge stattfanden, arbeitete ich für die CIA und befand mich zufällig gerade im Hauptquartier in Langley. Schon wenige Minuten, nachdem das erste Flugzeug in das World Trade Center geflogen war, gingen die Sirenen im ganzen Gebäude los. Wir hatten alle schon oft an Notfallübungen teilgenommen und wußten gut Bescheid über unsere Fluchtwege. Doch es war das erste Mal, daß die Sirenen nun im Ernstfall schrillten. Wir hatten die Einschläge der Flugzeuge am Fernseher miterlebt wußten, daß die dritte entführte Maschine – United Airlines Flug 93 – weiterhin vermißt wurde. Viele von uns nahmen an, daß dieses Flugzeug direkt auf das CIA-Hauptquartier zuhielt. Panik brach deswegen nicht aus, aber wir waren uns einig, daß sich unsere Abteilung besser zum westlichen Parkplatz begeben sollte, um dort den unvermeidlichen Aufprall abzuwarten.

Draußen verfolgte wir weiter die Nachrichten auf meinem tragbaren Radio. Der Parkplatz leerte sich allerdings verdammt schnell, als sich herumsprach, daß wir das Gelände sofort räumen sollten. Highway 123, der in Ost-West-Richtung nördlich vom Hauptquartier verläuft, war schon verstopft mit Fahrzeugen, die Washington D.C. in Richtung Nord-Virginia oder West-Maryland verließen.

Dann hörten wir, daß das dritte Flugzeug in einem Feld im Staat Pennsylvania heruntergekommen war. Einige Mitarbeiter gingen ins Hauptquartier zurück, um eventuell notwendige Ausrüstung und Dokumente mitzunehmen. Ich wollte über den George Washington Parkway zu meiner Wohnung fahren, konnte aber die Gegend von Arlington nicht erreichen. Ich nahm einen Umweg über Route 66 und schaffte es, am Pentagon vorbeizukommen. Ich konnte das Gebäude brennen sehen, während die Polizei alle Straßen von und nach Arlington sperrte. Schließlich schaffte ich es doch noch, meine vorübergehende Bleibe zu erreichen.

In den nächsten Tagen waren meine Kollegen und ich völlig vor den Kopf geschlagen. Nur langsam begriffen wir, wie die Al-Qaida-Agenten – mit genauen Instruktionen von weiter oben in ihrer Befehlskette – einen derart komplizierten und dreisten Anschlag hatten durchführen können. Bei der CIA wußten wir frühzeitig, was der Rest der Welt dann auch schnell herausfand: Nur neunzehn Al-Qaida-Kidnapper hatten die Terroranschläge erfolgreich koordiniert und durchgeführt. Und diese Männer hatten quasi vor unseren Augen, in kommerziellen amerikanischen Flugschulen auf dem Boden der USA, gelernt, wie man Flugzeuge steuert.

Ich hatte den antiamerikanischen Fundamentalismus schon aus nächster Nähe miterlebt. Bereits 1991 in K-Town bekam ich mit, wie manche Leute in der Nähe Usama bin Ladens mit glasigem Blick in Verehrung erstarrten. Damals wurde mir klar, daß dieser große, bärtige, immer etwas nach vorn gebeugte, jüngere Mann, der jeden Tag das Mittagsgebet sprach, eine besondere Macht über die Menschen hatte. Durch das Teleobjektiv meiner Kamera konnte ich sehen, wie die hockenden Anhänger sich vorbeugten, um die ruhigen Worte des Mannes genau zu verstehen. Für sie war er ihr Messias. Ich konnte ihn zwar selbst nicht hören, aber die Körpersprache seiner Anhänger ließ keinen Zweifel darüber aufkommen, wie fest und intensiv sie an ihre Sache glaubten.

Doch obwohl ich das alles wußte, war ich am Morgen des 11. Septembers genau wie alle anderen wie vom Donner gerührt. Außerdem war ich wütend und sofort entschlossen, mich selbst am Kampf gegen den Terrorismus zu beteiligen. Ich war einundsiebzig Jahre alt, als die Zwillingstürme einstürzten, aber mein Alter war mir in diesem Moment scheißegal. Mein Land bereitete sich auf einen Krieg vor, und das hatte seit fast fünfzig Jahren nur eins für mich geheißen: Ich mußte selber in diesen Krieg ziehen. Egal, gegen wen es ging, ich mußte in diesem Kampf dabei sein. Dieses schlaksige Arschloch hatte Amerika einen entsetzlichen Schlag versetzt, den Millionen direkt zu Hause miterlebten. Teufel nochmal, dieser Mann und seine Al-Qaida-Penner sollten sterben und auf der nächstbesten Müllkippe landen, wo immer wir sie schnappen konnten.

Meine Lust auf Abenteuer hatte nicht nachgelassen. Mir lag überhaupt nichts daran, die Einsätze jüngerer, stärkerer Männer und Frauen nur vom Rand des Geschehens aus zu verfolgen. Ich hatte schon immer nur ein einziges Ziel gekannt: Ich wollte dafür sorgen, daß Amerika stark, sicher und frei blieb – frei von allem und jedem, der unser Land zerstören wollte.

Ich war darauf eingestellt, daß ich mich schwer ins Zeug legen mußte, wenn ich an der kommenden Schlacht teilnehmen wollte. Ich mußte meine Vorgesetzten überzeugen, und notfalls würde ich sie auch mit Engelszungen beschwatzen, wenn sie mich nur kämpfen ließen. Wegen meines Alters würde das nicht einfach werden, das war mir klar. Aber ich gab die Hoffnung nicht auf. Schließlich hatte ich schon mit ähnlich aussichtslosen Situationen gesteckt, und immer war ich irgendwie aufs Schlachtfeld zurückgekehrt. Daß es dieses Mal nicht klappen sollte, konnte ich mir einfach nicht vorstellen.

Kurz nach dem 11. September erklärte Präsident George W. Bush allen Terroristen den Krieg. Das afghanische Taliban-Regime war für die amerikanische Regierung der Hauptschuldige, weil es den terroristischen Al-Qaida-Zellen Unterschlupf gewährt hatte. Afghanistan war – ähnlich wie der Sudan von 1990 bis etwa 1995 – schon lange als Brutstätte terroristischer Aktivitäten bekannt. Bin Ladens Al-Qaida war nur die bekannteste der verschiedenen Gruppierungen, die sich in afghanischen Trainingslagern auf ihre besondere Kriegführung vorbereiteten. Die Vorbereitungen für einen Krieg gegen Afghanistan begannen direkt am 12. September.

Die geographischen Gegebenheiten in Afghanistan sagten mir nicht gerade zu. Ich kämpfte lieber in heißen und schwülen Gebieten. Aber da Afghanistan nun mal als Kriegsschauplatz feststand, mußte ich eben dafür sorgen, daß mir meine kälteempfindlichen texanischen Knochen nicht erfroren. Ich bin ein überzeugter „10/10-Mann" – was soviel heißt wie, daß ich am liebsten in einem Land zwischen dem zehnten Breitengrad Nord und dem zehnten Breitengrad Süd kämpfe, am liebsten auf Höhe des Meeresspiegels. Afghanistan lag wirklich nicht in der 10/10-Zone, aber ich war entschlossen, mit der Kälte klarzukommen. Zum Teufel mit meinem Alter. Ich arbeitete gezielt darauf hin, mir meinen Platz auf dem Schlachtfeld zu sichern. Diese persönliche Kampagne – mein eigener Krieg inmitten des Kriegs, sozusagen – begann ich neun Tage nach der Zerstörung des World Trade Center. Ich ließ meine Vorgesetzten wissen, daß ich willens, bereit und – am allerwichtigsten – in der Lage dazu war, einen wertvollen Beitrag zu leisten, wenn es darum ging, die Taliban zu stürzen und alle Al-Qaida-Agenten aufzuspüren, die sich in Afghanistan eingenistet hatten.

Der Taliban-Führer Mullah Muhammed Omar ging bewußt ein Risiko ein, als er sich weigerte, bin Laden und seine Handlanger an die Bush-Regierung auszuliefern. Vielleicht fühlte Omar sich immun und dachte, die USA würden es nicht wagen, einen Krieg so weitab von ihrem eigenen Land zu führen. Vielleicht erinnerte er sich auch daran, wie seine Taliban-Milizen die Russen besiegt hatten und glaubte, die Amerikaner würden sich ähnlich naiv wie die Russen anstellen. Wie auch immer, Omar hatte sich ziemlich verrechnet. Das amerikanische Volk stand in diesem Moment voll hinter jedem Kriegseinsatz gegen die Terroristen, die in New York, Washington D.C. und Pennsylvania fast dreitausend Menschen umgebracht hatten.

Mit meiner privaten Mission kam ich mir ein bißchen so vor wie damals, als ich nach meinen schlimmen Verletzungen in Bong Son alle Hebel in Bewegung setzte, um nach Vietnam zurück zu dürfen. Jetzt mußte ich meine Überzeugungskünste auf neue und kreative Weise einsetzen, und zwar sofort.

Ich kann hier keine Einzelheiten über die internen Hierarchien unserer Abteilung ausbreiten, aber einige meiner Vorgesetzten kannte ich ziemlich gut. Ich hatte in Vietnam und danach mit ihnen zusammengearbeitet, und viele wußten natürlich, wem die erfolgreiche Festnahme von Carlos dem Schakal eigentlich zu verdanken war. Meine Verhandlungsbasis war also gar nicht so schlecht. Gut genug jedenfalls, daß ich persönlich mit den CIA-Chefs in ihren abgeschirmten Büros reden durfte.

Ich muß zugeben, daß mein Geisteszustand bei diesen Gesprächen ein wiederkehrendes Thema war. Die erste Reaktion auf meine Anfrage lief typischerweise so ab: „Bist du verrückt, Waugh? Du bist einundsiebzig."

Oder: „Weißt du eigentlich, wie scheißkalt es da drüben ist, Billy? Meinst du das ernst? Hast du sie noch alle?"

Hatte ich? Ich weiß es nicht. Aber wenn es verrückt ist, wenn man den Mut und die Fähigkeiten besitzt, um irgendein Arschloch aufzuspüren, das den USA schaden will, und wenn man diesen Mut und diese Fähigkeiten dann auch einsetzen will – dann bin ich schuldig im Sinne der Anklage.

Tag für Tag arbeitete ich daran, meine Vorgesetzten davon zu überzeugen, daß meine Teilnahme am Kampf um Afghanistan für sie ein Gewinn war. Ich betonte meine langjährige Erfahrung in Such- und Rettungsmissionen. Meine fundierten Kenntnisse von Kriegsstrategie und Kriegsgerät hatte ich wiederholt unter Beweis gestellt. Und ich mußte sie mit meiner exzellenten körperlichen Verfassung davon überzeugen, daß ich trotz meines Alters die Unbilden des Klimas und des Kriegs in dieser entlegenen, frostigen Gegend durchstehen konnte.

Ich forderte jeden Gefallen ein, den mir noch einer schuldete, und ich legte alle Energie in meine Überredungskünste. Es ging dabei nicht um meine eigene Eitelkeit: Ich war wirklich überzeugt, daß ich etwas ausrichten konnte, und ich wollte unbedingt, daß man mir das glaubte. Meinen Vorgesetzten bin ich damals bestimmt furchtbar auf die Nerven gegangen. Im Nachhinein muß ich das schon zugeben.

Nach tagelangem Hin und Her, als es auf beiden Seiten wirklich nichts mehr zu hinzuzufügen gab, gab mein Chef schließlich sein Okay. Er sagte: „Billy, mach gottverdammt mit der Arbeit weiter und laß mich in Frieden."

Ich machte innerlich Luftsprünge vor Freude. „Sie werden das nicht bereuen, Chef", antwortete ich. „Ich werde meine Sache gut machen."

„Ich weiß, Billy", sagte er trocken. „Und jetzt hau ab."

Als ich mich auf meinen letzten Kampfeinsatz vorbereitete, dachte ich über den Lauf der Geschichte während der Jahre, in denen ich meinem Land gedient hatte, nach. Der Erzfeind unseres Lebensstils hatte sich vom Kommunismus zum religiösen Fanatismus gewandelt, und beide Auseinandersetzungen hatte ich von Anfang an miterlebt. Aus meiner Sicht war diese neue Bedrohung viel heimtückischer und gefährlicher. Terroristen sind nach meiner Einschätzung hundertmal schwerer zu finden, unter Kontrolle zu bringen und dingfest zu machen. Sie sind wie Phantome und Schatten, organisieren und planen ihre Aktivitäten immer nur in kleinen Gruppen.

Wenn man alle Aspekte berücksichtigt, ist die Organisation in kleinen terroristischen Zellen wirklich die einzige Methode, mit der eine so hervorragende Armee wie die unsere geschlagen werden kann. Unsere Kampfstärke ist beispiellos und unglaublich. Unsere Augen und Ohren sind überall – mit Ausnahme der Wohnungen und der Gedanken im Kopf von einzelnen Terroristen. Saddam Hussein hat Millionen für sein Militär ausgegeben, dann aber auf terroristische Taktiken zurückgegriffen, als sich herausstellte, daß seine Armee den Koalitionstruppen nicht gewachsen war. Seit dem offiziellen Kriegsende sind es die isolierten terroristischen Akte, die uns in echte Schwierigkeiten bringen. Hätte Saddam sich schon zu Kriegsbeginn so verhalten, und hätten auch nur hundert von den tausenden von Fanatikern mit ihren Terrorakten Erfolg gehabt, dann hätten wir dem trotz unsere militärische Überlegenheit nicht viel entgegensetzen können. Die Medien hätten mit ihrer Berichterstattung über die vernichtenden Auswirkungen der Terrorkampagne letztlich unsere Niederlage und unseren Rückzug bewirkt.

Mein letzter Kampfeinsatz war deshalb auch ganz anders als die früheren. Die religiösen Rechtfertigung von Terrorakten macht es viel schwieriger, die Terroisten in den Griff zu bekommen. Seit meiner ausgedehnten Tätigkeit in Libyen von 1977 bis 1979 faszinieren und frustrieren mich die Menschen der arabischen Welt. Die meisten islamischen Völker – im Sudan, Irak, Ägypten, Libyen, Jemen, Syrien, Jordanien, Türkei, Usbekistan, Albanien, Mazedonien und Saudi-Arabien –, sind, was ihr Verständnis der muslimischen Religion betrifft, ganz vernünftig. Ich wollte ihr Kultur verstehen und deshalb lernte ich den Koran immerhin so gut kennen, daß ich eins begriff: Dieses Buch ist voller beeindruckender Aussagen über die Bruderschaft und Zusammenarbeit unter Moslems.

Arabische Familien sind so eng miteinander verwoben, wie ich das nirgends sonst erlebt habe. Arabische Kinder hören auf ihre älteren Verwandten und folgen den Wünschen ihrer Eltern. In Libyen, wie ich es kennenlernte, hätte ein Araber niemals gestohlen, vergewaltigt oder sich an anderen kriminellen Aktivitäten beteiligt. Diese Männer und Frauen glauben fest an die Heiligkeit der Gebote des Korans, die absoluten Gehorsam verlangen. Meiner Meinung nach hielten die Araber, die sich nach der Schlacht von Bagdad an den Plünderungen beteiligten, dies auch nicht für Diebstahl. Sie wollten sich nur ein bißchen von dem Geld zurückholen, daß Saddam Hussein für Luxuswohnungen für sich und die seinen verschwendet hatte.

Ich weiß natürlich auch, daß manche islamistischen Sekten alle Ungläubigen vernichten wollen. Diese Sekten geben dem Westen die Schuld an allen Problemen in ihrer Welt. Sie hassen die Israelis mit einer völlig irrationalen Leidenschaft und halten es für ruhmreich, sich selbst inmitten von Israelis jeden Alters und Geschlechts in die Luft zu sprengen. Der Großteil der muslimischen Welt begrüßt solche Anschläge. Letzten Endes sind sie die islamische Antwort auf unsere intelligenten Bomben. Unsere Präzisionsschläge richten sich auf spezielle Gruppen, Fahrzeuge oder Gebäude an einem ganz bestimmten Ort der Erde. Der Terrorist mit seinem versteckten Sprengstoff wird selbst zur intelligenten Bombe. Er greift wahllos an, aber die Präzision seines Anschlags ist effektiv und eindrucksvoll.

Der Charakter dieses neuen Feindes ist völlig anders der Kommunismus es war. Unserem westlichen Denken ist eine derartige Bereitschaft zum Märtyrertum für die Religion völlig fremd. In unserer Kultur gibt es einfach keine vergleichbare Leidenschaft. Den Krieg stellen wir uns immer noch als Schlachtfeld vor, wo Armeen aufeinander losmarschieren, um auf Kommando das feindliche Gebiet zu besetzen. Mann gegen Mann, Panzer gegen Panzer, Artillerie gegen Artillerie.

Die USA hebelten dieses Gleichgewicht völlig aus, indem sie zielgenaue Bomben einsetzten, die ungehindert ein exaktes Ziel ansteuerten. Die Antwort der Araber auf unsere Technologie waren menschliche Bomben, die ebenso exakt (aber nicht ganz ungehindert) auf ihr Ziel losgingen. Wem es dabei gelingt, alle Hindernisse zu überwinden und seine Bomben zum „Einsatz" zu bringen, der wird als Nationalheld gefeiert. Unsere Bomben und Geschosse legen nur eine kurze Distanz zurück, nachdem sie das Mutterschiff verlassen haben; der arabische Attentäter muß dagegen mit vielen Hindernissen kämpfen, bis er an sein Ziel gelangt. Doch wären die terroristischen Sekten, die den Einsatz dieser menschlichen Bomben propagieren, besser organisiert, dann hätten wir noch wesentlich mehr Probleme, soviel ist sicher.

Diese lose organisierten Gruppen – angeführt, aber nicht dominiert von Al-Qaida – benutzen Terror und Zerstörung, um den Islam zur größten religiösen Macht zu machen. Mit einigen dieser Terroristen habe ich gesprochen: Terroranschläge sind in ihren Augen die einzige Möglichkeit, um die Ungläubigen zu vernichten, die sie vor vielen Jahren aus ihrer Heimat vertrieben haben.

Ich hatte direkt mit Al-Qaida-Männern zu tun und habe ihre Argumente oft genug gehört, insbesondere während eines Einsatzes im Jemen. Unter keinen Umständen habe ich mich je auf eine Diskussion über die Stärken und Schwächen der amerikanischen

Politik eingelassen. Tausendmal mußte ich mir anhören, wie die Araber die USA für ihre Unterstützung Israels verurteilten, aber ich habe nie meine eigene Meinung dazu gesagt. Manchmal – zum Beispiel in Libyen in den späten Siebzigern – hätte ich diese arabischen Offiziere allerdings am liebsten erwürgt. Sie hatten ungefähr soviel Ahnung von Weltpolitik wie die Ziegen, deren Fleisch sie täglich mit Genuß verspeisten. Aber meine Aufgabe bestand darin, diesen Dorfcowboys ein paar unkomplizierte Dinge beizubringen und Informationen zu sammeln. Das machte ich ganz allein und mit links, aus den politischen Debatten hielt ich mich heraus. Im Höchstfall zuckte ich mal mit den Schultern oder ich warf eine nichtssagende Bemerkung ein, um den Fanatismus zu entschärfen.

Aus Erfahrung weiß ich, daß die Al-Qaida-Krieger sich nicht dafür interessieren, ob sie bei ihren wahllosen Anschläge Unschuldige töten oder verletzen. Sie halten diese Taktik einfach für die einzige Möglichkeit, mit der sie ihrem erklärten Feind schaden können.

Terror macht berüchtigt, und je grausamer der Terrorakt ist, desto berühmter wird ein Terrorist. Solche Berühmtheit bringt wiederum Geld, in Form von Spenden und Zuwendungen von Anhängern oder freundlich gesinnten Regierungen. Auf diese Art versorgt der Terror sich selbst: Jeder Anschlag steigert die Möglichkeiten, in Zukunft weitere Anschläge auszuführen. Die Terrorzellen überleben letztendlich, weil sie imstande sind, den Tod zu verbreiten.

Ich bin kein Experte für arabische Anschauungen und Überzeugungen, aber ich habe unter arabischen Militärs gelebt und stand jahrelang in Kontakt mit ihnen. In meiner Funktion als Ausbilder in Kriegstechniken, Strategie und Waffenkunde lernte ich ihre Ansichten ziemlich gut kennen. Die arabischen Soldaten in Libyen ärgerten sich darüber, daß ein Amerikaner als Lehrer vor ihnen stand. Ich unterrichtete auch eine ganze Reihe von Männern, die für die Nachrichtendienste verschiedener Länder – Jemen, Jordanien und andere – arbeiteten. In ihren Augen war ich der Feind.

Sie hatten keinerlei Hemmungen, ihre Meinung über Israel und die amerikanische Unterstützung der Israelis zu äußern. Ich hörte immer höflich zu und nahm im täglichen Umgang mit diesen Offizieren eine Haltung ein, die man als aggressive Neutralität bezeichnen könnte. Politik gehörte nicht zu meinen Aufgaben, und das machte ich vom ersten Tag an klar. Vor jeder Unterrichtseinheit stellte ich mich vor die Klasse und betonte, daß ich mich nicht auf politische und religiöse Diskussionen einlassen würde. „Politik ist nicht mein Gebiet", erklärte ich, „und das Thema Islam kontra Christentum interessiert mich nicht. Basta. Ich bin hier, um Ihnen Waffen, Karten und Kompasse zu erklären, und vielleicht noch das ein oder andere Kriegsmanöver. Politik steht nicht auf dem Stundenplan."

Meistens reichte diese auswendig gelernte Erklärung, um Religion und Politik – wenn man sie überhaupt voneinander trennen kann – von der Ausbildung fernzuhalten. Trotzdem kam es immer wieder vor, daß einzelne Araber mich in ein politisches Gespräch verwickeln wollten. Zuerst wiederholte ich dann immer meine Stellungnahme, aber wenn sie weiter versuchten, mich aus der Reserve zu locken, dann ließ ich sie einfach stehen.

Aus diesen und anderen Erfahrungen weiß ich, daß arabische Militärs mit dem religiösen Terrorismus – so wie ihn Al-Qaida betreibt – sympathisieren. Der Terror ist ihre Trumpfkarte und der 11. September war bis jetzt ihr bestes Blatt.

Nun hatte ich also wieder einmal die Chance, an der Demontage der Terroristen mitzuwirken. Wenn sie unbedingt sterben wollen, dann besteht unsere Mission darin, ihnen diesen Wunsch zu erfüllen. Sie glauben wirklich, daß sie sich einen Platz an Allahs Seite gleich neben Mohammed verdienen, wenn wir sie ins Jenseits befördern – vorausgesetzt, sie können ein paar von uns mitnehmen. Wir wollten ihnen dabei gern helfen, allerdings ohne selbst mit von der Partie zu sein.

Nachdem ich die Zustimmung meines Chefs für meinen Einsatz hatte, und er mich quasi aus seinem Büro hinausgeschmissen hatte, war ich rundum glücklich. Nur mit dem Tempo war ich unzufrieden. Ich wollte schon mit dem ersten Kommando von CIA-Teams und Special Forces nach Afghanistan, mußte aber noch einen ganzen Monat warten. Meine Enttäuschung hielt sich allerdings in Grenzen, weil es nun endlich real wurde: Ich ging wieder in den Krieg. Mein ganzer Körper zitterte vor Aufregung, wie ich es schon seit Jahren nicht mehr erlebt hatte. Ich war bereit für den Einsatz und fühlte mich durch und durch lebendig.

In der zweiten Novemberwoche ging ich mit einer Gruppe von CIA-Mitarbeitern – genauer kann ich hier nicht werden – an Bord einer C-17-Transportmaschine der amerikanischen Luftwaffe, die über Deutschland nach Usbekistan und von dort aus nach Afghanistan flog. Es war eine umständliche und langwierige Route ins Kriegsgebiet, und an Bord dachte ich noch einmal viel über meine früheren Einsätze nach.

Wer völlig klar im Kopf ist, unternimmt keine solchen Anstrengungen, um immer wieder aufs Schlachtfeld zu kommen – jedenfalls nicht mehr als ein Dutzend Mal und nicht mit einundsiebzig. Aber für mich war es schon wie ein kleiner Sieg, daß ich überhaupt dabei sein konnte. Ich hatte meinen Hut in den Ring geworfen und wußte, ich konnte mit allem fertig werden, was mir noch begegnete. Dieser Ring war schon so oft mein Zuhause gewesen, hier fühlte ich mich vertraut und aufgehoben, es war der Ort, wo ich hingehörte.

Furcht oder Beunruhigung spürte ich überhaupt nicht. Angst vor dem Kampf kannte ich schon längst nicht mehr. Die meisten Menschen fürchten sich wahrscheinlich vor dem gänzlich Unbekannten. Aber als ich in dieser C-17-Maschine saß, genoß ich das Unbekannte, das auch mich zukam. Gedanken machte ich mir nur darüber, wie wir erfolgreich gegen unseren Schattenfeind antreten könnten. Meine Haltung dazu hat sich nie geändert: Wenn ein Mann für den Krieg ausgebildet ist, seinen Feind studiert und sich auf jedes denkbare Risiko vorbereitet hat, braucht er sich über den Rest keine Sorgen zu machen. Im Kopf eines gut ausgebildeten Soldaten ist kein Platz für Angst.

Das Monstrum von einer C-17-Maschine erinnerte mich an meinen ersten Flug mit einem Flugzeug der amerikanischen Luftwaffe, einer DC-3, manchmal auch als C-47 bezeichnet. Das war 1948 gewesen, vor dreiundfünfzig Jahren, als achtzehn von uns frisch rekrutierten Fallschirmjägern im Springen ausgebildet wurden. Wir sollten über der Schulungszone in Fort Benning, Georgia, zum ersten Mal mit einem Fallschirm abspringen. Es war mein erster Flug überhaupt, und ich mußte in der Nähe des Chatahoochi-Flusses außerhalb von Columbia springen. Die Schulung bestand aus fünf Static-Line-Sprüngen, und ich machte alle fünf Flüge, bis ich endlich eine normale Landung erlebte.

Auf diesem Flug nach Afghanistan war ich viel nachdenklicher als sonst. Schließlich war das mein letzter Kampfeinsatz, und der Krieg in Afghanistan war anders als all meine vorherigen Einsätze. Im ersten Golfkrieg hatte ich die Kampfhandlungen in einer untergeordneten Position miterlebt. Auch in Bosnien und im Kosovo war ich dabei gewesen, im Rahmen von Operationen, über die ich nichts Genaueres sagen kann. Der Krieg in Afghanistan hatte allerdings kaum Ähnlichkeit mit konventionellen Gefechten. Die technologischen Neuerungen der letzten zehn Jahre hatten die Kriegsführung völlig verändert. Die Tage der Signaltücher, der Spiegel und der wahllos abgeworfenen normalen Bomben sind längst vorbei. Die Zeit, in der alle nach Hochexplosivbomben rufen und gleichzeitig hoffen, daß sie selbst keine abbekommen, ist ebenfalls lange vorbei. Wir kämpften mit den intelligentesten Bomben und mit Jungs, die genau wußten, wie man solche Bomben exakt dort einsetzt, wo sie gebraucht werden. Ich konnte es kaum erwarten.

So wie ich das sah, ging ich nicht nur in den Krieg, sondern ich durfte auch gleichzeitig noch mal die Schulbank drücken.

Wir kamen direkt nach Thanksgiving in Afghanistan an, zu einem Zeitpunkt, als die Taliban und Al-Qaida schon in Auflösung begriffen waren. Unsere Mission im südöstlichen Afghanistan bestand nicht im Kampf gegen Panzer oder feindliche Bodentruppen. Statt dessen sollten wir die Talis, die Al-Qaida-Leute und die Tschetschenen in ihren Höhlen, Tunneln und Verstecken südlich und südöstlich von Kabul auftreiben.

Ich landete auf einem gerade eingenommenen Flugplatz in Baghram und wurde von dort aus in ein kürzlich erobertes Hotel in der Innenstadt von Kabul gebracht. Im Lauf der nächsten Woche schloß ich mich einem kleinen CIA-Team an, das ins Kriegsgebiet in der Provinz Lowgar, südöstlich von Kabul, vorstoßen würde. Mit der Operation Enduring Freedom kam es zu einer noch nie dagewesenen Zusammenarbeit von Special-Forces und CIA. Wir sollten uns der dreizehnköpfigen Special-Forces-Einheit ODA 594 anschließen, mit der gemeinsam wir das Team Romeo bilden würden. Dieses Team würde alles daran setzen, das Land von Al-Qaida und den Taliban zu säubern. Ich war als unabhängiger Kontraktor dabei.

Natürlich konnte ich mein Alter nicht verbergen. Ich war einundsiebzig, während der Zweitälteste in unserer Gruppe nur vierundfünfzig Jahre auf dem Buckel hatte. Deshalb galt ich bei der Truppe als so etwas wie ein Wundertier – und mußte mit allen möglichen Reaktionen von den Männern rechnen.

Lange warten mußte ich darauf nicht, schon direkt nach meiner Ankunft in Kabul ging es los. Ein großer Amerikaner in einheimischer Kleidung, der genauso ramponiert wie ich aussah, begrüßte mich. Ich kannte ihn nicht, aber er konnte sich kaum mehr halten, als er mich sah.

„Sind Sie nicht Billy Waugh?" fragte er mich.

Als ich das bestätigte, drehte er sich zu dem Mann neben ihm um und sagte: „Komm, wir machen ein Foto von uns zusammen mit Billy!"

Ich machte mit, lächelte in die Kamera und fragte die beiden dann höflich, wer sie waren. Der lange Kerl niemand anders war als der Kommandant der 5th Special Forces (A), Colonel John Mulholland. Sein Partner war Lieutenant Colonel John Haas.

„Ich weiß alles über dich, Billy", sagte Mulholland und zählte so einiges auf – natürlich nur Gutes –, während ich mich mit jedem Wort verlegener wurde. Wir trafen uns noch ein paar Mal in Afghanistan und diskutierten dann immer über die Kriegführung und die Moral der Truppen.

Die Special Forces waren mein Leben. Es machte mich stolz, einen so hervorragenden Mann wie Mulholland an der Spitze der Fünften zu sehen. Die 5th SF war die wichtigste Truppe der Special Forces im Vietnamkrieg gewesen, und auch die Aufzeichnungen und Einsätze der Study and Observation Group (SOG) beschäftigten sich sämtlich mit dieser Einheit. In diesem Moment wußte ich, daß die zerlumpten Taliban die Hucke voll bekommen würden, und ich konnte es kaum erwarten, wieder zu meiner alten Einheit zurückzukehren.

Aber ich wollte nicht nur als Relikt in diesem Krieg dabeisein. Bei meiner Eigenwerbung für diesen Einsatz hatte ich vor allem meine Fähigkeit, als Verbindungsmann zwischen den Special Forces und den CIA-Teams zu agieren, herausgestrichen. Allerdings war ich auch nicht als Diplomat nach Afghanistan gekommen. Ich hatte mich mit einigen der neuen Waffen vertraut gemacht, insbesondere mit dem eindrucksvollen M-4-Karabiner. Ich übte auch mit der mir schon bekannten AK-47-Kalaschnikow, die in Vietnam von beiden Seiten verwendet worden war, und der AK-74, einer leichteren Version der AK-47. Außerdem absolvierte ich ein paar Unterrichtsstunden mit den neuesten Splitterbomben. Sie waren größer als die Minidinger, die wir in Vietnam benutzt hatten, und noch tödlicher. Manche meiner Kameraden schwören auf Revolver, aber ich bin mehr ein Anhänger von Handgranaten. Aber auch wenn sich meine Faszination für Revolver in Grenzen hält, nahm ich trotzdem einmal an einem Schießkurs teil, den ein Weltmeister im Schießen an seiner eigenen Schule leitete.

„Wissen Sie, Colonel", sagte ich zu ihm, „ich mach mir nicht wirklich was aus Revolvern und diesem ganzen Getue von wegen, wer zieht am schnellsten. Normalerweise arbeite ich mit einem Maschinengewehr und einer Ladung Handgranaten." Als er mir daraufhin einen etwas komischen Blick zuwarf, zuckte ich mit den Schultern. „Mit meinen Granaten kann ich auf einen ganzen Trupp losgehen – scheiß auf Revolver. Aber wenn ich damit einen umlegen soll, dann zieh ich garantiert schneller."

Nicht nur die neuen Waffen und Munitionstypen waren erstaunlich. Was mich wirklich umhaute, waren die modernen Kommunikationsanlagen. Statt von einer Bodenstation zur anderen zu senden, wurden die Signale hoch zu den Milstar-Satelliten gefunkt, die in einer Entfernung von über vierzigtausend Kilometern die Erde umkreisten und rund um die Uhr verschlüsselte Nachrichten sendeten. So ein Satellit kostet alleine schon achthundert Millionen Dollar, und die Titan-Rakete, die ihn die Umlaufbahn bringt, ist etwa eine Milliarde wert. Das war wirklich nicht mehr wie Vietnam.

Meine persönliche Ausstattung setzte sich folgendermaßen zusammen:
  – ein Schlafsack für Minusgrade, lange Unterhosen, jede Menge warme Socken, eine Vortex-Jacke, ein Schal; eine

afghanische Kopfbedeckung, *Chitrali* genannt (schließlich wußte ich genau, daß es eiskalt werden würde),
– eine AK-47 mit sieben Magazinen voll 7.62-Munition, Granaten mitsamt einem H&K 40-mm-Granatwerfer,
– ein Rucksack mit einem großen und einem kleinen Camel-Bak-Wasserbehälter,
– Klickverschlüsse,
– ein AN/PRC-112-Überlebenssender, ein Nachtsichtgerät (NVD), zwei Kameras, ein Garmin-GPS-Gerät,
– ein Leatherman, ein Oldtimer-Messer, ein Kompaß, ein Spiegel (immer noch),
– ein paar tausend Dollar aus meiner eigenen Kasse.

Wir waren bereit loszulegen. Bei minus fünf Grad schnappten wir uns am 1. Dezember – meinem 72. Geburtstag – ein paar Fertigrationen und verließen auf Lastwagen Kabul, zusammen mit ein paar Dutzend afghanischen Anti-Taliban-Truppen (ATF). In der Lowgar-Provinz, wo ODA 594 sich mit uns treffen würde, sollten wir etwa tausend neue Soldaten rekrutieren.

Als ich dort zum Team Romeo stieß, sorgte meine Ankunft noch einmal für Bewunderungsstürme bei den dreizehn Mitgliedern der ODA-Spezialeinheit. Das soll jetzt nicht eitel erscheinen, aber ich muß zugeben, daß sie mich praktisch verehrten. Mir war das sehr peinlich, aber ich versuchte, so gut es ging, damit klarzukommen. Ein zweiundsiebzigjähriger Special-Forces-Veteran mit acht Purple Hearts und Kampferfahrung seit Korea mußte bei diesen Männern eine gewisse Begeisterung auslösen. Ich war jedenfalls auf die unvermeidlichen Fragen und neugierigen Blicke vorbereitet. Wahrscheinlich dachten eh alle: *Dieser alte Dreckskerl muß doch verrückt sein.*

Das Interesse der Männer ging aber über bloße Neugier hinaus. Als kampferprobte Teilnehmer an Geheimoperationen hatten die Männer von ODA 594 alle Bücher John Plasters über die SOG gelesen und jede Menge unveröffentlichte Geschichten darüber gehört. Manche wußten sogar ein bißchen etwas über meine wichtigeren Einsätze für die CIA.

Wenn mir die Lobeshymnen zu dick wurden, lenkte ich ihre Aufmerksamkeit wieder auf unsere aktuelle Situation. Ich wehrte ihre Bewunderung mit dem Spruch vom Übers-Wasser-wandeln-wenn-kein-See-in-der-Nähe-war ab. Und ich sagte ihnen, wie es wirklich war: Sie waren stärker und intelligenter als ich je gewesen war, und sie verfügten über eine Ausrüstung, von der wir in Vietnam nicht mal hätten träumen konnten.

Jeden Tag wurde ich an mein Alter erinnert, und jeden Tag quälte mich der Gedanke, wie jemand CIA-Direktor George Tenet mitteilte, daß Billy Waugh im Kampf verletzt worden sei, als er sich gerade seinen knochigen Hintern in der gottverlassenen afghanischen Wildnis abfror. So wie ich mir die Szene vorstellte, endete sie immer damit, daß ein ungläubiger Tenet fragt: „Was macht der verrückte alte Dreckskerl denn überhaupt da drüben?"

In Lowgar war das CIA-Team in einer alten Schule untergebracht. Besonders in den abgelegenen Gebieten gehen afghanische Kinder während der kalten und gefährlichen Wintermonate nicht zur Schule. Wir schlugen unser Lager also auf dem kleinen Schulgrundstück auf und nahmen uns vor, alles in einem besseren Zustand zurückzulassen, als wir es vorgefunden hatten. (Daran hielten wir uns auch, außerdem zahlten wir der Schulleitung eine anständige Miete.) In dieser verlassenen Gegend war die Schule entsprechend arm und heruntergekommen. Die Tafeln waren Schrott und als Sitzgelegenheiten gab es nur wacklige Bänke.

Wir besorgten uns mehrere Kerosin-Öfen und erstanden ein Faß mit 200 Litern Brennstoff. Die Wärme war nicht gerade überwältigend, aber wenn man seine Hände direkt an die Öfen hielt, ging es so einigermaßen. Nachdem wir uns um das Nötigste gekümmert hatten, bauten wir unsere Kommunikationsanlagen auf und bereiteten uns auf die Verteidigung vor. Natürlich legten wir uns auch Notfallpläne zurecht. Dabei wurden unsere fehlenden Sprachkenntnisse zum echten Problem: In dieser Gegend wurde nur Farsi, Paschtu und Dari gesprochen. Niemand konnte arabisch, die Sprache des Feindes, und meine eh schon begrenzten Kenntnisse waren völlig nutzlos.

Während der ersten Woche trafen wir auf einen selbsternannten General, der eine Gruppe von ungefähr dreihundert Soldaten anführte. Er hieß Zaidullah, und wie alle afghanischen Warlords, kam er unglaublich salbungsvoll daher. In meinen Augen war er nur ein betrügerischer Mistkerl, dem wir unter keinen Umständen vertrauen konnten. Weder der Krieg noch seine Soldaten oder die Amerikaner in seinem Land interessierten ihn wirklich. Ihm ging es nur darum, sich die Taschen mit Silber und Gold vollzustopfen. Mir waren schon hunderte von Kerlen dieser Sorte begegnet. Jedes Mal fiel mir von neuem auf, wie sie sich in ihrem Verhalten und Auftreten gleichen. Ich war nicht der Anführer des CIA-Teams und verhandelte deshalb auch nicht direkt mit den einheimischen Warlords, aber manchmal – wenn es so aussah, als zögen wir den kürzeren – schaltete ich mich mit ein paar Ratschlägen ein.

Die ODA-594-Spezialeinheit stieß in der ersten Dezemberwoche zu uns. Dieses erstklassige Team wurde von Master Sergeant Darren Crowder und Captain Glenn Thomas (der nicht viel Erfahrung hatte, aber klug genug war, auf seine Männer zu hören) geleitet.

Die Kooperation der CIA mit den ODA-Spezialeinheiten funktionierte folgendermaßen: Die ODA bildete die Paschtunen-Truppen aus, die oft vom Fleck weg angeheuert wurden. Unser kleines CIA-Team arbeitete dabei direkt mit ihnen zusammen. Dabei handelte es sich um eine ganze neue Form der Kooperation zwischen den beiden Organisationen mit ihren jeweiligen Befehlsketten. Manchmal war die CIA darauf aus, einen Job abzuschließen, während die ODA noch auf Genehmigung warten mußte. Unter den gegebenen Umständen funktionierte das ganz gut, und ich sah es als Teil meiner Aufgabe an, die Wogen zu glätten, wenn es ein bißchen stürmisch wurde. Wenn man vor dem Kampf steht und Menschenleben auf dem Spiel stehen, kann man sich nicht wie ein Cowboy aufführen und nur nach Lust und Laune agieren. Man braucht einen vernünftigen Plan, inklusive Luftunterstützung. Wenn zwei Gruppen mit ganz unterschiedlichen Strukturen und Arbeitsweisen daran beteiligt sind, kann das reichlich kompliziert werden.

Master Sergeant Crowder war ein sachlicher Mann, der sich von niemandem verarschen ließ. Zwischen ihm und dem Anführer des CIA-Teams gab es hin und wieder ein paar Mißverständnisse, aber das war jedesmal schnell geklärt. Schließlich kannten wir alle dieses Spiel und gaben uns Mühe, daß alles friedlich ablief. Ich setzte meinen Status als kampferfahrener „Weiser" ein, damit sich die Kooperation zwischen den beiden Gruppen möglichst freundlich gestaltete. Oft sagte ich mir: „Billy, das ist nicht Vietnam, du mußt dich um einen Kompromiß bemühen." In Vietnam – zumindest bei den Aufklärungseinheiten von Command and Control für Zentral- und Südvietnam (CCS und CCN) – hatte es keine Kompromisse gegeben, da gab's nur eins: Raus und loslegen. In Afghanistan versuchte ich immer, die Stimmung bei den Special Forces und den CIA-Jungs einzuschätzen, damit alles möglichst ruhig und gelassen ablief.

Natürlich wollte ich keine der beiden Seiten verärgern, besonders die Special Forces nicht. Die Spannungen wurden meist auch nicht unerträglich, aber manchmal war es nötig, direkt einzugreifen. Einer der ausschlaggebenden Gründe, warum mich meine Vorgesetzten letztendlich nach Afghanistan geschickt hatten, war meine Vergangenheit bei den Special Forces. Ich konnte gut mit den Spezialeinheiten zusammenarbeiten, weil ich zuallererst ein Special-Forces-Mann war.

Es war eine Freude, die Special-Forces-Männern bei ihrer Arbeit zu beobachten. Sie beklagten sich nie, und die Zusammenarbeit mit ihnen rief viele Erinnerungen in mir wach. Bei den Special Forces wird jeder dazu ausgebildet, schnell zu denken und zu arbeiten. Man ist allein im feindlichen Gebiet. Schnelle Entscheidungen und kontinuierliches Planen ermöglichen die reibungslose Kooperation der Spezialeinheiten mit den im Land rekrutierten einheimischen Truppen. Die Operation in Ba Kev im Jahr 1970 war ein extremes Beispiel dafür, wie man denken und planen muß, wenn man so weit hinter den feindlichen Stellungen arbeitet und gleichzeitig versucht, die Herzen der Einheimischen zu gewinnen.

Ich ließ es nicht zur Gewohnheit werden, in Afghanistan von meinen Vietnam-Erfahrungen zu erzählen. Viele der ODA-594-Gruppe waren bei Desert Storm dabeigewesen. Diese Veteranen hatten die Neulinge schon über die Risiken und Gefahren des Kriegs aufgeklärt. Vietnam unterschied sich außerdem ganz grundsätzlich von Afghanistan.

Unsere Aufgabe in Afghanistan bestand darin, dem Gegner mit kleineren Einheiten in den Rücken zu fallen und ihn aus dem Anzug zu bombardieren, bis man ihn vernichtet hat. Die Kriegsführung im Dschungel von Vietnam war etwas ganz anderes, dort mußten wir möglichst nahe an den Feind herankommen. Es gab deshalb keinen Grund, warum gerade ich den Männern Predigten halten sollte. Ich legte ihnen aber ans Herz, wie wichtig Überraschungs- und Ablenkungsmanöver waren, mit denen man beim Gegner Verwirrung stiftet. Ich beobachtete, wie die ODA-Männer sich auf den Kampf vorbereiteten, und mir wurde klar, daß wir hier eine unübertreffliche Truppe zusammen hatten.

Zu unserer Gruppe gehörten auch zwei Mitglieder der Luftwaffen-TACPs, die unter anderem auch darauf spezialisiert waren, Close Air Support gegen die Taliban und Al-Qaida einzusetzen. Wie erwartet, waren diese Jungs gut ausgebildet und brannten auf ihre erste Konfrontation mit dem Feind. Um sich ein Bild von der physischen Überlegenheit der Special-Forces-Männer zu machen, muß man sich folgendes vor Augen führen: Jeder trug eine Ausrüstung – Rucksack, Funkgerät, Waffen, Granaten usw. – mit sich herum, die insgesamt an die fünfzig Kilo wog. Diese Männer waren die Allerbesten und sie waren bereit, die Taliban, Al-Qaida und die Tschetschenen umzulegen, wo immer sie zu finden waren.

Von unseren Gegnern in Afghanistan wußte wir über die Tschetschenen am wenigsten, aber wir lernten sie als gefährlichen Feind kennen. In Rußland hatte man sie von ihrem Heimatstützpunkt vertrieben, und nun wollten sie sich in Afghanistan am Krieg gegen die USA beteiligen. Es waren herausragende und besonders disziplinierte Kämpfer. Zu den meisten Zusammenstöße mit den sogenannten „Tschets" kam es in den Provinzen Lowgar und Paktia. Da sie ohnehin keine Heimat mehr hatten, in die sie zurückkehren konnten, waren die Tschetschenen darauf vorbereitet, im Kampf zu sterben. Wir waren ihnen dabei auch gern behilflich, was aber nicht bedeutet, daß wir, auch wenn wir sie letztendlich besiegten, nicht einen Heidenrespekt vor diesen Männern gehabt hätten.

Man kann nicht über Afghanistan reden, ohne das Wetter zu erwähnen. Als wir auf unserer Fahrt von Kabul in die Lowgar-Provinz in höher gelegene Regionen vorstießen – und zwar in eine Höhe von 1800 bis 2000 Metern – wurde es so eisig kalt, wie ich es mir kälter nicht vorstellen konnte.

Der alte Texaner in mir hätte es vielleicht noch ganz anders ausgedrückt: Es herrschte hier eine Kälte, wie er es sich in seinem schlimmsten Alpträumen nicht hätte ausmalen können.

Für den Fall, daß es bis jetzt noch niemandem aufgefallen ist, muß ich es wohl erwähnen, obwohl ich das sehr ungern tue: Ich kann Kälte nicht gut aushalten. Sie geht mir bis in die Knochen und bringt meine schlechtesten Seiten zum Vorschein. Wenn es kalt ist, bin ich gereizt und fühle mich mies. Ich kann mir nicht vorstellen, wie jemand Kälte leicht ertragen kann. In Afghanistan mußte ich mir ständig vorhalten, daß ich selbst um einen Einsatz in diesem Krieg gebeten hatte. Ich war entschlossen, weiterzumachen. Ich konnte mich ohne Ende für die neuen Waffen begeistern. Und es war ein echter Genuß, mit diesen geistig und körperlich voll einsatzfähigen jungen Amerikanern zusammenzuarbeiten. Ich war immer ein Typ, der vor allem *funktionierte*, und genau das zeichnete diese Männer aus: Sie *funktionierten* auch unter den schlimmsten Bedingungen.

Trotzdem muß ich zugeben, daß ich in einem elenden Zustand war. Wir kleideten uns wie die Einheimischen, um notfalls als Afghanen durchzugehen, und das hieß vor allem, Bärte zu tragen. Mein Bart war ein schrecklicher Anblick, ständig blieben Dreck, Rotz und Essensreste darin hängen. Ich trug meinen *Chitrali*, die afghanische Kopfbedeckung, immer ein bißchen schräg und merkte irgendwann, wie faulig das Ding roch. Wenn ich an Afghanistan denke, erinnere ich mich vor allem an den Gestank ungewaschener Männer bei Temperaturen im Minusbereich. An normale Körperpflege war nicht zu denken, wir kriegten höchstens alle paar Wochen mal eine Dusche zu Gesicht. Alle zusammen müssen wir wie eine faulige Kloake gestunken haben. Das ist keine sehr hübsche Beschreibung, aber es trifft den Sachverhalt genau. Nur hin und wieder hatten wir Wasser zur Verfügung, das dann auch noch scheißkalt war.

Einmal wurde über uns eine Lieferung Wasser vom Flugzeug abgeworfen, und ich mußte zusehen, wie ein großer Teil der Plastikflaschen barst und das Wasser in der durstigen Wüste versickerte. Es waren aber noch ein paar Windex-Flaschen dabei, die heil geblieben waren. Mir kam die tolle Idee, das Zeug zur Körperpflege zu benutzen. Spritz, spritz, rauf mit dem Windex und weg mit dem Gestank – so dachte ich mir das. Absoluter Schwachsinn, der nicht zur Nachahmung zu empfehlen ist. Windex löst mit dem Dreck auch gleich die oberen Schichten der Haut ab. Jede Stelle an meinem Körper, die ich damit besprüht hatte, brannte wie verrückt.

Nach ein paar Wochen stank mein Schlafsack wie das südliche Ende einer Kuh, die nach Norden marschiert. Aber der verdammte Schlafsack war das einzige, was mich nachts warm hielt. Trotz allem Widerwillen kroch ich in langen Unterhosen und mit einem Wollhemd jeden Abend in den Schlafsack, wobei mir ständig die Nase lief. Übrigens tropfte meine Nase die ganze Zeit, und der Rotz fror in meinem Schnurrbart fest. Und so ein grünlich gefrorener Schnurrbart ist ein wirklich beschissener Anblick. Mein einziger Trost war, daß wir alle so aussahen. Man lernt einfach, damit zu leben, seinen Job zu machen und auf bessere Zeiten zu hoffen. Einen Vorteil hatte die Kälte aber doch: Läuse sterben bei Temperaturen unter minus zehn Grad ab.

Meine kugeldurchsiebten Knochen – besonders mein linkes Knie – schmerzten furchtbar. Als Liebhaber von Junkfood hatte ich in den letzten Jahren einiges an Gewicht zugelegt, aber in Afghanistan nahm ich mit rasender Geschwindigkeit ab. Ich fror wie ein Hund und stank erbärmlich. Und trotzdem hätte ich für nichts in der Welt aufgeben mögen.

An einem normalen Tag in der Provinz Lowgar stand ich morgens um 4.00 Uhr auf und machte einen Rundgang um unsere Verteidigungsanlagen. Daß ich immer an die Gefahr eines Überraschungsangriffs dachte, gefiel den Jungs von den Special Forces. Zwar hatten wir eine Verteidigungsstellung eingerichtet, die rund um die Uhr funktionieren sollte, aber nach einiger Zeit wird man schon mal nachlässig. Wenn ich alles ein paar Mal überprüft hatte, zündete ich einen Kerosin-Ofen an und wärmte mir den Hintern daran. Dann rollte ich den Schlafsack ein und machte meine Ausrüstung fertig.

Meine Haltung zu dieser Mission läßt sich leicht beschreiben: Ich war darauf eingestellt, alles zu tun, was getan werden mußte. Ich wußte auch, daß ich mit den jüngeren Männern die Zukunft unserer Kriegsführung vor mir hatte und saugte all die Informationen auf, die für sie ein selbstverständlicher Teil ihrer Ausbildung waren. Ich beschäftigte mich mit den Geo-Koordinaten und den verschiedenen Programmen unserer Falcon-View-Software. Außerdem nahm ich immer wieder Kontakt mit der Luftaufklärung auf, um sicherzugehen, daß es keine Probleme mit dem verschlüsselten Funk gab.

All das geschah noch vor Tagesanbruch. Wenn die Sonne über die Berge stieg, besprachen wir unsere Pläne für den Tag und begannen unsere Arbeit mit den Anti-Taliban-Truppen. Die einzige Konstante war die Kälte: Wir froren den ganzen beschissenen Tag und die ganze beschissene Nacht.

Unsere Gruppe hatte ein paar Paschtunen angeheuert, die sich nach etwas Ausbildung als wirklich großartige Kerle herausstellten. Die Truppen standen unter dem Kommando von General Lodeen, der zwischen Pakistan und Afghanistan hin- und herpendelte, und seinem Sohn Zia Lodeen, der bei uns blieb und die Soldaten befehligte.

Die Paschtunen waren ihren Anführern treu ergeben. Sie stammten aus der Gegend südwestlich von Kabul, Paschtunen-Land. Meist mischten diese Männer sich nicht unter die Stämme aus dem Norden und Nordosten Afghanistans. Schon das zeigt, daß dieses Land nie als Republik funktionieren kann, nicht in dem Sinn, wie wir das in den USA gewohnt sind. Es gab keine Gesetze, die für das gesamte Land galten. Weder jetzt noch früher hatten sie einen Staatschef, der die gesamte Nation regierte. Statt dessen gab es Stammesgesetze, die je nach Entfernung und durch Gebirgsketten voneinander getrennt für einzelne Territorien galten.

Die Mehrzahl unserer Paschtunen- und Dari-Soldaten konnte weder lesen noch schreiben, und sie hatten auch kein Interesse an einer Alphabetisierung. Diese Männer sahen gefährlich aus und waren überzeugte Muslime, ohne daß sie dabei fanatisch wurden. Sie waren bis an die Zähne bewaffnet und erwarteten wenig von ihren Warlords. Befehle nahmen sie immer nur von einem Führer entgegen: Wie auch bei den Arabern war das eine typische Schwäche muslimischer Armeen. Wieder einmal gab es keine Unteroffiziere, die bei der Arbeit mit kleineren Einheiten Befehle geben konnten. Alle Entscheidungen mußten von ganz oben kommen. Diese Hierarchie – keine Unteroffiziere, nur der Chef und seine Truppen – ist ein fataler Organisationsfehler in der militärischen Struktur, der unter anderem auch für den Zusammenbruch von Saddam Husseins Regime mitverantwortlich war.

Über die Loyalität der Paschtunen-Soldaten machten wir uns keine Illusionen. Wenn es ihr Warlord befohlen hätte, dann hätte jeder dieser Männer uns sofort das Herz herausgeschnitten und erst wieder von uns abgelassen, wenn sie einen anderslautenden Befehl bekamen. Aber wir bezahlten ihren Anführer und hielten sie bei Laune, deshalb konnten wir auch über die Truppen verfügen. Es war eine einfache Rechnung, genauso schlicht wie die Männer selbst.

Nach vier Wochen zogen wir mit unseren einheimischen Truppen nach Süden in die Paktia-Provinz, etwa zehn Kilometer südöstlich der Stadt Gardez. Unser Plan war es, das ganze Land mit Hilfe der unwahrscheinlichen Dreifaltigkeit aus Special Forces, CIA und Warlords unter Kontrolle zu bekommen. Über diesen Teil des Landes herrschten die Warlords, die von CIA und Special Forces in Stimmung gehalten wurden. Die Strategie in Afghanistan war notgedrungen eine ganz andere als die, mit der wir im Irak-Krieg operiert hatten, wo die einheimischen Kurden nur im Norden und Nordosten eingesetzt worden waren.

Gardez – eine Stadt mit über hunderttausend Einwohnern – steckte voll von Taliban. Schnell fanden wir heraus, daß die Taliban selten Uniformen trugen und sich einfach wie Zivilisten kleideten. Also trugen nun alle inklusive ODA und CIA-Mitarbeiter zivile Kleidung, die Bösen wie die Guten. Die Taliban und die Al-Qaida-Leute in dieser Gegend rochen aber wahrscheinlich besser als wir, denn auf der Westseite der Stadt gab es einen Fluß und Waschgelegenheiten.

Wie ein Wüstensturm marschierten wir in Gardez ein. Die großen Fische zogen wir gleich aus dem Verkehr, der Stadt wurde so eine größere Schlacht erspart. Die Taliban hatten keine Gelegenheit, sich die langen Bärte zu stutzen, die jeden von ihnen zur

Zielscheibe machten. Der Angriff war gut geplant. Wir hatten dafür gesorgt, daß die Stadtoberen schon im Vorfeld auf unserer Gehaltsliste standen, und die Hardliner der Taliban-Kämpfer waren mit intelligenten Bomben beschossen worden.

Die Einwohner von Gardez rechneten mit dem Schlimmsten und waren überrascht, als wir wie bei einer Parade am Memorial Day durch die Straßen zogen. Wir nahmen die Stadt im Sturm und trieben die Feinde mit einem Konvoi aus fünfundzwanzig Fahrzeugen aus ihren Häusern. Dabei unterstützten uns B-52, B-1B und B-2-Bomber mit ihren intelligenten Bomben, die ständig über der Stadt kreisten. Mit ihren markanten Kondensstreifen waren diese Maschinen leicht am Himmel zu erkennen. Die Taliban-Ärsche waren vielleicht primitiv, aber sie wußten genau, daß sie ein paar von diesen Bomben schlucken würden, wenn sie sich uns nicht ergaben.

Diese Operation war wirklich meisterhaft koordiniert worden. Der Predator, ein unbemanntes Flugzeug, versorgte uns ständig mit Informationen. Außerdem standen uns Specter C-130 Gunships zur Verfügung. Immer, wenn man zum Himmel blickte, sah man kreisende Flugzeuge, die wie Geier nur darauf warten, sich auf unser Kommando herunterzustürzen. Unsere TACP-Luftwaffenmänner hingen ständig an den Funkgeräten und sprachen mit den fliegenden Kommandoposten und den C-130 Gunships.

Wir hatten eine alte Lehmfestung außerhalb von Gardez ausfindig gemacht, und nachdem das Finanzielle mit dem arabischen Hausmeister geregelt war, zogen wir dort ein. Hier war Platz genug, so daß wir unsere Ausrüstung, inklusive der Fahrzeuge, im Innern unterbringen konnte. Die Paschtunen richteten außerhalb des Gebäudes einen Verteidigungsring ein.

Landschaftlich war hier fast nichts außer Wüste. In Gardez gab es kaum Bäume, und in unserer unmittelbaren Umgebung wuchs nur etwas Gestrüpp. Nur an den Flußufern auf der Westseite der Stadt gab es Baumbestand. Im Vergleich mit der alten Schule war unsere Festung eine echte Verbesserung. Hinter den Lehmmauern befand sich ein Brunnen – ein Geschenk des Himmels nach all den Wochen ohne Wasserversorgung. Es war ein Grundwasserbrunnen, bei dem man mit einer alten Kurbel das Wasser aus einer Tiefe von etwa fünfunddreißig Metern an die

BILLY WAUGH

Oberfläche holen mußte. Aber mir machte es nichts aus, für ein bißchen frisches Wasser auch mal zwanzig Minuten lang die Kurbel zu betätigen

Die Medien versuchten ständig, Kontakt mit unserer Einheit aufzunehmen, bis wir Zia Lodeen (dem Sohn des Warlords) den Befehl gaben, sie schon drei Kilometer vor unserer Basis abzuweisen. Das hatte dann auch die erwünschte Wirkung. Wenn einem ein finster aussehender, stinkender Paschtune mit einer entsicherten AK-47 vor dem Gesicht herumfuchtelt, den Finger am Abzug, und in seiner eigenen, unverständlichen Sprache „Hau ab!" brüllt, dann macht selbst der härteste Kriegsberichterstatter auf dem Absatz kehrt. Paschtu ist eine schwierige Sprache, aber wer es mit Lodeen zu tun bekam, verstand ihn problemlos.

Der Krieg in Afghanistan war wie kein anderer. Unser Team machte Zielgebiete aus und wurde aus der Luft mit Informationen versorgt. Außerdem wurden uns Nachrichten noch auf anderen Wegen übermittelt, die aber nach wie vor Geheimsache sind. Unser Feind stand überall – es war deshalb ziemlich einfach, zum Schlag auszuholen. Der Dienst informierte uns darüber, daß der Gebirgspaß zwischen Gardez und Khost, der letzten größeren Stadt im Südosten, von einer großen Anzahl Taliban und Al-Qaida-Leuten besetzt war. Wir stellten uns auf eine wochenlange Operation ein. Ein Team, das in die Gegend um Khost eingeschleust worden war, hatte in der ersten Nacht am Boden einen verletzten und einen toten Amerikaner zu beklagen.

Es war kein Kampf, bei dem man Schritt für Schritt vorgeht, erst anhält und dann losschlägt. Wir marschierten zügig zur jeweils nächsten Position, um Informationen zu sammeln und die bösen Jungs aufzuspüren, und erhielten dabei Deckung aus der Luft. Diese Strategie ist auch im Irak angewandt worden, besonders im Norden und Osten des Landes – also da, wo sich weder Panzer noch „eingebettete" Journalisten zur Hauptsendezeit auf Bagdad zubewegten.

Bei einem Besuch in Gardez traf ich zufällig auf zwei uniformierte Afghanen – riesige Kerle mit den enormen Bärten, wie sie typisch für die Taliban sind. Über unseren überarbeiteten Dolmetscher versicherten sie mir aber, daß sie ganz bestimmt keine Taliban waren. Ganz im Gegenteil!

„Wir *lieben* die Amerikaner!" versicherten sie mit breitem Lächeln. Ihre Augen lächelten allerdings nicht: Ich konnte den Haß hinter ihrer falschen Freundlichkeit sehen. Natürlich waren sie Taliban und gaben das nach weiterer Befragung auch mehr oder weniger zu, so daß wir ein paar wertvolle Informationen von ihnen bekamen.

Diese Zufallsbegegnung war typisch für unsere Bemühungen, Afghanistan von den Taliban und Al-Qaida zu säubern. Es war nicht immer einfach, die Guten von den Bösen zu unterscheiden. Aus diesem und anderen Gründen hielten wir uns auch nie länger in Gardez auf. Die Stadt war eine Hochburg der Taliban gewesen. Auch wenn wir bei unserer Ankunft ungehindert durch alle Straßen gezogen waren, konnten wir uns dort einfach nicht frei bewegen. Viel effektiver war es, in der Nähe unserer Festung zu bleiben, von wo aus wir alle Angriffspläne in die Tat umsetzten.

Während meiner Zeit in Afghanistan habe ich oft meinen Kopf über die phänomenale Leistungsfähigkeit der neuen Waffensysteme geschüttelt. Ich gewöhnte mich nur schwer an diese distanzierte Kriegsführung, aber die Jungs der Spezialeinheiten hatten ihren Spaß daran. So wie heute Krieg geführt wird, kann man einen Gegner auslöschen und dabei eine Tasse Kaffee trinken.

Ich will hier nicht zu sehr auf die technischen Details eingehen, möchte aber wenigstens die Funktionsweise der lasergesteuerten Waffensysteme beschreiben, die in Afghanistan eingesetzt wurden. Wenn unsere Kundschafter in einer Gegend Taliban ausgemacht hatten, dann bezog das Team dort Stellung. Entweder hatten wir ein SOFLAM-Laser-Zielmarkierungsgerät oder Viper-Laserferngläser dabei. Manchmal befanden wir uns oberhalb einer Straße, auf der wir die Taliban erwarteten, oder über einem Gebäude, in dem sie sich aufhielten.

Dann wird der fliegende Kommunikationsposten darüber informiert, daß ein Zielgebiet lokalisiert und dort feindliche Kämpfer aufgespürt worden sind, bei denen es sich definitiv nicht um Zivilisten handelt. Das Laser-Team markiert das Zielgebiet mit einem Infrarot-Schuß, der vom Ziel abprallt und den „Laser-

Niederschlag" auslöst. So entsteht ein Kreis, der für menschliche Augen zwar unsichtbar bleibt, intelligente Bomben aber direkt zum Ziel führt. Man spricht dann von einer „Kommunikations-Übergabe" unseres Teams an den Bomber, zum Beispiel eine B1-B-Maschine mit lasergesteuerten Geschossen.

Die Leute der US Air Force sind wahre Meister dieser Technik. Der Bomberpilot spricht direkt mit den Bodentruppen und übermittelt die Koordinaten über eine Satellitenverbindung. Der Laser bleibt auf das Ziel gerichtet, und die Bombe wird abgeworfen. Diese erstaunlichen Bomben können aus einer Höhe von etwa zehntausend Metern das Fenster eines Gebäudes oder die Ladefläche eines Lastwagens ansteuern.

Rums! Ziel vernichtet.

Noch intelligenter sind die Bomben, die mit GPS (Global Positioning System)-Leitsystemen einen Punkt am Boden präzise anfliegen können.

Die Taliban hatten diesen Spezialeinsätzen nichts entgegenzusetzen, ihre Truppen wußten keine Antwort darauf. Obwohl sie uns nicht sehen konnten, waren wir ganz in ihrer Nähe. All ihre Aktivitäten wurden beobachtet, jeder Telefonanruf wurde abgefangen, jede Bewegung bei Nacht mit Hilfe von Nachtsichtgeräten verfolgt. Sie konnten sich nirgends mehr verstecken. Entweder wurden die Taliban von einem lautlosen UAV (Unmanned Aerial Vehicle, einem unbemannten Luftfahrzeug) wie zum Beispiel dem Predator überwacht, oder von einem ebenso lautlosen Special-Forces-Mann, der sie mit einem Nachtsichtgerät beobachtete oder ihre Zielkoordinaten aus der Luft empfing. Es war eine wirklich geniale Zusammenarbeit aller Truppenteile. Genauso hatte ich mir vor langer Zeit auf dem Ho-Chi-Minh-Pfad die Kriegsführung bei Sondereinsätzen vorgestellt. Damals hatte uns diese Art der fortgeschrittenen Technologie noch nicht zur Verfügung gestanden. Inzwischen hatte die militärische Forschung das alles möglich gemacht.

Die Taliban konnten sich nur noch in ihren Häusern oder Höhlen vor uns verstecken und auch dann durften sie auf keinen Fall das Telefon benutzen. Ihr Warnruf hätte „Bei Anruf Tod!" lauten müssen, denn alle ihre Frequenzen gehörten uns.

★

Eines Nachts in Gardez um etwa 1 Uhr bekam ich einen Anruf aus Washington D.C.. Jemand, der unseren Einsatz durch die Kamera eines Predator verfolgte und die UAV in ihre Zielgebiete steuerte, übermittelte mir spezielle Koordinaten und fragte: „Habt ihr da irgendwelche Leute stationiert?"

Ich sah nach und stellte fest, daß es sich um einen feindlichen Standort handelte. Vom Warlord und seinen Männern erfuhr ich, daß sich nirgends in der Gegend Verbündete befanden.

Der Predator übermittelte ein Bild dieses Standorts an seine Basis in den USA. Daraufhin hörte ich von der Secure Telephone Unit III: „Wir erkennen zwei Wachtposten, die das Gebäude umrunden." Nachdem wir festgestellt hatten, daß es sich dabei um feindliche Truppen handelte, wurde die Erlaubnis erteilt, das Zielgebiet zu bombardieren. Der Predator schickte eine Nachricht an den B1-B-Bomber, und das Gebäude wurde in Stücke geschossen. Später nahm ein kleines Bomb Damage Assessment-Team (BDA-T) die Gegend in Augenschein, um das Ausmaß des Schadens festzustellen, Überlebende festzunehmen und Waffen oder Ausrüstung sicherzustellen. So eine Art unerwarteter Angriff warf die Organisationsstruktur der Taliban dermaßen über den Haufen, daß sie sich dann meist ganz aus dem Kampfgebiet zurückzogen.

Am 5. Januar erfuhren wir aus sicherer Quelle, daß ein Treffen der Taliban-Führer zu einem bestimmten Zeitpunkt in einem bestimmten Gebäude in Gardez bevorstand. Unser Informant sagte uns, daß alle noch lebenden Taliban-Größen dabeisein würden. Der lautlose Predator sichtete den Ort des Treffens. Zum angegebenen Zeitpunkt betraten mehrere Dutzend Männer das Gebäude; danach wurde für einige Minuten kein neuer Besucher mehr gesichtet. Wir konnten also davon ausgehen, daß das Treffen begonnen hatte. Dem Predator wurde signalisiert, daß keine Zivilisten oder Verbündeten in der Nähe waren, woraufhin er sein Hellfire-Geschoß abfeuerte. Das Gebäude ging in Flammen auf.

Als hätte jemand einen Stein in einen Bienenkorb geworfen, stürzten Taliban in jede Richtung aus dem Gebäude. Etwa zwanzig von ihnen, alle bewaffnet, sammelten sich in einer Entfernung von etwa zweihundert Metern. Das war ein schwerwiegender Fehler. Das nächste Hellfire-Geschoß landete mitten unter ihnen, nur sieben oder acht von ihnen überlebten den Angriff. Die restlichen Taliban beschafften sich einen Traktor und hängten sich von allen Seiten an das Ding. Das sah in etwa aus wie eine rückständige Version von Dillinger, der in seinem Geländewagen flüchtet.

In der Zwischenzeit kontaktierte der Predator einen mit lasergesteuerten Geschossen ausgerüsteten B1-B-Bomber und dirigierte ihn in diese Gegend von Gardez. Der Predator markierte den langsam fahrenden Traktor. Der Bomber traf mitten ins Schwarze und löschte jeden aus, der aufgesprungen war oder sich an das Gefährt klammerte. Bei der Erstellung des Schadensberichts wurden im Gebäude mehrere getötete Taliban und ein Waffenlager gefunden.

Auf die Gefahr hin, daß ich mich wiederhole: Die Präzision unserer Waffen ist einfach unglaublich. Ich kann mich noch daran erinnern, wie wir einmal fünfzehn Hochexplosivbomben auf eine Brücke auf dem Ho-Chi-Minh-Pfad lenkten und sie trotzdem nicht zerstören konnten. Diese modernen Bomben, die bis auf einen Meter genau alles treffen konnten, hätten die Brücke problemlos und beim ersten Versuch in die Luft gesprengt. Die Technologie ist so fortgeschritten, daß wir eine thermobarische Bombe in einem Höhleneingang lenken können, die erst hochgeht, wenn sie den Zugangsstollen passiert hat. Nach der Detonation ist dann im gesamten Höhlenkomplex kein Sauerstoff mehr. In Afghanistan konnten wir – mit Hilfe von Satellitensystemen – GPS-gesteuerte Bomben direkt auf die Haustür eines feindlichen Wohnsitzes loslassen oder das Fenster eines Lastwagens beschießen. Nicht nur das, wir konnten uns sogar das Fenster aussuchen. Mitfahrerseite ... bumm! Fahrerseite ... bumm!

Als ich dabei zusah, wie erst das perfekt plazierte Hellfire-Geschoß dem Treffen der Taliban ein Ende setzte, dann ein weiteres die Flüchtenden auseinanderriß und wie der B1-B schließlich den Traktor hochgehen ließ, mußte ich an meine Jahre in Vietnam denken. Die meiste Zeit über wußten wir im Dschungel nicht einmal, wo wir waren. Viel zu oft trafen wir im Nahkampf auf die Arschlöcher von der NVA. Wir benutzten Spiegel, um die normalen Bomben in die Nähe des Ziels zu steuern, und hofften gleichzeitig, daß uns die verdammten Dinger nicht selbst trafen. Viele der hervorragenden jungen Männer in der SOG starben im direkten Kampf mit dem Feind. Dabei waren wir knapp davor gewesen, die Idee der Unkonventionellen Kriegführung wirklich erfolgreich umzusetzen. Wir hatten die Infiltration mit kleinen Teams perfektioniert, uns fehlte nur die entsprechende Technologie. *Verdammt*, dachte ich, *unsere alten SOG-Aufklärungstrupps waren ihrer Zeit voraus. Wir hatten die richtigen Ideen, nur nicht das passende Handwerkszeug.*

Als wir in der Gegend um Gardez patrouillierten, wurden wir auf kleine gelb-orange Taxis aufmerksam, die durch die Berge krochen und immer wieder die Grenze nach Pakistan überquerten. Bald wurde uns klar, daß diese zehn Jahre alten russischen Ladas Taliban und Al-Qaida-Leute aus dem Kampfgebiet abtransportierten. Offenbar hatten diese Typen einen steinzeitlichen Grenzverkehr eingerichtet. Wir blockierten allen Verkehr und konnten auf diesem Wege eine Menge Taliban- und Al-Qaida-Kämpfer festnehmen. Allerdings waren uns sicher schon etliche durch die Lappen gegangen, bevor wir unsere Straßensperre errichtet hatten. Die Taxifahrer suchten nun ihrerseits nach Strecken, die für unsere Panzer nicht zugänglich waren. Und wie überall auf der Welt waren diese Taxifahrer ziemlich einfallsreiche Leute.

Man konnte nicht jede Strecke durch diese imposanten, drei- bis viertausend Meter hohen Berge überwachen, und deshalb sind uns bestimmt einige wichtige Talibanführer entwischt. Aber in dieser Hinsicht ist Afghanistan wie West-Texas: Es liegt jenseits des Menschenmöglichen, in diesem Gebiet alle Straßen und Wege zu sichern. Einigen Taliban gelang es, durch die Maschen unseres Netzes zu schlüpfen und nach Pakistan zu entkommen.

Was Usama bin Laden betrifft, so bin ich überzeugt, daß er am 4. Februar 2002 im Kampf getötet wurde. Meines Erachtens wurde seine DNS von einer intelligenten Bombe pulverisiert. Sicher kann man sich nicht sein, denn schließlich wurde seine DNS nicht unter den Trümmern um Tora Bora gefunden.

Meine Überzeugung basiert zum Teil auf eigenen Informationen, und dann spricht es Bände, finde ich, daß es seither keine neuen Filmaufnahmen von bin Laden mehr gibt. Dieser Mann konnte sich Zeit seines Lebens nie von Kameras fernhalten. Noch auf seinem Sterbebett hätte er live im Fernsehen um finanzielle Unterstützung für seinen Kampf gegen die Amerikaner gebetet.

Die Soldaten, die auf den Gebirgspässen der afghanisch-pakistanischen Grenze die Zollstationen besetzten, saßen meist in ihren Hütten vor den Kerosin-Öfen, um sich warm zu halten. Währenddessen hielten die orangen Taxis mitten in der Wüste und ließen ihre Al-Qaida-Passagiere aussteigen, damit sie die Grenze unbemerkt überqueren konnten. Eines Tages hielt ich ein unbesetztes Taxi an.

„Wen kutschierst du denn normalerweise hier herum?" fragte ich den Fahrer.

Der Mann gestikulierte und erzählte mir irgendwelchen Blödsinn. Diese pakistanischen Gauner logen wie gedruckt. Also machte ich einen neuen Versuch aus einer anderen Richtung. Ich zeigte auf die nahegelegenen Berge und fragte: „Was kostet eine Fahrt von den Höhlen da bis zur Grenze?"

Er druckste eine Weile herum, aber schließlich nannte er mir den Preis: Fünfundachtzig Dollar oder eine Badewanne voll pakistanischer Rupien. Ich quetschte ihn nach allen Regeln der Kunst aus und schließlich gab er zu, daß sich oft sechs dieser miesen Al-Qaida-Kerle in seinem Taxi drängelten, während sein Wagen über die ungepflasterten Wege zu den größeren Asphaltstraßen kroch und auf Pakistan zuhielt.

Während meiner zwei Monate in Afghanistan ist es mir gelungen, mir weder eine Lungenentzündung noch eine Schußverletzung zu holen. Trotz meines Talents, mir Kugeln einzufangen, war es doch meine größte Leistung, der Lungenentzündung aus dem Weg zu gehen. Am Ende meines Aufenthalts wog ich fünfunddreißig Pfund weniger als bei meiner Ankunft, ich fror und stank und war völlig verdreckt. Aber ich war einer der hundertundfünfzig Männer, die von sich selbst sagen können, daß sie an den Bodenkämpfen während der alles entscheidenden, frühen Phase von Enduring Freedom dabei gewesen sind.

Ich muß zugeben, daß mir dieser Krieg auf Abstand nicht gefiel. Wir hatten schnell die Oberhand und verloren nur wenige Männer im Kampf, unser Erfolg steht also nicht zur Debatte. Doch ich erinnerte mich, wie wir in den Reisfeldern von Bong Son im Nahkampf standen und Kugeln auswichen – jedenfalls meistens –, um irgendwie zu überleben. Nicht, daß ich diese Art Kampf vermißt hätte, aber dieser neue Krieg war irgendwie enttäuschend.

Mitte Januar 2002 war mein zweimonatiger Afghanistan-Einsatz beendet, und ich verabschiedete mich von den erstklassigen ODA-Männern. Sie behandelten mich mit viel Respekt und manche geradezu mit Ehrfurcht. Ich dagegen reiste in dem Bewußtsein ab, daß die stolze Tradition der Special Forces in guten Händen war.

Ich verließ das Kriegsgebiet und reiste über Usbekistan, Aserbaidschan und Deutschland zurück in die Vereinigten Staaten.

Das war meine letzte Schlacht gewesen, zum letzten Mal hatte ich mit den Truppen im Feld gestanden.

Das Leben geht weiter. Die Starken und Jungen nehmen den Platz der Alten und Schwachen ein.

So ist das eben.

Trotzdem macht es mich verdammt traurig.

Ich erinnerte mich an die verzweifelte Situation in Bong Son, an unsere Hilflosigkeit bei der Katastrophe von Oscar-8 und an den Stolz, den wir in Ba Kev fühlten. So viele Männer waren in diesen Kriegen umgekommen oder gerettet worden, ich hatte so oft Entscheidungen über Leben und Tod fällen müssen. Ich erinnerte mich auch an die einsamen Stunden, in denen ich Usama bin Laden beobachtete oder Carlos den Schakal verfolgte – und noch viele andere, deren Namen ich nicht nennen kann.

Über fünfzig Jahre lang habe ich immer in vorderster Front gekämpft. Jetzt ging es mir wie einem Hochleistungssportler, der immer nur für den berauschenden Beifall des Publikums gelebt hat. Es würde schwierig werden, ohne das Adrenalin auszukommen, das in der Hitze des Gefechts und in gefährlichen Spionagesituationen durch meine Adern geschossen war.

Die Erinnerungen ergriffen von mir Besitz.

An meiner Stelle jagten jetzt andere.

BILLY WAUGH

Nachwort

In diesem Buch berichte ich von den faszinierenden Einsätzen, an denen ich im Verlauf von fünfzig Jahren teilgenommen hatte. Über viele dieser geheimen Operationen hat die Welt bisher noch nichts gehört. Doch die Einsätze und die Männer, die sie durchführten, haben es verdient, daß man sich an sie erinnert und sie würdigt.

Das Wort „Held" kommt mir nicht leichtfertig über die Lippen. Auf dem Schlachtfeld oder wenn ich in einem Observationsposten saß ist mir nie der Gedanke gekommen, ob meine Kameraden und ich gerade Heldentaten vollbrachten. In meinen Augen ist ein guter Kämpfer jemand, der den Kopf nicht verliert, selbst wenn um ihn herum die Hölle tobt. Menschen werden nicht zu Helden geboren, doch die Umstände können einen Menschen in eine Lage bringen, in der er zum Helden werden kann. Im Lauf der Jahre habe ich gesehen, wie Menschen zu Helden wurden, wie sie im Kampf so schnell dachten, handelten und reagierten, daß man ihr Verhalten nicht anders als heldenhaft bezeichnen kann.

Die Grundessenz jeglichen Heldentums faßt für mich Paragraph II des Field Operations Order der US-Army zusammen: „DIE MISSION ZU ERFÜLLEN, trotz feindlichen Widerstands, und das Leben der eigenen Männer zu schützen."

Dieses Buch habe ich für die Männer und Frauen geschrieben, die nach diesem Kodex gelebt und gekämpft haben. Viele ihrer Taten können Sie auf den Seiten dieses Buches nachlesen, aber es war nicht genügend Platz, um jedem den ihm zustehenden Raum in meiner Geschichte zu geben. Menschen, die hier nur am Rande auftauchen, sind deswegen aber nicht weniger Helden als die, von denen es ausführlicher berichtet. Ich habe mit eigenen Augen gesehen, welche Heldentaten die CIA-Mitarbeiter auf den Straßen von Khartoum und in zahlreichen anderen Ländern vollbringen. Doch im Grunde meines Herzens bin ich immer ein Soldat und Special-Forces-Mann geblieben. Mit den Männern, die während meiner siebeneinhalb Jahre in Vietnam mit außerordentlicher Tapferkeit auf dem Boden oder in der Luft ihren Dienst versahen, wird mich immer ein besonderes Gefühl verbinden.

Ich habe gesehen, wie US-Piloten am Steuer ihrer Flugzeuge oder Hubschrauber mit schier unglaublichem Mut und Tapferkeit handelten. Die Piloten flogen durch eine stählerne Wand aus grünen Leuchtspurgeschoßen, wenn sie einen Special-Forces-Mann oder einen Montagnarden retten konnten, der sonst nicht lebendig aus dem feindlichen Gebiet herausgekommen wäre.

Ich war Zeuge der Heldentaten der vietnamesischen Piloten in der SOG, die der 219. Vietnamesischen Luftwaffe angehörten. Es erstaunte mich immer wieder aufs neue, wie wenig diese Piloten auf ihre eigene Sicherheit achteten, eine Qualität, die für mich einen großen Teil von Tapferkeit ausmacht. Diese Männer flogen mit ihren Helikoptern den Ho-Chi-Minh-Pfad entlang und rissen mit den Rotorblättern Äste und ganze Bäume ab, wenn sie ein Aufklärungsteam aus dem feindlichen Gebiet rausholen wollten.

Ich war dabei, als eine Kugel unseren besten vietnamesischen Hubschrauberpilot Mustachio am Hals traf. Er preßte sich die Fingerknöchel gegen die offene Wunde, um das Blut zu stoppen. So steuerte er seinen H-34 aus dem Kampfgebiet. Mustachio war es anscheinend vollkommen egal, wenn er sich selbst durch eine Rettungsaktion in Gefahr brachte. Seine selbstlose Tapferkeit rettete SOG-Sergeant First Class Harry Brown das Leben.

Auf meinen Befehl seilte sich Staff Sergeant Lester Pace von einem fliegenden Hubschrauber ab und holte Sergeant First Class Charles Wilklow aus dem Kriegsgebiet von O-8. Schwer verletzt, hatte Wilklow es geschafft, sich über Tage hinweg nicht vom Feind erwischen zu lassen. Als ich Lester Pace die schwierige Aktion erklärte, meldete er da Zweifel an, ob irgendjemand das überhaupt schaffen konnte? Keine Spur. Er war bei den Special Forces und gehörte zur SOG. Er tat, was ihm befohlen wurde und erledigte die lebensgefährliche Rettungsaktion mit Bravour.

Ich habe auch Dinge gesehen, die ich lieber vergessen würde. Sergeant First Class Bruce Luttrell und ich waren in Südvietnam und unterhielten uns über einen Angriffsplan. Ohne jede Warnung wurde Luttrell von einem Granatsplitter getroffen, der sich in seinen Schädel bohrte und ins Gehirn drang. Ich schleppte seinen Körper aus der Schußlinie, aber der großartige Mann erlag der schweren Verletzung. Es macht einen verrückt, wenn der Krieg so sinnlos zuschlägt.

Ich kannte Captain Nguyen An, der mit seinem H-34-Helikopter über einem reißenden Fluß in Sinkflug ging und einen abgestürzten HU-1D-Helikopter mit drei Mann an Bord aus dem Wasser zog, wobei er nur das Fahrwerk seines Hubschraubers benutzte. An war dabei die ganze Zeit unter feindlichem Beschuß, aber er machte weiter, weil der abgestürzte Hubschrauber jeden Moment vom Fluß weggerissen werden konnte. Captain An kümmerte sich nicht um den Kugelhagel der NVA, die mit allem feuerten, was sie zu bieten hatten. Mit Geschicklichkeit und übermenschlichem Mut brachte An die phänomenale Rettungsaktion zu einem guten Ende und rettete dabei drei US-Soldaten das Leben. Später verlor er beide Hände, als er bei einem anderen Rettungseinsatz auf dem Ho-Chi-Minh-Pfad fast verbrannt wäre.

Nie werde ich die unglaubliche Geschichte von Staff Sergeant Sammy Hernandez vergessen, der mir sein Leben verdankt. Hernandez hing unter einem Helikopter an einem Bergsteigerseil, als er unter feindlichen Beschuß geriet. Das Seil wurde getroffen und riß, und Sammy fiel mitten aufs Schlachtfeld. Er überlebte, war aber halb betäubt. Die anderen sieben Amerikaner waren sofort tot, aber Sammy hielt durch und verlor nicht die Nerven. Er wich dem Feind aus und entkam immer wieder den Schüssen. Er signalisierte mit dem verläßlichen Handspiegel, daß er dringend Hilfe brauchte, und schließlich kam ich und holte ihn raus. Sammy Hernandez war ein waschechter Special-Forces-Mann, er kämpfte noch mehrere Jahre in Vietnam und war ein Mitglied des ersten HALO-Infiltrationsteams.

Ich habe an vielen Einsätzen teilgenommen und dabei so unglaublich viele mutige Taten miterlebt. Einmal befahl ich Sergeant First Class Jimmy Scurry, einem Sanitäter der Special Forces, mich mit seiner Arzttasche zu begleiten.

„Wir gehen auf eine Silver-Star-Mission", sagte ich zu ihm.

Scurry packte sofort seine Sachen zusammen und meinte: „Wenn schon, Billy, dann machen wir doch gleich das Distinguished Service Cross draus."

Jimmy Scurry verlor im Kampf nie die Nerven. Auch er besaß die Qualitäten, die für mich Heldentum ausmachen.

Als Mustachio mit durchschossenem Hals seinen Vogel sicher nach Khe Sanh zurückgebracht hatte, trug Scurry den großen Piloten alleine in ein Erste-Hilfe-Zelt des US Militärs. Dort sagte ein Militärarzt zu Jimmy: „In diesem Zelt werden keine Vietnamesen behandelt."

Daraufhin packte Jimmy Scurry den Militärarzt beim Kragen und sagte: „Sie werden jetzt diesen Mann verarzten, oder ich prügle Sie aus dem Zelt."

Jimmy Scurry war sehr groß und sah nicht so aus, als ob mit ihm zu spaßen wäre. Mustachio wurde sofort behandelt. Er überlebte die Verletzung und flog später wieder. Sein Helikopter wurde abgeschossen, und er geriet in nordvietnamesische Gefangenschaft. Er kam nie zurück. Für die Männer, die ihm das Leben verdanken, war er ein wahrer Held. Sie werden ihn nie vergessen.

1963 war ich dabei, als ein Sergeant First Class der Special Forces bei der Überquerung eines über die Ufer getretenen Flusses eine Heldentat vollbrachte. Einer der ihm unterstellten Montagnarden konnte nicht schwimmen, und der Vietnamese war unter die Wasseroberfläche geraten und wurde durch die Strudel schnell auf den Flußboden gezogen. Der SF-Mann kümmerte sich nicht weiter um das feindliche Feuer, warf seine Waffe zur Seite und zog den Montagnarden aus dem Wasser. Durch Mund-zu-Mund-Beatmung konnte der Mann gerettet werden.

Ich forderte viel von meinen Männern, und dementsprechend leisteten sie auch viel. Ich erinnere mich noch gut, wie ich einmal Manny Bustemante befahl, er solle sich allein von einer CH-53 ins Kampfgebiet abseilen und nach einem vermißten SF-Späher namens Flora suchen. Damals wußten wir noch nicht, daß Flora dem Feind in die Hände gefallen war. Zögerte Bustemante oder wollte er den Auftrag noch einmal mit mir diskutieren? Nein, das wäre ihm im Leben nicht eingefallen. Er ging allein ins Kampfgebiet und suchte nach Staff Sergeant Flora.

Einmal beobachtete ich, wie ein F-4C-Phantomjäger über Kriegszone D von den Luftabwehrkanonen der NVA vom Himmel geschossen wurde. Der Pilot wurde hinausgeschleudert. Master Sergeant Herny Bailey und ich sprangen in einen HU-1D-Rettungsvogel, stiegen in die Luft und flogen zu dem Piloten, der sich mit dem Fallschirm in Sicherheit gebracht hatte. Doch der Rettungsfallschirm hatte sich knapp fünfzig Meter über dem Dschungel in einem Ast verfangen.

Die NVA versuchten, an den Piloten heranzukommen, aber wir steuerten die HU-1D neben den Pilot, der vom Baum hing. In letzter Sekunde schnallten wir den Mann mit Klickverschlüssen an eine Rettungsleiter, dann durchtrennten wir das Gurtzeug und machten, daß wir wegkamen, bevor die NVA uns alle umlegte. Das Erstaunlichste an der ganzen Aktion war die Tatsache, daß der Pilot nie den Boden berührt hatte, bis wir wieder in unserem Lager waren.

Ein Späher namens Sergeant Jenkins war ein As, wenn es darum ging, NVA aufzustöbern und Kriegsgefangene zu machen. Einmal befahl er, daß ein H-34-Helikopter bei hellichtem Tag zwischen einigen Gebäuden in der Nähe des Ho-Chi-Minh-Pfades landen sollte. Jenkins stürzte aus dem Helikopter, rannte zu einer Hütte, trat die Tür ein, packte einen NVA-Mann, schleppte ihm mitsamt seiner AK-47 ins Freie und warf ihn in den Hubschrauber. Bei der gesamten Aktion war kein Schuß gefallen.

Die Männer werden zu Helden, die sich im Kampf auf das Wichtigste konzentrieren konnten. Männer, die einem Plan folgten, aber wußten, daß auch der schönste Plan sich immer verändern kann und von den Reaktionen des Feindes abhängt. Männer, die sich sofort auf einen neuen Plan einstellen und ihn durchziehen, auch wenn der Feind ihn vereiteln will.

Ich habe mich von 1954 bis 2001 in den Special Forces oder ihrem direkten Umfeld bewegt. Wir mußten 1956 um die Existenz dieser Truppe kämpfen, ebenso 1972, als die höchsten Ebenen der US Army die Special Forces am liebsten abgeschafft hätten.

Teams der Special Forces waren schon in über hundertdreißig Ländern im Einsatz. Sie haben die einheimischen Truppen ausgebildet, geführt und sich um sie gekümmert. Bis heute leiten die Special Forces einzigartige Operationen. Wegen ihrer Erfolge wurden die Generäle der alten Schule, die die Special Forces haßten, in Pension geschickt.

Heute wird Special Operations Command (SOCOM) von einem Vier-Sterne-General geführt, der ein eigenes Budget verwaltet, über das vollkommen getrennt vom normalen Militärbudget verhandelt wird. SOCOM verfügt über eine eigene Luftwaffen- und Marineunterstützung, die Force Marines wurden in die Special Forces integriert. Alle SF-Einheiten sind kampfbereit und willens, Sondereinsätze gegen jede Armee und jedes Land zu führen, wenn die Regierung und das DOD ihnen dazu den Auftrag gibt.

Ein Soldat der Special Forces, der zu einem sehr schwierigen Einsatz abkommandiert wird, würde nie sagen: „Das mache ich nicht."

Typischerweise sagen SF-Soldaten in so einer Situation eher so etwas wie: „Dann los jetzt. Gehen wir!"

Das Motto des Special-Forces-Mannes lautet: „Führe, folge, oder mach verdammt, daß du aus dem Weg kommst."

Auf dem Arlington Cemetery kann man unweit des Grabmals für den unbekannten Soldaten einen sehr schönen Gedenkstein finden. Er ist den Special Operations Forces gewidmet. Es ist ein Marmorstein, der direkt auf der Erde unter einer großen Eiche steht.

In den glatten grauen Marmor sind die Worte aus Jesaja 6,8 eingraviert: „Und ich hörte die Stimme des Herrn, wie er sprach: Wen soll ich senden?", und der junge Special-Forces-Mann trat aus dem Kreis seiner Familie, die ihn nur ungern ziehen ließ, doch er sagte: „Herr, hier bin ich, sende mich!"

Glossar

AK-47 assault rifle
Schnellfeuergewehr russischer Bauart, die Standardwaffe der NVA. Es ist bekannter unter dem Namen seines Entwicklers: Kalaschnikow.

Bataillon
Einheit des US-Militärs, die sich aus vielen Companies zusammensetzt und normalerweise unter dem Kommando eines Lieutenant Colonel steht.

BDA = **B**omb **D**amage **A**ssessment
Einschätzung der durch Bomben angerichteten Schäden

BDU = **B**attle **D**ress **U**niform
Kampfanzug der US-Streitkräfte, der in vielen Farbzusammenstellungen und in drei Stoffstärken produziert wird, jeweils entsprechend für das Klima am Einsatzort (Waldgrün, Wüstenbeige, Braun). Dazu gibt es noch eine Ausführung in weiß/grau für Gebirgs- und arktische Bedingungen, und ein seltener verwendeter, dunkler Kampfanzug für Nacht- und Stadtkampfeinsätze.

Captain
1. entspricht bei den Luft- und Landstreitkräften dem Rang eines Hauptmanns (NATO-Code OF-3).
2. Bei den Seestreitkräften entspricht der Captain einem Kapitän zur See (NATO-Code OF-6), im Rang ist der Kapitän zur See dem Oberst bei den Luft- und Landstreifkräften gleichgestellt.

CAS = **C**lose **A**ir **S**upport
Luftunterstützung

CBU = **C**luster **B**omb **U**nit
Schütt- bzw. Streubombe. Es handelt sich um einen Munitionstyp, der in geringer Höhe über dem Erdboden gezündet wird. Nach der Detonation streut eine CBU große Mengen von sogenannter „Submunition" über dem Zielgebiet aus. Die Sprengwirkung ist weitflächiger und gleichmäßiger verteilt als bei einem einzelnen Sprengkopf.

CCC = **C**ommand and **C**ontrol **C**entral, s. Command and Control, für Zentralvietnam
CCN = **C**ommand and **C**ontrol **N**orth, s. Command and Control, für Nordvietnam
CCS = **C**ommand and **C**ontrol **S**outh, s. Command and Control, für Südvietnam
CIA = **C**entral **I**ntelligence **A**gency
Auslandsgeheimdienst der Vereinigten Staaten. Ihren Sitz hat die CIA in Langley, Virginia.

CIDG = **C**ivilian **I**rregular **D**efense **G**roup – Zivile Verteidigungsgruppe, die von den Special Forces aus der südvietnamesischen Bevölkerung rekrutiert und zu schlagkräftigen Kampftruppen ausgebildet wurden.

CO = **C**ommanding **O**fficer – Kommandeur einer Einheit

Colonel
entspricht dem Rang eines Oberst (NATO-Code CF-6)

CSD = **C**ombined **S**tudies **D**ivision
Ehemalige Bezeichnung der paramilitärischen Einheit der CIA, die heute Ground Branch genannt wird.

Command and Control (C²)
wörtl. „Befehl und Führung" – Im Vietnamkrieg (und auch noch später) bezeichnete C² die Spezialeinheiten, die geheime und verdeckte Operationen in Südostasien lenkten. Aktuell wird die Abkürzung fast nur zur Bezeichnung der elektronischen Systeme verwendet, die der Unterstützung von Soldaten im Feld dienen.

Company
Einheit des amerikanischen Militärs, die sich aus verschiedenen Platoons zusammensetzt. Die Stärke kann zwischen 420 und 640 Mann liegen, daher entspricht sie in Stärke und Aufteilung nicht der bei der Bundeswehr üblichen Kompanie.

Corporal *(US-Code E-4)* – entspricht dem Rang eines Stabsgefreiten (NATO-Code OR-4)

DO = **D**irectorate of **O**perations – Bekannteste Division der CIA

DOD = **D**epartement **o**f **D**efence – US-Amerikanisches Verteidigungsministerium

FAC = **F**orward **A**ir **C**ontrol – vorgeschobene Luftraumbeobachtung

General
höchster Generalsrang: vier Sterne (NATO-Code OF 10). Üblich ist, daß alle Generalsränge von niedrigeren Dienstgrängen mit „General" angesprochen werden.

GPS = **G**lobal **P**ositioning **S**ystem – Globales Positionierungssystem
Ein vom amerikanischen Verteidigungsministerium ersonnenes, realisiertes und betriebenes System, das aus vierundzwanzig Satelliten besteht, welche die Erde in einer nominellen Höhe von 17700 km umkreisen. GPS-Satelliten senden ein Signal aus, das die genaue Ortsbestimmung eines GPS-Empfängers ermöglicht.

HALO = **H**igh **A**ltitude/**L**ow **O**pening
Solche Fallschirmsprünge aus großer Höhe im freien Fall werden von Special Operations Forces (Green Berets, Navy Seals etc.) durchgeführt, wenn Fallschirmjäger unbemerkt in feindliches Gebiet eingeschleust werden sollen. Normalerweise werden Luftlandetruppen aus einer Höhe von weniger als 300 Meter abgesetzt, sie verwenden einen runden Schirm. Bei HALO-Sprüngen verläßt man das Flugzeug in einer Höhe bis zu 10000 Meter. Bei Höhen über 6000 Meter ist ein Höhenatmungsgerät Pflicht. Man fällt bis auf eine Höhe von 800 Meter oder weniger und öffnet den Schirm manuell. Die Freifallgeschwindigkeit beträgt dabei etwa 180 bis 200 km/h. In der Bundeswehr nennt man diese Springer Militärfreifaller.
Inzwischen werden auch sogenannte HAHO = **H**igh **A**ltitude/**H**igh **O**pening-Absprünge vorgenommen. HAHO-Sprünge sind eine außerordentlich komplizierte Form der Infiltration und erfordern ein hohes Maß an Training. Die Springer öffnen den Schirm unmittelbar nach Verlassen des Flugzeuges in einer Höhe bis zu 8000 Meter. Der Freifall-Trupp beginnt sich zu formieren, wobei der erste und somit unterste Springer die Führung übernimmt. Die Trupps sind oft mit Navigationsinstrumenten ausgerüstet und können dann mit geöffnetem Schirm dreißig Kilometer oder mehr zurücklegen.

Hatchet Force
Während des Vietnamkriegs benutzter Begriff für einen größeren Stoßtrupp der SOG, der nur für direkte Kampfhandlungen eingesetzt wurde. Die wörtliche Bedeutung von „hatchet" ist *Kriegsbeil*. Heute würden einer solchen Einheit in ihrer Funktion etwa die Air-Assault-Landetruppen entsprechen.

HCM-Pfad
Ho-Chi-Minh-Pfad

HE bomb = **h**igh-**e**xplosive bomb – Hochexplosivbombe

IC = independent contractor
unabhängiger Kontraktor mit der CIA, unabhängiger Mitarbeiter der CIA

JATO = **J**et **A**ssist **T**ake **O**ff
Ein Gas, das in Flaschen an die Unterseite eines Flugzeugs geschnallt wird, wo es wie ein Raketenantrieb die Vorwärts- und Aufwärtsbewegung der Maschine unterstützt.

BILLY WAUGH

KIA = **K**illed **I**n **A**ction – im Gefecht gefallen
Lieutenant
Offiziersdienstränge ohne Stabsprüfung. Beim amerikanischen Militär beginnen diese Ränge mit dem 2nd Lieutenant (US-Code 0-1), der etwa einem Leutnant bei der Bundeswehr entspricht.
Lieutenant Colonel – entspricht dem Rang eines Oberstleutnants (NATO-Code OF-5)
Lieutenant General
entspricht dem Rang eines Generalleutnants der Bundeswehr, also einem Dreisterne-General (NATO-Code OF-9)
LZ = **L**anding **Z**one – Landezone
Der Begriff bezeichnet bei der Army heute die Bereiche, in denen Transporthubschrauber Einheiten der Air-Assault-Luftlandetruppen absetzen.
Bei den Luftlandeverbänden wird heute in der Regel von DZ (**D**rop **Z**one, Absprungzone) gesprochen, die das Gebiet bezeichnet, in das die Fallschirmjägertruppen springen. Als Billy Waugh in Vietnam kämpfte, war der übliche Sprachgebrauch LZ.
MACSOG, MACV-SOG = **M**ilitary **A**ssistance **C**ommand **V**ietnam and **S**tudy and **O**bservation **G**roup
Eine Task Force während des Vietnamkriegs, an der alle Oberkommandos beteiligt waren, und die streng geheime Operation in ganz Südostasien ausführte. Personal aus den 5th Special Forces wurde zur MACV-SOG (die keine Gruppe der Special Forces war) versetzt, unter dem Schutzmantel von Special Operations Augmentation (SOA) die insgeheim der MACV-SOG unterstellt war. Diese Teams wurden zur Infiltration tief im Feindesland und für strategische Aufklärungsmissionen eingesetzt.
Master Sergeant, s. Sergeant – US-Code E-8, auch 1st Sergeant
MEDEVAC = **Med**ical **Evac**uation – Verwundetentransport, meist im Hubschrauber
MLR = **M**ain **L**ine of **R**esistance
Hauptverteidigungslinie, wichtiger Bestandteil einer konventionellen Kriegsführung
MREV = **M**ulti-**R**e-**E**ntry **V**ehicles – Mehrfach-Wiedereintritt-Träger
NCO = **N**on **C**ommissioned **O**fficer
Beim amerikanischen Militär ist NCO der Oberbegriff für alle Unteroffiziere mit oder ohne Portepee. Die Dienstränge reichen von US-Code E-3 bis E-9 (s. Sergeant), wobei das E für *Enlisted* (also Mannschaftsrang), im Gegensatz zum O für *Officer* (Offiziersrang) steht.
NSA = **N**ational **S**ecurity **A**gency
Dienst, der dem Sicherheitsberater des US-Präsidenten untersteht und diesen mit nachrichtendienstlichen Informationen versorgt. Daten der NSA stehen ggf. auch dem US-Miliär zur Verfügung.
NVA = **N**orth **V**ietnamese **A**rmy – Nordvietnamesische Volksarmee
OCS = **O**fficers' **C**andidate **S**chool – Offiziersanwärterausbildung
ODA = **O**perational **D**etachment **A**
Eine Untereinheit der Special Forces, die normalerweise aus zwölf Männern besteht, die von eine Captain oder einem Master Sergeant angeführt werden (auch A-Team).
OP = **O**bservation **P**ost – Nachrichtendienstlicher Oberservationsposten
Oscar-8
Codename für ein kleines Tal in Laos, zwanzig Kilometer südwestlich von Khe Sanh, in dem die NVA 1967 angeblich ein Oberkommando eingerichtet hatte. (s. Kapitel 3)
OSS = **O**ffice of **S**trategic **S**ervices
Ehemaliger US-amerikanischer Geheimdienst, Vorgänger der CIA, der 1941 unter Präsident Roosevelt ins Leben gerufen wurde. OSS war in der Vorbereitung von D-Day in Europa tätig, sonst vor allem in Asien.

Platoon
"Zug" beim amerikanischen Militär. Bei einer Stärke von zwischen 70 bis 120 Mann entspricht ein Platoon weder vom Umfang noch von seiner Aufteilung einem Zug der Bundeswehr. Ein Platoon untersteht meist dem Kommando eines Lieutenant oder eines Captain.

Regiment
Militärische Einheit, die sich aus mehreren Bataillonen (oder auch Squadrons) zusammensetzt.

SAM = **S**urface-to-**A**ir **M**issile
Boden-Luft-Lenkwaffen, sogenannte Lenkflugkörper, werden primär eingesetzt, um ein feindliches Flugzeug anzugreifen und vom Himmel zu holen. Die meisten SAMs haben Raketenantrieb, einige verfügen über Radar- oder Infrarot-Leitsysteme.

Sergeant
Unteroffiziers-Dienstgrade verschiedener Abstufungen, die durch zusätzliche Bezeichnungen benannt und beim US-Militär durch einen eigenen Codeschlüssel differenziert werden. Was bei der Bundeswehr Unteroffiziers- und Stabsunteroffiziersdienstränge sind, beginnt dort bei US-Code E-5, bis US-Code E-9.

Sergeant First Class, s. Sergeant – ähnlich wie Master Sergeant

Sergeant Major
s. Sergeant – US-Code E-9, auch Master Gunnery Sergeant/Command Sergeant Major

SOA = Südostasien

SOCOM = **S**pecial **O**perations **Com**mand, auch *US SOCOM*
verantwortlich für Spezialeinheiten in US Army, Air Force, Navy und Marine Corps.

SOG = **S**tudy and **O**bservation **G**roup,
Während des Vietnamkriegs eine Spezialeinheit im Auftrag der CIA, die vor allem aus Special Forces-Männern bestand. Anfangs nur zur Beratung der südvietnamesische Armee eingesetzt, nahm die SOG nach Ausbruch des offenen es Krieges im Jahre 1965 aktiv an den Kriegshandlungen teil. SOG-Einsätze unterlagen strengster Geheimhaltung und reichten von der Ausbildung von einheimischen Soldaten bis zur Liquidierung von wichtigen gegnerischen Führungspersönlichkeiten. SOG-Einheiten waren im Süden und Norden Vietnams auch Laos und Kambodscha eingesetzt (zur Geschichte, s. S. 59).

Special Forces
Spezialeinheiten des amerikanischen Militärs, bekannt als „Green Berets"

Special Ops = **Special Op**eration**s** – Sondereinsätze

Staff Sergeant, s. Sergeant – US-Code E-6

SWIA = **S**eriously **W**ounded **I**n **A**ction – im Gefecht schwer verwundet

UHF = **U**ltra **H**igh **F**requency
Ultrakurzwellen (UKW), auch Dezimeterwellen genannt, im Frequenzbereich von 300 mHz bis 3 GHz mit einer Wellenlänge von 1 bis 10 cm.

USAF = **U**nited **S**tates **A**ir **F**orce – Luftwaffe der Vereinigten Staaten

UW = **U**nconventional **W**arfare – Unkonventionelle Kriegsführung

VNAF = **V**ietnamese **N**ational **A**ir **F**orce – Vietnamesische Luftwaffe

WOW pass
("Walk on water") – Der WOW-Paß gab dem Halter die Erlaubnis, sich an jedem Ort in Südvietnam zu jeder Uhrzeit aufzuhalten. Mit einem WOW-Paß durfte man überall Waffen tragen. Und jeder Polizist oder sonstige Offizielle hatte Befehl, einen hinzufahren, wohin man wollte.

z.T. nach Tom Clancy, *Airborne: Die Fallschirmjäger-Eingreiftruppe der U.S. Army.*

Widmung

Für meine wunderbaren Freunde aus den Special Forces, den lebenden wie den toten. Ihr wart alle meine Lehrer.

Man lebt erst, wenn man dem Tod ins Auge geblickt hat. Das Leben hat für den, der dafür kämpft, einen ganz besonderen Geschmack, den die, deren Leben beschützt wird, nie kennenlernen werden.

SOG-Glaubenssatz

SGM Felipe Ahumada (a.D.)
SGM Hanry Bailey (a.D.)
COL Aaron Bank (verstorben) „Der Vater der Army Special Forces"
MG Eldon Bargewell (im Dienst)
COL Charles („Charging Charlie") Beckwith (verstorben)
MSG Brooke Bell (a.D.)
LTG Jerry Boykin (im Dienst)
SGM Vernon Broad (a.D.)
GEN Bryan Brown (Commanding Officer der SOCOM)
SGM Harry Brown (verstorben)
CPT Jim Butler (SOA Nr. 1)
MAJ Isaac Camacho (a.D.) (ehemaliger Kriegsgefangener)
MSG Arthur D. Childs (verstorben)
MSG Henry Corvera (a.D.)
MSG Darren Crowder (im Dienst)
CSM Paul Darcy (verstorben)
COL Paris Davis (a.D.)
MSG Jimmy Dean (a.D.)
SGT Dale Dehnke (im Kampf gefallen)
SMA George Dunaway (a.D.)
LTG Lee Dunlap (a.D.)
MSG Wendell Enos (a.D.)
COL/DR Warner D. („Rocky") Farr (im Dienst)
SSG Donald Fawcett (verstorben)
MSG Janes („Butch") Fernandez (a.D.)
COL Sully de Fontaine (a.D.)
SGM Alex Fontes (verstorben)
CWO4 Bill Fraiser (a.D.)
CSM John Fryer (verstorben)

SGM Wiley Gray (verstorben)
CSM Sammy Hernandez (a.D.)
SFC Melvil Hill (a.D.)
MAJ Jerry Kilburn (verstorben)
SFC Bruce Luttrell (im Kampf gefallen)
MSG Larry Manes (a.D.)
COL O. Lee Mize (a.D.) (Medal of Honor)
MSG Robert Moberg (a.D.)
CSM Peter Morakon (a.D.)
SFC David Morgan (im Kampf gefallen)
SFC Cliff Newman (a.D.)
MSG Richard Pegram (im Kampf gefallen)
COL Roger Pezzelle (verstorben)
MSG Angel Quisote (a.D.)
MSG Marcus („Pappy") Reed (a.D.)
MG Ed Scholes (a.D.)
COL Daniel Schungle (verstorben)
SM Jimmy Scurry (a.D.)
LTC William Shelton (a.D.)
SGM Walter Shumate (verstorben)
MAJ Alan Shumate (im Dienst)
COL Arthur D. („Bull") Simons (verstorben)
MAJ Clyde Sincere (a.D.)
MG John Singlaub (a.D.)
CSM Jack Smythe (a.D.)
LTC Harlow Stevens (a.D.)
MSG Howard Stevens (a.D.) (ehemaliger Kriegsgefangener)
SGT Madison Strohlein (im Kampf gefallen)
LTC Bill Sylvester (a.D.)
LTG William Tangney (a.D.)
MSG Paul Tracy (verstorben)
LTC Larry Trapp (verstorben)
SGM Art Tucker (a.D.)
LTC James D. („Shrimpboat") Van Sickle (verstorben)
MSG Charles Wesley (a.D.)
PO/IC (UDT) Clarence Williams (a.D.)
SGM Jack Williams (verstorben)
CWO4 Ronald Wingo (a.D.)
MSG Jason T. Woodworth (a.D.)
SGM Fred Zabitosky (verstorben) (Medal of Honor)

Und für all die wunderbaren Menschen in der CIA.

Keep up the fine work, boys and girls.

BILLY WAUGH

Danksagungen

So viele Menschen haben mir beim Schreiben dieses Buches geholfen, so viele haben mit mir das Leben geteilt, von dem dieses Buch handelt. Die folgende Liste ist sicher unvollständig, doch diesen Menschen möchte ich ausdrücklich meine Dankbarkeit aussprechen:

Meiner Nichte Suzanne Sanders und ihrer Mutter, meiner Schwester Nancy Sanders, für ihre Unterstützung und ihren nicht kleinzukriegenden Optimismus; Billie Alexander, die auf mich gehört und mich gewinnen lassen hat; Martha Raye; Dr. Colonel Arthur Metz, der meinen rechten Fuß und mein Bein rettete, als niemand es mehr für möglich hielt; meinen Freunde in den Special Forces, die meine Lehrer waren und mir so viel beigebracht haben.

Großen Dank schulde ich Cofer Black, meinem Senior Intelligence Supervisor in Khartoum, ein programmatischer Mann, der immer direkt zur Sache kam. Auch möchte ich hier all den großartigen Menschen in der CIA danken, mit denen ich zusammengearbeitet habe. Ihr seid eine auszeichnete Truppe, also laßt euch von den Schweinehunden bloß nicht fertigmachen. Ich würde euch gerne namentlich erwähnen, aber – und das wißt ihr Männer und Frauen am allerbesten – das werde ich ganz sicher nicht tun.

Mein Dank geht auch an Tim Keown, der Ghostwriter hinter diesem Buch. Ihnen und Ihrer Frau Miriam und Ihren vier wunderbaren Jungs wünsche ich alles Gute. Und ich schlage die Hacken zusammen vor Doug McMillan, der uns zusammengebracht hat.

Vielen Dank an unseren Agenten Frank Weinmann, der sich um das Geschäftliche kümmerte, und an unsere Lektoren Mauro DiPreta und Joelle Yudin, die von Anfang an an dieses Projekt glaubten.

Ein ganz besonderes Dankeschön für Nancy McCarthy und Eileen Knight, die in aller Eile Fotos zusammensuchten, während ich „auf Urlaub" in Bagdad war. Ihr habt euch wirklich für mich und dieses Buch eingesetzt.

Und zuletzt gilt mein Dank den Special Forces und den herausragenden jungen Männern, die im Kampf gefallen sind. Ihr wart so lange mein Leben, daß ich nur da weitermachen kann, wo ihr abgetreten seid. Wir sehen uns wieder, an dem Tag, wenn ich dann wieder zu Euch stoße.

Die Übersetzerin dankt Wolfgang Treß und Dr. Judith Klinger für die fundierte fachliche Unterstützung bei der Übersetzung des Buches.

LINKS:
Dieses Foto wurde 1979 in der libyschen Sahara aufgenommen. Rechts von mir steht mein Freund Mohammid Ageby.

UNTEN:
Ich saß 250 Kilometer südlich von Benghazi auf der Umrandung eines Brunnens, als sich eine Herde Kamele näherte.

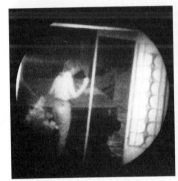 

GEGENÜBERLIEGENDE SEITE: Carlos der Schakal vor dem Toyota Cressida vor seinem Apartment in Khartoum, Sudan, am 2. August 1994. Diese Aufnahmen schossen wir mit einem 800-Millimeter-Objektiv aus einem Versteck 300 Meter südlich und 21,5 Meter oberhalb des Apartmentgebäudes. Auch wenn es so aussieht, deutet Carlos auf dem oberen Foto nicht auf mich. Carlos wußte zu diesem Zeitpunkt noch gar nicht, daß wir ihn überwachten. Die Fotos zeigen ihn wenige Tage vor seiner Festnahme.

GANZ OBEN: Der berühmte Frauenheld Carlos an der Tür seines Apartments, 6. August 1994.

OBEN: Beide Aufnahmen wurden am 14. August 1994 mit einem 800-Millimeter-Objektiv gemacht, das auf eine Canon mit einer Litton Nachtsichtlinse geschraubt war. Links: Lana ASJ, die Frau von Carlos, kommt nach der Festnahme ihres Gatten und seiner Abreise aus dem Sudan in das Apartment zurück, um ein paar Sachen zu holen. Rechts: Ein sudanesischer Regierungsbeamter, angeblich der Vizepräsident Hassan al-Turabi, kommt zu Carlos' Apartment und hilft Lana.

OBEN: Auf einer Straße in Gardez, Afghanistan, mit zwei einheimischen Polizisten, 2002.

UNTEN: In der Provinz Lowgar kann man die karge afghanische Landschaft bewundern. Hier stehe ich 2001 in einer Höhe von 2200 Metern, die Bösen befanden sich in einer Position über mir.